晚清外交七十年

第三部

甲午海战与庚子国难

李书纬◎著

人民东方出版传媒
東方出版社

图书在版编目（CIP）数据

晚清外交七十年：甲午海战与庚子国难 / 李书纬著． —北京：东方出版社，2019.8
ISBN 978-7-5207-0953-8

Ⅰ. ①晚…　Ⅱ. ①李…　Ⅲ. ①外交史－中国－清后期　Ⅳ. ① D829

中国版本图书馆 CIP 数据核字（2019）第 065872 号

晚清外交七十年：甲午海战与庚子国难
（WANQING WAIJIAO QISHINIAN JIAWU HAIZHAN YU GENGZI GUONAN）

作　　者：李书纬
策划编辑：鲁艳芳
责任编辑：辛岐波
出　　版：东方出版社
发　　行：人民东方出版传媒有限公司
地　　址：北京市朝阳区西坝河北里 51 号
邮　　编：100028
印　　刷：三河市金泰源印务有限公司
版　　次：2019 年 8 月第 1 版
印　　次：2019 年 8 月北京第 1 次印刷
开　　本：710 毫米 ×1000 毫米　1/16
印　　张：25
字　　数：410 千字
书　　号：ISBN 978-7-5207-0953-8
定　　价：49.80 元
发行电话：（010）85924663　85924644　85924641

Content 目录

Chapter 1

第一章　甲午海战前后的艰难交涉

一、朝鲜问题“进行曲”

日本吞并琉球之后，清政府更为头疼的是朝鲜危机的发生。朝鲜与琉球一样都是清政府的藩属，琉球与朝鲜都与日本隔海相望，作为清政府的最忠实粉丝，朝鲜在朝贡体系中有着举足轻重的地位，历来得到清政府的重视。当然，除了朝鲜恭顺的表现外，还因为朝鲜在地理位置上，与中国东北有着唇齿相依的战略关系。日本完成对琉球的吞并后，朝鲜的危机不言自明，况且此刻，美国、俄国等列强也在觊觎着朝鲜。

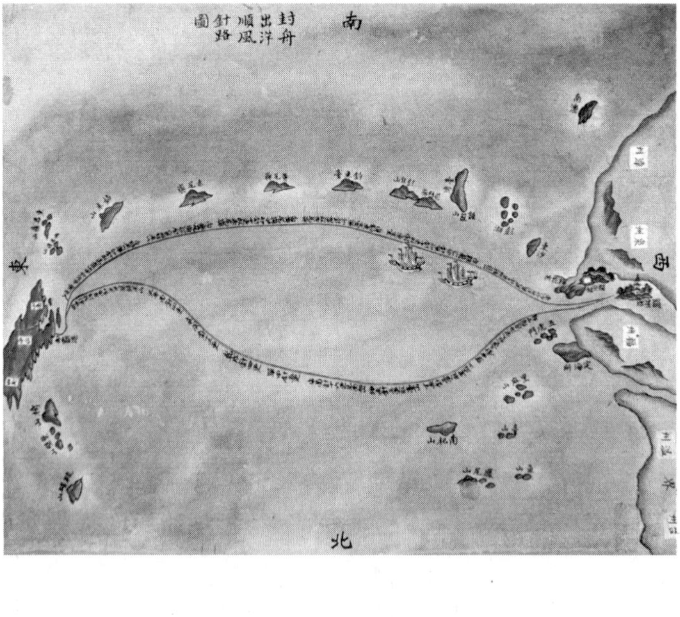

封舟出洋
顺风针路图

主持外交事务的李鸿章把朝鲜所面临的严重形势报告给了慈禧太后和总理衙门。1879 年 4 月，日本单方面宣布改琉球为冲绳县，慈禧太后就下达了一方面让李鸿章积极与日本交涉，另一方面让福州船政大臣沈葆桢等人积极筹划东部沿海海防的指令。与此同时，慈禧太后还让恭亲王奕䜣、李鸿章等人商议保全朝鲜之策。

日本对朝鲜的觊觎，实际上在明治维新之时就开始了。1868 年，日本政府派对马藩主去朝鲜递送国书，以“修好”为名，试图打开朝鲜的门户。

当时，执掌朝鲜政权的正是国王李熙的父亲李昰应。他像清政府一样实施了闭关锁国的外交政策，不允许外国势力进入朝鲜。李昰应曾经派兵击败过美国与法国的入侵，对于日本，李昰应也采取了对待法国的办法。在他看来，日本是比美国、法国还要凶恶的敌人，必须处处防范。1873 年，朝鲜也学着清政府那样，来了场政变，国王李熙的王妃闵妃以国王亲政为由，夺取了李昰应的大权，开创了女人当权的时代。闵妃当权后，也像李昰应那样依靠清朝，防范日本的侵略。但是，清政府与日本签订了中日《北京专约》，实行妥协的外交政策，这更助长了日本侵略朝鲜的野心。

1875 年 9 月 20 日，日本派军舰“云扬号”，侵入汉江江华岛附近的朝鲜领水测量海口，故意挑起事端。江华岛上朝鲜炮台发出防卫攻击警告，日舰即进攻炮台，并占领永宗岛。1876 年初，日本派陆军中将黑田清隆为全权代表、井上馨为副代表，带兵舰六艘和一支军队到朝鲜，以江华岛事件为借口，准备逼迫朝鲜签订通商条约。在日本兵舰抵达朝鲜之时，日本政府也发出命令，让时任驻华公使的森有礼与清政府进行交涉。因此，森有礼拜会了恭亲王奕䜣和李鸿章。森有礼有意试探清政府对日本要求与朝鲜签约的态度，他在与恭亲王奕䜣和李鸿章见面时玩了个心眼儿。

外交博弈本来就是国与国之间的斗智斗勇，可惜奕䜣与李鸿章都没有察觉到森有礼话语间埋设的陷阱。

森有礼说，日本希望与朝鲜贸易通商是民心所向，现在受政府之命前来告知清政府，以显示日本政府的“光明磊落”。日本实为逼迫朝鲜签订条约，却说成了人心所向。恭亲王奕䜣不明就里，就以高姿态答复说，中国向来不干涉朝鲜的内政外交。森有礼见奕䜣跳进了他预设的陷阱，很有些兴奋地说，既然中国不干涉朝鲜政务，那所谓的“属国”也就有名无实了。奕䜣这才感到上了当，忙辩解说，《中日修好条规》中有“两国所属邦土，亦各以礼相待，不可稍有侵越”的规定。但森有礼对李鸿章说，条约中没有说明朝鲜是中国的“属邦”。同时还说，“和约不过为通商事可以照办，至国家举事，只看谁强，不必尽依着条约”。最后他申明日本决心以“自主”对待朝鲜，“其与贵国间所有关系事理，我国决不顾及；贵国亦不得引条规中侵越等字，加诸我国”[①]。

当时，恭亲王奕䜣、直隶总督兼北洋大臣李鸿章正在因为马嘉理事件的发生，英国人咄咄逼人而焦头烂额。他们感到与英国交涉已经是身心疲惫了，因而根本就没有把朝鲜问题放在心上。李鸿章认为，只要中、日、朝之间和平相处，日本承认朝鲜是中国的藩属国，朝日是否通商是无所谓的事。

但是，日本却不这么看，它们希望胁迫朝鲜与日本直接订约，把这一点写入日朝条约之内，其目的就是为了实现进一步扩张而寻找通行证。清政府为了避免和日本发生冲突，对朝日订约一事不加过问。礼部只把日本的要求转咨朝鲜，任凭朝鲜自行“酌办”。朝鲜在日本胁迫之下，只得接待日使，并于1876年2月26日和日本订立了《江华条约》。

《江华条约》第一款写道：“朝鲜国自主之邦，保有与日本国平等之权。”[②]所谓“自主”“保有与日本国平等之权”，只不过是日本处心积虑地要否定中朝之间的宗藩关系，从而借此为进一步侵犯朝鲜扫清障碍。看到清政府如此态度后，日本接下来的行动变得更加肆无忌惮。

---

① 王芸生编著：《六十年来中国与日本》第一卷，生活·读书·新知三联书店1980年版，第127页。

② 同上书，第135页。

1885 年时的朝鲜统理交涉通商事务衙门（外务部）官员合影

《江华条约》签订后，日本加紧了对朝鲜的侵略步伐。这时候，一贯奉行妥协外交政策的李鸿章也有一种担心，他担心日本觊觎朝鲜，势必会引起列强对这一地区的群起角逐。在与周边国家的“藩属”关系中，清政府一直把朝鲜视为最为重要的屏障，因为东三省是清朝“龙兴之地”，这一地区又与朝鲜有着唇齿相依的关系。一旦朝鲜被日本吞并，中国东三省必然受到日本更大的威胁，进而影响到王朝统治。简单来说，祖宗发祥起家之地都被打没了，还谈什么颜面？ 1879 年，日本吞并琉球后，清政府对此的担忧更加强烈。恭亲王奕䜣、李鸿章，甚至垂帘听政的慈禧太后都在思考着如何未雨绸缪，防范日本对朝鲜的侵略。

正在奕䜣和李鸿章思考着该如何保全朝鲜时，总理衙门大臣丁日昌向恭亲王建议说，让朝鲜与各国立约，以牵制日本。他说：“将来两国（指朝日）启衅，有约之国皆得起而议其非，日本不致无所忌惮。”①

恭亲王觉得这是个好办法，于是向慈禧太后作了汇报，慈禧太后批准

① 刘培华：《近代中外关系史》上册，北京大学出版社 1986 年版，第 301 页。

了这个意见，令李鸿章致书朝鲜太师李裕元，劝导朝鲜与各国立约。

李鸿章得到慈禧太后的谕令后，即于1879年8月给李裕元写了封信，传达清政府的意见，希望朝鲜与英、美、法等国签订通商条约，并说明此举乃是“以夷制夷”的好办法。信中说：“为今之计，似宜用以毒攻毒、以敌制敌之策，乘机次第亦与泰西各国立约，藉以牵制日本。彼日本恃其诈力，以鲸吞蚕食为谋，废灭琉球一事显露端倪，贵国不可无以备之。然日本之所谓服者泰西也。”[①]也就是说，朝鲜应与各列强都签订条约，让列强通过特权来制衡日本对朝鲜的觊觎。

这个建议很符合西方列强的要求。自朝日订约后，它们都正想插足朝鲜事务。各国之中，英国尤盼朝鲜与各国立约，因为它生怕俄国侵占朝鲜，认为将俄国的势力限制在黄海以北可以使英国在中国的优势得到保障。为此，英使威妥玛屡向总理衙门建议，劝朝鲜与各国订约，促使各国在朝鲜相互牵制，以防止一国独占。

但是，在清政府提出让朝鲜与列强签约通商后，朝鲜方面却心存顾虑，担心列强也像对付清政府那样索要多端。李鸿章见朝鲜方面不答应这个建议，就又写信开导。但朝鲜方面固执己见，李鸿章无奈，只好给恭亲王奕䜣写了封信，汇报了情况。他在给奕䜣的信中说，“朝鲜既坚不欲与西人通商，中国自难强劝”[②]。李鸿章还说，这个难题，绝不是一朝一夕所能解决的。此后，李鸿章就把劝导朝鲜与西方各国签订贸易通商条约的重任交给了驻日公使何如璋。

李鸿章都搞不定的事情，让何如璋去做，何如璋有些犯难。可是李鸿章官大压人，他也只能努力寻找劝导朝鲜的时机。

1880年夏天，以朝鲜理曹参议金弘集为首的修信使团来到了日本，他们此行的目的是与日本商量仁川开港、禁输米谷与改正海关税则等问题。

---

① 王彦威、王亮编，王敬立校：《清季外交史料》卷十六，书目文献出版社1987年版，第15页。

② “中央研究院”近代史研究所编：《清季中日韩关系史料》第二卷，台北“中央研究院”近代史研究所1972年版，第394页。

金弘集的到来，使何如璋看到了机会。金弘集一行到日本后先访问了日本外务省，然后又拜访了何如璋。双方于8月23日到9月7日之间，以笔谈的形式，就朝鲜与日本修改海关税则的问题交换了意见，并就朝鲜与各国通商的问题进行了沟通交流。几次会谈之后，何如璋担心双方的语言不通，就让公使馆参赞黄遵宪将笔谈内容写成《朝鲜策略》一文，由金弘集带回朝鲜，供朝鲜国王参考。

何如璋认为朝鲜与西方各国签订商约是一个适应潮流的必然趋势。他又以中国与日本等国因为长期的闭关锁国，不了解外部世界，与世界各国通商往来都是迫于武力胁迫，所缔结的条约都是列强通过战争或胁迫手段签订的不平等条约为例，建议朝鲜“乘无事之时，主动与外人缔约”，这样，才不至于被列强要挟。

实际上，何如璋也向李鸿章提出过这些建议。他认为清政府与列强签订的条约中，对中国伤害最大的是协定关税与治外法权。经过明治维新逐渐走向强盛的日本早已看到了这一点，因而日本要求与西方各国修改这些不平等的条款。1871年，日本政府派出以岩仓具视为代表的使节团出访欧美各国，进行修改条约的尝试，修改的主要内容就是协定关税和治外法权。何如璋到日本之时，正值日本明治政府与西方各国进行具体的改约交涉。1879年9月，寺岛宗则因改约交涉失败引咎辞职，井上馨继寺岛宗则之后出任外务卿，继续进行新一轮的改约交涉。井上馨把修改条约交涉作为其最主要的外交使命全力以赴，他将税权和法权问题同时提了出来，要求收复税权、废除治外法权，使日本拥有与西方列强同等的地位。

何如璋密切关注着日本政府的这种动向，他认为，日本要求与列强修约的目的：一是外交上能了解其利弊而不甘心受侮；二是了解海关金钱流失的严重局面。

何如璋认为中国与列强之间的条约都是在被胁迫的背景下签订的不平等条约，清政府更有必要修改这些条款。但是，当何如璋看到日本外务卿给各国驻日公使的修约草案后，更感到了弱国外交的尴尬。日本外务卿井上馨在1880年7月6日致函各国驻日公使，并附上修改条约草案。井上馨

1876 年朝鲜修信使金绮秀率领 75 人组成的使团访问日本

在信中表示，希望与各国尽快展开谈判。但是，信函却没有寄给何如璋。因为日本方面表示了对中国决不关照，何如璋是通过日本官方的报纸看到这一消息的。

何如璋看到修约草案后，立刻向李鸿章和南洋大臣刘坤一作了汇报，并寄去了抄写的草案内容。他在给李鸿章的信中说，修改条约草案的内容包括关税与法权两大问题。日本"知旧日条约成于威迫，亟亟欲图更改。去岁既与美国商订矣。复改之于英、德诸国。至于近日乃送新拟约稿于西国诸使。查其大意其最要者，一欲加外货进口之税，一欲管外国流寓之人"[①]。

何如璋希望清政府也像日本那样重新与列强修约，但他的信寄到国内后，李鸿章却很生气，怪何如璋多此一举，没有给何如璋回信。而刘坤一收到信后，在给何如璋的回信中说，"日本此举果能如愿以偿，他日中国踵

① 吴振清、吴裕贤编校：《何如璋集》，天津人民出版社 2010 年版，第 113 页。

而行之，似亦未尝不可得手”[1]。但是，刘坤一没有向朝廷汇报此事，他采取了观望的态度。1881年初，在陕甘总督任上的左宗棠被调回军机处，何如璋知道左宗棠是一个强硬派人物，也给他写了一封信，说明日本与各国改约的情况。但是，左宗棠看过信后，也没有回复。只有曾国藩的儿子曾纪泽看过何如璋的信后，深表关注。当时，他受朝廷之命，正在忙于伊犁改约问题，也许是有感而发，他向朝廷提出了“重修和约”的主张。曾纪泽虽然主张重修和约，但由于朝廷中的实权人物反应冷淡，同时，慈禧太后也只是批复，交给总理衙门讨论后再议。这样，与列强重修和约的主张便不了了之。

何如璋像

何如璋的建议没有在清政府这里引起足够的重视，想不到在朝鲜与日本谈判商量仁川开港、禁输米谷与改正海关税则等问题的交涉中却产生了积极的影响。

何如璋认为既然日本要与朝鲜签订条约，日朝之间就应该以日本向列强递交的“议改约稿”为蓝本。这样，有范本在先，日本不能不答应。何如璋说，日本修改条约的草案的主旨在于“税则之轻重，由本国主持”，朝鲜与日本交涉的关键问题在于坚持关税自主的原则。至于日本使臣驻京问

① 《刘坤一遗集》第五册，中华书局1959年版，第2487页。

题与禁输米谷问题，均应归结为税则问题。何如璋还说，“使臣驻京，无关紧要之事。近得通商与交涉利害，全在约条税则之善否而已。善则内地通商亦无害，否则开一港便是漏卮，为患不浅矣”，强调税则在整个对外关系中的核心地位。

朝鲜代表初到日本时，对税则及如何订立税则问题的重要性还没有一个明确的认识，所以初次谈判时，日方代表责问朝方代表是否已经拟好税则。金弘集却说，只得两国政府决定讨论，就可以与日本方面商谈。这样的回答，显然不能让日本方面满意。日本代表告诉金弘集说，税则一事，关系重大，搞不好就会引发两国交兵，即使使臣没有被委任为全权也不行。金弘集竟建议“依中东和约，拟一草案”，随后，“用值百抽五例，草成税稿”，送交日本代表准备在正式会谈时讨论。但是，在拜见何如璋后，金弘集再次与日本代表会面，告之“前稿初非定本，等贵国改约事成，我亦当准此例”[①]。

根据何如璋的建议，金弘集等赴日谈判的代表拟订了《朝鲜国与日本国新修通商章程草案》。该条约草案首先谈了朝鲜与日本贸易通商的历史，很有些违心地说，朝日通商五年来，贸易不断扩大，但现在税则问题尚未议妥，这在各国通商事例中是没有出现过的事情，然后提出，“夫欧美各国收税之权，悉由自主，此贵国之所熟知，亦不佞之所习闻者也。然欧美各国课输入之税，自值百课三十，至值百课六七十者，乃至课税如货价之值，又逾其价而倍征之者，莫不有之”[②]。

这个草案意在提醒日本，欧美各国的税收之权都是自主的，在这个问题上，日本对朝鲜也应该像对待欧美那样。同时，草案还明确表示，朝鲜有自由控制海关进出口事务的权利。对于朝鲜的这份改约草案，何如璋给予了高度的评价。在致总理衙门的信中，他称道：“朝鲜此次所拟订章程税

---

① 赵中孚、张存武、胡春惠主编：《近代中韩关系史资料汇编》，台北“国史馆”1990年版，第9—11页。

② “中央研究院”近代史研究所编：《清季中日韩关系史料》第二卷，台北“中央研究院”近代史研究所1972年版，第534页。

则，皆甚为精善。彼国能于此考求，将来仍可收效也。”[①]

根据这个草案，朝鲜与日本在1881年10月间重新开始了谈判，由于日本方面反对这个草案，朝鲜与日本没能达成协议。但是，希望通过朝鲜牵制日本的李鸿章却趁机促动了朝鲜积极与西方各国建立商约关系。

在西方各国中，最早与朝鲜建立商约关系的是美国，这也是李鸿章的愿望。实际上，美国、俄国、英国也都有这种愿望，只不过美国在朝鲜与日本签订《江华条约》之时，便派出代表薛斐尔出使朝鲜。面对如此形势，朝鲜君相“幡然变计，有联络外邦之意”，但因统治阶层中“议论纷歧，尚难遽决”。清政府为了加紧推行牵制政策，也改变属藩的公文呈递都要先送到礼部的惯例，“决定‘遇有关系洋务紧要之件’，由北洋大臣和驻日公使与朝鲜‘通递文函，相机开导’”[②]。

李鸿章为什么希望朝鲜与美国建立商约关系呢？李鸿章是这样想的：虽然日本侵台，美国曾经暗中支持。但与英、俄、法这些列强相比，还算比较公平顺善，最起码没有侵吞别国领土的想法。李鸿章还认为，美国向来不干涉他国内政，且在中国有困难之时，能够帮助“排难解纷”。

凭着这些印象，李鸿章很想联络美国。说实话，当时的外交事务是李鸿章最感头疼的事情，要想在与列强的博弈中有一个自强喘息的机会，也需要营造一个相对安定的国际环境。为此，他积极推动朝鲜与美国签订商约。李鸿章主动邀请朝鲜与美国派出代表来天津商议签订商约之事。同时，还亲自前往朝鲜，促进朝鲜与美国的立约谈判。他到朝鲜后，实际上成了中美之间关于朝鲜问题谈判的主角。

李鸿章让身边的随员马建忠、周馥草拟了关于朝鲜与美国通商章程草稿，中方代拟约稿规定：“朝鲜为中国属邦，而内政外交事宜向来均得自主。今兹立约后，大朝鲜国君主大美国伯里玺天德俱平行相待，两国人民永敦和好，若他国偶有不公及轻侮之事，必彼此援护，或从中善为调处，

① “中央研究院”近代史研究所编：《清季中日韩关系史料》第二卷，台北“中央研究院”近代史研究所1972年版，第527页。

② 苑书义：《李鸿章传》，人民出版社2016年版，第274页。

俾获永保安全。”[①] 这遭到了美使薛斐尔的反对。

李鸿章本想借此恢复中国在朝鲜被动摇了的中央王朝地位，希望美国承认朝鲜是中国的属邦，结果却事与愿违，中国得到的只是对于美国并无任何约束力的朝鲜国王关于朝鲜为中国属邦的声明。《朝美条约》为欧洲列强开辟了入侵朝鲜的道路。继美国之后，英、德两国相继与朝鲜签订了以《朝美条约》为蓝本的条约。朝鲜国王也照例在约外先行声明朝鲜为中国属邦。李鸿章认为“既有照会另行声明，载在盟府，日后各国设相侵凌，或朝鲜有背叛之处，中国尽可执义责言，不至竟成法越覆辙”[②]。

朝鲜李氏王朝时代的崇礼门市场

李鸿章积极推动朝鲜与西方列强签订条约、建立商约外交，本来是想推行他的牵制政策，通过美英制衡日俄，从而使朝鲜成为保卫中国东北的边疆屏障。可是，没想到，他竟然好心办了一件遭世人唾骂、西方耻笑的坏事。李鸿章此举使列强在朝鲜的野心更加膨胀。

朝鲜与美英等国签订条约后，日本很担心自己在朝鲜的利益受到冲击，因而试图更进一步扩大对朝鲜的侵略活动。要侵略朝鲜，得有合适的借口才行。因而，日本方面一直在寻找着机会。

① 吴汝纶编：《李文忠公全集·译署函稿》第十三卷，台北：文海出版社 1965 年版，第 10 页。

② 苑书义：《李鸿章传》，人民出版社 2016 年版，第 276 页。

1882年夏天，朝鲜发生了严重的干旱，造成了百姓人心浮动，但是朝鲜王室忙于权力斗争，无心顾及赈灾。因此，城市贫民和京城侍卫部队联合起来闹起了兵变。在这场兵变中，朝鲜国王的父亲李昰应利用起事的兵民，把矛头指向了闵妃，民众冲进王宫要捉拿王妃，王妃得到消息后，侥幸逃脱，但怒火已经燃烧起来的民众并没有就此罢休，暴动迅速演变成反对压迫和侵略的斗争，起义民众把矛头又指向了他们最为痛恨的日本侵略者，杀死了一些日本人，焚烧了日本驻朝鲜使馆。这就是“壬午兵变”。

事变发生后，清政府上下都感到非常震惊。李鸿章派升任天津道台的马建忠、水师提督丁汝昌到朝鲜“查办”。随后又派吴长庆带兵到朝鲜，诱捕李昰应，将其押解到中国，并镇压起事的兵民。清政府这样做的目的是力图使事态不致扩大，免予日本干涉的借口，以维持自己在朝鲜的地位。

但日本需要的就是这样的时机，来推行它的侵略计划，日本方面立即派花房义质带兵至朝鲜办理交涉。在交涉中，日本表示拒绝第三者的调停，目的在于排斥中国的干预，并借此再度表明，否认中国对朝鲜的宗主地位。清政府的官员只求事情早日和平解决，所以并不要求参与日朝谈判，而且还催促朝鲜政府派代表和日方开议。1882年8月30日，日本逼迫朝鲜签订《仁川条约》，除勒索赔款55万元外，还取得了在朝鲜京城驻兵的权利，从而进一步加强了它在朝鲜的侵略地位。

二、“较劲”的“上国”

1882年《仁川条约》的签订，并没有让日本因此而满足，面对欧美列强纷纷在朝鲜争夺特权利益的现实，日本很想进一步在朝鲜扩张自己的势力。

1884年12月4日，朝鲜京城发生兵变，是为“甲申事变”。此次政变是由日本暗中支持的朝鲜开化党发动的。开化党是在1880年《朝美修好通商条约》签订之后，一些激进人士为抛弃旧思想、旧制度而追求实学，探索救国之路而产生的与朝鲜王室保皇派相对立的组织，主要代表人物有金玉均、洪英植等等。事变中，开化党暗杀了七名守旧派大臣，使得朝鲜王室陷入极大的混乱和恐慌之中。几天后，清政府得到朝鲜发生事变的消息，也颇为震惊。

朝鲜王朝时的五大宫殿之一——景福宫

朝鲜发生事变后，朝鲜王室赶紧派人向清政府驻朝军队求援。于是，提督吴兆有、帮办袁世凯率兵联合朝军入宫保护国王，并帮助镇压了开化党人，金玉均等则流亡日本。事后，李鸿章接到关于清军粉碎“甲申事变”的报告，对袁世凯等为恢复守旧派政权、巩固中国的宗主国地位所采取的果断措施表示满意。但是，李鸿章又担心日本人借此生事，奏请朝廷派边防督办吴大澂等人前往朝鲜查办，“立意不与日人开衅”。日本还真如李鸿章所担心的那样，对朝鲜乘机要挟，外务大臣井上馨作为全权大使赴汉城，迫使朝鲜与其于1885年1月签订《汉城条约》。根据该约规定，遭受日本胁迫的朝鲜反而要向侵略者谢罪赔款。

在这一条约谈判过程中，吴大澂本来是想干涉日本胁迫朝鲜签约的，可是遭到了井上馨的反对，吴大澂只好作罢。

吴大澂这个软弱的妥协，想不到换来的却是日本变本加厉地提出非理要求。1885 年 4 月，刚刚履新的日本首相伊藤博文，以进行友好访问为名来到中国，但是，他到中国后，却借口在朝鲜发生的事件中袁世凯打击了开化党，要求清政府惩办袁世凯。并建议说，中日应该同时从朝鲜撤军。此举也是为日本名正言顺地干预朝鲜事务创造条件。

清政府虽然没有明确拒绝日本的要求，但也并没有惩办袁世凯。中日双方就在这讨价还价中达成了《中日天津条约》，也称《中日天津会议专条》。这个专条规定中日两国在四个月内同时从朝鲜撤军。以后如果需要再向朝鲜派兵，中国需要先告知日本。这个条约的签订，从根本上动摇了清政府与朝鲜的宗藩关系。

《中日天津会议专条》签订后，日本并没有就此罢休，其目的和野心是排除中国，把朝鲜置于日本的管理之下。可是，日本又不便直接侵略朝鲜。所以，1885 年 7 月 2 日，日本公使榎本武扬到天津拜见李鸿章，面递日本外务大臣井上馨关于朝鲜外务的八条建议，其核心内容就是要求清政府积极干涉朝鲜的用人行政，但事先都须取得日本的同意。

对于日本政府的图谋，袁世凯看得很明白。他知道日本人是想借此削弱中朝关系，他认为要改变这种局面，就要趁朝鲜“民心尚知感服中朝，即特派大员，设立监国，统率重兵，内治外交均代为理，则此机不可失”①。朝中很多人认为袁世凯的建议是可行的。李鸿章对此也十分赞赏，他认为应加强控制朝鲜内政外交的干涉政策，以此来巩固中朝宗藩关系，抗拒列强的侵扰。

可是，日本驻华公使榎本武扬在天津面见李鸿章时，却提出要清政府释放李昰应回朝鲜。李昰应自“壬午兵变”后，被清政府软禁在中国保定府，此番日本提出释放李昰应，有着利用李昰应与闵妃之间的矛盾来削弱中朝关系的目的。另外，日本也想借此来阻挠闵妃一党投靠俄国的活动。李鸿章没有看破日本人的这个诡计，他把袁世凯的建议与日本驻华公使的

① 故宫博物院文献馆编：《清光绪朝中日交涉史料》卷六，故宫博物院 1932 年版，第 19 页。

要求都上奏了朝廷，朝廷根据他的奏报，把软禁在保定府的李昰应送回朝鲜，企图利用李昰应钳制朝鲜宫廷的政治斗争；并任命袁世凯代替原驻朝商务委员陈树棠为“驻扎朝鲜总理交涉通商事宜”。“李鸿章推崇袁世凯‘才识开展，明敏忠亮’，堪任斯职，并特意在其头衔上增加‘交涉’两字，‘略示预闻外交之意’”[①]。以此显示袁世凯有帮助朝鲜办理外交、通商事务的权力。

朝鲜王妃——闵妃

1885 年 11 月，袁世凯走马上任，在汉城成立公署，其随员有唐绍仪、刘永庆等二十余人。

清政府向朝鲜派出了“监国”，名义上是驻朝总理交涉通商事宜大臣。日本却借此找到了侵略朝鲜的借口。但这些都不是重点，重点是这成了袁世凯个人发迹的开端。

袁世凯，1859 年 9 月出生于河南陈州府项城县。在明清时期官场上有一个习惯，对于有身份的人，常以地名代替其名。比如，明朝万历首辅大臣高拱出生于河南新郑，当时的官宦对他就有“高新郑”之称。袁世凯老

① 苑书义:《李鸿章传》，人民出版社 2016 年版，第 287 页。

家在河南项城，所以，他也常常被人称为“袁项城”。

袁世凯出生之时，他的家乡袁家寨正处在农民起义军的猛烈攻击之下。然而，这个小生命却没有丝毫的畏惧。小袁世凯对来到这个世界格外兴奋，嗓门很大，哭声越来越响，直到起义军败走。对此，袁家寨的人认为，是袁世凯的降生，给他们带来了好运气。

袁世凯投身军界是 1881 年的事，那一年，他带着家丁王成和乡邻赵贤国前来投奔淮军统领吴长庆。吴长庆是安徽庐江沙湖山人，其祖居之地离现在庐江城东南二十余里，因其生前做过晚清提督，统兵一方，累建军功，死后清政府诏建专祠，谥“武壮”，乡人习惯称其为“吴大帅”，至今如此，未见改口。吴长庆之父吴廷香当时以文名见闻庐江，为当地有名乡绅，故在太平天国军队攻打“两江三省”时，得以受命办理庐江团练。吴长庆少年随侍父亲左右，后来凭此进入淮军系统，与袁家数人结下不解之缘，也为袁世凯投军提供了方便。

袁世凯像

袁世凯投身兵营，既是兴趣所向，又包含着他人生的无奈。纵观袁氏家族，从其曾祖父一代，大都是通过科举进入仕途。袁世凯的曾祖父袁耀东曾经中过秀才，然后进入仕途。到了爷爷那一代，祖父袁树三先是考中秀才，然后又被朝廷选拔为国子监贡生；叔祖父袁甲三先是当了举人，然后又高中进士。到了袁世凯的父辈，大都高中举人。有着这样的家庭背景，袁世凯的父辈们自然也希望他通过科举考试博取功名。

为了让儿孙们在科举的道路上博取功名，袁世凯的父辈都十分重视家学。袁世凯的叔父袁保恒、袁保龄都曾经设立私学，让自己的孩子在里边读书。但袁世凯并不是一个安分守己之人，他对科举考试也不是太上心，因此，在父辈的压力下，他虽然参加过两次科考，但都名落孙山。科考失败的打击，更使袁世凯对科举考试产生了逆反心理，也许是感觉与科考无缘，所以袁世凯便决定投身军中了。

袁世凯投身军中后，希望在军事上有所作为。因而，他奔走钻营，在吴长庆及其幕僚面前，表现出很谦恭的样子，有时也表现出忧国忧民的情态，“作激昂慷慨之谈”。这些都令吴长庆对其颇有好感。吴长庆见他对科考没兴趣，就让他去营务处帮办，袁世凯从此踏上了仕途的第一步，并很快地进入了李鸿章的视野。

起初袁世凯对吴长庆也表现出恭敬之态，一来是基于吴长庆与自己父辈的友情，二来他对吴长庆也确有感恩戴德之意。1883 年，袁世凯在给自己二姐的家书中就透露了他对吴长庆的感激之情，他说，延陵帅（指吴长庆）相待日见加优，谏行言听，可感之至。[①] 但是，随着袁世凯能力的日渐显露，吴长庆不顾及自己的长辈身份，对袁世凯多有猜疑，更担心有朝一日袁世凯会夺自己的权。顶头上司的猜疑和冷淡，使袁世凯感到失望，他便想从吴长庆身边离开。也就在他心情很不爽的时刻，他进入了李鸿章的视野。袁世凯的父辈和爷爷辈都与李鸿章有交集，且还关系不错。袁世凯便很想在李鸿章门下谋个一官半职。1884 年 5 月，清政府要李鸿章加强东北防务。在张佩纶和袁保龄的策划下，李鸿章奏调吴长庆率兵三营回国，驻防奉天金州。其余三营仍然留在朝鲜，由记名提督吴兆有统带，袁世凯负责总理营务，并亲自统带庆字营，从此袁世凯在朝鲜成为握有实权的军事实力派人物。

朝鲜甲申事变后，袁世凯深得李鸿章赏识，所以李鸿章又上奏朝廷，

---

① 侯宜杰：《袁世凯全传》，当代中国出版社 1994 年版，第 15 页。

说袁世凯“应变有才”，可监理朝鲜事务。

袁世凯奉朝廷之命，成了朝鲜“监国”，有了这个身份，于他个人而言，可谓如鱼得水。他本来就是一个强势之人，凭着“监国”这个名号，从1885年到1894年离开朝鲜，这九年间，他对朝鲜的内政外交可谓无不干预。袁世凯这样做，当然是想维护和加强中朝之间的宗藩关系，但是，由于他的强势性格，也引起了朝鲜王室对他的不满。

1886年，朝鲜国王在美国驻朝公使福久等人的怂恿下，想抛开中国，反对中国的干预政策，准备派出王益自为驻日办理公使、朴定阳为驻美全权公使、赵臣熙为驻欧全权代表。由于朝鲜采取了先斩后奏的办法，事后才告知袁世凯，这让袁世凯非常恼怒。他认为派使出国有损宗主国体面，便千方百计地阻挠破坏，先提出必须报请清政府批准再派，后又加上种种限制条件。朝鲜国王不顾袁世凯的阻挠，断然派朴定阳出国。这对于以宗主国代表身份自居的袁世凯来说，无疑是一个严重的挑战。当时，派赴欧洲五国的使臣赵臣熙乃滞留香港，观望形势。

此时，得到袁世凯奏报的清政府也非常恼怒，认为此事非同寻常，因为当时的国际公法也有明文规定，只有独立自主的主权国家才有资格进行外交活动。像朝鲜这样的藩属国并没有外交之权。此举完全是列强图谋削弱中国对朝鲜的宗主国地位，对外宣示朝鲜有摆脱清政府的意图。清政府感到如果任由此事发展下去，中朝的宗藩关系将会就此结束。李鸿章也感到此前在天津上了日本驻华公使榎本武扬的当，于是要袁世凯阻止朝鲜的这些举动，不要受列强的蛊惑。袁世凯接到指示后，要求朝鲜国王惩办朴定阳，在袁世凯的压力下，赵臣熙赴欧一事也未能成行。

清政府与袁世凯之所以作出这番举动，还有一个因素，便是得到了英国的支持。当时，英、俄矛盾日趋尖锐，这在朝鲜问题上也反映了出来。俄国于1884年和1888年强迫朝鲜政府签订水路和陆路通商条约，大肆扩张在朝鲜的政治经济势力，又不断派军舰侵入朝鲜东北海岸，企图染指永兴湾。英国恐俄国夺取朝鲜，危及它在远东的利益，遂极力怂恿清政府维持其宗主国地位，借以抵制俄国。

英国表面上支持清政府维持其在朝鲜的宗主国地位，但在暗中却支持日本在朝鲜的利益扩张。此时的英国政府看到了日益强大的日本有可能成为英国在东方镇压民族运动和反对俄国的同盟者，因而，更是下大力气在暗中支持日本。但是，袁世凯没有看到这一点。他被英国表面上的"友好"所蒙蔽，很是有些沾沾自喜，根本没有看清国际形势，只是一味地顽固坚持封建的宗藩关系，认为凭借自己的能力完全可以控制朝鲜的局势。

袁世凯在给李鸿章汇报朝鲜形势时，认为欧美意在通商，"意实无他"，即便是日本有觊觎之心，但也"不至遽败和局"。后来，发动甲申事变的开化党人金玉均被刺杀，日本军国主义分子趁机发表战争言论，"征韩论"甚嚣尘上时，袁世凯仍错误地认为，"详审在韩倭人情形及近日韩、倭往来各节，并倭国时势，应不至遽有兵端"①。

袁世凯的错误判断，使得列强在朝鲜更加肆无忌惮地扩张各自的势力。特别是日本，得知俄国政府于1891年开始修建西伯利亚铁路乌苏里的一段，此段铁路修成后，将使俄国在中国东北和朝鲜更为便捷地扩张势力，日本政府感到这将对其侵略计划十分不利。因而，日本认为要改变局面，发动侵朝战争，实现完全控制朝鲜的目标，已成为刻不容缓的事，当然，侵占朝鲜，最核心的目标，还是把战火引向中国，所以，对俄国采取行动，就成了日本实现侵略目的的先决条件了。

日本自明治维新起到19世纪90年代初，已经装备完成有22万人的新式陆军和5万吨级新式海军的近代化部队，这一点，英国《泰晤士报》驻东京记者布林克莱说得很明白，甲午战争之前日本在军事上一切都已经准备就绪，单"就弹药而论，它所储存的数量，比在一次对华战争中可能耗去的还要多"。另外，日本侵略者又不断派遣间谍潜入中国，窃取清政府各方面的情报，对清军内部情况了若指掌，甚至"比中国人自己更清楚地知道，每一省可以抽调多少人出来作战"②。

---

① 李宗一:《袁世凯传》，中华书局1980年版，第28—30页。

② 丁名楠等:《帝国主义侵华史》第一卷，人民出版社1992年版，第331页。

既然要侵占朝鲜，进而侵略中国，日本就迫切需要找一个名正言顺的理由和借口，为其侵略行为张目。1894 年，朝鲜开化党主要领导人金玉均被杀事件便成为日本政府寻衅的借口。

金玉均画像

金玉均被暗杀，是因为他在日本的支持下，于 1894 年 3 月计划进行颠覆朝鲜王朝的活动，他的行动泄密后，在途经上海的时候，被朝鲜人暗杀。尸体后经清政府帮助运回朝鲜。按说，这一事件的发生，本属朝鲜内政，但是日本却趁机煽动部分仇视中朝两国的人，并组织了“金氏友人会”表示对朝鲜和中国的愤怒，说金玉均的死是“日本人的感情所完全不能谅解的”。日本议员甚至发表言论说，中国将金玉均的尸体运回了朝鲜，是对日本的侮辱。日本外务省更是鼓动日本浪人大肆活动，表示要建议政府对中国开战。因而，日本外务大臣陆奥宗光把日本浪人团体玄洋社介绍给了日本参谋次长川上操六。

川上操六对鼓吹侵朝战争的玄洋社分子表示，“若能举火，则以后之事为余之任务”[①]，充分暴露了日本侵略者借机启衅的图谋。

金玉均被杀之时，朝鲜正在进行着在东学道的宗教旗帜下反封建的农

① 王绍坊：《中国外交史：鸦片战争至辛亥革命时期（1840—1911）》，河南人民出版社 1988 年版，第 210 页。

民战争。当时，东学道起义的烽火从1894年1月到4月短短几个月时间内，便席卷全国，极大地冲击着朝鲜的王朝统治。这个局面对于急于侵略朝鲜的日本来说，是可以利用的。于是日本军方组织了一个名为“天佑侠”的组织，打着民间团体的旗号，以帮助东学道为名，企图把朝鲜的内部矛盾扩大为反清的斗争，为日本进行干涉寻找借口。对东学道起义，朝鲜王朝已无力镇压。于是，便希望借助清朝的军队来进行镇压。而袁世凯也有这种想法，但他顾虑到日本会乘机干涉，所以迟迟没有出兵。

袁世凯明白，如果中国派兵了，日本肯定也会派兵，老实说，朝鲜当局和清政府一样并不希望日本派兵，知道日本人的狼子野心。但是，事件的进展，很快便让朝鲜当局顶不住了，便央求袁世凯，希望清政府能够派兵平叛。

1894年5月末，朝鲜全州被东学道起义军攻克，在如此严峻的形势下，朝鲜再次请求袁世凯出兵镇压。袁世凯先是给李鸿章去了电报，汇报了朝鲜正在发生的事件，称朝鲜全罗道泰任县有东学道数千人聚众闹事，并说，对于朝鲜发生的叛乱，朝鲜高宗李熙已经派出京军壮卫营正领官洪启薰为两湖招讨使，率八百名士兵携枪炮弹药乘坐清朝北洋水师的平远舰和苍龙、汉阳两火轮从海路开赴全州，又命两百名京军从陆路攻打东学军，并对朝鲜国王要求派兵之事作了说明。

对于朝鲜要求清政府派兵，起初袁世凯认为东学道起义不足为虑，他想观察一段时间再说。全州被东学道占领后，形势发展已经对朝鲜李氏王朝非常不利，朝鲜国王以“兵少，不能加派，且不可恃为词，议求华遣兵”[①]。袁世凯便赶忙给李鸿章作了汇报，建议朝廷援兵朝鲜。

当然，袁世凯的态度由观望到要求朝廷出兵的转变也是有原因的：其一，从当时的宗藩制度来看，朝鲜的叛乱是他们的内政，不到万不得已，是不能出兵的，但是，朝鲜国王的请求，则又代表着天朝上国的体面；其

---

① 王彦威、王亮编，王敬立校：《清季外交史料》卷九十，书目文献出版社1987年版，第29页。

二，从当时日本与西方列强都觊觎朝鲜的形势来看，如果清政府坚持不出兵，则西方有可能以帮助“平叛”为名趁机出兵，那样将置中国于尴尬的境地，以袁世凯的精明，他不可能没有看到这一点。但是，袁世凯担心清政府出兵朝鲜，日本也会借机出兵，因为中日条约中对此有明文规定。为此，他曾经积极地关注过日本的动向，甚至还得到过日本不出兵的口头保证。

日本希望中国出兵，目的是为日本也出兵寻找借口。因为，日本已经料到朝鲜当局或将请援于中国，准备乘中国出兵的机会，向中国进行挑衅。日本驻朝代理公使杉村一再假意对袁世凯表示，日本盼中国帮助朝鲜戡乱，并说日本政府“必无他意”，以怂恿中国出兵。袁世凯因此认为日本“重在商民，似无他意”[1]。

朝鲜东学道起义图

李鸿章看了袁世凯的报告，也很乐观。他一面计划让直隶提督叶志超带领千余精兵乘商轮速往朝鲜，一面根据《中日天津会议专条》的相关规定，

---

① 戚其章：《甲午战争史》，上海人民出版社 2005 年版，第 14 页。

让新任驻日公使汪凤藻照会日本外务省，告知中国打算出兵朝鲜的计划。李鸿章还将这些计划和袁世凯的来电致电总理衙门，希望代为向光绪帝呈奏。

此时的光绪帝已经亲政，但亲政之前，他已经开始涉足朝廷的决策。他十三四岁的时候，已经明显表现出对列强强硬的态度，1885年发生的中法战争，就有光绪帝态度的影响。1887年，他正式亲政了，虽然慈禧太后还在训政，但毕竟名义上是开始治理朝政了。

自1885年中法战争爆发，年少的光绪帝目睹国家外交、政治的举步维艰，很有些“欲张挞伐，以湔国耻”的雄心。随着年岁的增长和肩负的重任，光绪帝在处理朝廷政务方面的能力得到了很大的提高，而且他的政治思想也更加成熟起来，皇帝对臣下的威慑作用和凝聚力也与日俱增。此时的光绪帝“年渐长，图治之心渐切”，“欲亲擢一二通才以资驰驱”，“以揽大权”[①]。

光绪帝想使清王朝振作起来，同时也很想摆脱慈禧太后的控制，按照自己的意志处理朝政的雄心也日盛一日。为此，他不断地在朝中暗暗培育自己的力量，为加强皇权而努力。在外交方面，面对咄咄逼人的列强，他知道什么权力斗争都没有维护国家主权、捍卫祖宗基业来得重要。这也是甲午战争爆发后，光绪帝能够挺身而出“一意主战”，把争国权的斗争放在首要地位，把爱国思想见之于行动的原因。

西方画家笔下讽刺甲午战争前朝鲜局势的漫画

① 冯元魁：《光绪帝》，吉林文史出版社1993年版，第133页。

1894年6月3日，光绪帝得到李鸿章的奏函，知道朝鲜正在发生叛乱，朝鲜国王希望中国出兵。对于朝鲜正在发生的东学道起义，光绪帝感到这是伸张清政府威信的好机会，便向李鸿章下达了谕旨。光绪帝在谕旨中说，这次朝鲜国内发生乱匪叛乱，朝廷决定派兵助剿，但地势、敌情都不甚了解，因此必须想出万全之策，切不可轻敌，方有必胜把握；朝廷决定“派出兵练千五百名，是否足敷剿办，如须厚集兵力，即著酌量添调，剋期续发，以期一鼓荡平，用慰绥靖藩服至意”①。

光绪帝希望袁世凯全力帮助朝鲜，扫平叛乱。对于派兵一事，又给李鸿章相当的灵活机动之权。

李鸿章接到谕旨后，他认为既然日本已经明确表示不会向朝鲜派兵，并表示支持中国出兵，外交上似乎已经没有什么困难，所以他作出了两方面的决定：一方面，让叶志超率两千余人前往朝鲜，先期了解敌情，如需增兵，即电商速拔；另一方面，又派太原镇总兵聂士成率所部910人乘海轮奔赴朝鲜平叛。

同时，李鸿章又电令驻日公使汪凤藻，要他根据1885年签订的《中日天津会议专条》的规定，通知日本说明清政府出兵朝鲜的原因，以此打消日本人的顾虑。当日，汪凤藻就将这个来电照会了日本外务大臣陆奥宗光。本来清政府想用这个照会向日本表明，中国出兵是应朝鲜的请求，也是派兵护商之举，实属情非得已。可是，当汪凤藻将照会传达给陆奥宗光的时候，日本方面就照会中的“属邦”二字大做文章。陆奥宗光对汪凤藻说，为什么照会中出现“保护属邦”这样的字眼。他表示，日本从来没有承认朝鲜是中国的属邦，并要求中国更改。汪凤藻当场拒绝，这样，日本方面便表示不接受这个照会。

李鸿章本想通过主动向日本发出照会的方法，打消日本人的顾虑，却不曾想事情出现这样的波折。当汪凤藻将此情况报告给李鸿章的时候，李鸿章这一次却表现得很坚决，称中国保护属邦旧例天下各国都知道，日本

---

① 苑书义：《李鸿章传》，人民出版社2016年版，第290页。

既然不承认朝鲜为中国属邦，那么中国只能依照自己的惯例行事。而李鸿章却不知道，在他得到光绪帝的谕旨之前，日本已经向朝鲜出兵了。出兵的时间是6月5日下午，以护送大鸟圭介公使返任为名，派海军陆战队三四百人随大鸟圭介先行，于6月10日入驻朝鲜京城。随后又续派大军前往朝鲜，到6月16日日军先期抵达朝鲜的有四千五百人左右，人数远远超过清军。这些措施说明了日本的挑衅之心是何等的巨大。

日本在做好军事部署之后，外交上也开始步步紧逼。在大鸟圭介公使与日本海军陆战队乘船驶往朝鲜的途中，日本才将出兵朝鲜的决定正式照会清政府，这是典型的先斩后奏，在形式上给清政府以措手不及。日本驻天津领事荒川已次受日本外务省之命，于6月7日拿着日本外务省的电报来见李鸿章，电报中说："韩事多警，日本已派兵往保护使署领事及商民。"①

李鸿章看了电报既惊诧又不满。他对荒川已次说："汉城、仁、釜各口现俱安静，中国派兵专剿内地土匪，并不至汉及通商各口。汝国似不必派兵，致人惊疑。"②他还表示，如果日本已以保护官商之名派出军队，兵员的人数断不可多，日兵入朝，非朝鲜所请，一定不能纵兵深入，引发中国军队与日兵冲突。

荒川已次这次拜见李鸿章后，李鸿章又将日本的电报呈报给了总理衙门。总理衙门当然不能接受日方所提的要求，于6月9日复照日本外务省，驳斥了他们的这一单方面举动。但是，日本侵略朝鲜的野心已定，很有些"理直气壮"地说明自己出兵朝鲜的理由，日本外务省在12日照会总理衙门的电文中说："此次我国派兵朝鲜，是凭《济物浦条约》而于为之，遵照《天津条约》(指《中日天津会议专条》)办理在案。其应畿多调派，我政府不得不自行定夺。其应如何行动，非所掣肘。"③

---

① 戚其章：《甲午战争史》，上海人民出版社2005年版，第23页。

② 吴汝纶编：《李文忠公全集·电稿》第十五卷，台北：文海出版社1965年版，第35页。

③ 戚其章：《甲午战争史》，上海人民出版社2005年版，第23页。

朝鲜国民静坐草席陈情上书，祈求朝鲜王朝拯救日渐崩溃的国家

虽然日本人的举动令李鸿章有些惊诧，但他也只好默认。就在中日都向朝鲜派兵期间，朝鲜政府与东学道达成了全州和议。这样，戡乱就失去了意义。随后，朝鲜政府要求中日两国都撤兵。于是，中日之间在撤兵问题上展开了谈判。

根据日本政府避免与第三国发生重大外交纠纷的方针，1894 年 6 月 16 日，大鸟圭介和袁世凯达成了中日共同撤兵的谅解。但是，所谓的谅解，对清政府毫无益处，而日本已经决意要侵略朝鲜，所谓的谈判过程，却为日本部署兵力、做好战争准备提供了时间。

日本人整军备战，李鸿章不知情，在朝鲜的袁世凯也不知情。袁世凯乐观地认为，根据他与日本人达成的谅解，日本很快就会撤兵。可是，日本政府却没有撤兵的意图，大鸟圭介公使把袁世凯给耍了，所谓的共同撤军，只是让清政府撤军，而日本非但不撤军，反而以帮助朝鲜镇压东学道为借口，继续增兵朝鲜。对于这一借口，日本外务大臣陆奥宗光私下里竟然狂悖地说，这次增兵，就是要使中日关系破裂。同时，日本政府训令大鸟圭介，派员赴朝鲜各地调查实况，“而此调查务令缓慢，须作成故含与和平状态相反之报告”[①]，为日本拒绝撤兵提出的借口寻找依据。日本既然要

① 王绍坊：《中国外交史：鸦片战争至辛亥革命时期（1840—1911）》，河南人民出版社 1988 年版，第 213 页。

有借口，当然不会让借口那么不值一驳。

发现上当的清政府当然要对日本提出交涉了，表示朝鲜叛乱已平，中日共同镇压已经没有必要，要求日本根据谅解尽快撤军。但是，6月22日，陆奥宗光却代表日本政府蛮横地声明日本绝不撤兵，并发出了对中国的“第一次绝交书”。

此后，中国驻仁川总兵林泰曾和袁世凯先后向李鸿章电告日本增兵的动向。当时，进入汉城的日军人数有四百五十余人，同时，大量的军备物资向汉城运集。林泰曾就此事带领一名翻译官前往日本驻仁川领事馆，探询日本为什么突然向汉城增兵，并试图阻止日本的这种举动。但是日本领事却将增兵的理由推向中国，说中国向汉城增派了六千名士兵。大鸟圭介公使得到这个消息后，才增兵汉城。

日军长官在检查物资入仓状况，士兵在对物资作详细登记

李鸿章向大鸟圭介作了说明，指出中国增兵之事，纯属子虚乌有。事实上，中国看到朝鲜政府与东学道达成了全州和议，就停止了增兵计划。但是日本人不管这一套，依然增兵不止。6月24日，日本领事还给林泰曾、袁世凯发出照会说，这次增兵有六条，主要是兵不聚汉城；担心仁川

水少发瘟，蔓延于各国商民；此次进兵别无他意，如果中日达成撤军协议，即行撤离；等等。

林泰曾、袁世凯看了这样的照会，实在无法再轻信日本人的信口雌黄了。看到日本不断增兵的局面，感到局势不是很好，朝鲜国王也十分慌张，就请求袁世凯再次给李鸿章写求援信，说汉城危在旦夕，请派重兵。而接到报告的李鸿章又是一种什么态度呢？他陷入了深深的忧虑之中。

三、李鸿章的“迷梦”与列强“帮帮忙”

李鸿章得到日本大举向汉城增兵的报告后，既有一种恐慌之感，又一时摸不清楚日本人的真实意图，他希望通过各种途径了解日本的真实目的。

6 月 25 日夜，他接到袁世凯的密电，第一个动作就是发表了一番充满激情义愤的声明。然后，电令驻日公使汪凤藻摸清日本人的真实目的。

李鸿章在声明中说，“韩属华已千余年，各国兼知，即韩与各西国立约，亦经声明”，要求朝鲜国王务必坚持，并警告：朝王如果畏惧日本，“竟认非华属，擅出文据，华必兴师问罪”。[①]

而此刻，接到李鸿章要他了解日本真实意图的电报的汪凤藻的心情已是相当的糟糕。他通过对日本的观察、了解，对形势作了非常悲观的估计，他知道一旦日本的条件得不到满足，中日必然爆发大战。他为此向李鸿章请示，如果中日大战一开，是否尽快撤使，并解决驻日各国商民的财产问题。

---

① 戴东阳：《晚清驻日使团与甲午战前的中日关系》，社会科学文献出版社 2012 年版，第 349 页。

汪凤藻像

汪凤藻的担忧不是没有道理的，日本增兵汉城，目的是直接胁迫朝鲜政府背华投日，充当日本对中国挑衅的工具。为达此目的，日本认为在两个问题上可做文章，一是中朝宗属问题；二是所谓朝鲜内政改革问题。

在宗属问题上，兼任驻朝公使的大鸟圭介于6月28日向朝鲜发出了质问照会，质问朝鲜政府是否同意清政府在6月7日递交给日本的照会中所说的“此番清国派兵援助朝鲜乃我朝保护属邦之旧例”，大鸟圭介公使要求朝鲜方面在一天内作出答复。

朝鲜方面迫于大鸟圭介公使的逼迫，只得作出朝鲜尊重日朝两国签订的《江华条约》，让中国援助，系行使宗属权利这样的答复。虽然日本不满意朝鲜的答复，但在当月的30日，俄国也发电向日本施加压力，要求日本遵从朝鲜政府的要求，与清政府同时撤兵，在这样的情况下，日本政府不得不放弃宗主权问题。因为日本知道，中国与朝鲜的宗藩关系是被俄、英等国所默认的。面对外界的压力，大鸟圭介根据日本外务大臣的训令，向朝鲜提出内政改革的要求，要求改革政制、财政、司法、教育等等，并要求在一周内答复。

在日本政府的逼迫下，朝鲜国王只得成立了“改革调查委员会”，负责与日本协商有关内政改革的事项。这使清政府很担心朝鲜对中国的立场会发生动摇。日本逼迫至此，李鸿章也感到战争随时都有爆发的可能。

面对朝鲜国内一触即发的危难形势，清政府中出现了两派力量。一派是以光绪帝为首的“主战派”，他们主张对日作战；另一派是以仍想对朝政施加影响的慈禧太后为首的“反战派”，他们反对对日作战。

说到慈禧太后不想对日开战就不得不说一下其背后的原因了，1894年，慈禧太后60岁了，她40岁的时候是1874年，当时列强正在向中国扩张，日本也侵犯了台湾，使得当时她要为自己做寿的念头化为泡影；50岁的时候是1884年，中法两国因为越南问题又闹得不可开交，她自然没有心情为自己做寿。而60岁对于她来说是非常重要的，所以她认为确实该好好地给自己做个寿了。可是，日本却增兵朝鲜，战争一触即发。这一年，朝中的臣子们老早就开始为她张罗寿诞的事情，她也不想因为战争而使自己的生日添上几分不祥的因素，所以她反对对日开战。

慈禧太后出行的排场

主持外交大局并把持北洋海军大权的李鸿章也不想与日本开战，况且避战求和是他一贯的外交方针，这样不仅可以保存自己的实力，又可以通过谈判捞取自己的政治资本。现在，慈禧太后想热热闹闹地过自己的60大寿，反对与日本人开战，甚至为此公然对主战派提出警告：“今日令吾不欢者，吾亦将令彼终身不欢。”

慈禧太后的态度无疑给了奉行投降外交的李鸿章一颗定心丸，尽管光绪帝的上谕要他做好战备，但他却拖延观望，并不去做积极准备。前方将士要求占领重要地区，做到有备无患，而李鸿章则斥责这些将士，要他们按兵不动，不要无端生事。李鸿章有着自己的想法，以为只要清政府对日本不首先寻衅、不主动开战，谅日本人也不会违背国际惯例与中国动手。他认为，根据国际公例，谁先动手，谁就首先在国际上失去了公理的支持。

李鸿章幻想着日本人会遵守国际公例，同时他还把希望寄托在列强的调停上。他希望英、法、德、俄等国公使能够劝说日本撤军，他先是让英国公使欧格讷出面调停，接着又请俄国公使喀西尼劝说日本撤兵，为促成俄国公使的调停，他竟然谎称："英国已提议愿充调停者，但中国认为俄国在此次事件中有优先权。"[①] 喀西尼向李鸿章表示，俄国与朝鲜是近邻，断不能容忍倭人妄行干预。这个表态让李鸿章对俄国寄予很大希望。

事实上，俄国所关心的只是自己在东亚的侵略利益，出面调停中日冲突当然是提高俄国威望的极好机会，但日本态度强硬，冲突已非口舌所能消解。俄国感到对日本采用强硬的态度，只会把日本推到俄国的对立面，使日本与英国联结在一起，况且俄国正在集中精力建设西伯利亚铁路，还没有力量向远东投入更多的财力和兵力。俄国也感到，中日之战在所难免，胜负难料，坐山观虎斗地静待战争结局也符合俄国的扩张利益。因此，俄国采取了脚踏两只船的外交政策，其外交大臣吉尔斯如此解释他们的调停做法："帝国政府所遵循的目标是，不为远东敌对双方任何一国的一面之词所乘，也不被他们牵累而对此局势有偏袒的看法，类似的行动方式，不仅有失我们的尊严，甚至还会限制我们将来行动的自由。"[②]

李鸿章对俄国调停寄予了很大希望，而俄国却摆出了观望、和稀泥的做派。到了6月底，俄国对日本竟然采用了态度友好的劝说，此间俄日双方在圣彼得堡进行了多次外交接触，根本不提让日本撤兵的事，可是为了自己的利益，俄国又表示日本不应该强行改变朝鲜的独立地位。几次接触后，日本人也把准了俄国人的脉搏，知道俄国并不是真的要干涉朝鲜问题，

① 张蓉初译：《红档杂志：有关中国交涉史料选译》，生活·读书·新知三联书店1957年版，第15页。

② 戴逸等著：《甲午战争与东亚政治》，中国社会科学出版社1994年版，第110页。

而是想维护其在朝鲜的利益。如此调停，使得日本在行为上变得更加大胆起来，对于俄国人的调停变得委婉客气起来。7月2日，日本政府在发给俄国的照会中拒绝了从朝鲜撤军，但十分委婉地说，向朝鲜派遣军队，实属形势的不得已，并无侵吞领土之意，到了该国内乱平定，当然会将军队撤回，"帝国政府对于俄国政府友谊的劝告，深表谢意，同时，希望俄国政府本两国政府间现存之信义及友谊，对此保证给予充分信任"①。

这个答复实际上也是日本在向俄国作出一种承诺，承诺什么呢？日本表示将来俄国有插手朝鲜的权利。目的是希望俄国在日本侵略中朝时作壁上观，不要干涉。俄国对日本的这个承诺很是满意，但为了提醒日本不要侵犯俄国的利益，俄国又给日本发了一个照会，表示："未悉日本政府对朝鲜究欲提出何种要求？不论任何要求，如果违背朝鲜以独立政府资格与各国间所缔结之条约时，俄国政府决不能认为有效。为了避免将来不必要的纠纷，兹从友谊上再提请日本政府注意。"② 看来，只要日本不撕掉"朝鲜独立"的"帽徽"，俄国就不会用强力阻止日本发动侵略战争。

李鸿章做梦都没有想到，他所期待的俄国调停会成为俄日之间的外交交易，俄国在得到日本保证不侵犯俄国利益的前提下，则在日本侵略中朝的道路上开放绿灯。李鸿章最初请俄国公使喀西尼调停时，喀西尼还信誓旦旦地说，要与中国同心协力压服日本，现在却来了个一百八十度的大转弯。对此，喀西尼是这样给李鸿章解释的："前此劝倭，彼谓须贼平及善后事确有担保，方可撤兵，经电政府请示，奉电命劝倭将此事与华妥商，倭云，华自拒绝我请后，但约撤兵，别无他议，此时无可再商等语。我劝既无益，须由贵政府另筹良策。"③

喀西尼为什么说要清政府"另筹良策"呢？他给李鸿章列举了三个原因：一个是因为武备水师未能速为备齐；二是俄不要催中国到开仗地步，

---

① ［日］陆奥宗光：《蹇蹇录》，伊舍石译，商务印书馆 1963 年版，第 39、40 页。

② 戴逸等著：《甲午战争与东亚政治》，中国社会科学出版社 1994 年版，第 111 页。

③ 中国史学会编：《中国近代史资料丛刊：中日战争》第二册，新知识出版社 1956 年版，第 619 页。

若俄立允相助，恐中国办事太骤，应先试探，能否讲和；三是俄要使天下皆知不因此机会在韩插手。

李鸿章希望保持和局，不惜违抗光绪帝的谕令，对列强卑词乞和，一再让步。但是，换来的却是俄国人作壁上观，中日开战迫在眉睫。

甲午战争前的朝鲜士兵

在俄国人进行了一番虚假调停后，李鸿章并不死心，他甚至以出卖利益作为诱饵，希望俄国能够对日本进行干涉，他向喀西尼建议，由中、日、俄三国共同改革朝鲜内政，答应俄国可以和中日享受同等权利。喀西尼在7月3日向国内作了汇报："为了报答我国的效劳，中国正式承认俄国具有与中、日两国共同解决朝鲜内部组织的权利。李鸿章请求我国协助，俾使日本同意与俄、中两国共同解决朝鲜的改革问题。"喀西尼还向国内表示：李鸿章的建议，"对于我国及日本均属有利，它将保证朝鲜秩序今后得以维持，将摈除中国在朝鲜的优越势力"[①]，希望政府能够接受这项建议。

俄国国内接到喀西尼的电报，态度很谨慎，认为朝鲜形势很复杂，如

① 孙克复编：《甲午中日战争外交史》，辽宁大学出版社1989年版，第48页。

果接受李鸿章的建议，迫使日本撤军，虽然如李鸿章所言可以得到利益，但是因此得罪了日本，会不会将日本推到英国的阵营，这就将使俄国陷于孤立，甚至有陷入战争的危险。这对于俄国是不利的。俄国虽然当时也企图积极向远东扩张势力，实现其在远东扩张的战略目标。但在西伯利亚铁路未完工以前，它还不愿打破远东的现状，也知道不能得罪日本，免得日本与英国结盟。况且日本在口头上已经作出保证——对朝鲜“决无侵略领土之意”。出于保护俄长远利益的考虑，俄国政府并没有答应李鸿章的这一要求。

此时，俄国政府也不断接到驻日公使希特罗渥的电报，指出“日本现在决不可能撤兵，但除非中国直接挑衅，日本在任何情况下，不首先采取军事行动”①，并对他与日本首相伊藤博文的会谈情况作了说明。希特罗渥在电报中说，伊藤博文承诺“日本毫无夺取朝鲜内政的意图，其目的系在真正保卫朝鲜实际脱离中国而独立，只要获得朝鲜政府能实施必要改革以避免重新发生暴乱与中国再度干涉的某种保证，则日本准备与中国同时撤退军队”。这更使俄国不愿开罪日本。于是，俄国政府电告喀西尼，让他向李鸿章转告俄国的态度。电报说：“我们努力的目的在于消除中日间发生冲突的可能性。我们要求日本由朝鲜撤兵是友谊的劝告，我们完全珍视李鸿章对我们的信任，然而我们不便直接干涉朝鲜的改革，因为在这建议的背后，显然隐藏着一个愿望，即把我们卷入朝鲜纠纷，从而取得我们的帮助。”电报最后特地要求喀西尼向李鸿章表明，俄国政府“对中国持有最友好的态度，并将竭尽一切以支持中国的和平愿望”②。

俄国虽然拒绝了李鸿章的建议，但又表现出很支持清政府的姿态，表示将全力支持中国，避免使得李鸿章太失落。

至此，李鸿章感到让俄国人帮助调停的愿望只能是画饼充饥，便想丢掉希望列强帮助化解危机的幻想。可是，英国担心俄国在中日的纠纷中获得利益，一改消极的态度，对调停中日矛盾热心起来。这使妥协的李鸿章仿佛

---

① 张蓉初译：《红档杂志：有关中国交涉史料选译》，生活·读书·新知三联书店1957年版，第17、18页。

② 孙克复编：《甲午中日战争外交史》，辽宁大学出版社1989年版，第47页。

又抓到了一根救命稻草。他竟然异想天开地对英国驻天津领事提出，请英国"速令水师提督带十余铁快舰迳赴横滨，与驻使同赴倭外署，责其以重兵压韩无礼，扰乱东方商务，与英大有关系，勒令撤兵再议善后，谅倭必遵"[①]，并且怂恿英方说，这个良好机会，英国不能坐失，让俄国捷足先登。

李鸿章这个引狼入室的建议，自认为很高明，实际上很荒唐。先不说英国人不愿直接跟日本人对着干，就是年轻的光绪帝听说李鸿章对英国人提出这样不靠谱的建议，也是极为恼火，斥责他此举非但示弱于敌，而且后患无穷。

李鸿章挨了骂后，只好放弃依靠英国的想法。当然，英国表示愿意从中调停，也不是真的想调停，而是担心俄国与日本走得太近，因为英国当时忌俄远甚于忌日，所以英国的调停目的在于防俄。英国不愿逼迫日本撤兵，而是提出了朝鲜由中日共管，共同"整理朝鲜内政，同保该国土地勿令他人占据"[②]的建议。这样的调停让李鸿章相当失望，日本方面也不满意。因为日本侵略朝鲜的决心已下，对于英国的调停，日本不便公然拒绝，于是竟提出极端无理的条件，以期造成中日关系的决裂。日本表示"假定中国政府为改革朝鲜内政，即选派共同委员，但对于日本政府业已独立着手之事项，中国应不容置喙"，并限清政府于五日内答复。否则，"日本政府不能与之应酬，且中国此时若增派军队于朝鲜，则日本政府即认为威吓之处置"[③]。日本此举就是希望中国无法接受，造成两国关系决裂。

可是，在英国公使欧格讷的忽悠下，李鸿章竟然提出了五方面的让步条件：一、允许中日都派兵赴朝帮助平乱；二、中日皆可派员对朝鲜的内政、军事、财政等进行商办改革，但仅能劝告朝鲜国王照行，不能强迫；三、中日两国协同保护朝鲜领土安全；四、在朝鲜通商问题上，中日两国都享有权利，但不加入"政治上"三个字，朝鲜有重大活动，日本不能与中国并行；五、撤兵事件于谈判之初规定，不提出"属邦"问题。

---

① 刘培华：《近代中外关系史》上册，北京大学出版社 1986 年版，第 378 页。

② 同上书，第 379 页。

③ 孙克复编：《甲午中日战争外交史》，辽宁大学出版社 1989 年版，第 54 页。

甲午战争爆发前后的天津海河码头，图中右侧为美国军舰，左侧为德国军舰，都在观望着战争形势

李鸿章认为，在英国的调停下，中日都接受这样的条件就可以实现避战求和，但是日本却提出了更为苛刻的要求，坚持中国不能改变日本业已单独和朝鲜订立的关于“内政改革”的二十五条，而且关于朝鲜内政的改革，必须迫使朝鲜国王遵行；坚持政治上和中国享有同一权利，遇朝鲜大典，两国必须平行。

这摆明了是要清政府承认日本对朝鲜具有控制权，这对清政府所希望保留的宗主国地位的最后一点颜面也要无情剥夺。李鸿章再怎么妥协，也不敢答应日本这样的条件。日本提出这样的要求，也使英国公使欧格讷感到，日本是铁了心要发动一场战争了，知道调停不会有任何的结果，因而也决定放弃调停。对于可能发生的战争，英国政府在 1894 年 7 月 23 日向日本发出照会，要求不在上海及附近区域作战。日本接受了英国的要求，于是，英国的调停也宣告结束。

既然俄国和英国都已退出调停，决定不再干涉日本对朝鲜的侵略行动，其他国家就更无此意了。即便是美国，也只敷衍性地于 1894 年 7 月 9 日对日本提出所谓“友谊的劝告”。至于德法两国，表面上对日本也曾提出“劝

日本在甲午战争前后对中国进行的调查报告

告”，但两国驻日公使暗地里都向日本外交大臣陆奥宗光表示：“欲使中国觉醒古来迷梦，决不可不加以一大打击。”[1]这明摆着是怂恿日本采取行动啊！国际干涉的可能既已证明全不存在，日本这时在朝鲜外交上也已使尽了一切挑衅手段，最后便是使用赤裸裸的暴力了。

在英国调停失败之前，李鸿章曾经先后派出自己的幕僚伍廷芳、罗丰禄与日本驻天津领事荒川己次密谈，希望中日双方就朝鲜问题进行谈判，以期和睦解决。李鸿章还希望派出代表到日本与伊藤博文谈判，要求日本政府保证在秘密特使到达东京前，在朝鲜的日本军队不要采取敌对行动，并要求日方对这一倡议立即答复。

李鸿章派出伍廷芳与罗丰禄和日方密谈是背着光绪帝秘密进行的，李鸿章此举试图把中日在朝鲜即将发生的军事对抗平息下去。但这种越过皇帝、军机处和总理衙门，擅自开展的外交活动，显然让光绪帝难以接受。当然，李鸿章之所以有这么大的胆，是因为他知道慈禧太后不愿在自己60大寿之年爆发战争；对于日本，他所统辖的海陆军也没有必胜的信心。但有一点，李鸿章似乎有把握，倘若他以外交手段将密布的战云消退，他就一定能找到办法说服朝廷。

① 中国史学会编：《中国近代史资料丛刊：中日战争》第七册，新知识出版社1956年版，第155页。

1894年7月，在仁川登陆的日本军队

但是，李鸿章的愿望还是落了空。他在7月12日和22日先后派出伍廷芳、罗丰禄与荒川已次接触，日本政府的反应却十分的冷淡。7月23日，日本政府竟然以朝鲜国王对“内政改革”回答不圆满而令在朝鲜的日军包围了朝鲜王宫，胁迫李昰应出任日本的傀儡。25日，李昰应在日本的胁迫下，宣布朝鲜“自主”，并“委任”日军驱逐清军，同时通知中国代办唐绍仪废止中朝间的商约。而在当日拂晓，日本海军在牙山湾外，已向中国海军实行突然袭击，开始了不宣而战的行动。

在朝鲜局势的日益紧张面前，主战的光绪帝有一种担心，任由日本大举入侵朝鲜，将使“我中国从此无安枕之日”，他对王朝统治和国家的命运产生了深深的忧虑。所以，他不顾慈禧太后的压制和后党群臣的虚与委蛇，不断严电谕令李鸿章加紧战备。

虽然有慈禧太后的压制，但光绪帝毕竟是名义上的一国之君，面对外侮紧逼的形势，公开站出来号召朝野上下抗战御敌，还是很得人心的。朝中的主战派纷纷站出来响应，当时的侍郎志锐和御史安维岐等人连上奏章，建议朝廷抗战，并抨击后党和李鸿章之流的妥协误国，就连一向见到慈禧太后便唯唯诺诺的帝师翁同龢也大胆地站出来支持光绪帝。

即便是那些在“后党”与“帝党”之间摇摆中立的官员，出自“忧国”的义愤，也纷纷建议朝廷抗战。当时的洋务派官僚张之洞、刘坤一便是如此，当他们得知“上（光绪帝）主战”的消息以后，他们的态度也逐渐转向主张抗敌。光绪帝命沿海要地督抚“不动声色，豫为筹备（战防），勿稍大意”，张之洞便向其属下传达“朝廷甚注意江防”。在他的主持下，于长江一带作了一些较为认真的防御部署。

于是，在光绪帝公开主战的气氛中，使得慈禧太后控制下犹如一潭死水的朝局顷刻之间有了一种积极向上的活力，光绪帝的主战思想立即获得很多人的拥戴。

朝野上下不断有人为抗战献计献策，甚至有人大声疾呼，“朝鲜近在肘腋……唇亡齿寒……不能不举国争之”①。

在大敌当前的危难时刻，光绪帝挺身而出，一力主战，既顺应了民心，也有力地调动了全民抗战的积极性。站在反抗侵略者的立场上来看，光绪帝的这一举动，无疑是英明的，正确的。但是，光绪帝所处的时代，注定了他是一个悲剧角色，因为他面对的对手和敌人都太强大了，日本此时的军事、经济等各方面实力都是清政府难以匹敌的，而后党也有一个庞大的势力圈，他们对主战派处处掣肘，使得光绪帝的这场努力抗争注定要成为悲剧。

四、如是“求和”

1894 年 7 月 23 日，日军以朝鲜“内政改革”答复不能令人满意为由，冲进朝鲜王宫，劫持了国王李熙，胁迫李熙的父亲李昰应出来执政。按照既定的步骤，李昰应被迫“委任”日军驱逐清军，一场战争就以这样的方

---

① 孙孝恩、丁琪：《光绪传》，人民出版社 1997 年版，第 159 页。

式展开了。

说到这里需要说明的是，日本作为蕞尔小国，很是好战，每次与别国开战，事先也不打招呼，很有些流氓强盗的特性。甲午战争是在不宣而战的情况下开始的，后来的七七事变甚至偷袭美国珍珠港都表现了这种诡诈无赖的特性。1894 年，日本军队冲击朝鲜王宫后，仅仅相隔两天，也就是 7 月 25 日，日本海军便以朝鲜国王“委任”“驱逐”的名义突然偷袭了在朝鲜牙山口外丰岛附近的中国军舰。

由于慈禧太后、李鸿章等妥协派并不主张对日作战，除了张之洞有所布防外，其他地方并没有积极备战，这等于被敌人打了个措手不及，在日军的偷袭中，清军的一艘军舰重伤搁浅，另一艘军舰看到敌人的炮弹像冰雹一样密集砸来，慌忙调转船头仓皇逃窜，逃跑中还是挨了敌人的一发炮弹。还有一艘运输舰，虽然也有武器装备，但是，当时的清政府自视海军亚洲第一，根本就没有打算用这种舰船作战，所以很快便被日军劫走了。偷袭中，950 名清军竟然有七百余名死伤。受雇于中国的英国“高升号”轮船，因为载有中国士兵，也被日舰击沉。

通过汉城凯旋门的日军

清军虽然挨了打，但是慈禧太后、李鸿章等人仍然不主张对日宣战，李鸿章在给总理衙门的电报中提出了一个荒唐的想法。他说，日舰击沉英轮“高升号”，英国人肯定会有所态度，不可能不管不问。所以，他仍迷信外国人的干涉，而不认真备战。

李鸿章希望英国人出面干涉，制止日本的侵略行动。英国人的态度会如李鸿章所设想的那样吗？英国方面倒是有所动作，作为一个老牌帝国，对此事不可能装聋作哑。但是，它只关心自己的利益，要求日本对英国赔偿、道歉。

李鸿章依赖洋人的想法又落了空，而此时，日本却更加紧了对中国军队的进攻。7 月 29 日，日本向牙山东北成欢驿的中国军队发起了进攻，清军再次遭到重创。李鸿章本想通过外交手段，使日本放弃战争，可是他的妥协外交没能阻止住战争的步伐，反而延误了军事作战准备。因而，使得清军一开始就处于被动地位。面对严峻的局势，指挥作战的袁世凯多次向李鸿章发出增兵的请求，李鸿章这才不情不愿地答应增兵。8 月 1 日，清政府正式宣布与日本开战。

清政府虽然不情不愿地对日宣战了，可是，消极的应战态度，再一次使清政府饱尝了战败的苦果。因为没有进行充分的备战，当时南洋舰队为图自保，并没有参战，而日军却动用了几乎全部的海军力量，日本的 32 艘舰艇出动了 21 艘，其中有 9 艘都是新建造的，而清军舰队虽大，但大都是陈旧迟缓的老式舰船，没有日本军舰的机动性快，这样使得清军一开始就处于被动局面。

从 1894 年 9 月 13 日起，日军向集中在平壤的中国守军发动进攻，中国士兵勇猛应战，个别将领如左宝贵奋战至死，但是由于主将叶志超的怯懦无能，加之将领间意见分歧不服调度，仅仅经过两天的战斗，清军便败了下来，主将叶志超也仓皇逃回到国内。

9 月 17 日，北洋舰队在安东县（今东港市）大东沟海域与日舰发生了遭遇战，这一战，因北洋舰队主帅丁汝昌指挥不当，致使北洋海军遭受重大损失。但致远舰管带邓世昌仍率领全舰将士英勇作战，他受伤后，仍坚

北洋水师“济远号”巡洋舰

持指挥作战，最后不幸被敌方鱼雷击中船舰而壮烈牺牲。这一战，中国军舰沉没五艘，日舰沉没一艘，由此也暴露出了清政府海军指挥系统存在的问题。

一方面，暴露了李鸿章领导下的北洋陆海军的种种腐败情况；另一方面，证明了中国广大士兵和个别将领是具有抗敌热忱和爱国精神的。清政府如能接受教训，加强整顿，鼓舞士气，战事前途决不致一败涂地。但指挥战事的李鸿章却因自己的政治资本——北洋海陆军受到了损失而大发牢骚，说什么“以北洋一隅之力，搏倭人全国之师，自知不逮”[①]，从此在军事上采取了避战自保的方针，在外交上则加紧了求和活动。

当然，李鸿章不愿作战，力求避战自保也是有深刻原因的。因为他主导的北洋舰队，早已被他打造成了中看不中用的“李家军”，比如说军队的管理人员，他只喜欢任用那些唯他马首是瞻的人。

当时，李鸿章让毫无海军管理经验的“旱鸭子”丁汝昌出任海军统帅就是如此。李鸿章之所以任用丁汝昌为海军统帅，在他看来，丁汝昌既是安徽籍，属于淮系，又经大敌，事事能够听命于他，因而统领北洋海军的大任只能落在丁汝昌的身上。

事实上，丁汝昌作为从太平天国军队投降过来的淮军将领，虽然有着

① 中国史学会编:《中国近代史资料丛刊：中日战争》第三册，新知识出版社 1956 年版，第 112 页。

陆战经验，但对海战却一无所知。丁汝昌还是一个性情浮华、行为放纵之人，既无战略眼光，又对军事管理较为放纵。他有几个嗜好，就是吃喝嫖赌，平时并不在军中居住，统帅如此，下属的放荡也就可想而知。因而，刘步蟾这样留洋归来有着一定军事才能的人对其不满也就不足为奇了。

李鸿章和丁汝昌都是淮系出身，因而他们在北洋水师的管理和编制上照搬淮军的套路。李鸿章也知道丁汝昌缺乏海军管理经验，因而让具有海军管理经验的刘步蟾、林泰曾出任左右翼总兵，协同丁汝昌对海军进行管理，也是不得已而为之。

当然，李鸿章要把北洋海军打造成“李家军”也与朝廷中的朋党之争有很大关系。当时，既有帝党与后党之间的权力之争，又有朝臣之间的朋党之争。朝臣中，斗争最激烈的是李鸿章与左宗棠。因为朋党之争，使二人在人才的选拔上也赌气起来，只认“奴”，不认“才”，他们选人的标准就是听话，有一定的因缘关系，否则你就是才能再大，也不可能得到任用。依凭这种观念提拔起来的丁汝昌在海军的建设中，以取悦于李鸿章为中心便不足为奇了。北洋海军中，虽然刘步蟾这样有才能的海军将领大有人在，但大部分将领为了讨好丁汝昌、讨好李鸿章，盘算的是如何“站队”，而非打仗。

对北洋舰队的情况一清二楚的李鸿章知道北洋舰队系自己苦心经营，一旦战败，自己的权力即将失去，所以这也是他避战求和的一个原因。

想着保存实力，便不想与敌人作战，李鸿章就一心想着求和。可是，光绪帝与日本决一死战的心情却很强烈。在这样的情况下，李鸿章不敢公然提出与日本和谈，也不敢提出让他国调停。况且，当时，朝廷中弹劾李鸿章的大有人在，有的干脆提出，请朝廷撤销李鸿章的北洋大臣职务。

对于这样的局面，李鸿章还是老办法，先秘密地与洋人沟通，在与日本宣战的当天，他仍然希望俄国人能够出面调停，并说可以赔偿日本兵费，使之退兵，但这只是他个人的一厢情愿。

1894 年 9 月 17 日，海战失败的消息传来，在朝廷中产生了很大的震动。帝党与后党因此又打起了嘴仗。朝廷中反对李鸿章的声音更大了，说什么的都有。军机大臣李鸿藻与光绪帝的老师翁同龢指责李鸿章“有心贻误”，认为李鸿章是故意贻误战机。光绪帝对李鸿章一味妥协、投降的态度早就心生不满，因而，没有请示慈禧太后就匆匆下旨。谕旨有两层意思：一、“拔去三眼花翎，褫去黄马褂”；二、“交部严加议处”。[①]

光绪帝降谕惩处李鸿章，这让李鸿章很不满。但他知道，胳膊拗不过大腿，表面上接受朝廷的惩处，但对其领导的北洋舰队在朝鲜的失败极力辩解。说这次出兵朝鲜，日本以数倍的兵力与北洋舰队作战，敌人前赴后继，所以不支，“固由众寡之不敌，亦由器械之相悬，并非战阵之不力也”[②]。

北洋水师官兵合影

李鸿章的这番解释，立即遭到了主战派更猛烈的抨击，说他“因循贻误于前，诿卸于后，天良澌灭至此，虽寸磔不足谢天下”。主战派认为，不从重处罚李鸿章就不能平民愤，就无法挽回连连失败的局面。翰林院侍读学士文廷式是光绪帝的书记官，他有很多接近光绪帝的机会，就在光绪帝面前指责李鸿章袒护作战不力的官员，不积极备战，致使贻误战机，实在

① 戚其章：《甲午战争国际关系史》，人民出版社 1994 年版，第 257 页。

② 吴汝纶编：《李文忠公全集·奏稿》第七十八卷，台北：文海出版社 1965 年版，第 61、62 页。

是罪大恶极，朝廷仅仅拔去他三眼花翎，夺其荣誉，交部议处，实在惩罚太轻，不能达到以儆效尤的目的。文廷式还认为，李鸿章的失败，根本原因在于作战指挥失当，如果今后北洋水师仍由其一人调度指挥，必将造成不可收拾的局面。他建议光绪帝在惩处李鸿章的同时，改组军机处，不能再像过去那样，由李鸿章独断专行，把持作战指挥全权。9月20日，给事中洪良品也奏请朝廷："朝廷再简一知兵大员为之统帅，以免遥制而一事权，令李鸿章为之接应粮饷器械等类，功罪同之。"①

在主战派的指责声中，慈禧太后的态度则让李鸿章吃了一粒定心丸。慈禧太后对他温言安抚，说他办理军务也是有很多难处，这一点深宫还是明白的，以示对他的谅解。不仅如此，慈禧太后还驳回了另派奉天督兵大臣的意见，仅派四川提督宋庆为帮办大臣，仍令李鸿章统筹兼顾，指挥北洋水师。帝党易帅的活动受到了不可抗拒的阻力，所以翁同龢给自己的好友张謇写信说："将不易，帅不易，何论其它？此天也！"②

翁同龢的话语间显露了他对慈禧太后的阻挠感到无可奈何。实际上，慈禧太后安抚李鸿章是有自己的目的和打算的。朝鲜战场上失利，反对抗战的慈禧太后更坚定了议和的决心。在她看来，与日本议和，必须倚重于李鸿章这样有外交"经验"的人，慈禧太后为此还起用了被她几度打压的恭亲王奕䜣，让奕䜣重新回到了总理衙门。

慈禧太后要与日本议和，现在她让奕䜣也出山了。这使李鸿章感到议和的道路一片光明，胆子变得更壮了，为此他向慈禧太后建议：派出专使与俄国接洽，凭着中俄的友谊，其必然出来讲和。

李鸿章希望通过俄国向日本传达清政府的求和之意。慈禧太后对李鸿章的建议深以为然，她便让翁同龢前往天津传达懿旨。慈禧太后此举也是深有用意的。你翁同龢不是主战吗？派你去，通过你来堵住主战派的嘴。

慈禧让翁同龢前往天津见李鸿章，翁同龢有点不乐意。他没有直接说

---

① 中国史学会编：《中国近代史资料丛刊·中日战争》第三册，新知识出版社1956年版，第109页。

② 戚其章：《甲午战争国际关系史》，人民出版社1994年版，第258—259页。

不想见李鸿章，而是分析让俄国人出面帮助调停，有五个方面的危害。他对慈禧太后说，如果要俄国人调停，俄国人趁机向中国提出要求怎么办？况且，臣对议和的事情实在是不了解，还是请太后派别的人去吧。

翁同龢不愿去，慈禧太后再三劝说，表示，只是去天津诰谕李鸿章，让他设法了解俄国态度。最后，慈禧又转变话锋向翁同龢表明，她不是完全想议和，而是想借议和作缓兵之计。既然你翁同龢不愿前往传谕议和，了解外国态度的话，那么朝廷就发一道谕旨，由你翁同龢前往传达，朝廷对李鸿章作战指挥不力、贻误战机还是要责备的嘛。如此，翁同龢才回答说，如果是这样，臣下怎么敢抗旨呢。

慈禧见翁同龢答应去天津，便又说："顷所言，作为汝意，从容询之。"她想既达到探询和议的目的，又勿须担和议误国的骂名。翁同龢更怕无端留下骂名，便提出："此节只有李某复词，臣为转述，不加论断。臣为天子近臣，不敢以和局为举世唾骂也。"慈禧谕其次日即行，"往返不得过七日"。[①]

翁同龢像

翁同龢在慈禧太后的要求下，带着情绪去了天津，到天津后，他先传达了懿旨，然后问了李鸿章通过俄使向日本提出议和的情况。李鸿章回答说，巴福绿曾传俄国公使喀西尼的话："俄廷深忌日占朝鲜，中国若守十二

① 戚其章：《甲午战争国际关系史》，人民出版社 1994 年版，第 262 页。

年所议之约，俄亦不改前意……若能发一专使与商，则中俄之交固，必出为讲说。”“且连俄而英起，奈何？”李鸿章却拍了胸脯打包票说：“无虑也，必能保俄不占东三省。”[①]

李鸿章的这番保证，正是慈禧太后所期望的。10月4日，翁同龢回京复命，慈禧太后听了汇报，对李鸿章的联俄制日充满希望，但是，她知道主战派是会反对的，索性决定甩开帝党来推进和议。5日，慈禧太后单独召见恭亲王奕䜣，而且一天内连召四次。重新起用奕䜣这一招很厉害，从此她可以内依奕䜣，外靠李鸿章，来推行其求和方针了。

慈禧太后起用恭亲王奕䜣，纯属无奈之举，好不容易搬掉了弄权路上的一块绊脚石，她怎么肯让他再坐大。可是，甲午战事对清政府愈发不利，当慈禧和光绪帝召见庆亲王奕劻和军机大臣以及翁同龢、李鸿藻等询问对策时，翁、李依据南书房师傅兼署工部右侍郎李文田等联奏，认为奕䜣“勋望夙隆”，应予起用，乞请慈禧和皇帝恩准。慈禧太后本不同意，可她又实在是盘算不出第二个可以来应付局面的人，所以仅过两日，即9月29日慈禧与光绪帝共同召见奕䜣，“见王病体虽未痊愈，精神尚未见衰，著管理各国事务衙门事务，并添派总理海军事务，会同办理军务”，同时“著在内廷行走”。第二天，慈禧又作出抚恤奕䜣的姿态，说恭亲王“病体尚未痊愈，步履未能如常”，因此，“加恩免其常川入直”[②]，一切祭祀差使都不用参加。

这样，李鸿章、奕䜣一唱一和又开始了配合默契的投降外交。10月6日上午，奕䜣同庆亲王奕劻秘密约见海关税务司赫德，希望英国从中调停。赫德在给伦敦的电报中，汇报了此事，他说：“与恭亲王和庆亲王会谈很圆满。日本为野心所促使，或将要索过多。中国既系被迫应战，原难容许任何过奢的要索，但如认为非此不可，仍可提出办法再商量。”[③]从赫德的电报中可以看出清政府希望与日本讲和的愿望，奕䜣也透露了可付适当赔款

---

① 苑书义：《李鸿章传》，人民出版社2016年版，第308页。

② 朱寿朋编：《光绪朝东华录》第三册，中华书局1958年版，第3466、3467页。

③ 中国近代经济史资料丛刊编辑委员会：《中国海关与中日战争》，中华书局1983年版，第62页。

的讯息，但过后觉得仅此条件未必能够满足日本的要求，又于当天下午派孙毓汶、徐用仪二人亲访赫德。赫德记其事道："昨天孙毓汶和徐用仪同我自下午 4 点谈到 6 点钟。他们两个几乎痛哭流涕，愿意听受任何好的建议，答应以后办这样办那样。他们说，两个月以前人们除了'宣战'以外，不敢讲别的"，"政府有责任力撑危局，现在也知道继续作战没有把握，早日和解是最好的办法，所以他们问我应当怎么样办"①。但是，对于清政府妥协派的请求，赫德心中也没底，他很担心日本在没有完全达到目的之前是否会罢手。

恭亲王奕䜣希望英国人从中调停，还有一个重要原因，那就是李鸿章虽然很希望联俄，但是俄国并不想改变甲午战争爆发之初所采取的观望态度。俄国驻华公使喀西尼表示，对于中日战争需要与在京各国公使会商，便没了下文。而英国的态度与俄国不一样，它担心的是中日战争会影响到英国的对华贸易，又担心清政府在走投无路时，完全投入俄国的怀抱，因而表示愿意调停，但骨子里还是偏向日本的。中日甲午战争爆发之前，英国就有意联合日本，抵制俄国。为此，英国还放弃了其在日本的特权。甲午战争爆发后，平壤战役、黄海战役中清军都是大败，英国偏袒日本更加明显，当时，英国《泰晤士报》发表评论，为英国放弃在日本的特权，笼络日本感到庆幸。社论说，"英国和日本，并没有什么彼此显然冲突的利益；有些重大的利益是两国共同的"②。

《泰晤士报》更是对清政府连连失利充满嘲弄和谩骂，该报社论中说，"我们决不会再想到……中国的友谊是值得培植的……关于中国的潜力以及中国迷梦已醒的种种神话，已经被这次战争完全澄清了……中国是一盘散沙，它只有通过外力才有可能打起精神来和组织起来。我们必须注意不使别的国家完成这种事情，而使我们受损失"③。

---

① 中国近代经济史资料丛刊编辑委员会：《中国海关与中日战争》，中华书局 1983 年版，第 63 页。

② 丁名楠等：《帝国主义侵华史》第一卷，人民出版社 1992 年版，第 346 页。

③ 戴逸等著：《甲午战争与东亚政治》，中国社会科学出版社 1994 年版，第 129 页。

日本海军官兵在“高千穗”舰上的纪念合影

这种论调正反映了英国人“调和”的投机心态。因此，英国驻华公使提出“由各国共保朝鲜，中国赔偿日本军费”两点作为议和基础。俄国公使也表示赞同殴格讷提出的建议。俄国对“国际共保朝鲜”颇感兴趣，认为这样可防止日本独占朝鲜，并可保证朝鲜海峡上的航行自由。德国的政策是要在远东趁火打劫，它正计划在中国夺取一个海军根据地，并且乘机大做军火生意，所以它认为：“列国在此时干涉，看来似尚嫌过早……鉴于两交战国目前之军事情况，日本接受中国提案似乎不可能。”[①]

美国在中日战争中也采取偏袒日本的态度，美国想的是“利益均沾”，通过日本的侵略，为美国在中国获取更多的特权，美国很希望中国遭到更多的失败，美国驻华代办田夏礼甚至荒唐地说：“唯有使用武力，才能使这个国家（指中国）和世界（指帝国主义列强）融洽共处。只要清王朝不致受到威胁，中国的战败倒是一个有益的经验。”[②] 抱着这样的心态，当清政府希望其帮助调停，使日本退兵时，相同的利益，很快便使列强沆瀣一气。

进入10月下旬，战事的进展对清政府来说，更是越来越糟糕。这也是列强所期待的。10月24日，日军先头部队开始渡过鸭绿江，侵入中国领土，把战争的烽火转移到中国境内。

11月间，中国辽东一些城镇相继被日军攻克。面对这样的局面，慈禧

① 中国史学会编：《中国近代史资料丛刊：中日战争》第七册，新知识出版社1956年版，第322、323页。

② 丁名楠等：《帝国主义侵华史》第一卷，人民出版社1992年版，第351、352页。

太后的求和愿望更加强烈了，恭亲王奕䜣在慈禧的授意下，更加奴颜婢膝地请求列强出面调停。当时的美国公使田贝曾经这样描述恭亲王奕䜣的狼狈情形："恭亲王号泣地说：'难道就没有办法可以停止这一可怕的战争吗。'"①

战争的形势正如美国驻华代办田夏礼所期望的，中国遭受了不断的失败。美国根据这种形势，认为是该出面调停了，战争如果再持续下去，将影响到美国在华的利益。应该趁日本军事胜利的势头，诱使清政府进行谈判，早日结束战争。美国国务卿格莱锡告诉日本驻美国公使栗野说："日本应当结束战争了。如果日本连续打中国，把中国打垮，英法德俄等强国将以维持秩序为名，瓜分中国。"②

11 月 6 日，美国国务卿格兰锡指示驻日公使谭恩向日本政府发出照会，表达对中日战争的关切，照会说："若战争延长，无法节制日本海陆军进攻时，与东方局势有利害关系的欧洲列强，难免不向日本提出不利于日本将来安宁和幸福之要求，以促成战争的结束。美国总统对日本一向怀有最深笃的善意。若为东方和平，在不损害中日两国双方的名誉下尽力调停时，未悉日本政府是否同意，请予答复。"③

此时的日本认为战争所取得的胜利还远远不够向中国提出条件，达成议和的时机还没有来临，但又感到，中日两国的战争不能无限期地进行下去，议和时机迟早会成熟，"那时对于第三国的公然调停虽无必要，但若有某一国从中周旋，特别是能成为一个互相交换意见的中介是非常便利的，而担当这个中介的当然没有比美国更为合适的了"④。

为此，日本方面给美国开出了空头支票，画了一个圆圆的大饼，表示虽然目前的议和时机还不成熟，但将来条件成熟时美国一定具有"调停"的机会。日本政府"深愿倚赖美国政府的厚谊"。

既然日本承诺了美国利益，美国方面自然也不好再指手画脚了。

---

① 关捷：《奕䜣在甲午战争期间外交活动考察》，载《满族研究》2009 年第 1 期。

② 戴逸等著：《甲午战争与东亚政治》，中国社会科学出版社 1994 年版，第 134 页。

③ ［日］陆奥宗光：《蹇蹇录》，伊舍石译，商务印书馆 1963 年版，第 113 页。

④ 戴逸等著：《甲午战争与东亚政治》，中国社会科学出版社 1994 年版，第 134 页。

日军进入旅顺后对中国百姓进行了疯狂的大屠杀

英、美驻华公使调停无果后，李鸿章又把希望寄托在德国人身上。1894年11月18日，李鸿章委托天津海关税务司官员德璀琳，带了李鸿章致日本首相伊藤博文的求和书，前往日本。德璀琳于11月26日到达日本，日本政府立即表示德璀琳是西方人，李鸿章的书信也不是国书，拒绝接待，并声明非中国著名大员，由皇帝钦派来日，决不开议。

日本方面希望光绪帝亲派谈判代表赴日，不过是托词罢了。他们知道，主战的光绪帝不可能会主动地派出谈判代表去与日本议和。在日本军队侵犯东北之时，面对日益严峻的京畿威胁，光绪帝在极力调动“各省兵勇北上”以加强京畿防务的同时，还相继电谕李鸿章、裕禄等，命转战辽南与辽东的安庆、依克唐阿、聂士成等将领同心协力保卫“辽沈”；谕令山东巡抚李秉衡迅速“派兵严密防守”北洋海军基地威海卫，命驻守乐亭的吴大衡在山海关一带做好防御工作，并谕令江南沿海各省督抚都要严密布防。

光绪帝虽然积极抗战，但是他所处的是一个朝廷内部矛盾积重难返的政治体系，他渴望振作的举动由于受到慈禧太后与投降派的掣肘，不能有所作为。进入1895年，战事的全面恶化也使他不得不改变主战的态度。

当时，日本拒绝西方各国的调停，并拒绝接见李鸿章派出的谈判代表，一个根本的原因，仍然认为接受议和的时机尚不成熟。况且，当时，以慈禧太后为首的后党，虽然表示要与日本议和，但是也有些不甘心，也知道一味地答应日本人的要求，对全国人民不好交代。

但是，日本的目的是要清政府彻底屈服。因而，在谈判的价码上，始终不肯开口，因为日本陆军部希望夺取辽东半岛；海军部要并吞台湾、澎湖；财政部提出索要白银10亿两的庞大赔款数字；改进和革新党叫嚷：必须有瓜分中国四百州的决心，将广东、山东、江苏、福建都纳入日本的版图；自由党声言："应使中国割让吉林、奉天、黑龙江三省及台湾，并缔结中日通商条约，其条件应超过中国与欧洲各国所订的条约。"一片蝉噪蛙鸣，充分暴露了日本侵略者的贪婪野心，就像陆奥宗光所说的那样："中国的割让唯欲其大，发扬帝国的光辉唯欲其多。"[①]

日本知道要实现贪欲，必须借助于扩大战争成果和狡猾的外交手段。在外交方针上，日本政府认为通过战争获取更多的胜利，外交上才能使清政府更屈从。因此，对于停战与议和的条件，陆奥宗光又说："我国绝不泄露要求的条件，将问题严格局限在中日两国之间，使第三国在事前绝无插足的余地"，"媾和条约方案也深藏未露，在时机尚未成熟时，决不轻易示人"[②]。

日本人拒绝外国调停，这使李鸿章感到只有直接向日本议和一途了。1895年1月，李鸿章奏请朝廷派张荫桓、邵友濂东行，前往日本协商议和之事。

在前往日本之前，二人在奕䜣带引下先后觐见了光绪和慈禧太后。此刻，光绪帝在慈禧太后的压力下，也同意派人到日本了解日本的真实意图。在1月1日的觐见中，光绪帝特降谕旨说："张荫桓、邵友濂现已派为全权大臣，前往日本会商事件，所有应设各节，凡日本所请，均著随时电奏，候旨遵行。其与国体有碍，及中国力有未逮之事，该大臣不得擅行允许。懔之！慎之！"[③]

光绪帝的这道谕旨，说明他对日本方面的态度并不了解，奉命前往日本的张荫桓也是如此，他在离京前给光绪帝上了一道奏折，说："此行原无

① ［日］陆奥宗光：《蹇蹇录》，伊舍石译，商务印书馆1963年版，第116页。

② 同上书，第117页。

③ 《张荫桓致翁同龢函》，载《近代史资料》1962年第3期。

把握，为时久暂，自难预定。如能仰托皇上福威，敌人就范，则臣蹄期可速，经费可节，随使各员亦有劳可录。俟到差后，察看情形再行具奏，以慰宸廑。”①

对敌情的不了解，决定了张荫桓等人前往东京议和的必然流产。因为此时，日本军方已经做好了更大规模的战争准备。再者，日本没有达到目标，还不想议和。日本的目标是希望歼灭全部北洋舰队，不愿在这个时刻和清政府代表议和。如此一来，日本首相伊藤博文与外相陆奥宗光在见到清政府派出的谈判代表张荫桓、邵友濂时，横挑鼻子竖挑眼地故意刁难，说什么清政府派出的谈判代表级别太低，所给予的权限不够，不能和谈。并指名道姓要恭亲王奕䜣和李鸿章亲自出面参加谈判。

根据日本的国宾标准，外国主要访客一般都会受到日本政要甚至天皇的接见，有时还会与天皇夫妇共进晚餐。张荫桓等人虽然受到了伊藤博文的接见，但天皇却没有接见，原因当然是认为级别不够。日本既不愿与张荫桓、邵友濂议和，还不允许二人在日本停留。

张荫桓与总理衙门同僚合影（左起：张荫桓、廖寿恒、庆亲王奕劻、许庚身、徐用仪、孙毓汶）

① 戚其章：《甲午战争史》，上海人民出版社 2005 年版，第 383 页。

2月12日晚上，张荫桓、邵友濂在日本西屋村本馆的榻榻米上还没有睡去，实际上，二人也不喜欢日本人这种躺在地上的睡觉方式。既然没有睡意，就谈论这次到日本的观感，很有一种为战事担心的忧虑心情。这时候，日本外务省却派人来向二人发出了照会，实际上是一个通牒，要求二人立即返回中国。这样的待客之道，让二人很是无语。张荫桓、邵友濂等于被驱逐了，这对于清政府来说，是一件颜面尽失的外交事件。

在张荫桓、邵友濂被驱逐之前，李鸿章在1月9日得到日本计划侵犯山东的消息。这个消息是英国驻华公使电告李鸿章的。电文说，日本不愿停战，已计划从山东登陆，李鸿章将这个消息告知朝廷，引起了朝廷上下的极大恐慌，皇帝便于13日电令李鸿章悉心筹措，做好防范。当天，李鸿章即电丁汝昌称："查倭如犯威，必以陆队由后路上岸抄截，而以兵船游弋口外牵制我师，彼时兵轮当如何布置迎击，水陆相依，庶无疏失，望与洋弁等悉心妥筹，详细电复，以凭核奏。"①

但是，丁汝昌面对这样的战报，不是积极准备，而是束手无策，不知该如何是好。1895年1月20日，日军2.5万人由大山岩指挥，在25艘军舰的掩护下，在山东半岛荣成县龙须岛登陆。清军在漫长的海岸线上，分散防守，"零星屯戍，不足成军"，且装备很差，大都是老旧的土枪和少量的来复枪。日军登陆时未遇到有力的抵抗，便占领了荣成，分路向威海进扑。威海卫是李鸿章营筑多年的军港——北洋舰队的大本营。黄海大战后保留下来的舰船全在这里停泊，1895年2月初，日军攻取了威海卫陆上的北帮炮台和南帮炮台，把北洋舰队合围在军港内。

当日舰分列成两个战术分队冲击北洋舰队时，海军司令丁汝昌还没有开打，就负了伤。丁汝昌的失误在于在战前没有明令确定自己的代理人和代理旗舰，在交战过程中没有或已来不及采取任何补救措施，便使整个舰队处于群龙无首而各自应战的被动局面。

在这次战事中，丁汝昌感到援兵无望，自己又有负于朝廷和天下百姓

① 吴汝纶编：《李文忠公全集·电稿》第十九卷，台北：文海出版社1965年版，第25页。

对北洋海军的寄望，于2月12日服毒自杀。先后自杀的还有右翼总兵刘步蟾、护军统领张文宣等人。需要指出的是，在突围战中，刘步蟾实际上就成为北洋水师与日本人决战的真正指挥，在中国有一个惯例，不干事的不受指责，想干事或正在做事的往往会受到指责，刘步蟾就属此列。海战中，刘步蟾指挥定远舰冲在前面，打响了海战中的第一炮，并且一炮击中了日舰“吉野号”。刘步蟾率领定远舰当先迎敌，但是，后来李鸿章却说他临战惧敌。因而，刘步蟾自杀后，他也在一个时期里蒙受着不白之冤。刘步蟾指挥的定远舰当时战功赫赫，多次击中日本吉野舰、赤城舰，还击中西京丸舰。但是在整个战役中，开战即因丁汝昌负伤而换了主将，这已属大忌，战斗中各舰又不能很好地配合，各自为战，最终被日舰各个击破。

丁汝昌、刘步蟾、张文宣等人死后，北洋海军的一些将领和洋员顾问向日本投降，残留军港中的舰只物资、枪炮弹药都成了日军的战利品。至此，经营多年的北洋海军全军覆没。

对于北洋海军的全军覆没，最沉痛的莫过于光绪帝了。亲政不到十个年头，渴望有所作为的光绪帝，很希望通过甲午一战为清政府挽回些颜面。然而，一力主战的光绪帝得到的却是北洋海军的一败涂地，竟然到了全军覆没的地步。他悲观、失望，心中不由得暗骂李鸿章，骂北洋水师竟然是一只纸老虎，竟然是那么的不堪一击。

经此局势，是战是和，年轻的光绪帝也是没了主意。而此时以慈禧太后为首的投降派更是犹如惊弓之鸟完全沉沦于失败主义的泥潭。他们认为，到此已别无出路，只有屈从日本侵略者的“权宜一策”了。

五、“报国”的“弹痕”

李鸿章一手打造的北洋海军，中看不中用，竟然在与日本的作战中，落了个全军覆没的结局。经此危难，光绪帝除了痛恨、咒骂李鸿章之外，下一步的战局该怎么办？是继续开打，还是与日本议和，1895年2月10日，他召集军机大臣们商讨局势。把持着军机处的慈禧太后也参加了这次会议。

大殿上，光绪帝问诸臣，“时事如此，战和皆无可恃，言及宗社，声泪并发”[①]。面对光绪帝的询问，群臣也是束手无策。

虽然在此之前，光绪帝已委任张荫桓、邵友濂为全权大臣赴日谈判，但日本首相伊藤博文说张荫桓的全权不足，旁敲侧击地，以“郑重其事”为由提出要奕䜣、李鸿章出面和谈。因此这次御前会议的第二天，慈禧太后让光绪帝任命李鸿章为议和全权大臣，光绪帝的谕旨中说：“日本来文，隐有所指，朝廷深维至计，此时全权之任，亦更无出该大臣之右者。李鸿章着赏还翎顶，开复革留处分，并赏还黄马褂，作为头等全权大臣，与日本商定和约。”[②]

被俘虏的清兵在日军监视下沿协定的路线通过占领区

这个任命对于李鸿章来说，无异于天上掉下馅饼的好事。李鸿章自1870年任直隶总督兼北洋大臣以来，对外即以一味地“力保和局”为宗

① 孙孝恩、丁琪：《光绪传》，人民出版社1997年版，第236页。

② 吴汝纶编：《李文忠公全集·奏稿》第七十九卷，台北：文海出版社1965年版，第46页。

旨。他在与外国侵略者交涉中一贯采取妥协方针，中法海战中是如此，签订《中俄伊犁条约》时也是如此。《中俄伊犁条约》的签订，虽经曾纪泽努力交涉挽回了部分损失，但李鸿章妥协的外交思想却有目共睹。甲午中日海战时，李鸿章从盲目依靠外力到畏敌怯懦给抗战造成的危害更是令朝野中的主战力量所不齿。这么个没有民族气节的可怜虫，此时却被装扮成一个“勋绩”卓著的外交家，不但解除了惩戒，还被正式任命为清政府的“议和”全权代表。

光绪帝解除对李鸿章的所有处分，固然有情非得已的成分，但更重要的还是慈禧太后为其开脱，甚至让他迅速到京“请训”，实际上这也是为李鸿章前往日本交涉议和铺平道路。李鸿章的这次请训可以被视为赴日进行外交交涉的交代谈话。但是，慈禧太后让李鸿章到京“请训”，却有着自己的政治盘算，一方面是继续笼络李鸿章，让其成为唯其马首是瞻的人；另一方面是让其尽心实施投降外交。为使李鸿章专心于此任，慈禧太后还让光绪帝颁发谕令让云贵总督王文韶代理李鸿章留下的直隶总督兼北洋大臣空缺。

在慈禧太后让李鸿章走上议和前台的同时，她自己却称病躲了起来，并对外宣称：“今日强起，肝气作疼，左体不舒，筋起作块。”[①] 其实，这是慈禧太后与李鸿章合谋算计光绪帝的一种政治手段，慈禧太后企图以此来逼迫光绪帝投入由她设下的陷阱，让光绪帝亲自给李鸿章下达训令，以便日后把卖国的罪名加在光绪帝身上。

但是，李鸿章不管这些，他心里有着自己的盘算。他一手打造的北洋舰队，花去了几十年的心血，投入的银两更是不计其数。现在，面对蕞尔小国的日本，却是那么的不堪一击。清政府的失败，他要担负很大的责任。北洋舰队覆灭后，李鸿章更是声名受损，屡受全国人民的谩骂，在朝廷中更是饱受指责。当然，一贯坚持投降政策的他对这些早已习以为常，他最关心的是自己的地位和能不能保住自己的乌纱帽。

---

① 孙孝恩、丁琪：《光绪传》，人民出版社 1997 年版，第 240 页。

现在，慈禧太后带有笼络性质的委他以谈判重任，也使他感到只有亲自出面签订和约，终止战争，才有可能继续保持自己的地位。但是，李鸿章也是一个老奸巨猾之徒，他知道，此去日本责任重大，日本人要求清政府割地赔款是必然的，这些问题最容易引起民众的反对，势必落下千古骂名。他认为议和之事必须事前得到慈禧、光绪的授权，王公大臣们的赞同，列强的支持，他才能去进行谈判，签订包括割地在内的丧权条约。因此，他接到任命后积极活动，竭力排除他投降外交路上的各种障碍。2月22日，是李鸿章应召请训的日子，他先拜见了他的老上级恭亲王奕䜣，然后二人一同来到乾清宫觐见光绪帝，当时，帝师翁同龢，军机大臣孙毓汶、徐用仪，庆亲王奕劻等人也都在场。在养心殿，李鸿章先表达了他对皇上“逾格之恩”的感恩戴德之心，然后转入前往日本议和这个话题。

日本人可能要求割地，李鸿章故意借外界所传“中国须割地”之说表示：“割地之说不敢担承，假如占地索银，亦属难措，户部恐无此款。”[①]但恐日本占据中国土地索取巨额赔偿。李鸿章所言实际上是日本政府于2月17日通过美国驻华公使田贝已向清政府提出的议和的先决条件，不但要清政府确认朝鲜“独立”和赔偿军费，还要求割让土地。

这就是李鸿章的狡猾之处，他把球抛给了年轻的光绪帝。光绪帝沉默着没有说话，恭亲王奕䜣也没敢发言。这时的朝廷中，无论“主战派”或“主和派”对于议和都无异议，问题只在于议和的条件。“主战派”的翁同龢等反对割地，主张“但得办到不割地，则多偿”；“主和派”的庆亲王奕劻和军机大臣孙毓汶、徐用仪都表示不割地恐怕日本不会答应，李鸿章知道，割地必然招致全国上下的反对，他当然不敢承担这个罪责。此时，他又把希望寄托在列强能够出面干涉上，为此积极到英、美、法、德、俄各国使馆活动，希望各国能够干预，但各国均“无切实相助语”。李鸿章还致电驻外大使龚照瑗、许景澄等人与英、法、俄、德四国联络，寻求外交帮助。

---

① 孙克复编：《甲午中日战争外交史》，辽宁大学出版社1989年版，第151页。

日军在救治伤兵

1895年2月23日，李鸿章在拜访驻华公使欧格讷时，提出了一个《中英同盟密约草稿》。草稿有四条，一是中国同英国建立联盟，英国应确保中国的完整，中国应在英国与另一国交战时，帮助英国。二是中国陆军、海军、财政及民政管理事务的改革应征询英国的意见。三是中国准备在公允的条件下给予英国臣民修筑并经营铁路，开发并经营煤矿、铁矿和其他矿山，以及在通商口岸设立并经营各类工业企业的特权。四是考虑英国增开新口岸的要求，以及发展商业和调整税收的建议。[①]

对于李鸿章这一丧心病狂的卖国方案，欧格讷未敢表态，他向英国外交部汇报后，英国政府也不敢接受这一方案。因为他们知道，这一“同盟密约”不仅会遭到中国百姓的反对，在华有特权利益的美、法、德、俄等国也会大加干涉。况且，英国当时的政策是笼络日本，制衡俄国，不可能因为中国而将日本推到俄国人的怀抱。李鸿章弄出来的《中英同盟密约草稿》没有获得英国人的认同，而美、俄、法、德等国也仍然持观望态度。这样，李鸿章寻求外交支援无果后，于2月25日与恭亲王一起又觐见了光绪帝，作了汇报。光绪帝听后，感慨地说，看来割地是很难避免了，奕䜣也连连颔首称是，以表示对李鸿章的支持。3月3日，奕䜣联合军机处上奏光绪帝：“请给李鸿章以商让土地之权。”[②]光绪帝只好拟定谕旨，大意

① 戚其章：《甲午战争国际关系史》，人民出版社1994年版，第348页。

② 窦宪一编著：《李鸿章年（日）谱》，香港友谊书报发行公司1968年版，第5064页。

是，地虽可割，但要权衡利害轻重，根据情势的发展变化作出判断。

光绪帝的这番表态，被李鸿章给利用了。他把这句话当作尚方宝剑，为自己以后的谈判留下了回旋余地。3 月 6 日，李鸿章在拜访德国驻华公使绅珂时，绅珂也向他说明了日本要求割地赔款的谈判内容。

绅珂的答复并没有让李鸿章得到自己想要的答案。德国的政策这时是“必须避免过早地被牵入一个首先为他人（指英俄）利益而服务的行动”，并保留“参加可能引起欧洲列强在远东势力转移的工作”。[①] 但德国希望在中国夺取一个港口作为基地，深恐日本的割地要求，引起各国首先是英俄瓜分中国的秘密安排，而把自己排斥在外。所以，绅珂在李鸿章拜访的当天，向日本发出了语气相当温和的照会，算是对日本的“劝告”，照会说：“中国要求欧洲列强干涉，列强中某些国家已决定干涉并为此联合起来，它们要求中国作为它们干涉代价的愈多，留下给日本的便愈少；因此，为日本计，相较之下，直接合理的解决最为有利。根据我们（指德国）今所获的报告，日本对割让中国大陆上领土的要求尤其易于惹起干涉。”[②] 这种不疼不痒的“劝告”，日本政府很不以为然，继续执行其既定的方针。

列强对中日议和所持立场竟出奇的一致，他们竟然都劝说中国接受日本的条件，尽快结束这场战争。这是李鸿章没有考虑到的。

当然，在李鸿章拜访各国公使，希望他们干涉中日议和的同时，日本政府也没闲着，他们也在通过外交努力，希望得到各国的谅解。同英俄的心态一样，日本也害怕英俄合作，因而在此期间，陆奥宗光多次向俄国驻日公使希特罗渥保证，日本尊重俄国在朝鲜的权利，希望俄国不要涉足中日战争；对于英国，日本也保证说，不必担心中国被瓦解，在开放全中国通商的问题上，日本将给予英国更优越的条件。这一保证，使英国偏袒日本的态度更为露骨，英国报纸甚至赤裸裸地说，“只要日本有节制地利用它的胜利，我们便没有理由同它争吵”，“在未来的许多年里，日本不会对我们有害，

① 孙瑞芹译：《德国外交文件有关中国交涉史料选译》第一卷，商务印书馆 1960 年版，第 13、16 页。

② 同上书，第 12、13 页。

我们无须反对它在太平洋上的海军力量。无疑的，它会威胁和震惊俄国，但这不关我们的事。倘若高兴的话，让日本和俄国去一争胜负吧。”[①] 这样，在中日正式议和之前，李鸿章企求外国干涉的一切打算都宣告流产。

李鸿章知道，让外国调停不成，那么自己就只能赴日谈判了。3 月 14 日，李鸿章率议和使团乘德国礼裕、生义两艘轮船悬挂德国国旗及“中国头等全权大臣”旗帜，从天津出发，前往日本。这次赴日议和使团的成员有：参议李经方、翰林院编修张孝谦、兵部候补主事于式枚、二品顶戴江苏候补道徐寿朋、二品顶戴记名海关道罗丰禄、二品顶戴候选道马建忠、二品顶戴候选道伍廷芳、四品衔直隶候补同知林联辉，直隶州知州罗庚龄、分省补用知县卢永铭、同知衔候补益大使陶大钧、顾问前美国国务卿科士达、前美国副领事毕德格，以及学生、供事、差弁、跟役、厨师等多人。[②] 19 日，一行到达马关。

甲午海战中清军执行军纪

① ［英］伯尔考维茨：《中国通与英国外交部》，江载华、陈衍译，商务印书馆 1959 年版，第 213 页。

② 孙克复编著：《甲午中日战争外交史》，辽宁大学出版社 1989 年版，第 158 页。

赴日之前，李鸿章在天津向日方表达了实现休战的愿望，他希望日本能停止战争，因为按照国际惯例，交战国双方在议和时理应停战。李鸿章到日本后，又向日方提交了一份停战备忘录。老实说，不管李鸿章是如何地奉行投降外交，议和前实现休战的要求是合情合理的，既然要议和，总不能在炮口下谈判吧？伊藤博文和陆奥宗光当然也明白这一点，但是，日本议和是为了向中国攫取更多的利益，战争手段则有利于帮助他们实现目标。当然，他们也不会直接拒绝李鸿章提出的停战要求，而是故意提出让日军占领大沽、天津、山海关等军事重镇，要求这些地区的清军自动解除武装。对于这样的苛刻要求，傻子都明白，日本人实际上是在拒绝停战。李鸿章没有办法，只好在炮声隆隆中与敌人商谈议和条款。而此时日军已全部占领整个山东半岛并为进一步侵犯台湾作军事部署，形势危急，李鸿章更感受到了议和所面临的沉重压力。

李鸿章与日本全权代表谈判时的场景

3 月 20 日，是李鸿章一行抵达马关的第二天，中日双方进行了第一轮会谈。中方出席的人员有头等全权大臣李鸿章，参议官李经方，参赞官罗丰禄、伍廷芳、马建忠，日文翻译官卢永铭、罗庚龄。日方出席人员有：全权办理大臣伊藤博文、外务大臣陆奥宗光、内阁书记官长伊东巳代治、外务省书记官井上胜之助、外务大臣秘书官中田敬义、外务省翻译官陆奥广吉等。

战场形势反映谈判效果。谈判一开始，日方就咄咄逼人，采用胁迫与讹诈两种手段，希望迫使李鸿章屈服。“李鸿章鉴于‘战绌而后言和，且值都城危急，事机万紧，更非寻常交际可比’，因而便委曲哀求，步步退让。李鸿章深知擅自允许日本的侵略要求”[①]，都会遭到国内主战派的指责，甚至朝廷不高兴了，以此为理由砍了他的脑袋，因此把议和的情况随时向朝廷汇报。

第一次会谈中，李鸿章主要讲了三个问题，他先是赞扬了日本明治维新以来所取得的成就，“称颂伊藤总理的施政得宜，并叹息中国之改革尚未奏效，是由于自己才略不足”。第二，李鸿章认为中日战争，虽然非清政府所愿，却使中国从长夜的迷梦中觉醒了。从这个层面说，是日本促动了中国发愤图强，促动了中国的民族进步。第三，他主张“中日同盟”，说什么“日本有不弱于欧洲各国之学术知识，中国有天然不竭之富源，如两国将来能相互合作，则对抗欧洲列强亦非至难之事”[②]。

李鸿章讲的三个问题，第一点显然是外交辞令。第二点和第三点却是希望中日放弃前嫌实现同盟。当然这是李鸿章的一厢情愿，但言语间却也情真意切。

可是，图谋通过对中国的掠夺来称霸世界的日本侵略者怎么会听进去这些呢？他们只是一再地提出无理条件，使得第一次谈判没有取得任何成果。

3 月 21 日，双方又进行了第二次谈判，仍然是围绕着停战进行的。也就是这一次，日本提出了更为苛刻的停战条件。

日方提出的停战条件是什么呢？伊藤博文与陆奥宗光仍然坚持前说，日军应占有大沽、天津、山海关；并提出，天津山海关间之铁路当由日本国军务官管理；停战限期内日本国军队之军需军费应由清政府负担。

李鸿章感到朝廷难以接受这些苛刻的要求，再者此时日军还在旅大、海城一带，离山海关、天津很远，如果要占取山海关和天津，势必要经过

① 苑书义：《李鸿章传》，人民出版社 2016 年版，第 313 页。

② 同上。

长时间的作战，耗费巨大的兵力、财力。日本竟然希望通过在谈判桌上夺取战场上很难夺取的果实，其用心实是险恶和贪婪。且天津是北京的门户，把天津让给日本，无异是以北京作抵押。日本开出的条件，经罗丰禄口头翻译后，李鸿章面露难色，禁不住惊呼“过苛，过苛”[①]。

李鸿章虽然知道无法接受日本提出的苛刻条件，但仍低三下四地哀求，希望日本能够放低条件。他表示，日方所提占领天津、大沽、山海关三地实为京师咽喉、直隶门户，倘若让日本占领这些地方，岂不是给清朝百姓一个异国领土之感。这番说辞之中也掺杂了李鸿章的个人情感因素在其中，因为日本提出停战需要占领的天津、大沽、山海关三地正是李鸿章直隶辖境。所以，他认为此举也是在伤害他的颜面。因而，他反问，“试问伊藤大人，设身处地，将何以情？中日系切近邻邦，岂能长此相争，久后必须和好。但欲和好，须为中国预留体面地步，否则，我国上下伤心，即和亦难持久。如天津、山海关系北京门户，请贵国之兵不必往攻此处，否则，京师震动，我国难堪，本大臣亦难以为情”。

对于李鸿章的哀求，伊藤博文并不为所动，他根本不和李鸿章讲什么私情、颜面，而是赤裸裸地表明，两国谈判决不能夹杂私人感情，私情与国事并不相干。既然议及停战，那必须要有险要之地作为质押担保，“如阁下认为苛刻，乃贵我之意见不同，只有深表遗憾”，“阁下如不能接受此条

甲午战争后日本东京搭起的日比谷凯旋门

① 戚其章：《甲午战争史》，上海人民出版社 2005 年版，第 395 页。

件，只有一面继续交战，一面进行和谈，此外别无他策”。[①]

真正是应了那句“弱国无外交”的至理名言，李鸿章的低声下气和伊藤博文的傲慢冷漠形成了鲜明对比。李鸿章没有办法，只好放弃休战的要求，表示请日本出示议和条款，但伊藤博文却不依不饶，坚持要求中国方面必须先撤回休战提议，日本方面才会提出议和条款。谈判期间，交战双方的停火，本是天经地义的事，而日本为了用炮火震慑清政府，不准李鸿章在今后的谈判中提及停火一事，再三威逼，实属霸道至极。李鸿章不得已应声说：你的意思，我已完全明白了，如果我再提停火，你不是仍可以拿出这些苛刻的停火条件来抵挡吗？这番话引得全场哄堂大笑，也算是谈判中小小的诙谐插曲。

伊藤博文要求李鸿章在今后的会谈中不再提休战的事情，否则就不提出议和条款，这使李鸿章陷于两难，他不知道是该答应还是拒绝。因此，他在当天晚上就把这次谈判的情况电告了总理衙门。光绪帝与慈禧太后得知李鸿章的两次谈判情况后，感到日本提出的停战条件实在是要挟太重，难以接受，但又不知如何是好，便让奕劻、孙毓汶、徐用仪拜会各国驻京公使，请教办法，公使们认为应先了解日方提出的议和条款再进行商议。

醇亲王在天津校阅北洋水师，与李鸿章（右一）、善庆合影

① 戴逸等：《甲午战争与东亚政治》，中国社会科学出版社 1994 年版，第 158 页。

3 月 23 日，总理衙门电复李鸿章说，日本开出的停战条件，要挟太甚，占领天津、大沽、山海关实难接受。万不得已可以姑且答应停战期内补偿日本军费，但是恐怕这样日本并不能接受。

在电文中总理衙门还说明了奕劻等人与外国公使的面商情况，各国公使都认为日本应先提出议和条款，让李鸿章将此告诉日方。同时，也表达了清政府既然答应了议和，就会推诚对待，能答应的条件自然会接受，无须以险要之地质押，至于停战期内索要军费一说，可以允给，"若彼仍执前说，则以难允各条暂置勿论，而向索和议中之条款，务将朝廷诚心议和之意，切实讲论，婉与磋磨，总以先得议款为要"①。

接到总理衙门的电文，李鸿章知道朝廷急于了解日本提出什么议和条件，这与他的想法是一致的，于是他决定不再提停战问题，先提议和条款。

3 月 24 日，双方进行第三次会谈。这一次会谈，李鸿章根据朝廷的旨意，对伊藤博文要求中方谈判代表不再提休战的问题，作了答复。对日方提出让日军占领山海关、天津、大沽的要求，表示万难接受。李鸿章表示希望日方尽快出示议和条款，伊藤博文答应第二天就可以提交。在当天谈判快结束的时候，伊藤博文突然提到日本正准备进军台湾，他说"我军已向台湾前进"。实际上，这是日本军事行动的既定步骤。3 月 23 日，五千名日军在战舰的掩护下，在澎湖登陆，清军奋起抵抗，可是不到一天，日军便占领了澎湖。3 月 24 日的会谈上，伊藤博文提及此事，让李鸿章万分紧张，他知道，清政府已经没有谈判条件了，手里没有可以使对方让步的牌，他失去了方寸，竟然大骂朝廷中的那些主战派，指责他们不了解国外形势，把局势弄得不可收拾。李鸿章说，"中央之达官显贵不能洞察中外形势，排斥敝人意见，以致不幸造成今日之局面"②。

乱了分寸的李鸿章完全失去了一个外交官应有的原则和立场，更失去了一个朝廷大员在敌人面前应有的威仪、大度。李鸿章在伊藤博文面前喋

① 孙克复编：《甲午中日战争外交史》，辽宁大学出版社 1989 年版，第 181 页。

② 戴逸等：《甲午战争与东亚政治》，中国社会科学出版社 1994 年版，第 159 页。

喋不休地指责朝廷中的主战派，将清政府的内部矛盾，完全暴露给了对手。经过三次谈判，李鸿章已是身心憔悴，然而谈判却毫无进展。

战事的继续推进，使李鸿章很有一种担心，他担心朝廷因此崩溃，因而表现得更加软弱。正当他一筹莫展之际，却发生了一个意外。第三次谈判结束后，李鸿章无奈地乘轿返回引接寺行馆，可到行馆门口的时候，突然冲出一个年轻人举枪便向李鸿章射击，子弹射到他的左颊。当时现场一片混乱，原来这是一名极端仇华分子，名字叫小山丰太郎，他希望中日战争一直打下去，不愿意看到两国议和。受了枪伤的李鸿章当时就昏厥过去了，过了一个多小时，他才苏醒过来。不过这一次他倒还算镇静，看着被鲜血染红的衣服，抚摸着被处理过的伤口，长叹一声："此血可以报国矣。"

李鸿章遇刺的时候，他的养子李经方正与陆奥宗光商谈次日会谈的有关事宜，听到李鸿章遇刺的消息，陆奥宗光先是一惊，然后让李经方速回行馆看护李鸿章。自己则匆匆求见伊藤博文，伊藤博文听了陆奥宗光的汇报，也是异常吃惊，说："该犯以和为非，应将本大臣枪击，不应戕害中国使臣。盖议和一事，所有条款，专靠本大臣定夺，非靠中国成行使臣也。"① 随即与陆奥宗光一道前往行馆看望李鸿章，一再地表示歉意。

当天，使团以李鸿章的名义致电总理衙门："今申刻会议，已将停战搁起，向索议和条款，允于明午面交。归途忽有倭人（日本人）持手枪对狙，击中左颊骨，血流不止。子（弹）未出，登时晕绝。伊藤、陆奥均来慰问。姑令洋医调治，此事恐不能终局矣。"李鸿章后来回国后，又在向朝廷请假的奏折中说，"归途被刺，晕绝复苏"②。虽然有些夸大其词，但也有向朝廷邀功之嫌，最起码希望朝廷不要再怪罪他，这是后话。

李鸿章遇刺之后，国际舆论哗然，纷纷谴责日本。日本害怕列强干涉，只得宣布无条件休战。日本本来想借停战议题漫天要价，结果行刺事件的

① 孙克复编：《甲午中日战争外交史》，辽宁大学出版社 1989 年版，第 190 页。

② 戚其章：《甲午战争史》，人民出版社 1990 年版，第 468 页。

发生使得日本的计划被破坏。伊藤博文惋惜地说：此次事件的严重性，超过在战场上一两个师团的溃败。

六、《马关条约》就这样签了字画了押

李鸿章被刺伤后，日本政府一方面积极给李鸿章疗伤，另一方面立即开始审判凶手。凶手小山丰太郎又名山小六之介，生于明治维新的第二年，家住郡马县邑乐郡大岛村大字北大岛第四十二番，是一个无业游民。他为什么要刺杀李鸿章呢？按他自己的说法：甲午战争的发生都是李鸿章造成的，不除此人就不能保证东洋之和平。本来，小山丰太郎是计划前往中国行刺李鸿章的，但听说李鸿章来日本议和，"有此好机会，似不可失，因生杀意"。看来，这也是一个不分青红皂白的莽夫。他还供述说，为了刺杀李鸿章，特意在神奈川县横滨市金丸谦次郎处购买了一个短铳，"于是月的十二日午后，由东京陆路动身，是月二十四日抵赤间关。是日午后四点四十分钟时，在赤间关市外滨町，用该铳欲击大使胸部，由轿外放击，误中左下眼窝，去方外中央一寸许之所在，致不能遂其杀害之意"[①]。

根据凶犯的供述，山口县地方裁判所复审及调查取证，情况属实。便以预谋杀人未遂罪，判处小山丰太郎无期徒刑。

日本政府之所以急急忙忙地对凶手进行审判定罪，当然是要撇清这一事件与政府的关系，摆脱责任。也是给国际社会一种印象，刺杀李鸿章的事件完全是暴徒的个人行为，与日本政府无关，正如陆奥宗光所言："若李鸿章以负伤为借口，中途归国，对日本国民的行为痛加非难，巧诱欧美各国，要求它们再度居中周旋，至少不难博得欧洲二三强国的同情。而在此时，如一度引出欧洲列强的干涉，我国对中国的要求亦将陷于不得不大为

① 孙克复编：《甲午中日战争外交史》，辽宁大学出版社 1989 年版，第 192 页。

让步的地步。”①

日本的担心不无道理，暗杀交战国的谈判代表，这可以说比第二次鸦片战争中清军绑架英法联军谈判代表巴夏礼的性质还要恶劣。因此，当李鸿章被刺的消息传出后，立即引起了西方各国的反响，世界舆论为之哗然，谴责日本同情中国的声浪一浪高过一浪。

本来，日本侵略中国的胃口越来越大，已经引起了欧美各国的不满，早在 1895 年 1 月间，日本拒绝张荫桓、邵友濂的议和，纵兵向山东半岛深入的时候，西方已经感到日本很可能要狮子大开口了，虽然大多持观望态度，但对日本会提出什么议和条件表现出相当的关注。1 月 31 日，英、俄两国驻日公使会见陆奥宗光，询问日本会向清政府提出什么议和条件。第二天，法国公使也拜访了陆奥宗光，也是询问同样的问题，既是质询又有施压意味地说，英国为了防止中国政府的崩溃，无疑可能采取干涉手段。英国的报纸甚至发出警告说，如果日本对中国的索取超出了欧美各国所认为的公平合理之外的条件，那么“各国将联合起来，采取让日本认识到各国联合的意志是不能抗拒的手段”②。

议和时的春帆楼

① 王芸生编著：《六十年来中国与日本》第二卷，生活·读书·新知三联书店 1980 年版，第 241 页。

② 藤村道生：《日清战争》，米庆余译，上海译文出版社 1981 年版，第 151 页。

2月1日，俄国还召开了关于远东问题的专门会议，商讨日本会向中国提出什么样的议和条件。这样的会议在1894年甲午战争爆发后，已经召开过一次。随着中日战争的白热化，日本在军事上不断取得胜利，令俄国政府感到，对于中日局势究竟应该采取什么样的对策，是一个值得重视的问题。会议的中心议题是如何对付日本要求侵占旅顺大连而将对俄国造成的损害。

经过讨论，专门会议上作出两项决定：第一，增强俄国在太平洋的舰队，使俄国在太平洋上的海军力量尽可能强于日本；第二，同英国及其他欧洲列强，主要是法国，达成协议，如果日本政府和中国缔结和约，所提出的要求侵犯俄国利益时，则对日本共同施加压力。但注意俄国的主要目的，是维护朝鲜的独立。①

现在，借李鸿章被刺事件，俄、英、德三国在就防止日本提出不利于欧洲列强利益的议和条件问题上很快便达成了共识。

3月25日，德、英、美三国驻日公使先后来到日本外务省，对李鸿章遇刺事件表达关切。德国公使说，李鸿章被刺事件，已经使日本在欧洲产生恶感。英国公使说，这件事实在是甚为可叹，在欧洲产生的反响很大。美国公使也说，美国对此抱有恶感。

李经方像

① 孙克复编：《甲午中日战争外交史》，辽宁大学出版社1989年版，第194页。

这些对日本施压的声音，使陆奥宗光感到，如果不采取善后措施，就有可能发生难以预料的危机。日方既担心西方各国干涉，又担心清政府以此事件为由撤使中止谈判。于是，主动向李鸿章表示，日本方面愿意接受停战的建议。并于3月28日发表声明说，日本“宽厚仁慈”，现宣布无条件停战。实际上，日本除了受到国际上的压力外，还受到了国内高涨的反战声音影响。这是因为日本国内正在发生“霍乱和水灾，严重妨碍其在中国的军事行动，正处在极端窘困之中”，大多数日本百姓反对这场战争，国内的报界舆论对这场不义战争也颇多非议，要求结束战争的呼声也很强烈。正如陆奥宗光所言，日本的“内外形势，已至不能继续交战的时机”[①]。3月30日，中日双方代表正式签订停战协定。

这个所谓“无条件”的停战协定，其实施范围只限于奉天、直隶和山东，把澎湖、台湾排除在外。而澎湖刚被日军侵占，日本的下一步侵略目标就是台湾，所以，这个停战协定明显地体现了日本急欲侵台的险恶用心。

这一协定的签订，让李鸿章分外高兴，他完全忘了脸颊上的伤痛，并对日本天皇表示感谢，充分暴露了他希望在中日议和的问题上早日签订合约，早早脱身的心态。

中日两国签订停战协定当天，李鸿章便又提出让日本出示议和条款的要求，他让其养子李经方照会日方，表达了自己的意愿：现在停战协定已经签订，虽然说本大臣现在因受伤而在静养，但很希望议和谈判尽快开议。“如承贵大臣体谅，拟请即将所拟和局要款开具节略，送到本大臣，以便查核。设如此办法贵大臣未能遽以为然，本大臣拟于寓内布置会议处所，俾本大臣不至负伤外出受风，仍可与贵大臣会议一切。”[②]

经历了李鸿章被刺事件，日方反应倒是很快，根据中方的提议，李鸿章不能亲自出席，日本外务大臣便在4月1日邀请李经方等人商谈重新开启谈判事宜。这是中日双方第四次会谈，会谈地点仍是春帆楼，中方出席

① 刘培华：《近代中外关系史》上册，北京大学出版社1986年版，第393页。

② 王芸生编著：《六十年来中国与日本》第二卷，生活·读书·新知三联书店1980年版，第249页。

的代表除了李经方外，还有伍廷芳、罗丰禄、马建忠等人，日方还有伊东巳代治、井上胜之助、中田敬义、陆奥广吉、楢原陈政。

双方坐定之后，陆奥宗光先是说了一通客套话，问候了李鸿章的病情，他说，今日李伯爵的病情如何，谅已继续逐渐好转。

李经方表示感谢，答称：幸已日渐康复，至完全治愈，当为期不远。

陆奥宗光：依据佐藤博士之每日病情报告，得知李伯爵逐渐痊愈，令人不胜欣喜。

李鸿章负伤后，伊藤博文等为使谈判继续进行，曾密商让清政府任命李经方为全权大臣。因此，陆奥宗光一番寒暄后，接着对李经方说，关于阁下之个人情况，伊滕首相已进行密议，谅阁下大概已经知晓。如就此事及早通过美国公使向北京政府预先发出电报，估计于今明两日内即可接到复电。

对此，李经方表示了感谢。陆奥宗光也为李鸿章不能出席会谈表示遗憾。并说，今后有不能决断之事，可以向李伯爵（指李鸿章）请教。之后，谈判进入了正题。

陆奥宗光与李经方先谈了议和的手续问题。陆奥宗光认为解决了议和的各种手续问题，更有利于议和的迅速了结。李经方表示，愿听高见。

陆奥宗光像

陆奥宗光便接着说，讲和条件之大体趣旨，早已经美国公使通知贵国政府，谅阁下于出发之前已有知晓。且我国政府得到贵国确已知悉之保证，方决定与阁下等进行会谈。其大体纲要虽仅四条，但此外之重大事项及事体稍轻之事项尚多。故如将此等条款分条列举时，则将达十余款之多。敝人曾仔细考虑，商议此等条款，应采取方便之方法。相信一条一款逐项商议决定，可使进度加快。譬如，提出一款即首先商议确定此一条款，于此款未商定前，即暂不商议其他条款。阁下以为如何？[①]

陆奥宗光对条款逐条议定的建议，李经方很担心是一种预设的陷阱，在没有看到日方全部的议和条款之前，什么"大体趣旨"都是模糊的，因而，李经方坚持要先看到全部的议和条款。

李经方说：阁下所提逐条逐项审议议和条款的办法，敝人并没有异议，只是希望贵方能够提交全部议和条款，并待全部条款阅后，再行逐条审议。

按说，这一要求合情合理，但陆奥宗光却说这样做实在是画蛇添足浪费时间。他说，日方提出一条条款内容时，除非首先商议确定此条，否则不会转到其他问题上来，提交全部条款只会使谈判变得复杂，影响谈判进程。陆奥宗光又说，先行阅读全部条款，似乎解决问题迅速，实则反而迟缓。如逐条议决，依次决定完毕时，与全部条款全行阅毕后再逐条商定，有何不同？敝人只望避免走弯路而选择捷径而已。

如果按照陆奥宗光所言，双方约定的二十一天停战期能不能达成议和，实在是个未知数。况且，如果双方在某一条款上争执不下使议和拖延下来，日本会不会再借端生事，也是个未知数。要避免这种情况，李经方认为还是应该先看全部条款，且许多条款往往相互关联，"如不阅读全部条款，即难以就其一条一款表明意见。既向贵国皇帝陛下恩准停战二十一天，敝人欲于此期限内，从速了结局势之演变。为此，仍希准予阅读全部条款"[②]。

李经方坚持先看全款，以有利于议和谈判的顺利推动，但陆奥宗光仍认为这样是在浪费时间，他的理由仍然是大概的节略已经通过美国驻华公使传递给了清政府，不能再在这个问题上耗费精力。停战期二十一天已经

---

① 孙克复编：《甲午中日战争外交史》，辽宁大学出版社 1989 年版，第 205 页。

② 同上书，第 206 页。

过了两天，他说，如果这样徒耗时日，停战期限逐渐逝去，将届期满，犹未达成和解，必将陷于匆忙不知所措之窘境。假定和平条约有幸得以十日达成，为办理批准等手续，以及为付诸实行作准备所需之时间，剩余仅有七八天。最后，他又说这也是他主张逐条逐项依次加以决定的原因所在。

说到这里，陆奥宗光又话锋一转说，对于清政府提出先审阅全部条款的说法，不知日本提出全部条款后，清政府能否在三天内答复。并说，“阁下既提出希望，可以从头至尾阅读全部条款。唯冀工作速决，非单纯为日本着想。在当前形势下，对贵国如推迟一日，即增加一日之不利，望阁下能充分理解”。

李经方则认为三天的答复时间太短，陆奥宗光则又让步说，“三日期限并非法定期限。停战之二十一天期限，如确乎不可动摇，阁下如以三日期限较短，亦不妨改为四日。但条款全部阅明后，必须预先决定明确答复之期限”[①]。

这次谈判，陆奥宗光在中日双方就提交全部条款与逐项逐条商议的问题上出现的争执作出了让步，同意在限期答复的前提下，将条约内容全部提出后，逐条逐项议定。李经方在这次会谈结束后，即向李鸿章作了汇报。

当天下午，李鸿章即作了答复，表示接受日方的提议，陆奥宗光便让身边的工作人员将和约草案送到了引接寺行馆面交李鸿章。日方提出的合约内容主要有四个方面：

一、中国认明朝鲜国确为完全无缺之独立自主；二、中国将盛京省南部地方、台湾全岛及澎湖列岛永远让与日本国；三、中国赔偿日本军费库平银三万万两；四、中国已开通商口岸之外，更开顺天府、沙市、湘潭、重庆、梧州、苏州、杭州七处为通商口岸，日本国臣民运进中国各口货物减税，免除厘金，并得以在中国制造一切货物。

据此可以看出日本方面为什么要逐条审议，日本政府料定，约稿全部提交后，清政府难以接受割去大面积领土、勒索巨额赔款这样的条件。当

① 孙克复编：《甲午中日战争外交史》，辽宁大学出版社 1989 年版，第 207 页。

然，这对于任何一个被勒索国都是难以接受的，由此，也可见日本包藏的贪婪祸心。

甲午战争中的美英官兵

李鸿章虽然为议和的事挨了枪，流了血，但对割让台湾这样的大事，仍然不敢自专，他把约稿内容以电文的形式发给了总理衙门，请总理衙门代为向朝廷奏呈。光绪帝看了这个苛刻的合约内容一时陷入了为难的境地。朝中主战派与妥协派再次发生了争论。奕䜣、孙毓汶认为，战争实在不能再进行下去了，否则，清政府失去的只会更多，他们主张割让台湾来保东北。翁同龢认为，台湾不可放弃，否则将失天下民心。为此，双方争论不休。最后，光绪帝于 4 月 7 日给李鸿章发了一个电示说，“南北两地，朝廷视为并重，非至万不得已，极尽驳论而不能得，何忍轻言割弃”。要求李鸿章向日本表明态度，不得软弱退避，但是又说，日本割地之要求，万不得已之时，可以“先将让地以一处为断，赔费应以万万为断，与之竭力申说”[①]。

看到日本的无理要求后，慈禧太后也故作姿态地表示，东北、台湾两地都不能割弃，即便是撤使再战也在所不惜。她此番表示，调子很高，但是并没有“撤使再战”的决心。7 日当天，李鸿章又上奏，提出自己的议和主张，他认为要促和局，可以割让奉天安东、宽甸、凤凰、岫岩四厅州

① 苑书义：《李鸿章传》，人民出版社 2016 年版，第 315 页。

县及澎湖列岛，赔银一万万两。随后，李鸿章将这一设想结合朝廷电示，拟订合约修正案递交日方。

4 月 10 日，伤口初愈的李鸿章再次与日方代表进行谈判，这是中日双方的第五次会谈。但是，陆奥宗光说身体不适没有参加，是伊藤博文与李鸿章亲自谈判的。

伊藤博文在朝鲜

会谈一开始，伊藤博文则向李鸿章提交了一份再修正案，实际上是对李鸿章提出的合约修正案进行了修改。

伊藤博文说："现谈应办之事，停战多日，期限甚促，和款应从速定夺；我已预备有改定条款节略，以免彼此辩论，空过时光……中国为难光景，我原深知，故我所备节略，将前次所求，于中国者力为减少，所减有限，我亦有为难之处。中堂见我此次节略，但有允、不允两句话而已。"

李鸿章说："难道不许分辩？"

伊藤博文答："只管辩论，但不能减少。"

李鸿章说："既知我国为难情形，则所求者必量我力之所可为。"

伊藤博文答："时限既促，故将我所能做到者直言无隐，以免多方辩论。否则照我前开约款所开，必须辩论到十日之久，方能减到如此。"[①]

① 王芸生编著：《六十年来中国与日本》第二卷，生活·读书·新知三联书店 1980 年版，第 317 页。

显然，伊藤博文并不给李鸿章辩论的机会，但李鸿章还是进行了争辩。对于赔款，日方的“改定约本”中降至两亿两，但是这个数字仍然是个天文数字，李鸿章表示不能承当，要求减少赔款数额，伊藤博文则说，已经降到最后的数字了，不能再减了。再战则赔款数字更加巨大了。

面对恫吓，李鸿章极力陈述中国的困难，而伊藤博文则说中国“财源甚广”。也许，李鸿章是希望伊藤博文站在清政府的立场上设身处地地考虑困难吧，竟然说了一句不得体的话——如果请阁下做中国宰相会是如何？可是，伊藤博文却毫不相让地冷笑道，当奏明皇帝，敝人甚愿前往。这样的回答，让李鸿章既无奈又尴尬。会场上出现了片刻的寂静。李鸿章想努力打破这种尴尬的气氛，又说，即便是奏明皇上，阁下也不会去，只是希望阁下站在我们的立场上，了解我的艰难，请阁下体谅。

李鸿章说来说去，伊藤博文就是不愿让步。他只好将话题转到分次交款及息款办法上来，想通过迂回的途径达到实际获减一点赔款的目的，伊藤博文还是处处堵截。又议及割地问题，李鸿章对日方约本中指划的辽东地方中，要求将营口除外，特别是对日方要割台湾的要求坚不应允。伊藤博文见李鸿章反复争辩，则说“为时太促，不能多辩”，对日方所改约稿，“照办，固好；不能照办，即算驳还，如此我两人意见不合，我方只能让步到此”。这样，翻来覆去不知有多少个回合，还是回到了日方所谓“尽头条款”的原点。李鸿章仍不甘心，直到这次谈判结束，两人握手告别的一刻，他还求伊藤博文“将赔款大减”，对方“笑而摇首云不能再减”[①]。

第五次会谈，双方进展得很不顺利，李鸿章带着病痛，走出会场那一刻感到脑袋隐隐作痛，他叹了口气，便在李经方等人的搀扶下，上了马车回到了行馆。

当天下午，李鸿章将日方的再修正案及谈判情况电告总理衙门，请求朝廷定夺。李鸿章在电文中说，关于割地问题，日方要求“划界从鸭绿江口起，溯至安平河口，又从该处通至凤凰城、海城及营口，画成折线，以

① 郑洁:《李鸿章的外交之道》，陕西师范大学出版社 2002 年版，第 232 页。

南地方，所有各城市邑皆包括在界线内，并辽东湾东岸及黄海北岸在盛京所属各岛屿。又台湾全岛及所属诸岛屿”。关于赔款问题，“中国将库平银二万万两，赔偿日本军费，分八次交清，第一、第二次各交五千万，在本约批准交换后起，每六个月交清一次，其剩款约六年内分交，仍按十二个月算交一次。又从交付赔款第一次起，未经交完之款，按年加每百抽五之息。”[①] 另外，赔款偿还交清之前，日本军队仍暂占威海卫。

李鸿章在电文中还说，伊藤博文的这些要求，他虽然极力辩驳，但日本态度坚决。没办法，才向朝廷请旨定夺。还请总理衙门代为向朝廷奏明。总理衙门接到李鸿章电报的当天，即给李鸿章发了回电，表明了总理衙门的态度。回电中说李鸿章在日本谈判所面临的艰难，总理衙门感同身受，交涉也很有步骤，这使总理衙门深感欣慰。但是，割地、赔款之议，朝廷一时难以决定，仍希望李鸿章审时度势，根据情形妥善应对，既然日本垂涎金州矿利，那么，李鸿章就应该利用这些力争辽南、台湾两处土地不被割让。如日本能够妥协，还是可以许给金州矿利，土地仍归中国所有。这样做，实为“保全境土起见，伊藤口气虽紧，殆为武员所迫，观其相约密语，似属尚可与言”[②]。

总理衙门还希望李鸿章设法说服日人，中日两国互为近邻，唇齿相依，应该以友谊大局为重，不能因两国相争，而使西方列强坐收渔利。

总理衙门的这个回电，目的是希望通过割舍辽南、台湾的采矿权来达到保全两地土地的目的。但日本目的是侵吞中国领土，怎么会接受清政府所期待的和局呢。李鸿章没办法，于 4 月 11 日再给总理衙门发电，告知朝廷，日本断然不可能以矿利而放弃占领土地。电文中说，伊藤博文再修正案中对于顺天、湘潭、梧州添为口岸之议已经删除，保留沙市、重庆、苏州、杭州通商；至于日军暂守奉天之议也已删除，仅保留暂占威海卫一处；对于金州的采矿权，“金州已据，固难争回，彼垂涎台湾甚久，似非允以矿

---

① 孙克复编：《甲午中日战争外交史》，辽宁大学出版社 1989 年版，第 251 页。

② 吴汝纶编：《李文忠公全集·电稿》第二十卷，台北：文海出版社 1965 年版，第 36 页。

利所能了事。伊等骄狂太甚，屡以欧人攘利开导，毫不为动，经方亦无能解说”[①]。

甲午海战中被英国商人收留的受伤的中国人

正如李鸿章所言，日本态度坚决。这个电报才刚刚发出，日本却向李鸿章发来了信函，再次声明其再修正案所提条款为最终修改，已经不可再商。并对李鸿章发出威胁说，现在这样的条款，如不能接受，他日或可能提出更多的条件，“亦必须应允”。面对压力，李鸿章在 11 日下午再次给总理衙门发了电报。

李鸿章的电报把问题说得很严重，他说刚刚收到伊藤博文的信函，声明再修正案为最终约稿，万不可改。况且，日本认为在割占辽东的问题上，已经减少奉天前索地界，假若战争再继续推进，情势对清政府更加不利，到那时再谈议和，恐怕日本会提出更多非理要求，“鸿思所索各款，惟台湾倭兵未到，即欲相让，无理已极，断难轻允。然伊昨而谈，语已决绝，今又来此函，似是哀的美敦书，应如何应付之处，伏候速示遵办”[②]。

李鸿章给总理衙门发出这封电报的第二天，对伊藤博文的来函也作了

① 孙克复编：《甲午中日战争外交史》，辽宁大学出版社 1989 年版，第 253 页。

② 吴汝纶编：《李文忠公全集 · 电稿》第二十卷，台北：文海出版社 1965 年版，第 37、38 页。

回复，表达了心中的不满，说日本议和不符合外交规则，不应该提出议和再修正案后，只进行了一次会谈，就声明是“最终条款”，再次提出对割地赔款两节进行谈判。但李鸿章的这个要求遭到了伊藤博文的拒绝。12日当天，伊藤博文再次给李鸿章发了信函，实际上是一个严重声明，当然也包含着恫吓李鸿章的成分。信函大意说，之所以再次致函李鸿章，就是希望他认清形势，不要借故拖延。“必须将帝国政府所提修改之要求条件，视为只可作应允与否明确答复之最终条件”。并再次提出，“本月十日由本大臣手交阁下之要求条件，乃最终条件，已经不在可以允许讨论之范围内，别无另行答复之必要。总之，作为战争结果所产生之要求，决非具有普通意义之提议。日本国全权办理大臣所以将帝国政府之要求付诸讨论，乃是为求讲和作最大限度之让步。如果对日本国全权办理大臣和衷之意有所误解，日本国全权办理大臣对由此而产生之后果，不负一切责任”①。

李鸿章看了这个具有最后通牒性质的信函后，知道已无可改。但他仍想作最后的努力，当天近晚时分，李鸿章让随员伍廷芳前往拜会伊藤博文，再次说明清政府面临的困境，希望能够在割地赔款的问题上，日本做些让步。但是，伊藤博文予以拒绝，并当着伍廷芳的面施加压力。这种情况下，李鸿章又发电报向总理衙门作了说明。

伊藤博文给李鸿章什么压力呢？说清军不遵守公法，虽然是停战期，却肆意妄为。这样下去，恐怕不待停战期满，双方又要发生冲突了。伊藤博文一边指责前敌将帅违约，一边又说，“广岛已派运兵船三十余艘出口，赴大连湾，小松亲王等明日督队继进。若再商改约款，故意迟延，即照停战款内和议决裂”②。

总理衙门此时也意识到日本决意是不肯商改再修正案了。非但如此，还有一些咄咄逼人的意味。再者，李鸿章电文中又把后果说得很严重：如果再迁延不决，招致和议决裂，那时候局面将更加难以收拾。便匆忙向光

① 孙克复编：《甲午中日战争外交史》，辽宁大学出版社1989年版，第257页。

② 吴汝纶编：《李文忠公全集·电稿》第二十卷，台北：文海出版社1965年版，第38、39页。

绪帝作了奏报。

日本的无理蛮横让光绪帝感到很无奈，主战派与主和派也不再争论。4月14日，光绪帝下旨李鸿章："原冀争得一分，有一分之益，如竟无可商改，即遵前旨与之定约。"①

有了这个批示，1895年4月15日，李鸿章又与日方进行了第六次谈判。日本继续贯彻它的既定方针，拒绝对和款各项作任何实质性的让步。这次会谈，伊藤还提出自签约起至换约限期十五天的要求。日本的用心是要使条约的手续尽速完成，企图以既成的事实来阻止国际干涉的发生。

对此要求，李鸿章希望换约期限为一个月，原因是向朝廷奏报，再到朝廷派出换约官员，这期间都需要时日。伊藤博文则说，一个月时间过长，不能使我出征大军在一个月内彷徨不知所措，我虽然说了换约期限为十五天，但在二十天换约也无妨。

李鸿章则坚持说，定为二十天实难应允。伊藤博文又说，只要接受二十天的换约期限，日本可以将驻守在威海卫的军费补偿做一削减。伊藤博文这个表态，目的当然是促使李鸿章就范。

在这次会谈上，李鸿章有些黔驴技穷了。关于日本在威海卫驻兵之事，实则是日本为力促清政府尽快还款，把威海卫作为抵押，暂时驻兵期间发生的军费由清政府支付。原本伊藤博文提出补偿军费为二百万两，李鸿章认为太多，双方争执不下，现在伊藤博文为实现尽快换约，就说只要答应二十天内换约，他就答应清政府每年将补偿军费削减到五十万两。伊藤博文如此表态，李鸿章只好无奈地表示，要向国内请示，并不满地说，未曾想阁下竟是如此严酷执拗之人。伊藤亦微笑回答说，当此商议国家大事之际，亦出于不得已耳。②

4月17日，中日双方进行了最后一次会谈，也就是第七次会谈。这次

① 中国史学会编:《中国近代史资料丛刊：中日战争》第四册，新知识出版社1956年版，第344页。

② 王芸生编著:《六十年来中国与日本》第二卷，生活·读书·新知三联书店1980年版，第305页。

会谈实际上也是中日双方关于《马关条约》的正式签约仪式。

在这之前的16日，李鸿章提出延长停战期限的要求，伊藤博文在签字仪式上作出答复，表示接受这个要求，并声明停战区域除以前约定之外，还包括台湾及澎湖列岛两地。此外，在召开此次会谈之前，16日下午，由日方的伊东书记官长、中田秘书官与中方的罗丰禄、伍廷芳二位参赞官在藤野楼上，将讲和条约之中日文正本与英译文本进行对照，认为无误。对于签订条约后，换约期限，双方约定为两国皇帝于二十日内批准。对于台湾交割，李鸿章希望日本派出性情温和、办事灵活之人，避免出现难以收拾的局面。

双方在一些细枝末节问题上达成一致后，于上午11点40分正式签字。条约因在马关签订，所以史称《马关条约》。

《马关条约》确认朝鲜“独立”，承认朝鲜与中国脱离宗藩关系，承认朝鲜为日本的附属国；中国割让辽东半岛、台湾及附属岛屿；赔偿日本军费库平银二万万两，在七年内付清；《马关条约》经两国皇帝批准互换后，重新谈判新的通商行船及陆路通商章程；增加开放沙市、重庆、苏州、杭州为通商口岸；日本可以派驻领事到各通商口岸；等等。

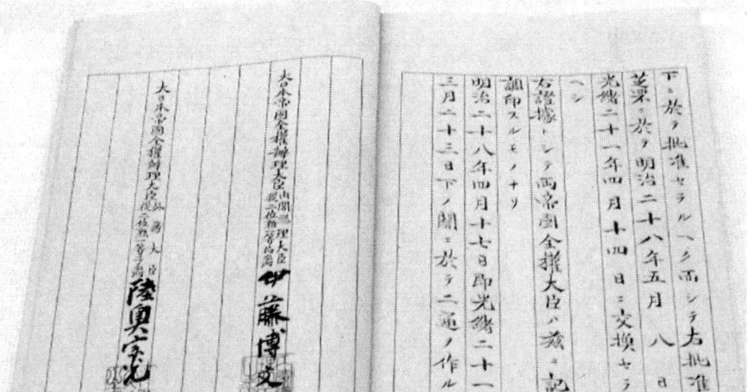

伊藤博文、陆奥宗光在《马关条约》上签字

《马关条约》签订后，朝野上下对李鸿章的指责、非议之声一时甚嚣尘上，自知罪孽深重的李鸿章此时倒是会图清静。1895年4月18日，他于马关登船回国。到天津后，说自己有病不能上朝，让伍廷芳将《马关条约》

的文本送到总理衙门。甲午战争的失败，李鸿章负有很大责任，因为他的妥协政策、惧敌思想、临战指挥失当都是导致战争失败的原因，所以才被动地签订了丧权辱国的《马关条约》。即便是李鸿章躲着，仍然遭到朝中大臣们的弹劾。

《马关条约》签订后，最痛苦的莫过光绪帝了，他为此下了罪己诏，被迫签订《马关条约》的苦衷，像一枚苦果，常常使他有一种说不出的苦痛。光绪帝在当时颁布的朱谕中沉重地吐露其无限“苦衷”和希望“天下臣民皆应苦谅”的心情，又殷切地希望朝野上下，艰苦一心，革除积弊，奋发图强。他意识到如不奋起励精图治，更张求强，将使江山社稷难以保存。事实上，正如光绪帝所忧虑的那样，列强借甲午之战的“东风”，已经疯狂地加入了瓜分中国的阵营之中。

Chapter 2

第二章　三国干涉『还辽』

一、利益博弈下的“还辽”

《马关条约》签订后，在全国上下引发了一片讨伐之声。当时，人民起来反对，纷纷要求毁约再战，特别是在台湾，条约签订后的第三天，台湾百姓“奔走相告，聚哭于市中，夜以继日，哭声达于四野”，并表示了“桑梓之地，义与存亡”[①]的决心。

当时的爱国知识分子反对和约的呼声十分高涨，正在北京参加会试的康有为甚至发动十八省在京会试的千余名举人“公车上书”，要求光绪帝废约再战。康有为还提出了迁都、变法的主张。与此同时，在朝廷中，弹劾、参奏李鸿章父子以及反对批准条约的奏折，从《马关条约》签订那一刻起，就像雪片一样飞向光绪帝的案头。4 月 17 日当天，翰林院代奏编修丁立筠、华辉、沈曾桐上了奏折，吏科掌印给事中余联沅也上奏光绪帝与慈禧太后，说日本要索太甚，万难允许，请朝廷不要答应日本人的要求。第二天，两江总督刘坤一也电奏光绪帝与慈禧太后，认为“和约后患不堪战而不胜尚可撑持”[②]。此后，光绪帝、慈禧太后几乎每天都要收到几份类似的奏章，山东巡抚李秉衡、翰林院侍读学士文廷式、福州将军庆裕都向光绪

---

① 王绍坊：《中国外交史：鸦片战争至辛亥革命时期（1840—1911）》，河南人民出版社 1988 年版，第 236 页。

② 茅海建：《“公车上书”补证考》，载《近代史研究》2005 年第 3 期。

帝与慈禧太后上呈奏折，反对朝廷批准和约。李秉衡说得很直接：“端不允割地，请决意主战。”①

《马关条约》签约现场

按说，李鸿章签订卖国条约，光绪帝也是点了头的，他本来无奈地想批准条约，但面对朝臣接连不断的废约奏章，他一时犹豫不定。条约规定，从签字之日到批准换约，期限为二十天，届时如果两国政府不批准和约，不用告知即视为此约废止。这个时间段为光绪帝思考决策提供了余地，他在 4 月 25 日下旨，令在山海关督率大军的钦差大臣两江总督刘坤一和署理直隶总督王文韶，对和战问题各抒所见，以备决策。

光绪帝在犹豫徘徊的情绪中承受着来自美国的强大压力。美国与日本暗中达成的利益交换使之希望清政府尽快批准条约。李鸿章签订条约的第三天，也就是 4 月 20 日，日本天皇就迫不及待地批准了条约，并任命内阁书记官伊东巳代治为全权换约大臣。当天，伊藤博文在广岛向李鸿章发出日本已将和约批准完毕的电报：“日本国皇帝陛下业已批准条约。所批准者为日本文、中文及附带条款与附图。故希清国皇帝陛下亦同样对此加以批准，以至批准交换时不发生错误。”②

① 中国史学会编：《中国近代史资料丛刊：中日战争》第四册，新知识出版社 1956 年版，第 91 页。

② 孙克复编：《甲午中日战争外交史》，辽宁大学出版社 1989 年版，第 304 页。

美国方面对日本快速批约的举动立即表示了支持。当时，日本外务省就天皇批准条约之事向美国驻日公使作了说明，并表示希望美国予以支持，美国驻日公使欣然答应，并向国内作了汇报。4月29日，日本驻美公使粟野慎一郎将美国总统的承诺电告了陆奥宗光，“美国承诺与局外中立不相矛盾之范围内与日协力；而媾和条约批准之件，已电训驻北京美国公使劝告中国从速批准合约”[①]。

美国国务卿格莱星姆电令驻华公使田贝，要他向清政府施加压力，并警告中国，如果清政府不能批准条约，日本肯定会发动更猛烈的战争，那结果将使中国损失更多的领土。这时，被李鸿章派往北京，对和约进行“申辩并催促批准”的美籍顾问科士达更是大显身手。科士达虽然是李鸿章的外交顾问，但他同海关税务司赫德一样，骨子里仍然是为本国服务的，这一次他为了执行美国政府所谓“劝告”中国“从速”批准条约的意图和李鸿章的“委托”，到北京后，一再“请求同军机处举行关于皇帝批准条约事的会议”[②]。

与美国不同，俄、德、法三国感到，《马关条约》的签订，将严重威胁到自己国家在华利益。早在3月间，俄、德、法等国还在中日议和的问题上采取观望态度，可是随着日本要求清政府割让台湾、辽东半岛议题的渐趋明朗，俄国、德国和法国很快也回过味来。

就在《马关条约》签字的同一天，一向认为干涉中日战争不符合“本国利益”的俄国，正式向德、法两国提议对日进行干涉。那么，俄国为什么要在此时提出干涉呢？

当1895年3月间，甲午战争还在进行，日本占领辽东半岛时，俄国已经感到了失去利益的恐慌。

但是，当时俄国担心干涉中日议和，会把日本推到英国的怀抱。俄国知道，日本会要求清政府割让土地，但还不知道议和的具体内容，所以采

---

① 崔丕：《近代东北亚国际关系史》，东北师范大学出版社1992年版，第152页。

② 孙克复编：《甲午中日战争外交史》，辽宁大学出版社1989年版，第305页。

《马关条约》签订后，金州城百姓围观日本亲王彰仁

取观望态度。到了4月间，陆奥宗光向李鸿章提交议和草案，割地条款中包括割让辽东半岛。俄国财政大臣维特得到消息后，立即给沙皇尼古拉二世作了汇报，他建议沙皇干涉日本侵占领土，因为这样符合俄国的利益。他说，除非我们准备面对一场战争，或放弃远东的广大市场，我们绝不能容许日本“在大陆上获得巩固的立足点”，通过攫取中国领土的方式来侵害俄国的利益。

对于维特的这个建议，俄国国内仍有人担心，因此而开罪日本，会不会把俄国也推向日俄对抗的前台。俄国外交大臣罗拔诺夫顾虑重重地认为，俄国固然应当设法阻止日本通过甲午战争而强大起来，但也需要“审慎地放弃对日本的任何敌对行动，以便将来不损害我国和日本的友好关系”[①]。他承认日本割占辽东半岛对俄国来说，是最令人感到不快的事，但是鉴于英国对日本的纵容态度，俄国不能不保持谨慎。

罗拔诺夫的意见遭到俄国一些权臣的反对，认为他忽视了俄国的远东利益。维特这样评价罗拔诺夫：“罗拔诺夫·罗斯托夫斯基公爵是一个受过很好教育的人，对西方的一切十分熟悉，但他对远东丝毫不感兴趣，也根

① 张蓉初译：《红档杂志：有关中国交涉史料选译》，生活·读书·新知三联书店1957年版，第76页。

本不了解。”维特后来在回忆中对罗拔诺夫又大加讽刺：“那时如果有人问他，满洲是什么样的，沈阳在什么地方？吉林在什么地方？那他的知识可能只相当于中学二年级学生的水平。”[①]

基于政府内的态度不一，沙皇在 4 月 11 日主持召开了一个特别会议，对是否干涉中日和约作出结论。会上的讨论很激烈，俄国海军元帅阿列克谢耶夫很赞成罗拔诺夫先前的观点，认为要遏制英国在远东的扩张，必须维持与日本的良好关系，甚至私密地支持日本，俄国可以与日本达成尊重俄国在中国权益的协定。采取这种途径“一方面于我们无损，同时在将来可能与英国发生的纠葛中我们可得到一个强有力的同盟者”[②]。但是，日本要割占辽东，已使罗拔诺夫的态度发生转变，他一改这次特别会议之前的态度，指出，日本是世界上最不讲道义的国家，不要指望与日本签订什么秘密协议，俄国不可能得到日本的友谊。

俄国沙皇尼古拉二世和他的皇后在冬宫

对日强硬的维特在这次会议上坚持了自己的立场，他认为，日本的敌对行动是针对俄国的，如果日本占领中国东北，以后不但会吞并朝鲜，更会威胁到俄国的利益。“假如我们现在让日本人进入满洲，为要保护我们的领土及西伯利亚铁道，就需要数十万军队并大大增强我们的海军，与日本

---

① 戴逸等：《甲午战争与东亚政治》，中国社会科学出版社 1994 年版，第 182 页。

② 中国社会科学院近代史研究所：《沙俄侵华史》第四卷（上），中国社会科学出版社 2007 年版，第 18 页。

的冲突终将难免。虽然如此，但我们坚持要求日本放弃辽东半岛却可以向中国索取更多的利益，因为我们对日本的干涉行动，在中国看来，我们就会成为中国的救星，中国就会尊重我们的效劳，从而会同意用和平方式修改我们的国界。”①

由此看来，维特所谓的干涉日本攫取中国领土的建议，是站在其侵华利益的基础上的，但是，他的建议得到了俄国海陆军大臣的一致支持。会议决定先以友好的方式要求日本放弃割占辽东半岛，如果日本拒绝接受，那么就“对日本政府宣布，我们将保留行动的自由，而我们将依照我们的利益来行动”②。

4月16日，沙皇尼古拉二世批准了这个决定，并让外交大臣正式通知欧洲各国及中国。第二天，罗拔诺夫向德国、法国提议，如果日本不接受俄国的忠告，将联合德、法对日本采取共同军事行动。

俄国的提议，正符合了德国的想法。早在4月4日，德国就向俄国表示，希望与俄国一道干涉日本割占辽东半岛。当时，德国很希望在中国领土上搞一个海军基地，也很看重辽东半岛。因而，日本割占辽东半岛的举动，违背了德国的意愿。

所以，德国表示接受俄国政府提出的共同干涉的建议。4月17日，德国外交大臣马沙尔训令驻日公使哥屈米德，要求他与俄、法两国驻日公使保持一致行动，警告日本放弃占领辽东，德国并向东亚紧急派出军舰，以配合行动给日本制造压力。

当天，马沙尔还给哥屈米德发了一个补充电文，是对训令的补充，目的是指导哥屈米德在与日方交涉时，应该采用什么样的措辞，电文说：“为了日本的友谊，德国拒绝了去年十月七日英国干涉中日纠纷的提议。但是，现在日本的和平条件是过度的，它们损害欧洲和德国的利益，虽然后者的范围尚小。因此，我们现在不得不抗争，必要时，我们知道怎样予以必要

① 张蓉初译：《红档杂志：有关中国交涉史料选译》，生活·读书·新知三联书店1957年版，第150页。

② 同上书，第159页。

的强调。日本必须让步，因为对三国斗争是没有希望的。”[①]

法国当时一方面与俄国有同盟关系，另一方面却因与德国发生过普法战争，仇恨的影子还在。由于英国拒绝参加联合干涉，使法国处境颇为困难。如果也拒绝俄国所提出的联合干涉行动，俄法关系会不会因此而蒙上阴影，但是参加联合干涉行动，肯定要与德国一起行动，况且此时的德国正准备庆祝普法战争二十五年活动，据说规模还相当宏大。这都让法国政府感到尴尬。再者，法国国内也不断地涌现出与俄一道共同干涉的呼声，这使法国感到“国家之生存上不能一日与俄国离睽”[②]，权衡利弊得失，法国决定加入联合干涉行动。至此，俄、德、法三国从各自的利益出发，开始了干涉行动。

三国干涉“还辽”达成共识后，德国最先向日本发声。4 月 20 日晨，哥屈米德来到日本外务省，表示得到德国国内的指令，将向日本外务省传达一份重要文件，这份文件将与其他国家一道正式通知，此时，外务大臣陆奥宗光正在外边疗养，外务省次官林董也不在场，哥屈米德便提出第二天再来传达，但是第二天，哥屈米德并没有来，而是说临时有事，不能脱身，要使馆馆员通知日方，22 日相见。

清朝时的一种轿子

① 中国史学会编：《中国近代史资料丛刊：中日战争》第七册，新知识出版社 1956 年版，第 352 页。

② 孙克复编：《甲午中日战争外交史》，辽宁大学出版社 1989 年版，第 339 页。

22日一大早，哥屈米德就来到日本外务省会见林董，声称：“因有要事，希急速直接会见能够代表日本政府做确实答复之国务大臣，即总理大臣或外务大臣。”林董回答：“外务大臣因病不能立即接见，希将会见之事由告知本官，由本官急速转告大臣。”哥屈米德说：“如果如此，俟与其他同僚商议后，下午再来外务省。”① 至22日午后1点半，德国公使再次赴日本外务省表示改日会见。德国公使之所以一再要求延迟会见时间，主要是因为俄、法两国公使还没有接到本国政府之训令。为营造共同的干涉气氛，哥屈米德不能不拖延。

日本当然不知三国干涉“还辽”的事情，也不知道哥屈米德要求见总理大臣或者外务大臣所为何事。到了4月23日，德国公使哥屈米德先给日本外务省发出了一个照会，声称：“审查日本提出的和平条件，迫使德国政府获得这个信念：日本拟占据辽东，对中国京城将是个经常的威胁，同时将使朝鲜的独立成为虚影。因此，它将成为东亚和平的永久阻碍。俄国在东京代表将把上述的话通知日本且劝它肯定地放弃这半岛的占领。”②

接着俄国和法国驻日公使也分别向日本政府递交了内容相同的照会，强调日本占有辽东半岛，不但有危及中国首都之虞，同时亦使朝鲜国之独立成为有名无实，并对将来远东永久之和平有所障碍。因此，敦促日本国政府放弃占领辽东半岛。俄国驻日公使还补充说，日本政府放弃对辽东半岛的永久性占领，将使俄日友好关系得以维持，否则“对三国抵抗是没有希望的”。此时，日本外务省才明白哥屈米德传达所谓文件的真实目的。

日本政府得到俄、德、法三国干涉的照会后，十分惊慌，到嘴的肥肉自然不愿再吐出来。便在4月29日召开会议商讨对策，首相伊藤博文提出了拒绝劝告，即使增加敌国也在所不惜；将辽东问题提交国际会议处理；完全接受三国的劝告，以恩惠的方式将辽东归还中国三种方案。会议是在睦仁天皇的主持下进行的，陆奥宗光因为身体有病没能参加，虽然当时讨

① 孙克复编：《甲午中日战争外交史》，辽宁大学出版社1989年版，第340页。

② 孙瑞芹译：《德国外交文件有关中国交涉史料选译》第一卷，商务印书馆1960年版，第37页。

论认为应该将辽东问题交给国际会议处理，但陆奥宗光在会后看了这三种方案，他建议将三国干涉与《马关条约》分开处理，也就是对俄、德、法作出让步，但对中国绝不让步。基于此，日方让日本驻俄公使向俄国作出试探：中日媾和条约已经天皇批准，放弃辽东半岛实难办到，希望俄国政府重新考虑其对日本的劝告，以敦和好；日本侵占辽东“绝不致危及俄国远东之利益，而实与日本国之利益相一致；关于朝鲜独立问题，日本国政府定不难使俄国得到满足”[①]。

在日方的试探下，俄国表明了自己的态度。罗拔诺夫表示，日本的请求不能成为促使俄国撤销劝告的理由，所以不予接受。

在三国的干涉下，日本虽然舍不得将到嘴的肥肉放弃，但是经历侵华战争的消耗，日本国库空虚，军备缺乏，已经没有能力与俄、德、法三国抗衡。日本试图联合英、美对抗三国的干涉，但英、美只关心自己的利益，并不愿把自己拖入战争的泥潭，日本政府只好于5月1日向三国表示愿意对《马关条约》作两方面的修改：一是除金州厅外“全部放弃对辽东半岛之永久占领权”，但与中国商议后“当以相当款项作为放弃领土之报酬”；二是在中国确实履行和约规定的义务以前，日本“有占领上述土地以作担保之权利”[②]。

抗击日本侵略者的台湾当地居民

① 中国社会科学院近代史研究所：《沙俄侵华史》第四卷（上），中国社会科学出版社2007年版，第20页。

② 戚其章：《甲午战争史》，上海人民出版社2005年版，第432页。

三国对于日本的这个表态并不同意，仍然坚持要日本完全放弃对辽东半岛的占领，表示日本政府的答复不能令人满意。

此时，三国在军事上也作了一些部署。俄国政府命令停泊在日本各港口的所有舰艇，在二十四小时内作好随时起锚出港的准备。在日本神户和中国烟台集中了军舰进行示威。德皇也命令在中国沿海的舰队司令，将军舰集中于港湾，与俄国舰队取得联系。俄国代理海军大臣契哈乞夫声称：“俄国的东方舰队是强大的，士气是高昂的。无须进行大规模作战，便可切断日本的海上联系。”①

在三国的外交压力和军事威慑之下，日本首相伊藤博文感到山穷水尽、黔驴技穷了。他只好于5月5日分别照会俄、德、法三国政府，声称：鉴于俄、德、法三国政府的友谊忠告，约定放弃占领辽东半岛。

日本虽然迫于三国压力，放弃占领辽东半岛，但内心却是“意存要挟，索望其奢”，并不是真的想归还。最初提出赎辽代价为一万万两，企图以如此巨额的偿金，迫使中国望而却步，达到既长期占领，又使三国无话可说的目的，但这个伎俩被俄国识破，俄国与德、法协商后，向日本提出“还辽”大纲，主要有三条：第一，“日本依三国忠告，放弃中国大陆领土所要求的赔款必须作适度的调整”；第二，“部分之金州义务了结后，尽可能地速从中国大陆撤退”；第三，“我们认为，日本尊重通过台湾海峡航行的完全自由是澎湖列岛占领的当然结果，我们也希望日本不转让该岛给任何第三国。”②

看到三国拟定的“还辽”大纲，日本知道如果在“还辽”问题上过多地纠缠，只会促使三国更强烈地进行干涉，只好同意在“还辽”问题上与清政府继续磋商，这是后话。

---

① ［日］藤村道生：《日清战争》，米庆余译，上海译文出版社1981年版，第174页。

② 孙瑞芹译：《德国外交文件有关中国交涉史料选译》第一卷，商务印书馆1960年版，第58、59页。

二、搅和在一起的"还辽"与"批约"

在三国与日本进行交涉的时候，清政府又在做些什么呢？李鸿章代表清政府签订了《马关条约》，他自知罪孽深重，以枪伤复发为由，向慈禧太后请了假，躲在天津不肯向光绪帝复命。他表面上称病不出，却仍暗中关注着紫禁城里的动向。对他而言，既然答应了日本人的条件，也签订了条约，他很希望光绪帝能够尽快批准条约。当时与李鸿章有同样想法的还有慈禧太后以及在总理衙门的恭亲王奕䜣，此外还有军机大臣孙毓汶、徐用仪等人，而帝党是反对批准和约的，这些人主要有翁同龢、李鸿藻。他们得知三国干涉，又提出了与日本人再战的主张。而年轻的光绪帝此时却没了主意。

徐用仪向犹豫不决中的光绪帝透露了俄、德、英三国干涉"还辽"的事，光绪帝准备好好利用一下这个机会。说实在的，《马关条约》签订后，他知道全国要求废约的呼声很高，他也曾试图利用三国干涉之机来挽回局面。因而，徐用仪向他奏报这一消息时，他当即让孙毓汶、徐用仪前往俄国驻华公使馆会见喀西尼，表达感激之意，并表示要废除这个丧权辱国的条约。

孙毓汶、徐用仪奉光绪帝之命晤见俄国公使喀西尼。喀西尼向二人作了肯定的答复，表示俄国不能坐视日本割占辽东而不管不问，并建议清政府暂缓批准《马关条约》。孙毓汶、徐用仪作为妥协派，有了俄方这种带有肯定语气的答复，仿佛有了底气，二人乐颠颠地向光绪帝作了汇报，光绪帝也仿佛吃了一颗定心丸。他让庆亲王奕劻、孙毓汶、荣禄前往俄驻华公使馆，表达"感谢之意，并告以批不能过缓"。光绪帝又电令正在圣彼得堡的驻俄使臣许景澄密切关注俄方动态。

一天的时间，光绪帝不断派出多名官员向俄方打探消息，表明了他很希望俄、德、法三国干涉奏效的意愿。4 月 23 日，三国向日本外务省发出照会，要求日本放弃割占辽东半岛。当天，驻俄公使许景澄也向总理衙门电告了这一消息：“俄外部言：俄、德、法已各电驻使，劝倭减让，言明尤重辽地……”①

这个消息更加坚定了光绪帝要利用列强的干涉来废约的决心。他甚至为此再次电令许景澄，一定要切实探明俄方的态度，并让许景澄询问俄方是否会对日用兵，如果俄国对日用兵，则清政府愿与俄方密订条约，建立同盟关系。

光绪帝在电文中称，希望俄国能派军舰来辽东海面，以助声威，“倘真用兵力，中国愿与俄立定密约，以酬其劳。此节宜即诣外部，密与商定电覆”②。光绪帝还希望三国的干涉能扩大到日本割占台湾及澎湖列岛上来，但是，与俄国联盟、废约，都有可能再与日本开启战端，这与慈禧太后的意图是相悖的。因此，他于4月25日让奕劻“请见皇太后面陈和战事”，并将近日的有关奏折一并呈递给太后，但慈禧太后当即以太监传懿旨，声称：“今日偶感冒，不能见，一切请皇帝旨办理。”③把决定或和或战的难题又推给了光绪帝。

年少时的光绪与生父醇亲王奕譞合影

① 茅海建：《“公车上书”补证考》，载《近代史研究》2005年第3期。

② 孙克复编：《甲午中日战争外交史》，辽宁大学出版社1989年版，第307页。

③ 孙孝恩、丁琪：《光绪传》，人民出版社1997年版，第257页。

慈禧太后的借病推托，让光绪帝更加感到为难，为摸清废约再战和寻求外部力量干涉的可能性，他在请求太后意见无果后，给刘坤一、王文韶发出了电谕，说明《马关条约》签订后所带来的困难和危机。电文中说，刘坤一、王文韶两位爱卿想必已经知晓日本要割占辽东、台湾两地，并索要战争赔款二亿两，这些都是难以接受之事。但是，倭人却仗着战事屡胜强逼，不接受就不肯罢兵。现在的情况是，即便是废约再战，日本人会不会趁势北犯辽沈，西犯京畿，实属难料。“连日廷臣章奏甚多，皆以和约为必不可准，持论颇正，而于沈阳、京师两地，重大所关，皆未计及。如果悔约，即将决战；如战不可恃，其患立见，更将不可收拾……惟目前事机至迫，和战两事利害攸关，即应立断。著刘坤一、王文韶体察现在大局，安危所系，及各路军情战事，究竟是否可靠，各抒所见，据实直陈”[①]。

4 月 30 日，光绪帝接到二人的电奏，但二人的答复让光绪帝和主战派很是失望。王文韶复电说，日本人确实要挟过甚，不能不令中外臣民所共愤。但既然要他王文韶直抒胸臆，对战与和提点儿意见。王文韶则说，战是可以的，但沈阳、京畿两地事关重大，必须有个万全之策。王文韶还说，如果废约再战，他在津言津，以直隶的眼光来看待。“如提督聂士成，总兵吴宏洛、章高元、陈凤楼等军，声气联络，必可一战。”虽然榆关以迄辽沈各路军营，亦各有可用之将，但是否能全力迎战，却不得而知。

显然，王文韶的态度是矛盾的，一面说天津士气可用，但对榆关以迄辽沈的情况不明，再战则只能是孤注一掷，只能胜不能败，否则再谈议和，日本人将会狮子大开口。王文韶很担心失败后，日本必然要索取更多，因而，他话锋一转又说，“传闻俄、法、德三国颇肯助我，外间未审确实。事关全局安危，应请饬下军机大臣、督办军务处、总理衙门通盘筹议，请旨定夺。再臣与刘坤一昨在唐山晤商一切，意见大略相同”[②]。

王文韶的复电，在战与和的问题上前后矛盾，最后竟然荒唐地说，既

---

① 《德宗实录》第三百六十五卷，中华书局 1987 年版，第 766 页。

② 故宫博物院文献馆编:《清光绪朝中日交涉史料》第四十卷，故宫博物院 1932 年版，第 27 页。

然对情形不了解，实在不敢臆断，关系朝廷大局还请朝廷全面统筹。王文韶又把皮球踢给了朝廷，而他自己最终没有提出一个管用的对策，通篇“游移两可之词”，真是一个奸诈、八面玲珑的圆滑之徒。

继王文韶之后，刘坤一也给朝廷发了复电。刘坤一的复电也说，割地赔款都是万难接受之事，假若答应了日本人的要求，后果不堪设想。废约再战，日本北犯辽沈、西犯京畿也是意料之中的事，废约之时也就是决裂之时，倭寇必然会分扰猛攻，朝廷军队自当以保卫京畿、巩固辽沈防御工事为第一要义。纵观驻防在辽沈的各路人马，依克唐阿、长顺、陈湜都是与敌有过战斗之人，作战甚为得力。唐仁康也是一员具有丰富作战经验的战将，所部军备、枪械配备也较为完备，当可以防御作战。至于驻守在宁锦一带的宋庆、魏光焘、李光久等部更是忠勇过人，久经大敌，让他们防御辽沈后路，当不会有什么后顾之忧。如果日本要进犯京津，则从山海关到天津，沿海各口都要严密布防，并派出游击之师，随时阻击。如此，岂是日寇可以随意深入的吗？即便是日寇侥幸登岸，毕竟是孤军深入，可以让程文炳、董福祥两军积极堵截，并让津关各军积极配合夹击，这样，敌人未必就能实现长驱直入的愿望。“近得探报倭新卒多以老弱充数，饷亦不继。在我只须坚忍苦战，否则高垒深沟，严为守御。倭奴悬师远斗，何能

刘坤一像

久留？力尽势穷，彼将自为转圜之计。况用兵两年，需饷不过数千万，较赔款尚不及半，而彼之所费愈多，‘持久’二字，实为现在制倭要著。诸将一闻和约，义愤填胸，必欲一决死战。”①

刘坤一的复电，很有与敌再战的决心，但是，他在电奏中也谈到再战面临很大的困难，当然有怯敌的成分。但是他又说，看来只有“殚竭血诚，力任战事”，拼力一搏了。最后，刘坤一在复电中表示，战和之事，已经与王文韶、聂士成等人面商，意见基本相同。

显然，刘坤一与王文韶的回复一样，实际上也是在和稀泥，为什么这样说呢？因为他们的回复很有两面性，既不得罪慈禧太后，也不得罪光绪帝。一边表示可战，一边又为批准和约留下了活口。中日甲午之战，刘坤一应该说也属于主战派，中日两国正式宣战后，刘坤一被任命为江宁将军。1894 年 8 月 26 日，他在《续办江海防务折》中报告了镇江、江宁一带昼夜戒备的筹防情形，为防日军偷袭南洋，特“将一应战守事宜妥为布置”。10 月之后，日军在辽东、辽南攻陷许多城池，清政府为挽救危局，谕令刘坤一为钦差大臣，“关内外防剿各军均归节制”。并派湖南巡抚吴大澂、四川提督宋庆协助帮办。

但是，一统关内外各军后，刘坤一并没能改变局面，而且还不断地丢城失地，这也使他遭受了许多的指责和非议。当然，刘坤一是在军政陷入积重难返的局面中接受任命的，这一点了解军情的袁世凯说得很明白。他说，刘坤一督师后的清军之所以仍然接连败退，主要“在于军制冗杂，事权分歧，纪律废弛，无论如何激厉〔励〕亦不能当人节制之师”。这话从一定程度上道出了清军之所以连连失败的原因，而这种弊端，靠刘坤一是难以消除的。

但是，一连串的失败却使主战的刘坤一思想上发生了动摇，因而，在战与和之间他虽然倾向于再战，却说会存在很大困难。

光绪帝看了刘坤一的复电，前面让他热血沸腾，而后面犹如兜头浇了

---

① 孙克复编：《甲午中日战争外交史》，辽宁大学出版社 1989 年版，第 309 页。

一盆凉水。但是光绪帝知道，与王文韶相比，刘坤一还是有见解的，费了一番心思的。直隶总督王文韶干脆是个“琉璃蛋”，很圆滑。他做事有一个惯例，必先要看看世事风向，才会作出选择，他给自己定下了一个座右铭“多磕头，少说话”，认为这样才能一帆风顺。

但是这样一个人却得到了慈禧太后与李鸿章的赏识，使其成为后党的一名主要干将。光绪帝要他表达战与和的态度时，狡猾的王文韶并不主张废约抗战，对光绪帝的谕旨敷衍塞责。最后，他又把皮球踢给了光绪帝和朝廷枢臣，可见其心机之深。

光绪帝本来是征求意见的，却得到了这样不疼不痒的答复，很是气愤。光绪帝在“和约事徘徊不能决，天颜憔悴，大抵皆极为难”[①]的局面中，以慈禧太后为首的主和派似乎已经为事情的进展作了预设和安排，开始向光绪帝步步紧逼了。孙毓汶在慈禧太后的授意下竟然为光绪帝拟好了批准和约的宣示词。这无疑是一份投降书，而对于宣示词，恭亲王奕䜣也表示很好。当然，这个动作是在光绪帝不知情的情况下进行的。

也就在4月30日的上午，恭亲王奕䜣在他的王府召开了一个会议。光绪的恩师翁同龢以及主战派、主和派的主要人物李鸿藻、徐用仪、慈禧太后的亲信荣禄、孙毓汶都是突然得到通知来的。话题自然是商讨战与和之事。会商中，恭亲王奕䜣直接把话题扯到了刘坤一、王文韶两份电文上，要求大家表达意见。对于刘坤一的复电，主和派官僚抓住其中的“一二活字”大做文章，他们断章取义地说，刘之复电虽言“可战”却“非真有把握”。说到王文韶的复电，孙毓汶便得意地狂笑说：“我说如何！”面对如此情景，翁同龢、李鸿藻在“相顾失色”之余，已无可奈何了。于是，“批准之议已定矣。”事后，光绪帝虽然不满孙毓汶拟的所谓宣示词，怒斥他“奉养有阙，不能稍展徽忱”[②]，却也束手无策。

这次商讨后，慈禧太后就向光绪帝摊了牌。要求光绪帝批准李鸿章与

---

① 孙克复编：《甲午中日战争外交史》，辽宁大学出版社1989年版，第310页。

② 孙孝恩、丁琪：《光绪传》，人民出版社1997年版，第262页。

日本人签订的《马关条约》。河南道监察御史易顺鼎在其《盾墨拾余》一书中这样记述了慈禧太后的态度：

“初八日（5月2日），恭邸（奕䜣）销假，四小枢（恭亲王奕䜣、庆亲王奕劻、军机大臣孙毓汶、徐用仪四人——引者）劫之上（光绪帝），合词请批准。上犹迟疑，问各国回电可稍候否？（这是光绪帝为争取回旋余地试图以等待俄、德、法三国的回电来摆脱逼签——引者）济宁（孙毓汶）坚以万不可恃为词，恭邸无语，乃议定。众枢在直立候，上绕殿急步约时许，乃顿足流涕，奋笔书之。……初九日（5月3日），和约用宝。”[①]

在慈禧太后的逼迫下，光绪帝怀着不情不愿的心情，被迫批准了《马关条约》。他在条约文本上盖上玉玺的那一刻，望了一眼自己最信任的人——恩师翁同龢，禁不住眼泪流了出来。

按照李鸿章与日方的约定，签订条约二十日内需要两国皇帝批准生效，现在虽然已经用印，但双方还没有互换，距离这个期限也不过几天的时间。在这短短几天里，光绪帝仍在寻找着挽救的办法。此时，朝野之中废约再战的呼声出现了一个新的变化。救亡图存成为朝野之中新的声浪，在条约没有正式互换之前，朝中一些人提出了缓期换约的主张。

缓期换约就是把5月8日的烟台换约之期延后，这一主张的提出者实际上是翁同龢、刘坤一和张之洞。他们主张既然废约主战的路子行不通，那就趁三国干涉之机缓期换约。刘坤一给光绪帝的奏章中说：展期换约，观衅而动。

在光绪帝批约的当天，总理衙门即“奉旨”请美国驻华公使田贝转电日本政府，提出“现闻俄、法、德三国与日本商改中日新约，须候定议。十四日（5月8日）换约之期太促，拟暂缓十数日，再行互换，望即转商”[②]。

光绪帝很希望美国驻华公使田贝能够从中斡旋，争取缓期换约，更希望清政府能够从三国干涉的结果中得到某种转机。

---

① 孙孝恩、丁琪：《光绪传》，人民出版社1997年版，第262—263页。

② 茅海建：《〈公车上书〉考证补》，载《近代史研究》2005年第4期。

光绪帝的这个愿望很快就破灭了。5月2日，日本外务大臣陆奥宗光致函美国驻日公使谭恩，拒绝田贝转来的关于清政府希望延期批准交换条约的请求。信函要求转告日本政府的态度，对于缓期换约的要求，“日本政府不仅未见到有问原故，需要将和平条约批准交换延期，反而认为批准交换乃是为恢复和平所必不可少之事。故批准交换须毫不犹豫，断然实行之。如果按照俄法德之提议，须对和平条约加以修改时，须根据此种情况下类似之惯例，与其在批准交换前进行，反不如于批准交换后进行更为有利。伊东巳代治阁下已被任命为批准交换之全权办理大臣，现正在前往芝罘（烟台）途中，必将于所定交换日期之前到达该地。”①

就在这一天，伊藤博文给李鸿章也发了电报，重申了日本方面反对缓期换约的态度。

外国明信片上光绪帝正在接见外国使臣的场景

见日本态度强硬，所以，清政府中的妥协派慈禧太后、恭亲王奕䜣、李鸿章等人也坚持条约立换的主张。5月6日的朝议上，翁同龢提议应该直接照会日本，要求缓期换约。当时，“孙谓：‘若尔，日人必破京师，吾辈皆有身家，实不敢也。’常熟厉声责之曰：‘我亦岂不知爱身家，其如国事何？’

① 孙克复编：《甲午中日战争外交史》，辽宁大学出版社1989年版，第310页。

孙知不能强，乃使李莲英请之太后，迫令皇上画押，于是大事去矣。"①

翁同龢的主张和反驳虽然代表了一种要为国家奋力一搏的愿望，可是架不住反对派的声音很强大，最后，翁同龢的激烈申辩竟然被反对派的唾沫星子给淹没了。

对于清政府中的主战派要求缓期换约，在天津的李鸿章因为收到了日本首相反对延期换约的电文，便将伊藤博文的态度转告了总理衙门。

伊藤博文的来电说，日本反对缓期换约，要求条约立换。面对日本的逼迫，李鸿章认为，只有《马关条约》早日互换，列强不会坐视日本在中国的所为，那时中国才会有所转机。

光绪帝想缓期换约，那么干涉"还辽"的三国又是什么态度呢？虽然说俄、德、法三国此时正积极干涉日本割占辽东半岛，但对待日本采取的态度却很慎重，不愿意过分刺激日本，况且日本方面向三国表示，只对三国提出的要求作出让步，对中国不作任何让步。这样一来，三国也不愿意将《马关条约》与三国干涉"还辽"混为一谈。况且，站在"利益均沾"的立场上，《马关条约》的签订，也有利于列强各国在中国获取更多的利益。所以，当日本方面向三国表示，愿意将辽东半岛归还中国时，三国即表示，中国应尽快批准条约。

5 月 6 日，德国外交大臣马沙尔致电德国驻华公使绅珂说，《马关条约》悬而未决，中国"皇帝不欲批准条约。我说批准是不可避免的，但批准的结果并非意味着我们将置中国命运于不顾"②。

绅珂得到这个指令，立即催促总理衙门，中国应尽快批准条约。随后，俄国公使喀西尼也表示了这一态度。

其实，俄、德、法三国对日本作出如此妥协的决定已基本心满意足了。因为这既阻扼了日本在远东的扩张，尤其对俄有利；又为他们在日后对中国的索求留下了口实，可谓达到了一箭双雕的目的。在剩下的还辽条件等

① 房德邻：《康有为与公车上书》，载《近代史研究》2007 年第 1 期。

② 中国史学会编：《中国近代史资料丛刊：中日战争》第七册，新知识出版社 1956 年版，第 369 页。

问题上，尤其是俄国与日本尚有分歧，但也无关紧要。由于日本对三国的妥协开始奏效，使它即将摆脱一场危机。所以，日本侵略者对中国更强硬起来了。

三、伍廷芳成了昭示“和平”的换约官

光绪帝、翁同龢希望缓期换约，却因慈禧太后等妥协派的反对而只好放弃了。但是，就在光绪帝派伍廷芳赴烟台同日本代表办理互换条约手续前，翁同龢还草拟了两个照会，作为向日本表示“暗言辽事”“明告台（湾）难交”的两附件一并交给日方代表，以备在此后与日本交涉时作为依据。

缓期换约虽然只是光绪帝拼力一搏的美好愿望，但他面对内外压力，还是做好了如期换约的思想准备。早在5月2日，他就发布谕旨任命伍廷芳为换约大臣。“著派二品顶戴候选道伍廷芳，前往烟台，与日本使臣换约，俟到烟台后，前期一日，听候谕旨，再行互换。钦此。”5月3日，光绪帝再发谕旨：“著添派三品衔升用道联芳与伍廷芳同往烟台换约。钦此。”同时刊给“大清钦差换约大臣关防”[①]。

伍廷芳像

① 孙克复编：《甲午中日战争外交史》，辽宁大学出版社1989年版，第313页。

这时的伍廷芳已经跟随李鸿章在外交场合摸爬滚打十余年。伍廷芳自英国留学归来后于1882年进入李鸿章幕府后，就受到李鸿章的重视，很多外交场合都有伍廷芳的影子。当时的李鸿章既要搞洋务，还要在处理外交时面对列强的求索，他很需要一个了解西方情形的人，伍廷芳便是这样的人选。

早在第二次鸦片战争之后，英法侵略者就逼迫清政府接受这样一种承诺——日后中外交涉对于已有条约文字，解释有歧义者，依英、法文为准。在强权外交的背景下，清政府不得不加大了外语人才的培养。1862年由恭亲王奕䜣奏请朝廷在北京设立同文馆，培养翻译人才，一方面是外交交涉的需要，另一方面也是洋务发展的需要。同文馆最初只设英、法、俄三个班，后陆续增设天文、算学及法、日文班。从学习外国语言文字着眼，起初对学员也多在十三四岁的八旗子弟中遴选，后来随着学科的不断增多，在籍贯和年龄上都有所放宽，满汉生员都可以入学，但在当时风气未开，科举制度仍是主流的时代，很多家庭对于自己的子弟学习西学并不热心，加之同文馆聘请的外籍教师也多不了解中国的文化和风土人情，从而使得同文馆学员们的外语水平很难达到国外那样一个理想的高度。随着中外交涉、贸易、旅游日趋频繁，社会需要外语人才十分迫切，而具有一定外语水平又能掌握泰西知识的专才更觉珍贵。因此，从政治、经济、军事交涉来说，通晓泰西法律、法规的人便成为当政者急欲物色的人才。这时候，也有一些开明的士绅家庭便让自己的子弟走出国门到欧美求学，伍廷芳便是在这样的一种背景下走出国门的，郭嵩焘、李鸿章之所以十分重视伍廷芳，就是出于这种现实需要考虑。

伍廷芳毕竟在西方留学数年，了解西方情形。因而，对李鸿章的对外交涉起到了很大作用，在1883年4月的中法交涉、1885年4月的中日谈判中都能见到李鸿章在呈请奖励、致函总署的文电中提到伍廷芳的名字和功绩。1886年张荫桓奉调驻美公使时，曾拟邀请伍廷芳同往，但遭到李鸿章拒绝。李向总理衙门呈说："伍廷芳洞悉中外关系，又长期任职北洋翻译，曾奉旨处理外交事务，足证其具有中外法律才干，若准调往他处，殊为失策。”[①] 足见李鸿章对伍廷芳的重视。

中日甲午战争爆发后，伍廷芳作为头等参赞官参与谈判。虽然李鸿章签订了丧权辱国的条约，但朝廷对伍廷芳依然是器重的，面对日益临近的换约之期，朝廷考虑再三，便让伍廷芳与联芳作为代表前往烟台履行换约手续。

伍廷芳是 1895 年 5 月 6 日到达烟台的，他到烟台的第二天，日本换约办理大臣伊东巳代治抵达烟台。当时，伍廷芳派身边的随员前往迎接，但是，伊东巳代治却不登岸，而是让前来迎接的人转交一个照会，声称：“停战换约，均于明日期满，务须今日先行议妥，明日准十二点钟以前互换和约，方肯登岸。”并于当天通过美国驻烟台领事照会东海关道刘含芳重申了换约之事，“如何办理之处，从速赐覆，本大臣不胜翘望之至”[②]。

刘含芳收到照会，很快给伊东巳代治发了复照：“为照覆事，按照本月十三日本监督接到贵大臣照会，知贵大臣已经行抵烟台各等因，即经电李中堂，转电本国政府。本国钦派全权大臣伍、联，已于昨日到此，所有贵大臣行馆，已经本监督饬属预备妥当，并派员带领先锋轮船，往迎贵大臣登岸。至于订期会晤各事，自应由伍、联两大臣与贵大臣约订。”[③]

伊东巳代治像

① 丁贤俊、喻作凤：《伍廷芳评传》，人民出版社 2005 年版，第 92 页。

② 孙克复编：《甲午中日战争外交史》，辽宁大学出版社 1989 年版，第 315 页。

③ 王芸生编著：《六十年来中国与日本》第二卷，生活 · 读书 · 新知三联书店 1980 年版，第 321 页。

伊东巳代治接到这个照会，即于当天下午登岸与伍廷芳、联芳等人进行了第一次会晤，商讨次日的换约事宜。但这时光绪帝对换约延期交换仍心存幻想，仍想作最后的努力。7日当天，总理衙门再次通过美国驻华公使田贝转达了清政府希望延缓批准合约交换日期的意愿："请求美国公使电达日本政府以求得同意"，"但据最近新闻，目下正在研究关于辽东半岛处理之方式方法。今日之形势似已与数日前有所不同。且中国政府仍认为，与其在批准交换后结束此事，反不如在批准交换之前，根据满意之商讨，作出决定为宜。故中国政府今再委托美国公使，立即致电日本政府，希望日本政府同意将批准交换日期，延至收到俄、法、德三国之通知为止"。[①]

田贝向日本转达清政府的这个意愿之时，伍廷芳正在与伊东巳代治谈判换约事宜。总理衙门便也发了个电报，向伍廷芳、联芳说明朝廷的想法。二人得知朝廷仍然对缓期换约心存希望，就把这个电报出示给伊东巳代治看。并对伊东巳代治说，在没有得到朝廷指令时，目前还不能进行换约的交换手续。出现这样的局面，伊东巳代治没办法，只好向国内请示。他致电陆奥宗光，提出自己的想法，如于今日下午以前贵大臣未发来任何指令，则准备将批准交换期限延期五日。如果中国对此亦加以拒绝，只可视为拒绝进行批准交换。并且向中国政府提出抗议，本使臣将立即出发归国。

陆奥宗光看了伊东巳代治的这个电报以及清政府让田贝转来的电报，于5月8日通过美国驻日公使谭恩，向清政府作出关于同意停战延期五天，但拒绝延期交换批准条约的答复："中国请求批准交换延期之意已悉"，"日本既已决定完全听从俄、法、德三国之劝告，不永远占有辽东半岛，故相信该三国亦将表示十分满意。但为订立放弃辽东半岛所必须之规定，日中两国政府即不能不重新商议。因此种商议需要时日，日本政府主张，有关讲和条约之修正以及必要之诸规定，容嗣后再为进行，希望首先不误所定日期，履行批准交换。然批准交换日期既已接近终了，如再兴干戈，对于两国之利益有害，故日本政府应允，将停战期限延期五日，在限期届满以

① 孙克复编：《甲午中日战争外交史》，辽宁大学出版社1989年版，第316页。

前，希望尽快进行批准交换。"

同时，陆奥宗光也向李鸿章发出了一个内容大致类似的电报，但态度十分强硬。并威胁说，如不能如期换约，将产生严重的后果。

当天，陆奥宗光还分别电令日本驻俄、德、法三国公使，要他们分别向所驻国政府转达日本政府的态度，日本"既已接受三国政府之劝告，彼等已无进行干涉之余地。因此，如俄、法、德政府尚未撤回其对中国之劝告，阁下可请求该国政府将其撤回"①。

5月8日，光绪帝在规定换约的最后时刻召见枢臣时，徐用仪手持德国驻华公使绅珂的来函声称，"不换约则德国即不能帮"；孙毓汶等人则说"各国均劝换，若不换则兵祸立至"②。同时，驻俄公使许景澄的来电又报告俄外交部倾向换约。至此，庆亲王奕劻与恭亲王奕䜣，也分别在前场和幕后为孙、徐等人捧场助威，当然这些人传达的各国态度并非虚言，而且这时列强促使换约的意图也十分明显。对此，翁同龢虽曾左拦右挡力求缓解，但他也不得不承认大局已定，难以挽回，长叹一声，"穷天地不塞此恨矣！"在这种情况下，光绪帝亦无选择的余地了。于是他只得"幡然定计"，遂即"催令即刻电伍廷芳，如期换约"③。这时，他所有的期望只能寄托于两件空头照会了。但是，即使在伍廷芳接到电旨后，即于当日晚10点与日本代表伊东巳代治在烟台换约时，几经周折地将这两件空文交予对方，最后还是给退了回来。到此，屈辱的《马关条约》正式生效。留给光绪帝的只是一段犹如噩梦般的悲痛记忆。

换约完成后，伍廷芳一行即于5月9日离开烟台返回天津，数日后又进京向朝廷汇报了在烟台交换条约的详细情况。此时，伊东巳代治也回到日本东京向天皇报告了换约的情况。《马关条约》批准书的互换完成后，光绪皇帝知道覆水难收，内心的沉痛之情是难以言表的。他感到上对不起祖宗，下又愧对国人，在5月11日便下了一道谕旨，诉说了迫不得已批准和

---

① 孙克复编：《甲午中日战争外交史》，辽宁大学出版社1989年版，第317、318页。

② 陈义杰点校：《翁同龢日记》第五册，中华书局1997年版，第2802页。

③ 同上书，第2803页。

约的苦衷，说“自去岁仓猝开衅，征兵调饷，不遗余力，而将少宿选，兵非素练，纷纷召集，不殊乌合，以致水陆交绥，战无一胜”。面对“北则竟逼辽沈，南则直进京畿”[①]的形势，不得已批准了条约。

经此重创，如果清政府能够痛定思痛，真正有所更张，倒也不是没有希望。光绪帝在此后的几年里，力推维新变法，的确也想国家富强，可惜，敛权的慈禧太后沉浸在权力之中，对维新派横加打击，而维新派又过于激进，使得维新运动很快就夭折了。

而中日两国的条约互换，等于说两国间的战争状态宣告结束。日本急于改变自身强取豪夺的形象，迫不及待地提出要与清政府复交。而清政府经此沉痛打击，学习日本的维新经验也成为一种呼声。正是因为这样，清政府也半推半就地同意与日本复交。就在互换条约的5月下旬，日本便派出外务次官林董为驻华公使。清政府得知此事后，曾通过美国驻华公使田贝转告日本方面，暂缓派使，因为国内仇日的情绪极为高涨，但日本外务省却说，既然战争已经结束，条约已经互换，理应恢复邦交正常化。

这样，林董便于6月初启程来华，6月5日抵达天津，第二天，林董拜见了李鸿章、王文韶。他向二人提出，希望按照惯例，进京向清朝皇帝呈递国书觐见。李鸿章以天气炎热，现在皇帝接见恐怕还不是时候为由婉拒。同时又说，现在既然两国已经换约，这便意味着两国已经和好了，何必急于一时觐见皇上呢。但林董却坚持说：“奉朝命不敢违，必须先进京，往总署请示，倘令我回津商议公事，我可再来。”[②]李鸿章与王文韶没办法，只好奏明朝廷，让林董进京面圣。

林董是6月下旬到京的。7月7日，光绪帝在文华殿接见了他，并接受了国书。随后，清政府也派裕庚为驻日公使，这意味着中日关系的正式恢复。

---

① 茅海建：《从甲午到戊戌：康有为〈我史〉鉴注》，生活·读书·新知三联书店2009年版，第84、85页。

② 王彦威、王亮编，王敬立校：《清季外交史料》卷一二三，书目文献出版社1987年版，第7页。

四、张之洞抵押计划与李经方交割台湾

《马关条约》互换后，台湾的交割也迫在眉睫。不独日本对台湾有侵占之心，西方列强对台湾也早有觊觎之心。

甲午战争爆发之后，英、美等国都有一种担心，担心日本会侵占台湾，因而都在思考着各自在台湾的利益。1894年12月，当时有一位居住在台湾的英国人朗佛德致函英国政府，表达了对正在发生的中日战争的担忧。他认为，如果清政府将台湾割让给日本，势必影响英帝国在台湾的利益。比如说，棉和糖。日本取得台湾后，扩大原棉和蔗糖的产出，将会严重影响英国的东方贸易和在东南亚的战略地位。

朗佛德在给英国政府的信中很有一种担忧。他说，日本割占台湾，最令人忧心的是影响到了英国在东方的战略地位，“日本将在台湾西海岸或靠近现已投产的煤矿北面建兵工厂，对香港或远至中国北部的英国运输业都是很大的威胁。日本已经表明它具有强大的海军。日本从中国得到的偿金将大部分用于自身的发展，几年后日本将拥有世界第一流的舰队。日本人在这里能够找到他们建设强大的海军的兵工厂所需的一切。到那时，实力增强的日本舰队将迫使英国在香港不断扩充保卫部队和防御工事。或许还要增加驻泊于新加坡和中国的英国舰队力量”[①]。

继朗佛德之后，在台湾行医多年的英国医生迈尔斯也给欧格讷写信介绍台湾的情况。说台湾由于有取之不尽的资源，不仅日本想据为己有，即便是德国也对台湾表现出了浓厚的兴趣。他很有鼓动意味地说，德国前驻华公使巴兰德在中国任职期间，柏林曾经悄悄地授予他一项命令，要他获得台湾的有关情报和资源情况，“尤其是关于它作为轮船加煤站和综合性战略中心所具有的潜力方面的情报”。

---

① 戚其章：《甲午战争国际关系史》，人民出版社1994年版，第398、399页。

表现甲午战争后中国局势的《时局图》

迈尔斯作为一名医生，他的使命显然不仅仅是行医，从他的信中可以看出他不为人知的情报间谍的身份。他在给欧格讷的信中，着力渲染了台湾对于英国的战略价值：“台湾一旦被攻克，其占领者就能把它变成坚不可摧的堡垒，由于众多的环礁湖可以被改造成海港，它将为在中国海一带进行贸易的各国商船提供莫大的方便。而且作为海军良港，无论在平时还是战争期间，这片被陆地包围着的水域都具有不可估量的价值。”①

朗佛德与迈尔斯的信引起了英国政府的注意，议院也为此掀起了一场争论，但当时甲午战局未定，英国外交部认为不应过早地介入中国局势，那样可能会把日本推入俄国怀抱。日本提出割占台湾，清政府中的亲西方派都很希望欧美诸国能够介入。张之洞得知日本提出割占台湾要求后，为此上书光绪帝，表示台湾万不可弃。失去了台湾，日本凭此天然屏障，那

① 戚其章：《甲午战争国际关系史》，人民出版社 1994 年版，第 400 页。

么从北到南，将永无安枕之日，“且中国水师运船终年受其挟制，何以再图自强？台湾每年出产二百万，所失更不可数计”[①]。

张之洞希望朝廷能保住台湾的主权，但是他也知道，日本人既然提出了这一贪婪要求，断然没有放弃的道理。怎么办呢？在李鸿章赴日议和之际，张之洞一面致电李鸿章，希望李在日本据理力争，一面又给驻英法公使龚照瑗去信，希望他设法说服英法等国予以干涉。张之洞在给龚照瑗的信中还提出了一个抵押台湾的计划。

所谓抵押台湾计划，就是清政府保留对台湾主权之外，台湾的行政管理权可以交给英国企业联合组织来管理，以此来阻止日本的行动，但英国方面的答复是：“欣赏中国对英国的友好感情。不过，英国政府不能鼓励这样的计划，因为在目前情况下，该计划不可能得以实施。这种图谋只会使中国政府处于更加难堪的境地。”[②]

两湖总督张之洞画像

毋庸说，英国政府基于不得罪日本的考虑，没有接受张之洞的建议，不仅如此，英国政府还希望法国也采取与英国政府相同的步调。法国早有把澎湖列岛纳入自己势力范围的野心，因而表示，只要不割占澎湖列岛，不反对日本割占台湾。为此，英国外交部特地就澎湖的战略价值征询海军部的意见。得到的答复是：“列岛拥有许多好的停泊点，而且马公岛还有一

① 马东玉：《张之洞大传》，辽宁人民出版社 1989 年版，第 329 页。

② 戚其章：《甲午战争国际关系史》，人民出版社 1994 年版，第 401 页。

个良港。由于附近的台湾岛缺乏理想的海港，它的价值大大增加了。另外，列岛所处的地理位置提高了对中国大陆和台湾怀有侵略野心的海军强国心目中的重要性。看来，澎湖列岛肯定会被拥有绝对海洋优势的强国所占领或利用。但是，是否值得把马公港变成一个永久性的海军基地还有待考虑。由于其陆地地势较低，容易从多方面受到来自海上的袭击，所以加强该港的有效防御会难度很大，将是一项耗资巨大的工程。”①

据此，英国外交部权衡利弊，又不想把日本推到俄国一边，便默认了日本侵占台湾这一事实，但随着中日战争局势的愈发明朗，中日和谈中，日本的胃口越来越大，西方才缓过神来，反对日本割占台湾的呼声变得强烈起来。对于日本割占台湾，德国外交大臣马沙尔认为，日本占领台湾及附属岛屿，将会使欧洲在东方的商业利益受到冲击，如果不能阻止日本的占领，“恐怕此后欧洲会发现自己犯了一个严重的错误”。英法两国驻日公使也都有一种担心，担心日本割占台湾，会严重侵占他们的利益，英国驻日公使楚恩迟还为此同法国驻日公使哈尔曼进行了一次会谈，哈尔曼说，“一种越来越强烈的印象，即日本若作为媾和条件要求割让台湾和澎湖列

反映刘永福率领黑旗军在台湾抗日的年画

① 戚其章：《论乙未割台的历史背景》，载《历史研究》1994 年第 6 期。

岛，法国就会抗议侵犯了其利益”。随后，二人都向各自国内作了汇报，法国外交部长阿诺托表态说：“假如日本触动台湾，那就惹着我们了！”[①]

阿诺托表态的目的是向日本施压，与此同时，法国、德国、英国都派出海军舰队在淡水一带巡弋，这给中日两国造成一种印象，列强将采取军事行动，置台湾于它们的保护之下。当时也有传言说，英国可能出动舰队占领台湾。

英国虽然也关切自己的利益，但出于英日结盟对抗俄国的需要，表现得远没有俄、法、德那么强烈。张之洞将这种情况看在眼里，急在心中，他很希望英国也像俄、德、法三国干涉还辽那样，有一个“积极”的态度，他再次兜售他抵押台湾的计划方案，他给总理衙门发了一个电函，再次建议朝廷以台湾作为担保，同意英国在台湾开矿或者向英国商借中日战争赔款，他在电文中说：“台湾逼近香港，处东方海局之中，控制南北。倭若据台非英之利，惟英碍于局外之说，未便干预耳。若已作押则保卫有词，必肯出力。况英人重利，垂涎台湾已久，许以开矿，正遂其私，善为说词，当能就范。”[②]

抱着美好的幻想，张之洞向台湾巡抚唐景崧也发了一个电报，说了他的想法，让他帮忙密为筹措。张之洞分析了当时的形势，说了为什么要英国出面保台。因为当时俄国正在干涉还辽，恐怕不会再保台。干涉还辽时，法、德两国是为俄国所邀，并非出自本意，“保台惟英最便，然始终袖手，不可解。仆屡电奏请商英，不报。惟有请公切电恳龚使商英外部，无论允否，总可得其真情，方能相机设法”[③]。

根据张之洞的建议，唐景崧很快便约见了英国驻淡水领事金璋，当时参加会见的还有一些台湾比较有名望的商绅。他们提出，如果英国愿意将台湾置于保护之下，那么，那里的煤、茶叶、黄金和硫黄的关税可以归英国所有，中国只保留那里的领土主权和行政权。

---

① 戚其章：《甲午战争国际关系史》，人民出版社 1994 年版，第 402 页。

② 中国史学会编：《中国近代史资料丛刊：中日战争》第五册，新知识出版社 1956 年版，第 84 页。

③ 同上书，第 124 页。

唐景崧像

会见中，这些商绅还向金璋递交了管理台湾的呈请书，算是一种民意吧。这次约见之后，唐景崧又给英国驻华使馆发了请愿电，希望驻华公使欧格讷能够向英国外交部通报一下这个计划。欧格讷的电报传回国内后，其外交部陷入两难，一方面是英日的结盟，另一方面是台湾的利益诱惑。但权衡利弊后，英国外交部觉得如果把日本推到俄国一方，则英国在华利益损失更大。英国外交部便借口说，台湾巡抚和商绅的想法不是清政府的意愿，不便接受。

事实上，唐景崧与台湾商绅的举动，正是总理衙门的授意，要不然，他也没有这么大的胆子。果然，一星期后的 4 月 27 日，总理衙门正式约见欧格讷，参加约见的有庆亲王奕劻，总理衙门大臣孙毓汶、荣禄等人。见面中，庆亲王奕劻询问欧格讷，是否收到台湾商绅的呈请书，对抵押台湾的计划有何意见。

欧格讷回答说："把该岛割让给日本，肯定在许多方面有悖于英国的利益。我昨天还收到台湾和厦门商会的请愿书，提出这将会损害英国的贸易。但眼下我无法进行直接干预。"接着，他又说："这一主张若在战前提出，情况会大不一样。现在看来，就像为一块已经抵押出去的地产筹集贷款，即使得不到青睐，也不足为怪。我认为，中国政府及为此筹划的两江总督（张之洞）大人在列强之间兜售类似之建议，是极不明智的。"奕劻连忙解释说："这是台湾绅民的自发主张，并非我政府的正式要求。希望能转达贵国政府的任何有关答复。”[①]

5月2日，在天津的李鸿章与英国驻天津领事宝士德就此事也进行了一番畅谈，仍然是希望英国方面接受建议。但仍然没有成功。

张之洞将抵押台湾寄希望于英法等国，但英国不敢接受，张之洞及总理衙门便把希望转到法国人身上，准备“求法保台”。张之洞、唐景崧都接连电告朝廷，寻求法援。张之洞还给在法国的龚照瑗去电谈了自己的想法，要他与法国外交部协商。龚照瑗回电说，法国总统已就此事在国内展开讨论，表示愿意助成和议，“顷接法外部文，称前大皇帝电请法国设法力劝中国日本公道议和”[②]。

当时无论是民间还是官方可以说对“求法保台”都议论纷纷。无论是台湾民众，还是大陆民众，都对此表现出了强烈的愤慨，认为战时未失之地，现在怎么可以拱手让人，便自发地掀起反抗运动。唐景崧接连电告朝廷，说如割台恐民心不服，定会产生民变。又援引国际公法，称当地民意应该得到尊重，希望朝廷设法与日本再议台湾事宜，寻求挽回之道，同时建议朝廷加紧寻求欧美各国援助。应向日本申明，议和只可提赔款，不能有割地的要求，为使各国援助，提议“如以全台畀各国为租界，各认地段开矿，我收其税，彼利益均沾，全台将益繁盛而各国有租界，商本萃集，自必互禁侵扰，烟台、上海，是其证明”[③]。

老实说，张之洞与唐景崧提出的“求法保台”，有些“病急乱投医”的心情在里边。张之洞在给朝廷以及驻法公使龚照瑗的电报中说明想法，也给途经法国的王之春去电，让他设法与法国外交部密商。王之春本来也在湖北任职，二人多有交集。1898年冬王之春奉朝廷之命到俄国参加沙皇尼古拉二世的继位典礼，此时归国途经法国，张之洞便利用这个机会，让王之春与法国人密商，张之洞在给王之春的电报中说，如果法国能帮助中国使日本放弃割占台湾、辽东，减少战争赔款，那么中国必以厚利相报，“或

① 戚其章：《甲午战争国际关系史》，人民出版社1994年版，第404页。

② 杨家骆：《清光绪朝文献汇编》第十四册，台北鼎文书局1978年版，第1895页。

③ 同上书，第1931页。

越南、广西、云南界务，或代清收抚越地游众，或各项商务不令英国独擅东方权利，或别有愿得之处，切实与商”[①]。

接到张之洞的电报，王之春即向法国外交部探询，但对方回复称，王之春不是奉旨行事，没有办理此事的全权，无法正式商办。张之洞得知这个消息，立即致函总理衙门，代为向朝廷请旨。张之洞在电奏中说，日本割占台湾，现在台湾反对的声浪非常高涨，朝廷要挽回局面，当下谕旨让王之春留在法国交涉，“或有转机”。

张之洞的电奏送达朝廷，正因为战和、缓期换约而手足无措的光绪帝也增加了几分对法国人的幻想，他很快便批准了张之洞的奏请。1895 年 5 月 2 日，即《马关条约》批准的当天，光绪帝电令王之春尽速与法国商谈。此刻的唐景崧更是万分焦急，他再次给朝廷发电，表示“如法果愿阻止割台，可否祈王爵堂密商，以酬英利益酬法，土地政令仍归中国”[②]。

随后，唐景崧还致电张之洞：“约未批准固好，即批准只望法肯出兵轮来台，台即可固守。接济可与法商，并愿结法另创东南洋世界，一切阻挠不惧也。”[③]

清政府给王之春下电旨的时刻，张之洞、唐景崧的欣喜之情溢于言表，但是当王之春、龚照瑗前往法国外交部商谈保台办法之时，法国外交部因为干涉“还辽”之事正在进行，并不想在台湾问题上再度刺激日本，因而以龚照瑗、王之春二位中国使节商谈保台之事不符合西方体例为由，停议了两天。5 月 7 日，中法虽然就保台问题再开谈判，但次日就是《马关条约》的换约日期，此间，光绪帝焦灼地期待着王之春能传来法国愿意保台的好消息，但法国已经完全改变了态度，表示，换约日期已到，碍难干预，使得抵押台湾的计划宣告破产。

5 月 8 日，《马关条约》互换后，清政府一再让步的保台计划完全流

---

① 杨家骆：《清光绪朝文献汇编》第十四册，台北鼎文书局 1978 年版，第 1954 页。

② 中国史学会编：《中国近代史资料丛刊：中日战争》第五册，新知识出版社 1956 年版，第 112 页。

③ 同上书，第 124 页。

产，交割台湾被提上日程。就在烟台换约的当天，日本首相伊藤博文便给李鸿章发了电报，说条约已经互换，按照约定，清政府应该履约交割台湾。李鸿章收到电报，他当然知道覆水难收，但是前番签订条约，他就已经备受指责，成为众矢之的了，现在更是担心再被朝廷责骂，便将伊藤博文的电报原文一字不差地发给了总理衙门。当然，李鸿章也附了自己的建议，称日本已派桦山赀纪为台湾总督，前往台湾办理交割事宜，可让唐景崧就近办理。

显然，李鸿章的建议有推脱责任、让自己置身事外的嫌疑。接到李鸿章的电报，朝廷中又进行了一番争议，徐用仪等人主张立即移交，而翁同龢等还想作最后的努力，希望俄、德、法三国能够阻止日本割占台湾。根据这些建议，总理衙门电告李鸿章：“李鸿章前电伊藤，有重为虑及，另行筹商之语。今伊藤来电，只云：中国派员与桦山会晤，所虑及危险之事可免，其不受商量已可概见。”只是现在台湾兵民群情激奋，交割事宜，实属难料，“情形如此，该大臣设身处地，将何以措置？前所谓：另行筹商者，究竟有何办法？如何补救？着妥筹复奏”[①]。

李鸿章在5月15日接到总理衙门的电报后，便向伊藤博文转达了朝廷希望中日就交割台湾再行商谈的愿望。李鸿章并给总理衙门发了回电，但是回电中也说明了自己的担忧，担心日本不肯妥协，如果不能立即交割台湾，恐生他变。

李鸿章的电报通过总理衙门呈达光绪帝的时候，光绪帝同时也收到了台湾巡抚唐景崧的来电。电文中表示，台湾绅民不愿把台湾割给日本，“台民知法不可恃，愿死守危区，为南洋屏蔽。坚留唐景崧与刘永福。经反复开导，再三力拒，无如众议甚坚，臣等虽欲求死而不得。至台能守与否？亦惟尽人力以待转机”，现在台民不愿降服日本，希望自主。唐景崧表示，台民的抗日情绪与朝廷无关，只希望朝廷告知日本，“彼员从缓来台，则台与日尚可从容与议；若即以武相临，不过兵连祸害，彼断难驯致全台”[②]。

---

① 石泉：《甲午战争前后之晚清政局》，生活·读书·新知三联书店1997年版，第218页。

② 同上书，第219页。

显然，台湾人民宁可拼命单独与敌决战，也不愿意成为日本的庶民。光绪帝与翁同龢看了这样的电文，既感动又难过。然条约已经互换，各国又不同意在台湾问题上声援，感到木已成舟的光绪帝在给唐景崧的回电中说，交割台湾，万不得已，实乃形势所逼。

在给唐景崧回电后，光绪帝又问翁同龢，伊藤博文是否又给李鸿章来电，态度如何？翁同龢回答说，已经来电。伊藤博文要求朝廷履约交割台湾，并拒绝了李鸿章建议桦山赀纪缓期到台湾的要求。对于台湾可能发生的骚乱，伊藤博文在给李鸿章的回电中认为，根据条约，台湾主权已按照《马关条约》完全让与日本国之今日，不应交给两国政府进行协议。故中国政府只有将该岛之行政事务与属公物件，让与日本全权办理大臣一事而已。①

看来，日本政府已经认识到，由于台湾人民不愿做日本庶民，肯定会起来反抗。要想一帆风顺、轻而易举地把台湾攫为己有，有些困难。因此，在同清政府进行外交交涉的同时，决意要对台湾实施武力占领，迫使台湾人民屈服。被天皇任命为台湾总督的桦山赀纪于5月24日从宇品出发，5月27日在琉球中城湾与准备侵占台湾军队会合后，兵分两路杀奔台湾。日本必欲征服台湾，完成交割台湾的野蛮举动，使得清政府感到箭在弦上，不得不发。但是，要派人前往台湾进行交割，派谁去呢？给事中谢隽杭上奏光绪帝说，既然《马关条约》是李鸿章父子主持签订的，他们当是交割台湾的合适人选，因为他们与日本人接触较多，当然不能置身事外。谢隽杭的奏折说，唐景崧这个人让他效命疆场，舍他其谁，但要办理外交恐怕不能胜任，交割台湾"此事既系李鸿章、李经方始终主谋，岂有功届垂成，反自逍遥事外之理？且该大臣等，既能定割地请和之策，自必具用夷变夏之才。国家用人专一，若忽舍而求他，恐其迫胁朝廷，且未有已也，相应请旨饬派李鸿章、李经方等迅速亲赴台湾，依限交割"②。

---

① 孙克复编：《甲午中日战争外交史》，辽宁大学出版社1989年版，第383页。

② 石泉：《甲午战争前后之晚清政局》，生活·读书·新知三联书店1997年版，第220页。

1895 年 6 月，李经方奉命进行交割台湾事宜

看到这样的奏折，光绪帝感到也是情非得已，便下了一道谕旨，让李经方前往台湾办理交割事宜。本来也有李鸿章的份儿，但是，狡猾的李鸿章借口身体不适，已经再次向朝廷请长假了。他说，枪伤发作，需要静养。但是光绪帝谕令让李经方即刻前往，李鸿章却表示反对，说李经方从台湾回来便病了，已到南方疗养；并说李经方对台湾情势并不熟悉，请朝廷另派人选。

李鸿章不想让养子染指交割台湾之事，但光绪帝谕令已下，态度坚决，要他不要借故推诿，倘若因此而迟延贻误，将追究李鸿章父子的责任。在朝廷的压力下，李经方不得不听命，但提出交割台湾责任重大，可否派一有能力之人协助，并要求派李鸿章的美籍顾问科士达一同前往帮助交接。翁同龢认为李经方的要求是借故推诿，一面上奏让朝廷严斥，一面以军机处名义要李鸿章告诫李经方，当须“克期赴台，设法办理。如再固辞，必于严谴，慎勿率行渎请”[①]。

这样，李经方很有些不情不愿地上路了，他前往台湾之前，李鸿章专门给伊藤博文发了个电报，希望他看在签订《马关条约》的分上，“格外体谅，按照友谊，通融办理。至于台湾主权业经交与日本，日本自应遣派水

① 故宫博物院文献馆编：《清光绪朝中日交涉史料》第四十四卷，故宫博物院 1932 年版，第 40 页。

陆各军以资弹压，保守平安”[①]。

《马关条约》的签订，很大程度上有李氏父子妥协的成分，这也为伊藤博文赢得了不少的政治声誉，伊藤博文当然也愿意卖给李鸿章这个顺水人情，他收到李鸿章的电报，回电说，李经方在赴台之前，可以先往长崎，与日方代表一道前往台湾，这样可以更好地“保护”。但是，这个情况被朝廷知道后，认为李氏父子是在做有损清政府形象之事，又下谕旨对二人一通严斥。李经方只好放弃日本的“保护”，于 5 月 30 日从上海出发。第二天，李经方抵达淡水，本想在这里与桦山赀纪会晤，可是，这时候桦山赀纪所乘坐的轮船已经从淡水驶向基隆，李经方只好乘船追赶。

6 月 2 日，护送桦山赀纪的“千代田号”军舰在基隆三貂角附近抛锚，追赶过来的李经方便登上日舰，与桦山赀纪进行了会谈。

本来，桦山赀纪打算先率军攻占基隆，然后到台北后，慢慢交接，因为此时台湾发生的反抗斗争还是很激烈的。但李经方却很急切，希望尽快交接，他说，台湾治理权已经交给日方，“照约将堡垒、军器、工厂及其他公物交给贵委员。现台民已变，岂能登岸”[②]。

李经方与李鸿章一样，在交割台湾的问题上，希望实现顺利交接，不出什么岔子。什么荣辱、什么民族气节都可以忽略不计。因为，他最担心的是登岛之后，被愤怒的台民报复，甚至害怕有性命之忧。“台湾岛民激昂……厌恶鄙人全家已甚，故鄙人若在台湾岛上岸，立刻必遭残杀”[③]。桦山赀纪便向他保证说，交割台湾只是形式上的交接，当尽力提供便利。李经方仿佛吃了一粒定心丸，便又在交割台湾问题上向桦山赀纪献策说，从中日友谊的大局考虑，交割台湾阁下应该防范泰民的反抗行动。从三貂角到基隆之间，山壑重叠，道路险恶，是最容易遭受袭击的地方，贵军通过时，一定要多加小心。当年，法国军舰曾经在此遭受过袭击。

---

① 关捷：《觉醒：甲午风云与近代中国》，中央民族大学出版社 1997 年版，第 242 页。

② 同上书，第 243 页。

③ 戚其章：《甲午战争国际关系史》，人民出版社 1994 年版，第 431—432 页。

割让台湾后，日本在台北设立总督府

听完李经方的提醒，桦山赀纪站起来举起手中的酒杯说，感谢忠告。李经方也站起来说，此次交割台湾，台湾将成为日本国的新领土，希望此次交接后，中日能够更进一步敦厚友谊，永保和平，并对阁下荣任总督表示祝贺。桦山赀纪再次举杯道谢，随后李经方便回到了自己所乘的轮船上。当天近午时分，桦山赀纪也以回访的名义来到李经方所乘的“公义号”轮船上，二人又进行了一次会谈。这次会谈，李经方再次表达了自己的担忧，担心台民对他们父子多存误解，希望桦山赀纪代为排解。他说：“‘尤望阁下平定台湾后，告知岛民，系依据媾和条约，日本领受台湾者，应将对于李氏一家之怨恨消除’。并恳求曰：‘希望阁下对于旧友鄙人与以相当助力保护。’桦山答称：‘尽其可能，当效微劳。再阁下回国时，特别派护卫船保护阁下。幸勿悬虑！’”①这次会谈后，桦山赀纪派台湾民政局长水野遵至“公义号”，与李经方商定台湾交割之据。当天深夜，将文据缮成中文和日文两份，先由桦山署名盖章，然后交于李经方，就算交割完毕。3 日凌晨半点，交割手续刚完，“公义号”即拔锚解缆，驶离台湾海面。随同李经方办理交割的科士达写道：“夜半，中国船拔锚，在日本海军礼炮声中，我们向上海开行。我们在台湾海面恰恰 36 个小时，从来没有一个官吏于胜利地完成任务后回家时比李经方快乐的了。”②

① 戚其章：《甲午战争国际关系史》，人民出版社 1994 年版，第 432 页。

② 中国史学会编：《中国近代史资料丛刊：中日战争》第七册，新知识出版社 1956 年版，第 486 页。

4日下午，李经方一行回到上海。就这样，一纸文据便将台湾交割给了日本。李经方交割台湾，虽然卑躬屈膝，但光绪帝、慈禧太后都没有什么反感的意思表示，因为于他们而言，此刻台湾能够顺利交接，不再生出别的事端就已经心满意足了。因而降旨说："台事既经李经方与桦山交接清楚，立有文据，此后台湾变乱情形即与中国无涉，应由李鸿章电知伊藤，以为了结此事之据。"①

清政府完成了台湾的交割。《马关条约》的签订，使中国社会半殖民地化的进程大大加快，列强接踵而至，鲸吞蚕食，任意宰割，掀起了瓜分中国的狂潮。

五、归还辽东要交"补偿款"

李经方与日本代表桦山赀纪办理完交割台湾的手续后，清政府很希望日本尽快归还辽东。虽然，归还辽东是三国干涉的结果。但是，日本在归还的问题上并不情愿，于是便设法刁难。1895年7月19日，日本政府向俄、德、法三国提出，归还辽东，清政府需向日本支付占领期间的补偿金以及驻军期间的军费补偿，并缔结批准中日通商航海条约后，日本方可归还辽东。日本作出这番声明后的第四天，即召开了一个内阁会议，就这些声明，讨论拟订具体的方案。

方案主要有八个方面：其一，日本归还辽东后，中国不得将该地让与其他国家。其二，支付归还辽东补偿款白银五千万两，于1895年11月8日前交清。其三，开放奉天省之牛庄、大连湾、沙河镇，准许日本在各口岸通商贸易。其四，将奉天省之赵氏沟（安东县）及直隶省之宁海，辟为中途港口，并付以与现在中国各通商口岸及已开市场相同条件下之同等特

① 戚其章：《甲午战争国际关系史》，人民出版社1994年版，第433页。

惠权益。其五，中国将《马关条约》第一期赔款白银五千万两以及归还辽东补偿款白银五千万两，共计库平银一亿两，如期交付后，除金州外，东北其他地方的日军一律撤回。待第二期战争赔款白银五千万两交清并签订中日通商航海条约后，在金州半岛的日军亦应撤回。其六，中国须敬重日本人在东北的墓地。第七，日军占领辽东时，曾与日军有过种种关系的中国人不得受到处罚。第八，对于支付赔偿款以及通商条约批准事宜，如有中方违约，日本不能从东北撤军，在帝国军队继续占领期间，中国须负担维持上述军队之全部费用，从而使其承担违约之责。[①]

甲午战争中日军在旅顺土门子合影

根据日本内阁会议讨论的具体方案，日本外务省很快便制定出了一个归还辽东半岛的条约草案。而日本外务省此时发生了人事变动，陆奥宗光因为生病不能署理外交事务，外务大臣之职便由西园寺代理，并将其电发给新任驻华公使林董，指令他全权负责与清政府交涉谈判。训令中说，《马关条约》互换后，三国干涉“还辽”的行动出现松动之迹象，其联合的瓦解，对日本帝国虽然有利，但“还辽”问题一日不解决，三国势必仍会干

① 孙克复编：《甲午中日战争外交史》，辽宁大学出版社 1989 年版，第 403、404 页。

涉，成为日本帝国的对手。现在如与清政府直接就归还辽东事宜进行谈判，从速了解事件，对日本大有裨益，“第一，可以断绝与三国之关系；第二，可以使彼等脱离已趋于松弛之联合羁绊，各自可以得到自由行动之机会。总之，解除帝国与三国之纠葛乃当务之急，自不待言，且如欲迅速完成此项任务，除尽快结束此次对中国之谈判外，别无他策。希阁下善体此意，进行充分努力”①。

从西园寺给林董的训令中可以看出，三国干涉“还辽”已使日本政府产生悸动，日本很担心俄、德、法三国进一步干涉，因而急于结束辽东半岛问题的心情也很迫切。林董接到西园寺发来的训令，立即照会总理衙门，说明辽东可以归还，但需要接受日本政府提出的条件。接受照会的是庆亲王奕劻与翁同龢，五千万两白银的“还辽”补偿是清政府难以接受的，总理衙门很快将此事告知了三国。

此时，三国因干涉“还辽”而向清廷提供借款问题的分歧已经出现，因而，德国认为五千万两白银的“赎辽费”并不高，“辽东是最重要的军略地点之一，日本占领它能随时威胁北京城。日本放弃它，是剥夺自己的一个最重要的胜利果实。在这种情形下，上述数字似乎是适度的”；“且日本作此要求，主要是为缓和国内舆论”②。

但是，俄国认为日本的要求太过分，不能接受。主张五千万两白银减半，必须运用压力使日本将补偿金降至两千五百万两白银。

俄国外交大臣罗拔诺夫为此召见德国驻俄大使拉度林，向其表示日本“对中国不能再行吮吸骨髓”。另外，对于日本的撤军问题，俄国也有异议，认为日本将还辽和撤军日期以及清政府履行《马关条约》各项义务甚至互换中日商约批准书等问题进行挂钩，都是在制造困难。要求在撤军日期上规定明确的期限，不能受还款日期与商约签订的影响。

德国对五千万两白银的赎辽款不高的说法，令俄国极为不满，俄国认

---

① 孙克复编：《甲午中日战争外交史》，辽宁大学出版社 1989 年版，第 406 页。

② 孙瑞芹译：《德国外交文件有关中国交涉史料选译》第一卷，商务印书馆 1960 年版，第 67 页。

为德国有亲日倾向，怀疑德国在三国干涉之际，有可能与日本暗通款曲。为此，俄国想抛开德国，与法国一起向日本施压。8月3日，法国驻俄大使蒙塔佩罗在一封绝密电报中告诉阿诺托：“罗拔诺夫亲王今天问我，‘我们是否可以重新恢复我们的自由，光我们两国采取行动？’”[①]

虽然，法国与德国一直存在嫌隙，但当此三国干涉“还辽”正需要攻守同盟之时，法国尽力调解德俄矛盾，维持三国的共同行动。法国方面认为中国可以满足日俄两方的要求，促使辽东问题尽快解决。建议在赎辽费的问题上与日本讨价还价。最后，三国共同向日本施压，于9月2日联合向日本发出照会，指出日本索取补偿的数额不得超过三千万两白银，且中国一旦交付这笔补偿款后，日军应立即从辽东撤出。日本外务省接到照会，见三国措辞严厉，知道胳膊拗不过大腿，如果按照自己的意愿原封不动地提交给清政府，不要说清政府不接受，三国必然也会再次提出异议，使得谈判拖延下去。因此决定接受三国提出的归还辽东补偿款为三千万两白银的要求。

但是，三千万两白银对清政府来说，仍然感到难以承担。鉴于三国出现裂痕的现实，清政府就完全把希望寄托在俄国身上了。光绪帝很担心俄国也会像德国那样转变态度，因而电谕驻俄公使许景澄，“辽事撤去，商约甚是缓，缓交兵费及辽地不再索费，此论发自俄廷，今又云论赔款事与德不合，可见俄实有帮助到底之意。惟电商日久不决，究竟有无变动，确探具奏”[②]。

许景澄接到电报后，即拜会罗拔诺夫，希望俄方帮助全部驳回赎辽费，但罗拔诺夫声称，俄国已经尽力，协商两个月之久，没有一个统一的意见，可见事情颇为棘手。许景澄便据实向光绪帝作了汇报。接到汇报后，光绪帝仍希望许景澄对俄进行劝说。许景澄便继续与罗拔诺夫磋商，但俄国已经不愿在这个问题上继续与德、日两国讨价还价，便对许景澄说，“三国公

① 葛夫平：《法国与中日甲午战争》，载《中国社会科学》2013年第3期。

② 王彦威、王亮编，王敬立校：《清季外交史料》卷一一七，书目文献出版社1987年版，第10页。

议已定，惟请中国体察实情，免再耽延”[①]。

9月11日，根据俄、法、德三国达成的一致意见，日本向三国递交照会，表示接受三国公议的三千万两白银的辽东“赔费”方案。10月1日，西园寺向林董发出了作为同中国直接谈判基础的修改条约草案八款。草案规定，根据《马关条约》缔结的缘由中国让与日本国之奉天南部地方，现主权归还中国；中国不得将上述地方让与他国；为酬报归还奉天南部地方，清政府支付库平银三千万两，于1895年11月8日前交付；交付三千万两库平银后，日本在四个月内撤军；日本军队占领奉天期间，与此有种种关系的中国人不得受到处罚；中国如不能在11月8日前交清还辽补偿金，则日军不能撤出，此后发生的军费由清政府全部支付。草案分为日、中、英三种文本，在日文与中文解释发生歧义时，以英文为准；本条约需有两国皇帝批准生效。[②]

日本侵占金州后征用当地百姓的马车准备拉运物资之用

西园寺向林董发出了具有指导意味的归还辽东草案后，日本内阁也向林董发出训令，要求他尽快与清政府谈判，尽快结束辽东事宜，免得再生枝节。据此，林董于10月9日再次来到总理衙门，接见他的是翁同龢、

① 王彦威、王亮编，王敬立校：《清季外交史料》卷一一七，书目文献出版社1987年版，第29页。

② 孙克复编：《甲午中日战争外交史》，辽宁大学出版社1989年版，第406、407页。

敬信、荣禄三人。林董递交给三人的照会说明了他奉日本政府之命与清政府交涉辽东半岛归还事宜，并要求总理衙门奏明朝廷，派出全权代表进行会谈。

看了林董递交的照会，翁同龢等人感到事态严重，所提条约草案八款须奏明皇上，与皇上意决后才能答复。林董见总理衙门有意拖延，乃于当天以“极秘密之私函，将此事通知伍廷芳。内称：据悉李中堂很早即希望（日本）与清政府进行直接谈判，为此，希告知李中堂予以帮助，以期尽速任命全权委员”①。

那么，李鸿章对此又是什么态度呢？作为《马关条约》的当事人，他对日本的态度可谓亦步亦趋，希望中日间就归还辽东问题及早谈判，他也是想摆脱各方压力。为此，他曾经指示伍廷芳邀约林董在北京金鱼胡同贤良寺进行过一次密谈。此时，李鸿章已经从天津回到了北京，在贤良寺住了下来。

贤良寺在雍正朝时曾经是康熙十三子怡亲王允祥的王府，允祥病故后，根据他的意愿，将宅地改为寺院，雍正帝亲赐寺名“贤良寺”。贤良寺距离紫禁城很近，许多外地官员进京后便住在这里，久而久之便有点像外地官员来京时的“招待所”了。李鸿章第一次进京时就住在这里，与当时外省官吏一样，之后的多次进京，李鸿章都居于贤良寺。从 1895 年到戊戌变法失败，这几年间可以说是李鸿章官场上最为失意的几年。这期间，朝廷的冷落、门生故旧的纷纷离他而去，使李鸿章很有一种人生的感慨。

李鸿章入住贤良寺后，出现了“门客罗雀车马稀”的景象，他既在寂寥的境遇中感怀人生，又不甘寂寞地等待着机会。虽然朝廷并没有向他征求归还辽东的意见，但是，他并不甘寂寞。所以，当林董要他出面帮忙时，李鸿章便向林董表示，归还辽东问题，如果长期拖延不决，俄、德、法三国势必会进行干涉，对中日两国都极为不利，因此建议中日直接谈判，摆脱三国干涉，迅速了结此事。此后，李鸿章又让伍廷芳以到日本公使馆探

① 孙克复编：《甲午中日战争外交史》，辽宁大学出版社 1989 年版，第 408 页。

问林董病情为由，转达李鸿章对归还辽东的意见。

根据林董向日本外务省的报告透露，伍廷芳以探病为由，拜会林董多次，这显然是遵照李鸿章的旨意而来，每次二人都进行了长时间的谈话，关于谈话的内容，主要是处理辽东问题。

正是由于李鸿章在处理辽东半岛问题上与日本亦步亦趋，当林董在总理衙门受挫后，他第一时间想到了李鸿章，并向其求助。此外，伊藤博文也向清政府施压，要求清政府任命李鸿章为归还辽东事宜的全权大臣，与林董会商。据此，清政府在 10 月 14 日正式下达了任命李鸿章为全权大臣的谕令，并在第二天又令总理衙门正式向林董发出了照会，照会说明，“著派文华殿大学士李鸿章为全权大臣，将归还辽旅事宜，与日本使臣林董定期开议”①。

林董收到照会后，内心很高兴，他当然知道，与李鸿章交涉，将会避免许多不必要的麻烦，他在 10 月 16 日发电给李鸿章，对他大大夸赞了一番，说他是清政府为数不多的开明人士，与他商谈辽东归还事宜，将使中日友谊大局更加稳固，并询问双方商谈的具体日期。

根据约定，双方定于 10 月 20 日就归还辽东事宜正式展开谈判，谈判地点就定在总理衙门。虽然日本方面对李鸿章有好印象，但仍然摆出胜利者的骄横姿态。谈判一开始，按程序双方要互看对方的全权委任状，李鸿章看了林董的委任状，没有说什么，但林董接过李鸿章的委任状，翻来覆去地看，慢条斯理地说，委任状格式上不甚规范，念及中日友谊，也是可以承认这个全权的。林董又表示要下不为例，便将全权委任状归还给了李鸿章。接着林董又向李鸿章递交了日本外务省拟定的归还辽东草案。对于草案中日本提出的三千万两白银的补偿款，李鸿章表示，日本方面早已知晓中国的情况，这个数字可否减少。但林董回答说，这已经是从五千万两白银削减下来的数字，不能削减了。李鸿章又近乎哀求地说，希林公使顾及中日大局，电告国内通融削减，但林董仍然予以拒绝。

---

① 孙克复编:《甲午中日战争外交史》，辽宁大学出版社 1989 年版，第 409 页。

林董不愿通融，表示“此系三国定议之数，断难再减分厘”[①]。李鸿章无奈只好祭出《马关条约》，说他与伊藤伯爵签订条约，是出于中日友谊，希望林董也能够如此。李鸿章虽然没有明言，在签订《马关条约》过程中，自己曾经妥协，但言语之间有隐喻的成分。

李鸿章说：我皇帝陛下派本大臣为缔结本条约之全权大臣，自有其故。本大臣曾作为全权使臣，缔结《马关条约》。该条约规定赔款二亿两，我国政府与人民均责难为数过大。是以本大臣此次要求削减补偿金额，以期对《马关条约》略有补偿。

林董说，本公使难以理解阁下所言。本条约系关于归还辽东半岛者，与《马关条约》全属不同事宜。日本政府确信，本条约规定之金额，与辽东之实际价值相比，为数实在过少。只为表示对中国友好，方以如此少数金额为满足。

李鸿章说，阁下虽反驳说《马关条约》与此次条约为不同之两件事，但本大臣系与两事件有关联之同一个人，自然应承担《马关条约》之责任。

林董说，以少量偿金获得辽东之归还，此非阁下为中国所立之大功乎！

李鸿章说，否！是乃本大臣之一大失策。为使本大臣获得荣誉，务希多少予以削减。

日本公使林董像

① 王彦威、王亮编，王敬立校：《清季外交史料》卷一一八，书目文献出版社 1987 年版，第 6 页。

林董说，希望阁下谅解，我国所索金额实已削减到头。关于削减一事，本公使之政府早已无能为力矣。[①]

李鸿章拿《马关条约》的签订，自己在国内饱受非议希望博取林董的同情，但林董仍然不同意削减金额。李鸿章没办法只好将话题转到撤军问题上来。李鸿章说，如果清政府交付了补偿款后，日本应立即从辽东撤军，而不是如草案中所说的四个月内完成撤军。对于李鸿章的要求，林董则说，将辽东归还中国后，中国不可以将辽东割让或租赁给他国。李鸿章则点头答应，表示中国断不会将领土无端割给他国。会谈结束的时候，李鸿章仍然希望林董在补偿款的问题上有所削减。为此，这次会谈结束后，林董给西园寺发电作了汇报。西园寺则回电说，补偿款的问题已经与俄、德、法三国达成一致，不能削减。

10月29日，李鸿章与林董进行了第二次会谈。地点仍在总理衙门。会谈一开始，李鸿章向林董递交了经过总理衙门修改的归还辽东草案，即“归还辽东修正案”，修正案共七条，与日本提交的八条草案相比，少了一条，删除了“中国约定，决不将上开之交还地方，让与其他任何国家”的说法。对此，林董表示反对。李鸿章则解释说，原来的第二款损害中国体面，即便没有这一条，中国也不会将领土割让给他国。

李鸿章又说，除非日本在清政府遭受外部威胁时，有援助的意愿，才会保留第二条。这个说法又遭到林董的反对。这次会谈，没有任何结果。会后，林董又向西园寺作了汇报，并作了五点请示：第一，可否删除条约中之第二款，而以外交文件宣布与此款相同之趣旨；第二，补偿款之支付日期，可否定为条约盖印后之第十日；第三，为使条约中所载符合《马关条约》第二款之开头部分，可否载明：“日本国在归还地方，须将一切炮台、兵工厂及官有财产，按撤兵之日一律原样交回”；第四，可否同意李鸿章之提议，于条约第五款追加下开字句：“若于交付补偿金之后，日本军队于规定期限内不全行撤退时，日本国须对上述补偿金之金额按年息五厘

① 孙克复编：《甲午中日战争外交史》，辽宁大学出版社1989年版，第411页。

计算，向中国交纳三个月之利息”；第五，李鸿章屡屡哀求，作为对该人之特殊恩典，主张以规平银三千万代替库平银三千万。盖因规平银较之库平银几乎低九分。本公使充分相信，李氏终能同意库平银三千万。但拙见认为，为使李在反对者面前得以维持体面，对该人之请求，在政治策略上具有值得贵大臣稍如考虑之价值。[①]

西园寺接到电报后，向林董发出训令说：“删除第二款，代之以外交文件亦无妨。但须令中国政府声明，该外交文件与此款具有同样之趣旨。追加赔款之支付日期，可订为条约盖印后之第十天。在第一款中‘让与日本国’之后，添上如下文字亦无妨：‘遵照下开土地之主权与本条约第四款之规定，自归还地区撤退一切日本军队时，须将所有堡垒、兵工厂及官有物件，一并永久归还中国’。原规定如（中国）迟迟不支付赔款时，须支付占领费用之条款删除亦无妨。”[②]

西园寺的训令，实际上只是在日本所提条约草案中，对一些无关紧要的问题作了让步，但对于补偿金额问题仍然坚持不让。此间，总理衙门也让许景澄、庆常等驻外公使联系俄、德、法等国，希望三国能给日本施加压力，迫使日本能够对金额进行削减，但最后清政府得到的答复仍是，已经与日本达成一致，这使得李鸿章感到，“日本允还辽南，全恃三国劫持之力，偿款数目已由彼定议画押，即为凭据，无可更改。此时再以减少相商，必不肯协从，日本更无所畏忌。殊于邦交国体有碍。且恐耽延日久，另生枝节”[③]。

据此，李鸿章奏明朝廷，认为应该接受日本提出的三千万两白银的补偿款要求，辽东半岛问题应早日办结，免生枝节。11 月 4 日，李鸿章与林董进行了第三次会谈，这次主要谈了归还辽东的程式及细节，并达成了协

① 孙克复编：《甲午中日战争外交史》，辽宁大学出版社 1989 年版，第 427、428 页。

② 日本外务省编：《日本外交文书》卷二十八，第 1168 号文件，日本国际联合协会 1953 年版。

③ 王彦威、王亮编，王敬立校：《清季外交史料》卷一一八，书目文献出版社 1987 年版，第 6 页。

议，几天后，中日双方正式签订了《中日辽南条约》及议定专条。《中日辽南条约》共六款：

第一款，日本国将光绪二十一年三月二十三日即明治二十八年四月十七日订立下之关条约第二款，中国让与日本国管理之奉天省南边地方，即从鸭绿江口抵安平河口至凤凰城、海城及营口而止，以南各城市邑以及辽东湾东岸、黄海北岸奉天所属诸岛屿，并照本约第三款所定，日本国军队一律撤回之时，该地方内所有堡垒、军器、工厂及一切属公物件永远交还中国，因此下之关条约第三款，并拟订立陆路通商章程之事，作为罢论。

第二款，中国约为酬报交还奉天省南边地方，将库平银三千万两，迨于光绪二十一年九月三十日，即明治二十八年十一月十六日，交与日本国政府。

第三款，中国将本约第二款所定之酬款库平银三千万两，交与日本国政府，自是日起三个月以内，日本国军队从该交还地方一律撤回。

第四款，中国约日本国军队占据之间，所有关涉该国军队之中国臣民，概予宽贷，并饬有司不得搁为逮系。

第五款，本约缮写汉文、日本文及英文各二份，校对无伪，署名盖印，汉文与日本文遇有解译字义不同之处，以英文为凭。

第六款，本约钦奉大清国大皇帝陛下、大日本国大皇帝陛下批准，自署名盖印之日起二十一日内，在北京互换。为此两国全权大臣署名盖印，以昭信守。[①]

在中日双方议定的专条中，则对《中日辽南条约》的执行予以说明，指出《中日辽南条约》的执行或因他因未能依期执行都应知会对方。专条还指出，专条的签订已得到两国皇帝的允准，双方都应遵照执行。

11 月 29 日，中日双方在总理衙门正式举行了换约仪式，从此辽东半岛正式回归中国。

归还辽东半岛仪式的当天，有这样一个插曲。当日正值慈禧太后生日

① 孙克复编：《甲午中日战争外交史》，辽宁大学出版社 1989 年版，第 437 页。

前后，慈禧太后感到这是一件值得高兴的事，便在宫中安排了宴会和歌舞，并让李鸿章邀请了日本驻华公使林董，俄、德、法各国公使都来参加，场面十分隆重。换约仪式后的第二天，李鸿章即向朝廷作了奏报：“据日使林董函称，该国批准条约业已寄到，订期互换。臣系原派全权大臣，自应一手经理，即与该使订明换约凭单”，臣当在总理衙门互换，“敬将奉颁批准条约全分，与该使复加校对，一同互换讫，当将凭单及该国批准约本，交总理衙门送军机处存备查核”[①]。

李鸿章向朝廷奏报后，中日双方官员开始办理辽东交接事宜。12月间，日本政府也向英、俄、德、奥、荷等国驻日公使发出照会，说明辽东归还业已完成交接，撤军已完成。这意味着被日军占领达一年之久的辽东半岛全部收复。

① 王彦威、王亮编，王敬立校：《清季外交史料》卷一一八，书目文献出版社1987年版，第24页。

Chapter 3

第三章 列强索酬与瓜分狂潮

一、“救命恩人”投下的毒饵

三国干涉还辽目的就是想向中国索取更多的利益。因此，当三国干涉“还辽”一事正在进行中、《马关条约》还没有完成互换条约时，俄、法、德三国便在思考如何向中国索酬的问题了。三国中向中国索酬最积极的是俄国和法国。俄国的对华政策，用俄国外交大臣罗拔诺夫的话说，目的是促使中国更依赖俄国，而阻止英国对中国的影响，对于此事自然尤其不肯放松。

根据《马关条约》的规定，中国需要赔款给日本。清政府连年对外赔款，实在没有银子可拿了。清政府为了筹措对日赔款，通过赫德向英国汇丰银行商谈借款，各国闻讯后都想从中获取利益。俄、法等国自然不愿错失良机。于是，当三国干涉迫使日本就范后，俄国的真面目也逐步显露了出来。

清政府对日赔款，依据条约规定，要赔付日本二亿两平库银，这笔巨大的赔款要分八次支付，期间还要每年按照五厘的利率给日本支付利息。但是，中、日双方又磋商约定：如果中国能够在三年内全额支付赔款，则免付利息。这就是说，清政府若提前完成支付赔款，就可以节省高达一千万两之巨的利息支出，且被日军占领的威海卫也可早日收回。

因此，《马关条约》互换后，清政府非常着急，光绪帝为此下谕旨说，现在和议已定，当务之急是筹措战争赔款。但是要筹钱，对内忧外患的清政府来说不是想筹就能筹得来的。清政府钱袋里没有银子，民间资本筹措也很困难。当时普遍有一种担心，担心朝廷会因此而大肆向百姓搜刮。《字林沪报》就以《赔款数宜取于官》为题表达了这种担忧："今和议已成矣，允偿彼兵费三十京两，嘻此三十京两又将取之于民矣。于（余）则谓不宜取之于民宜取之于官。"[①]

既然朝廷财政困难，民间筹措也无法实现，那就只有向外国借贷一途了。李鸿章在日本议和时，伊藤博文就考虑清政府可能无力支付如此巨额赔款，因而向李鸿章建议，可以考虑向列强借贷，一次性赔付，这样可以减轻许多压力。并说，借外国款可以分三四十年还，期长利轻，这对清政府来说是可以承受的。不独日本感到清政府难以承担巨额赔款，图谋在中日战争中获取利益的俄国对此也早有预料。

《马关条约》签订后，罗拔诺夫就向许景澄表示，俄国有意向中国提供借款，但是听说中国"欲向不肯合劝之英国商借，颇觉诧异，特请代达国家，应先商俄国，方见交谊"[②]，当时清政府对三国干涉"还辽"一事寄望正殷，对三国都不敢得罪，因此建议由三国分担借款。但俄国坚持独揽，并说"俄、法一气，无庸虑；德国一边，可另想办法"[③]。并态度强硬地说，与他国银行分借，万万办不到。如果是那样就不要向俄国借款了。

许景澄像

① 《赔款数宜取于官》，《字林沪报》1898 年 5 月 13 日。

② 王彦威、王亮编，王敬立校：《清季外交史料》卷一一一，书目文献出版社 1987 年版，第 11 页。

③ 丁名楠等：《帝国主义侵华史》第二卷，人民出版社 1992 年版，第 17 页。

俄国人如此表态，当然是列强之间在华利益竞夺的需要，各国都想扩大自己在华的利益，列强之间已经不满足于以商品贸易为主要途径的经济扩张，而把资本输出视为利益掠夺的一种主要途径。

清政府筹措向日本赔款时，英国首先向清政府承诺，可以向清政府提供借款。其中，海关税务司赫德做了大量的工作，赫德甚至向总理衙门打包票说，没有伦敦市场的合作，贷款总数就无法确定。除英、俄之外，德国在借款问题上也有着强烈的愿望。

在三国干涉"还辽"之时，德国外交大臣马沙尔就建议德皇威廉二世，德国应该承揽对华借款，从而达到控制中国的目的。马沙尔说："倘若德国银行家们提供这笔款，中国将因此特别感激德国政府。"[①]

威廉二世十分赞同马沙尔的建议，便表示让马沙尔着手处理此事。之后马沙尔指示德国驻天津领事拜会李鸿章，表达德国也希望对华提供借款的愿望。在列强对华提供借款的竞夺中，俄国想吃独食，是排斥他国的。那又怎么把其他国家排斥在外呢？俄国便对清政府进行威逼胁迫，不想让清政府向英、德等国借款。可是，俄国想独享利益，却拿不出那么多的钱。为此财力不够的俄国只好拉上法国，希望两国共同出资来共享利益。

这一次，俄国把德国排除在外，不想让德国人参与，让德国人很生气。干涉"还辽"是三国共同努力向日本施压的结果，现在到了向清政府索取利益的时候，俄国却想将德国排除在外，德国怎肯善罢甘休，一改干涉"还辽"时的态度，转头主动向日本人示好起来，与俄国进行对抗。

德国知道自己被俄国排除在向清政府提供借款的国家之外，便联合英国共同向俄国施压。这时候，英国便站出来说，向中国提供借款应该各国联合起来，共同承担。

俄国与法国根本不理会英国的这个倡议，而清政府中的许多官员都是经历过甲午之痛的人，很倾向于联俄制日。因此，驻俄公使许景澄目睹列

① 孙瑞芹译：《德国外交文件有关中国交涉史料选译》第一卷，商务印书馆 1960 年版，第 39 页。

强纷争的局面，很担心在借款问题上厚此薄彼有可能引来外交争端，他认为可以利用借款之机巩固中俄友谊。

许景澄认为在三国干涉“还辽”之时，英国人作壁上观，现在借款时却想坐享其成，德国、法国和俄国肯定会心有不甘。现在既然俄国人提出了借款要求，清政府正可以借此与俄国联络感情，且可以减轻英国金融商人经办借款费用的压力。

清政府中的很多人对英国人对华提供借款，想从中渔利都心知肚明，不独许景澄这么认为，翰林院侍读学士文廷式、给事中余联沅都有类似的看法，帝师翁同龢更是认为，英国人对华借款，狡诈而贪婪，提出借款，却有很多的挟制条件。这些人的态度，加重了光绪帝与慈禧太后对英国人的疑虑和戒备。但是，光绪帝和慈禧太后又有一种担心，如果如许景澄所言，倾向于向俄借款，他国会不会认为中国厚此薄彼，引发不满。对此，许景澄又建议朝廷“先以息借办法，询彼何策，并酌留德法地步。英银行所商，拟请缓定，以免嫌衅”[①]。

根据许景澄的建议，光绪帝于《马关条约》换约的第二天下达逾令，让恭亲王奕䜣、庆亲王奕劻、户部尚书翁同龢、兵部尚书孙毓汶、步兵统领荣禄、吏部左侍郎徐用仪、户部左侍郎张荫桓等人协同办理筹款事宜。并谕令许景澄在俄国就借款问题与俄外交部商谈，总理衙门的电示大意是，先期借款五千万两，息五厘以内，没有折扣。对于抵押问题，总理衙门要许景澄向俄外交部进行说明，中国向外国借款，向来都是由税关出票，户部盖印，按期偿还，现在向俄国借款，也按此惯例进行。

考虑到三国干涉“还辽”时德国、法国也曾出力的情况，为避免不必要的外交纷争，清政府还要求恭亲王奕䜣、庆亲王奕劻等人与德国、法国协商，也向两国商借。明确表示：“现德法亦愿借款，拟俟俄款要求，再与酌订。”[②]

---

① 王彦威、王亮编，王敬立校：《清季外交史料》卷一一一，书目文献出版社 1987 年版，第 11 页。

② 同上书，第 9 页。

看来，清政府把借款视作对三国干涉“还辽”的酬谢，当然也希望通过此举使三国在对日干涉中更进一步帮助中国减少战争损失。清政府向外国借款，把英国排除在外，重点考虑俄国，因为清政府中的大多数人都希望通过借款，实现中俄结盟，联俄制日。但是，俄国却不这么想，国际关系中，本来讲的就是国家利益。对华提供借款，俄方坚持与法国合作，反对中国向英、德等国商借。对于清政府提出先借五千万两的意向，俄国认为这是清政府试图向他国商借，根本没有体现联俄制日的诚意。对于借款的抵押问题，罗拔诺夫则对许景澄表示，希望以清政府的海关作抵押，此举当然是想打破英国对中国海关管理权的把持。

许景澄很担心罗拔诺夫的要求引起英、德两国的不满，特别是在三国干涉“还辽”中“有功”的德国。为此，许景澄提出一个满足德、俄两国利益诉求的方案：将山海关至珲春的铁路借款权给予德国，这样就可以满足德国的借款要求，而将第一、二批对日偿款全部从俄国借贷，这样一来“似于邦交、边防两便”。总理衙门认为许景澄的建议并不可行，而对于罗拔诺夫提出的以海关作抵押的说法，也认为“此端万不可开，不可不慎之于始，所有此次借款，应如何订立合同，以防流弊之处，并著详慎妥办”。

总理衙门认为俄国人有联合法国对华借款的意图，清政府何乐而不为地顺水推舟，同意让法国也提供借款，从而达到以法国制约俄国的目的。

清政府在借款行动中选择了俄、法两国，而把英国排除在外，这让把持海关税务司的赫德倍感失落。他于 5 月 14 日给其驻伦敦秘书金登干发了封电报：“传说俄国政府愿提供借款作赔偿之用，利息五厘，照票面发行，这似乎难以置信。”[①]

赫德实际上是担心俄国人以此介入清朝海关，不仅冲击到自己的权力地位，更将会对英国不利，因而，他给金登干发电，要他报告政府，希望政府通过外交途径向清朝与俄国施压。为此，英国首相兼外务大臣金伯利给英国

① 陈霞飞主编：《中国海关密档：赫德、金登干函电汇编（1874—1907）》第六卷，中华书局 1995 年版，第 864 页。

驻俄大使拉塞尔斯发了电报，要他对俄施压。金伯利在电文中称，政府已经知晓清政府与俄国正在达成一项以中国海关作抵押的借款协定，这将严重冲击英帝国的利益，“因此，您须立即去拜见外交大臣。您应让罗拔诺夫亲王明白，我国政府知道正在发生的事情，但言不必多；您应当说明，任何企图把英国排斥在贷款谈判之外的行为都会引起英国舆论的哗然”[①]。

1896 年李鸿章访英时，与英国首相金伯利（左）合影

金伯利在给拉塞尔斯发电后，也给英国驻华公使欧格讷发了一封内容相似的电报，要求欧格讷与总理衙门交涉，并说，借款问题，清政府应该对英帝国保持信任和坦诚。

虽然英国人明白，在三国干涉“还辽”时，英国不仅作壁上观，而且站在日本人那一边，已使清政府朝野上下对英国产生了反感，正如赫德所说的那样：“三个大国，特别是俄国给中国人帮了这样大的忙，已使中国人的眼中再也看不见别的了。英国只好暂时远远地退居下风。”[②]

虽然，英国通过外交途径不断地向清政府与俄国施压，但中俄借款活动仍在继续进行，俄国根本就不把英国的外交努力放在心上。到了 6 月下

① 戚其章主编：《中国近代史资料丛刊续编：中日战争》第十一册，中华书局 1996 年版，第 885 页。

② 陈霞飞主编：《中国海关密档：赫德、金登干函电汇编（1874—1907）》第六卷，中华书局 1995 年版，第 867 页。

旬，俄、法两国竟然背着清政府达成了一份对华借款合同，清政府本意是先借款五千万两，两国却自作主张地将借款金额提高到一个亿。对此，清政府却一无所知。后来，清政府还是从路透社的报道中得知的此事。除了私下加大借款数额之外，俄国在清政府借款的问题上，还一再加码索求。这与清政府借款无折扣无抵押的愿望有着很大的差距。尤其是，俄国不断要求清政府以海关作抵押，清政府不能不对此有所表态，尤其是清政府知晓了在中国不知情的情况下，俄、法两国私自达成借款协议并提高借款额度一事时，更要表达不满，清政府认为“西国借用商款，事所恒有，从无他国国家代保者，既保借款，即为保护国之渐”①。

清政府的这番反应，应该有德国施压的成分。三国干涉“还辽”中“有功”的德国对于在借款事上被俄国排除在外，一直心存不满。这从英国驻法大使给金伯利的报告中可见一斑：“俄中两国关于最近贷款的谈判看来并不像圣彼得堡所期望的那样进展迅速或顺利，因为中国驻此间代办告诉我，由于德国驻北京公使的抗议，总理衙门已经告知俄国政府，他们不希望后者为贷款进求担保，并要求删除合同中一切有关上述担保的字句，使之成为一份普通的金融协议。”②

面对外交压力，应该说清政府内部很惶恐，俄、法两国虽然达成协议，但也感受到了英、德的外交压力。

对于德国的外交压力，俄国则向其保证，以后再有中国借款的事情，当先与德国商量，这样德国虽然不满，也只好作罢。此后，在许景澄与俄国的艰难谈判中，俄国在海关担保问题上作了让步，放弃以后由俄国均沾海关及其他项权利的条件，提出了“或与付款阻滞，俄国与中国商妥允许银行接付本息”，仍然坚持偿款由俄国政府担保，要求“中国声明必无允许

① 王彦威、王亮编，王敬立校：《清季外交史料》卷一一三，书目文献出版社 1987 年版，第 18 页。

② 戚其章主编：《中国近代史资料丛刊续编：中日战争》第十一册，中华书局 1996 年版，第 1045 页。

他国有管理钱财之权并利益，如或有何国得此权利亦准俄国均沾”[①]。许景澄对此未再持异议，光绪帝也电谕同意许景澄画押签约。

1895年7月6日，许景澄代表清政府与俄、法两国签订《四厘借款合同》，借款四亿法郎，约合白银一亿两，利息是年息四厘。这么大数额的借款，一穷二白的清政府拿什么还呢？合同规定，以清政府的海关税收作为担保，从1896年3月起开始还款，分36年还清。在这个合同之外，俄、法两国同清政府还分别签订了一个声明文件，提出如果清政府不能如期偿还本息，则由俄国政府帮助垫付，但清政府需同意将海关之外的其他款项作为承担，这样清政府就进了罗拔诺夫所设想的让中国依赖俄国的圈套。声明文件中还有一项重要规定：“中国声明，无论何国何故，决不许其办理照看税入等项权利。如中国经允他国此种权利，亦准俄国均沾。”[②]

法国作为俄国的同盟者，通过这次大借款，对清政府的勒索可谓有过之而无不及。在《四厘借款合同》签订之前，法国外长哈洛托就照会龚照瑗说，三国干涉“还辽”，法国作了很大努力，希望清政府在商务和界务问题上多通融。哈洛托要求“通融”，龚照瑗当然明白法国人这是在借机敲诈勒索，他很担心事情闹大，便向总理衙门作了汇报，总理衙门考虑到“邦交大局”，又很迫切地希望得到这笔借款，只好表示愿意酬答法国在三国干涉“还辽”中所作出的努力。那么清政府要付出什么样的酬答呢？就是根据法国的要求签订《续议商务专条附章》和《续议界务专条附章》。

这两个协约的签订，法国不仅取得了在中国云南及广西中越边境开埠、设领、免税通商等特权，还通过这个边界章程使中国丧失了一些领土，同时又规定：“将来在云南、广西、广东开矿时，可先向法国厂商及矿师人员商办，……至越南铁路……接至中国境内。”[③]

---

① 王彦威、王亮编，王敬立校：《清季外交史料》卷一一五，书目文献出版社1987年版，第1页。

② 王铁崖：《中外旧约章汇编》第一册，生活·读书·新知三联书店1957年版，第630页。

③ 黄月波等编：《中外条约汇编》，商务印书馆1936年版，第120页。

法国在《四厘借款合同》签订之前，实际上就已经获得了巨大利益，获得了自越南同登至我国广西龙州的铁路建造与经营权。

虽然俄法两国将德国排除在《四厘借款合同》外，但是德国并不想放弃对中国的勒索。有道是，堤内损失堤外补。在俄法两国与清政府签订《四厘借款合同》之前，德国外交大臣马沙尔也向总理衙门发出照会说，德国在三国干涉“还辽”问题上有功，要求清政府或租或借一港口作为其兵船“储煤”的停靠地。

就此，可以看出俄法两国通过向清政府提供借款，获得了利益，扩大了侵略势力，德国也趁机敲诈勒索分得了一杯羹。

俄、法、德三国在借款一事上都得到了极大的利益，而一直要扩大在华利益的英国岂会接受被排除在外的结果；所以在中法订约的当日，英使欧格讷便来到总理衙门大闹，借口1894年《续议滇缅界、商务条款》第五条有“若未经大皇帝与大君后预先议定，中国必不将孟连与江洪之全地或片地，让与别国”之语，指责清政府将猛乌、乌得割让给法国是违背该约，表示抗议。

欧格讷的这个举动，让法国非常不满。但又不便直接和英国对抗，法国驻华公使施阿兰感到只有迫使清政府履行条约，才能避免夜长梦多。便又联合俄国驻华公使，要求清政府尽快履行条约，如果清政府不能使“专条”得以实施，那么，法国也不能保证俄法借款的顺利执行。在俄法两国的压力下，清政府只得暂置英国的抗议于不顾，按俄法两国的意志行事。

俄、法两国的联合，给其他国家的观感是，这两个国家狼狈为奸，联系是很紧密的。但实际上，法俄两国之间在利益的分配上也存在巨大的分歧。在谈判借款之初，俄法两国商议成立专门的银行机构，向清政府提供借款，法国银行团答应承担两成的创建基金，俄国只承担一成就可以了。可是，成立银行机构，俄国人很想拥有对银行的绝对控制权，使之成为俄国在远东经济扩张的一个工具，因而提出在银行董事局中俄国要占五名成员，法国只能占三名。法国人哪能吃这个亏，坚持认为，董事的席位应该与出资的比例成正比。双方为此争执不下，法国金融机构反对的声音就越来越强烈。

虽然俄法两国在利益上存在分歧，但面对侵华这个大利益，他们便暂时把分歧搁置起来了。于是，俄法两国签署了由“西伯利亚铁路委员会”拟定的有关成立对华借款银行的章程。即《华俄道胜银行章程》，这个章程经沙皇签字批准，银行便在圣彼得堡成立了。

为什么要冠以“华俄道胜银行”的名头呢？这个银行的成立是为殖民中国服务的。虽然名义上是向清政府提供借款，但俄法两国却希望以此使清政府对它们更加依赖。但是，两国深知建立这样的银行，一定会遭到英、德，甚至美、日等列强的反对。所以，两国便挂了羊头开始卖狗肉，为混淆视听，便冠以“华俄道胜银行”的名称，并于银行成立的第二年，也就是 1896 年 2 月，沙皇派出银行董事长到北京游说，希望清政府能够从俄法两国借款项下拨出五百万两白银作为投资入股的股份。有了中方的参与，其他国家虽然不满，但也不好多说什么。银行董事长乌赫托姆斯基最初是找到李鸿章商议这件事的，他还向李鸿章递交了关于中方投资的合同草案。

华俄道胜银行哈尔滨分行

亲俄的李鸿章当然同意了乌赫托姆斯基的建议，他立即将草案密寄总理衙门。与外国合伙开银行，对于清政府来说，是开天辟地的头一遭，是前所未有的新鲜事。总理衙门是这样考虑的，俄法两国开设银行向清政府提供借款，如果铁路、开矿等重大项目的建设完全由外资垄断，这对清政府还真不是什么好事，要想不完全被外国控制，合伙办银行也不失为一个好办法。总理衙门便同意了此事。后经中国驻俄公使许景澄与华俄道胜银行总办罗启泰谈判，双方于同年 9 月 2 日签订了《中俄银行合同》，规定清政府“入股伙开”华俄道胜银行，“所有赔赚均照股摊认”。①

为了与俄国“合办”银行，建造东省铁路，清政府兴致勃勃地拿出了库平银五百万两（折合 756.2 万卢布），这个数字超过了法、俄、德三国资本家开初认股的总和。罗曼诺夫正确地指出，正是由于清政府大量入股才使银行的这种地位得到了巩固。其实，清政府是中了俄国政府的奸计。所谓“伙开生意”，纯属有名无实。清政府投资最多，但是在银行管理上毫无地位。清政府从来没能向银行董事会派过一名董事，甚至于在 1910 年华俄道胜银行与北方银行合并时，俄国政府都不屑于将此事告知清政府。俄国政府拿了中国的钱来剥削中国人民，这一招可谓做绝了。

既然俄国的对华政策是要使中国依赖俄国，阻止英国在华的利益扩张，那肯定在这方面会不遗余力。华俄道胜银行便是如此。

二、李鸿章“联俄抗日”

向俄、法两国借款，是清政府希望与俄国结盟的体现。甲午战争爆发之前，清政府本来是想同英国结盟的，认为英国是靠得住的朋友，因为英国在华拥有很大的利益。可是事非人愿，甲午中日战争开打后，英国人的态度开始发生变化，竟然偏袒日本的侵华行径。《马关条约》签订后，俄、德、法三国干涉日本割占辽东，英国却拒绝参加。这些举动，不要说清政

① 中国社会科学院近代史研究所：《沙俄侵华史》第四卷上册，中国社会科学出版社 2007 年版，第 30 页。

府内的主战派很反感，大骂英国佬表里不一，奸诈成性，即便慈禧太后、李鸿章这些妥协派人物也对英国十分失望。

既然英国人靠不住，怎么办呢？那就寻找一个靠得住的“大哥”，凭着俄国带头发动三国干涉“还辽”，辽东半岛得以归还中国，清政府上下对俄国的好印象进一步提升。一时间，朝廷中联俄的声浪一浪高过一浪。其中，李鸿章是主张联俄比较积极的一位，而之前主张联英的张之洞、刘坤一等人，此时也积极主张联俄。

1895 年 7 月，刘坤一就上奏光绪帝说，危难局势，朝廷应该联俄拒日，来保东三省。他在奏折中把俄国大大夸赞了一番，说俄国的疆域十分广袤，且十分重信义，与清政府修好已经有二百年的历史了，前番归还伊犁，现在与法、德一起干涉日本割占辽东，这是何等恩德的大事。建议朝廷今后“凡与俄国交涉之事务，须曲为维持”，以为“中俄邦交永固，则日与各国有所顾忌，不至视我蔑如，狡焉思启矣”①。

继刘坤一之后，湖广总督张之洞也上奏光绪帝表达了类似的主张，他也把俄国大大夸赞了一番。主张朝廷应与俄国多加联络，巩固友谊，甚至可以与之商定密约，关于中俄商务、界务问题甚至也可以通融协商。

封疆大吏如此，京城内的官员反响也很强烈。仓场侍郎许应骙响应张之洞、刘坤一说：“昔当联英以拒俄，今则当联俄以拒日，俄人归我辽南重地，贷我万万偿款，其有益辑睦可知。”②

既然朝野上下要联俄拒日，那慈禧太后又是什么态度呢？联俄，慈禧太后当然是同意的。日本侵华，清朝的军队一败涂地，一个弹丸小国却如此的强悍，大大出乎她的预料。她感到，联俄，也许日本会有所顾忌，所以也积极支持。这样，甲午海战后，“联俄”成为清政府对外政策的一个重要组成部分。

清政府要联俄，俄国要扩张，这就给了俄国在中国攫取更大利益的机

---

① 王绍坊：《中国外交史：鸦片战争至辛亥革命时期（1840—1911）》，河南人民出版社 1988 年版，第 254 页。

② 吴相湘：《俄帝侵略中国史》第二卷，台北“国立”编译馆 1957 年版，第 121 页。

会。俄国主导成立华俄道胜银行除了通过提供借款控制中国外，接踵而至的贪欲便是攫取中国铁路利权。

李鸿章访问俄国时，使团与沙皇尼古拉二世合影

当然，这也是进一步控制中国的需要。从 1891 年开始到甲午战争结束，俄国人已将向远东扩张的西伯利亚大铁路修筑到外贝加尔临近中国的地方。俄国很想使这条铁路穿过中国东北抵达海参崴。正如维特所言，“所拟联接外贝加尔省与海参崴的铁路不仅有经济意义，而且有政治的及战略的意义”，“俄国就能在任何时间内，在最短的路线上，把自己的军事力量运到海参崴及集中于满洲、黄海海岸及离中国首都的近距离处”，这样就可以“大大增加俄国不仅在中国并且在远东的威信和影响”。①

1895 年 10 月 14 日，俄国驻华公使喀西尼根据其外交部的指令，向总理衙门发出照会，提出西伯利亚铁路将与“满洲地方兴造铁路相接”，并以此为由，表示俄国准备派人到中国东北“内地查勘”，要求予以“照料”。至此，俄国便公开暴露出要使其西伯利亚铁路穿过中国东北的扩张企图。

总理衙门将这个照会上报光绪帝后，光绪帝表示反对。10 月 19 日，光绪帝让总理衙门电谕许景澄说：“俄派员四起分赴东三省勘路，虽以与我

① 张蓉初译：《红档杂志：有关中国交涉史料选译》，生活 · 读书 · 新知三联书店 1957 年版，第 168 页。

接路为辞，实有借地修路之势。此事原委，许景澄曾经函述，谅已了然。现在俄外部何以不与该大臣面商，遽欲兴办？至中国办法，惟有自造铁路，在中俄交界与彼相接，方无流弊。著许景澄即将此意先与俄外部说明，总期勿损己权，勿伤交谊。”①

光绪帝虽然也不反对联俄，但他坚持“勿损已权，勿伤交谊”的原则，却是郑重的。光绪帝不想因为这件事损伤中俄“交谊”，怎么办呢？他把希望寄托在驻俄公使许景澄身上，就在他致电许景澄十余天后，许景澄从圣彼得堡传来消息，说于次年 5 月俄皇举行加冕典礼，邀请中国派员参加。清政府恰于 11 月 8 日签订了《辽南条约》，中国正式收回辽东，所以光绪帝、慈禧太后对俄的贺礼更不能怠慢。12 月 28 日光绪帝降谕任命正在欧洲的布政使王之春为专使，并备以国书和厚礼，令其届时前往致贺。表明光绪帝与清政府对于这件事是颇为重视的。

按说，老沙皇在 1894 年 11 月去世后，皇太子尼古拉二世登基，清政府已经派王之春为专使于 1895 年 2 月间在俄国对老沙皇进行了哀悼，对新沙皇登基进行了祝贺，王之春也于 1895 年 7 月顺利回到了北京。可为什么俄国再次提出要清政府派官员前往俄国参加沙皇加冕典礼呢？正可谓醉翁之意不在酒，俄国对清政府派人对沙皇加冕致贺另有打算，希望通过李鸿章等亲俄派获得在中国东北的扩张利益，把中东铁路修筑到中国境内。因此，当俄使喀西尼得知光绪帝再次任命王之春为专使后，大为不满。表示，皇帝加冕乃俄国最盛大的庆典，参加这一仪式的人必是国中乃至列国最有声望之人，王之春人微言轻，不足以担当此任，“可胜任者，独李中堂耳”。俄国希望清政府派李鸿章为专使，御史胡孚宸也出来帮腔，上奏声称俄君加冕“宜派李鸿章前往”致贺。喀西尼之言的用心一目了然。但是，要再通过李鸿章来损害中国，已深受其害的光绪帝当然不愿使之重演。同时，在有些正义感的朝臣中也难以通过，因此，改派李鸿章赴俄问题，便在清

① 王彦威、王亮编，王敬立校：《清季外交史料》卷一一八，书目文献出版社 1987 年版，第 2、3 页。

政府统治集团的核心中卡住了。

俄国人属意李鸿章，清政府中的大多数人甚至光绪帝都认为不妥，俄国驻华公使喀西尼便贿赂慈禧太后身边的大太监李莲英，让他设法说服慈禧太后，改派李鸿章为使，并赋予其具有办理“还辽”报酬的全权。李莲英拿人钱财，替人办事，在慈禧太后面前历说改派李鸿章为使的种种好处，慈禧太后还真被说动了，要求光绪帝改派李鸿章为专使。

于是，1896年2月10日，光绪帝无奈“宣懿旨，命李鸿章出使俄国，以邵友濂为副”。并授予李鸿章钦差头等出使大臣的头衔，还赏给其子李经述三品卿衔作为随员。随后在李鸿章的奏请下，又把已受到举国指责的李经方也拉入该使团中。于是，这个光怪陆离的“李记”使团又被装扮起来了。行前，由于李鸿章使俄的消息传开，后经英、法等国的要求，又命李鸿章在归途中顺访欧美各国。

李鸿章在受命的当天就上了个奏折，恳请光绪帝收回成命。李鸿章的奏折很高姿态地说，参加沙皇加冕典礼，的确不是寻常的外交活动，俄国人认为王之春人微言轻，与各国派使情形相比，难以接待。但是，现在朝中通晓外国礼仪、风情的大有人在。朝廷派微臣前往，微臣已是古稀之年，长途跋涉，恐怕力不能支，且马关归来，伤病时发，实在不能胜任。请朝廷体谅臣的苦衷，另派贤能之人前往。

李鸿章又采取了他出使日本之时的老办法，故意半推半就，目的是想向朝廷讨要出使的全权。他大概意识到，这次出使俄国，如果办了一件“有伤于国体”之事，那么光绪帝利用对他的成见，新账老账一块儿算。那时，他可真是罪责难逃，所以他采取了以退为进的老办法，假惺惺地要光绪帝收回成命，另派一合适人选出使。光绪帝一下子就看出来了他的心思，也没多说什么，只是让他尽心办事，“仰体朝廷慎重邦交之意，勉效驰驱”。

光绪帝不准李鸿章偷奸耍滑，他只好装模作样地向光绪帝上了一个《使俄谢恩折》来表明自己的决心，表示“惟有勉竭愚诚”完成使命。

要参加沙皇的加冕典礼，老实说，光绪帝还是很担心李鸿章会干出什么“出格”之事的。临行之前，光绪帝让翁同龢去找了李鸿章，就“朝鲜自主”和“密结外援”问题，进行商谈。李鸿章与翁同龢进行了一个上午的谈话，关于李鸿章对这两个问题的态度，翁同龢在自己的日记里写道：李鸿章“语尚结实”。随后，将二人的谈话内容报告了光绪帝，光绪帝也正式同意密结俄国。

清政府很希望与俄结盟，这构成了李鸿章使俄的主要目的。可以说，李鸿章心中知道这个任务还是蛮艰巨的，可是他又不能不出使参加沙皇的加冕典礼。同时，英、美、德、法得知清政府派出了李鸿章，便也很希望李鸿章能够顺访他们的国家。李鸿章在他们的眼里是一个卓越的外交人才，当然这实际上与他的外交妥协有很大关系。

英、美等国希望李鸿章访问他们的国家，只是对李鸿章访问俄国眼热，对于李鸿章到俄国，会与俄国谈些什么还不得而知，都想从李鸿章那里了解中俄之间葫芦里到底卖的什么药。但是，这些国家的邀请，却使李鸿章感到肩上的担子更重了，他在与俄国立约结盟外，在顺访英、法、美等国家中，如何为清政府“挽回利权”也是不能不思考的问题，比如，与这些国家商谈增加进口洋税等等。

李鸿章这次出访的队伍还是比较庞大的，有四五十人之多，包括随员、供奉、武弁、杂役等等。在这个使团中，有两个人不得不提，一个是李鸿章的养子李经方，另一个是他的翻译官罗丰禄。在《马关条约》的签订中，二人就起了主要作用，因而也遭到世人唾骂，且这两个人都十分的贪婪好色，让这两个人跟随，立即遭到了朝中一些大臣的反对。军机大臣兼礼部尚书李鸿藻反对最为强烈，他和朝中的一些御史联名上奏，说了这两个人的种种不是。总而言之，让这两个人出使，实在很难为朝廷挣回利益。

李鸿藻的折子使光绪帝陷入了沉思，慈禧太后也默然不予表态。李鸿章听说李鸿藻弹劾他的养子，就跳了起来。他仿佛也是满腹的委屈，回想起甲午战争到《马关条约》的签订，自己受了多少的窝囊气，在日本挨了日本人的黑枪险些丧命暂且不说，当时也是翰林院的一些书生联名上奏，指责他丧权辱国，更可气的是这些书生说他将搜刮来的赃款数百万两白银寄存在日本的一家煤矿公司，入股当了股东，更说他的养子李经方用贪污来的钱在“日本各岛开设洋行三所”牟取暴利。甲午海战，北洋海军全军覆没，这些书生更是说，李鸿章父子并不想让朝廷获胜，因为中国胜了，那么这一对汉奸父子很担心在日本的财产遭受损失，正所谓“利令智昏为倭人牵鼻，闻败则喜，闻胜则忧”[①]。

这一次，李鸿章率团使俄，光绪帝的谕令刚一发布，翰林院这些书生又开始了密集炮轰。御史易顺鼎在给光绪帝的奏折中，把李鸿章父子比作宋代的蔡京、蔡攸和明代的严嵩、严世蕃两代奸相父子。易顺鼎在给光绪帝的奏折中还煞有介事地说，李经方好色路人皆知，可是他竟然在受命出使日本时，纳日本天皇的外甥女做自己的小老婆，这实在是认贼为父，大逆不道。这些议论，如果是指责李鸿章倒也罢了，毕竟自己几十年宦海生涯，什么样的场面没见过，别人的侮辱谩骂，他早已凭自己过人的“雅量”忍受了。可是现在却对自己的养子这般指责，怎么对得起死去的大哥（李经方是其大哥的孩子）。于是，李鸿章也给光绪帝上了道折子，为李经方申诉，他在奏折中说，李经方自幼学习西方文字，所以才让他跟随处理外交事务。李鸿章在奏折中再次把自己年龄大抬了出来，说自己年近七十，精气神都大不如前，虽然出使俄国，一路上有随从仆役侍候，但不可能事事都那么周到。再者，前往欧美，各国官商士庶必然闻风来拜见是很平常的事情。可是，臣年老体衰，不胜接待之苦，有李经方就大不相同，他可以代为分担很多事情，所以请皇上恩准，念臣年老多病，恩准李经方一并随行。对于臣工指责马关之责，都是臣“相机酌夺，请旨遵行”，并不是李经方所能左右的，请皇上明察。

光绪帝看了李鸿章的这个奏折，并没有表态。但是对李经方随团出访却是默认的，毕竟李经方有着一定的外交经验。这样李鸿藻等人的反对便没有成功。在李鸿章的使团中，还有几名外国人，是因海关总税务司赫德与俄国驻华公使喀西尼的推荐而加入的。赫德是李鸿章的好友，李鸿章要

① 戚其章主编：《中国近代史资料丛刊续编：中日战争》第一册，中华书局1989年版，第300—305页。

出使的事情他是知道的。他对李鸿章说，这次李大人带团远赴外洋，虽然有熟悉洋情的中国官员随同，但建议还是带几名生长在外国的、对中外情形都了解的人为好，以备顾问。喀西尼也说，“酌带俄员现充税务司者就地照料，更昭妥协”①。

海关总税务司赫德
总喜欢站着办公

老实说，赫德、喀西尼的这些建议很有些为本国政府服务的成分，目的是安插本国人员，以便随时了解李鸿章的动向，为各自的侵华政策提供信息。虽然说在既往的外交使团中，已有派外国人加入的例子，蒲安臣使团是如此，郭嵩焘使团也是如此。但李鸿章知道，让外国人加入，必须要朝廷点头批准同意。因而，在这个使团成立之前，他给光绪帝上了一道折子，先说了一通恭维的话，说朝廷这次派他前往俄国致贺并顺访德、法、美等国，说明朝廷很重视中外邦交，是前所未有的壮举，但是要完成这次使命，责任重大，应该慎选一些精通西学、能识大体、品行端正的人一同前往。

光绪帝同意了李鸿章的这个请求。这样，李鸿章的赴俄使团中就有了五名外国人，出行之前，他们都受了皇上的册封，有了官衔。他们分别是五品衔副税司格罗特（或译磕乐德），俄国人，是俄国公使喀西尼的密友，

① 朱寿朋编：《光绪朝东华录》第四册，中华书局 1958 年版，第 3735 页。

并被喀西尼介绍给维特，这样，格罗特很容易地充当了俄国的内线；二品衔税司德璀琳，德国人；三品衔税司穆意索，法国人；花翎头品顶戴税司赫政，英国人；三品衔税司杜维德，美国人。这五人都以参赞官的身份一同出访。

赴俄使团的形成，如了李鸿章的愿。使团出发之前，慈禧太后与李鸿章进行了一次密谈，当时李莲英在身旁伺候着，慈禧太后与李鸿章的谈话进行了两个时辰，话题主要是联俄，该怎样联俄。谈论的结果，实际上也是慈禧太后的指示，用李鸿章的话说就是"联络西洋，牵制东洋，是此行要策"①。

俄国得知李鸿章这次出访还要顺访欧美各国联络邦交，巩固友谊，但不知道李鸿章的出访计划，所以很担心欧美各国让李鸿章先行访问他们的国家，这势必打乱俄国侵占中国利益的设想。因而，驻华公使喀西尼根据沙皇的命令，对李鸿章表现得很热情，俄国外交部官员也频频拜访驻俄公使许景澄，希望李鸿章使团先行前往俄国。

喀西尼甚至殷勤地为李鸿章制定了赴俄的路线，他对李鸿章说，从上海乘坐法国轮船公司的邮船，到红海口阿列克三德里（即亚历山大港），改乘俄国公司的轮船到额叠萨德路程要快捷许多。实际上，喀西尼是希望李鸿章避开前往法、德之路，使李鸿章先行访俄不致发生变故。

1896年3月28日，李鸿章自上海出发。俄国依然很担心李鸿章途中被西欧列强截去，改道先去西欧，所以，决定派沙皇亲信乌赫托姆斯基秘密前往苏伊士运河口迎接李鸿章，可以在那里就开始与他谈判，也可以向他作出某种承诺，甚至进行贿赂。

4月22日，李鸿章抵达塞得港时，乌赫托姆斯基已在该地。他立即将李鸿章送上一艘俄国轮船，向黑海进发。在他的陪同下，李鸿章一行于4月27日到达敖德萨。在那里，俄国政府给予他最高礼节，配备了专门的卫队，"俄水陆提督暨地方文武接待甚恭"②。

---

① 苑书义：《李鸿章传》，人民出版社2016年版，第328页。

② 中国社会科学院近代史研究所：《沙俄侵华史》第四卷上册，中国社会科学出版社2007年版，第37页。

俄国人的热情接待，使李鸿章的虚荣心得到了满足，他完全没有想到自己已经掉进了俄国人预设的圈套。俄国为了更快地实现攫取“借地筑路”的目标，便在李鸿章到达敖德萨的次日，派专列将李鸿章接往圣彼得堡，并于4月30日到达，这时距沙皇加冕典礼还有二十多天。尼古拉二世特命财政大臣维特、外交大臣罗拔诺夫与李鸿章进行秘密会谈。

谈判一开始，俄方即向李提出铁路计划。维特和李鸿章在谈判中，首先大谈俄国在干涉日本退还辽东半岛事件中对中国的“帮助”和“功劳”，并假惺惺地向李鸿章保证：“我们既然宣布了中国领土完整的原则，在将来我们也要遵守这个原则。但是，为了保持这个原则，我们必须在发生紧急情况时能够给中国以军事援助。”接着维特又提出一个先决条件，他说：“俄国的兵力目前都集中于欧洲部分，在欧洲的俄国和符拉迪沃斯托克（海参崴）没有用铁路同中国连接起来之前，我们就不能进行这种援助。”①然后又装着十分惋惜的样子说，在中日甲午战争期间，俄国确实从符拉迪沃斯托克派遣了一些军队，但是因为铁路运输行动过于迟缓，等到俄军开到吉林的时候，战争已经结束了。最后才图穷匕见地转到了正题上，维特提出：“为维护中国领土的完整，必须有一条路线尽可能最短的铁路，这条路线将经过蒙古和满洲的北部而达符拉迪沃斯托克。”接着维特又进行利诱，说这条铁路将对俄国和中国都有极大的好处，带来很大的经济利益。狡猾的维特又怕李鸿章对日本有所顾忌，所以又欺骗说：“日本对此铁路，亦必表示赞许，盖彼国亦可借此路与西欧各国联络。”②

面对维特的利诱，李鸿章有些动心。但他既不敢贸然答应，又不能拒绝，便故意以一种很有信心的姿态说，这条路我们可以自己筹建。维特听了这话，不由自主地笑了一下，目光中有一种轻蔑的成分。他又说，清政府可以自建，但是钱呢？技术人员呢？日本人会不会搞破坏？这样看来，

① ［俄］维特、［美］亚尔莫林斯基：《维特伯爵回忆录》，傅正译，商务印书馆1976年版，第69页。

② 穆景元：《日俄战争史》，辽宁大学出版社1993年版，第56页。

清政府要自建是十分困难的事情。维特进而又威胁说，如果中国不同意“借地筑路”，那么俄国拿什么帮助中国呢？言外之意，“借地筑路”也是帮助中国的一种途径。李鸿章还有一种顾虑，他担心此例一开，其他列强群起效仿，局面不好收拾，因此迟疑不决。维特见此情况，又生一计，建议由沙皇亲自接见李鸿章，进行诱骗。

5 月 4 日，李鸿章向沙皇递交国书后，尼古拉二世秘密接见了李鸿章，参加秘密接见的只有李鸿章和他的养子李经方。接见中，尼古拉二世对李鸿章说，俄国土地广袤，人口却很稀少，断然不会去做侵占别国领土的事情，接着又以关心中国的样子说：“中俄交情最密，东省接路，实为将来调兵捷速，中国有事，亦便帮助，非仅利我。”[①] 然后又虚伪地向李鸿章保证，将来英日难保不对中国借端生事，铁路修成后，俄国可以立即出兵援助。沙皇尼古拉二世的秘密接见，使李鸿章受宠若惊。但是，对于这个直接侵犯中国领土主权、后患无穷的重大问题，仍不敢轻易答应。于是沙皇决定用重金贿赂。沙皇令维特用三百万卢布巨款收买李鸿章，分三期付清（李鸿章这次实得一百万卢布）。

本来，李鸿章想联俄，对俄国人提出的“借地筑路”有些动心，但他除了顾虑其他列强效仿外，还担心光绪帝不仅不会同意，还会对他大加责骂，现在有俄国人的重金贿赂，他还有什么可顾虑的呢？他给光绪帝发了一个电文，说了很多“借地筑路”的好处，他在电文中说：“俄方动机，纯欲与我成立友好关系。我若拒绝，彼必深憾，且将为我之害。”[②]

虽然光绪帝看了李鸿章的电文，但他不知道真实的情况。所以，给李鸿章发了训令，要他与俄国切实交涉。得此训令，李鸿章便与俄国政府就在中国东北修筑铁路问题展开了谈判。

---

① 王彦威、王亮编，王敬立校：《清季外交史料》卷一二一，书目文献出版社 1987 年版，第 5 页。

② 王芸生编著：《六十年来中国与日本》第一卷，生活·读书·新知三联书店 1980 年版，第 110 页。

三、中俄“密约”，苟且的“闪婚”外交

俄国以高规格的礼遇来赢得李鸿章的好感的同时，又命令驻华公使喀西尼向总理衙门正式提出铁路越境施工的要求。1896年4月30日，喀西尼奉命前往总理衙门提出这一要求。奕劻、敬信、伍廷芬与翁同龢等总理衙门大臣同时接见喀西尼。翁同龢指出该路应由中方自行施工，无须俄方代办。喀西尼当即表示，既然中国不顾及中俄邦交，那么俄国将与日本联络，另筹办法，以此相威胁。喀西尼此说引起了翁同龢的强烈反感，他指着地图称：“此路汝省八百余里，我无分毫之利。勉力成之者，为邦交也，汝为公使，不顾大体耶？”[①] 从翁同龢的叙述来看，此次会晤的气氛相当不愉快。清政府在此次会晤中向俄方申明了由中国自筑东三省铁路的原则，而喀西尼则以俄日联络来要挟清政府，显然给清政府官员的心理上蒙上了沉重的阴影。清政府担心俄方可能对李鸿章也提出了同样的要求，遂将中方自筑越境铁路的原则电告李鸿章：“俄使来商接筑东三省铁路，本署允以中国自办，无须代筹款、代荐公司，喀西尼谓，果尔，则俄别联倭。其言甚悖，决非俄廷本意。本署驳论，喀西尼亦无词，但谓不用俄公司，亦不可用他国公司，迹近挟制。”[②]

总理衙门在给李鸿章的电报中以极为肯定的语气认为喀西尼的主张“决非俄廷本意”，而俄国政府真正意图如何，则有待李鸿章与俄方接触后进一步摸底。

正如清政府所担心的那样，俄国趁李鸿章向沙皇递交国书之机，提出了“借地筑路”的要求，在重金贿赂下，李鸿章已经动心，倾向于接受俄国人的要求，并在给光绪帝的电文中替俄国进行辩护。

---

① 陈义杰点校：《翁同龢日记》第五册，中华书局1997年版，第2895页。

② 吉迪整理：《李鸿章〈中俄密约〉交涉未刊密电稿》，载《近代史资料》，中国社会科学出版社1989年版，总73号，第10页。

不明真相的光绪帝看了李鸿章的奏电后，也把借地筑路视为中俄结盟的一个开端，便电令李鸿章与俄方切实交涉。于是，李鸿章开始了中俄结盟的谈判。缔结中俄结盟条约，清政府并不想放弃铁路自办的愿望。但是，水路运输材料问题恰恰是中国自筑铁路的必要条件，若中、俄双方在这个问题上达成共识，则中国自筑铁路的原则也自然得到俄方的默认。

总理各国事务衙门的大臣们

为此，总理衙门电示李鸿章与俄方进行运料问题的谈判，俄方对黑龙江运料问题未持异议。在5月13日的谈判中，罗拔诺夫不问李鸿章态度如何，却向他出示俄方单方面草拟的约稿，名称为《御敌互相援助条约》，要李鸿章转奏清政府。约稿大致有六点：第一，日本国或与日本同盟之国如侵夺俄国属地，或中国土地，或朝鲜土地，即牵碍此约，立即照约办理。如有此事，两国约明，应将所有水、陆各军届时所能调遣者尽行派出，互相援助。至军火、粮食亦尽力互相接济。第二，中俄两国既经协力御敌，非由两国公商，一国不能独自与敌议立和约。第三，当开战时，如遇紧要之事，中国所有口岸均准俄国兵船驶入，如有所需，地方官应尽力帮助。第四，今为将来转运俄兵御敌并接济军火、粮食，以期捷速起见，议于黑龙江、吉林边地，接造铁路以达海参崴。第五，无论和时战时，俄国均可用上款所开之铁路运兵、运粮、运军械。第六，此约应由第四款所列之事举行之日算起照办，以十年为限。①

对于这个互助条约草稿，李鸿章没有提出什么修改意见，即转奏给了朝廷。他有一种担心，担心谈判拖延下去，对清政府不利，因而，他急于结束谈判。

光绪帝看到李鸿章的奏报后，与大臣进行了研究，于5月23日电示李鸿章，同意俄国借地筑路，西伯利亚铁路过境，但要李鸿章在谈判条约的细节上保护中国利益。总理衙门给李鸿章的电报说，“各国惟俄与中为数百年旧好，今复连盟，益征推诚相与。所拟约稿，均已阅悉。惟末两条皆可省去，著李鸿章转达俄廷，即将四条定立密约。倘中国西南水陆有事，俄国如何援助之处，亦应于约内叙明，以期周密”②。

根据朝廷的指令，李鸿章又与维特进行了谈判。但是，维特希望中俄双方能在李鸿章访俄期间达成各项协议并签字。为此罗拔诺夫表示希望清政府能授予李鸿章全权，以便签字画押。维特还希望中俄双方就铁路公司合同事宜也达成协议。李鸿章感到事关重大，未便轻诺，打算将铁路公司合同问题搁置起来，留待日后继续协商，为此他以“条理极繁，须在京商办”为由进行推托。对于中俄双方分歧甚大的铁路公司合同问题，清政府考虑到中俄结盟的需要，作了让步，改为由中俄两国共筑越境铁路，但期满后中方即完全收回铁路所有权和管理权。

根据清政府调整后的原则，李鸿章就中俄约稿和铁路公司合同问题继续谈判，他对于约稿中俄方所提第五款中所说的平时、战时俄国均可用该铁路运兵之说心存顾虑；对于约稿中，从铁路公司“批准举行”方才生效之说，认为是给清政府戴了个“紧箍咒”，认为第六条也是俄方要挟太甚，

---

① 吉迪整理:《李鸿章〈中俄密约〉交涉未刊密电稿》，载《近代史资料》，中国社会科学出版社1989年版，总73号，第12页。

② 同上书，第14页。

要求改动。[①]

对此，罗拔诺夫称，五款可以商改，六款一字不能改动。经过辩驳，罗拔诺夫作出妥协，建议将第六款改为"俄国于第一款御敌时，可用第四款所开之铁路运兵、运粮、运军械；平常无事，俄国亦可在此铁路运过路之兵粮；除因转运暂停外，不得借他故停留"，并说明该款中"过路"一语"专指往海参崴，可免流弊"。但是拒绝在第二款中添加"如非敌国，不在此例"八字的提议，称第二款"明指敌国言，与他国无干，应毋赘文"。同时罗拔诺夫指出第一款内的"中国土地"已包括西南诸省，"日本有事，可商办援助"；但是"若英、法启衅，俄不便明帮"，其由是"牵动欧亚大局，应勿添叙"。总之，"俄既推诚，华亦应推诚相与，勿过疑虑"[②]。

关于铁路公司合同问题，根据总理衙门的指示，李鸿章向维特提出，清政府向华俄道胜银行注入五百万两资本，不能作为修筑铁路的资本，并要求不将"岁贴若干，定期收回"一语写入合同。维特回答说，"伙开银行，注入资本，合同当与银行另行协商"。

因此，李鸿章又与华俄道胜银行总办罗启泰就合办银行之事进行了谈判。但罗启泰却说，"伙开银行，资本可以用于中东铁路"。

李鸿章没办法，只好表示，铁路合同事宜等事后再继续商谈。对于密约，清政府也无奈同意，决定先由李鸿章与俄方订立密约，许景澄负责与俄方商议铁路合同之事。

1896 年 6 月 3 日，中俄《御敌互相援助条约》(史称"中俄密约")正式签订，签订之前，中俄双方代表互相看阅对方的"全权谕旨"。

确认了两国皇帝的"全权谕旨"，李鸿章便准备在文件上签字，这毕竟是中俄两国一个十分重要的协定。俄方代表罗拔诺夫、维特说，对于这个协定文本，他们已经了然于胸，秘书们也都核验过了，李鸿章不放心，便

---

① 中国社会科学院近代史研究所:《沙俄侵华史》第四卷上册，中国社会科学出版社 2007 年版，第 41 页。

② 吉迪整理:《李鸿章〈中俄密约〉交涉未刊密电稿》，载《近代史资料》，中国社会科学出版社 1989 年版，总 73 号，第 15 页。

让谈判现场的工作人员又宣读了一遍。

接着，俄国的工作人员把其中的一份文本递到李鸿章随从手里，由他们读给李鸿章听；而把另一份则交给了罗拔诺夫和维特。维特把即将签字的条约文本拿到手中，非常仔细地检查了一遍。

维特从工作人员手中接过文本后第一款有一行字映入他的眼帘，不由得使他心惊肉跳，上面写着："或与日本同盟之国"，这本是尼古拉二世批准删除的，现在却赫然出现在即将签订的文本上，维特记得尼古拉二世曾经亲自对他说，要删除这句话，罗拔诺夫也认为应该删除。那么为什么现在又会出现在条约文本上呢？是不是罗拔诺夫有意和自己过不去呢？但转念一想，为了俄国的侵略利益，自己不能默不作声。于是，维特硬着头皮走到罗拔诺夫身旁，把他叫到一边，对他耳语了这件事。

维特很担心，罗拔诺夫不管出于什么样的动机，或者是一时的疏忽，保留了这句话。但是，出乎他的预料，罗拔诺夫没有坚持，他听了维特的话后，如大梦初醒，猛击一下自己的前额，带着内疚而又惊叹的语气说："唉，真糟糕，我忘记对秘书讲了，忘记要他们把这款改写成初稿那个样子。"①

显然，这是因罗拔诺夫的疏忽而造成的错误，但维特听此一言，犹如五雷轰顶。实在不知该如何寻求解决的办法。罗拔诺夫毕竟是一个老牌外交官，有着丰富的临场经验，且这个人又十分的圆滑。经过维特的提醒后，他并不着急，一副若无其事的样子抬腕看了一下手表，已经是12点多了，他高声地喊，先生们，停下我们手中的工作，吃过午餐再签字如何，否则菜就凉了。说完，便让维特带领李鸿章等人前去餐厅就餐，而他却悄悄地吩咐两名秘书留下来改写协议文本。

这样一来，餐后摆在桌子上的已经不是开始时的那两份条约文本了，而是已被改动的、同初稿一样的文本了。这充分表明了，侵略者只要能达到自己的肮脏目的，什么卑鄙无耻的手段都会拿来运用的。

---

① 赵凡禹、孙良珠：《李鸿章全传》，华中科技大学出版社2011年版，第125页。

他们进餐的时间花费了两个多小时，李鸿章等人并不清楚期间发生的插曲。下午 2 点，酒足饭饱、满脸红晕的李鸿章与俄方谈判代表罗拔诺夫、维特愉快地在那份已经改动过的密约上签了字。

密约主要有三个方面的内容：其一，若日本对俄国东亚领土或对中国或朝鲜领土，实行侵占，中俄两国应互相援助；战时允准俄舰进入中国各口岸。其二，清政府同意由华俄道胜银行承办中东铁路并抵达海参崴。战时此铁路可以运兵、运粮、运军械。平时过境运兵、粮也可通过。其三，本条约自铁路合同批准日起有效期十五年。[①]

1896 年 6 月 24 日，李鸿章访问德国

据此密约，中俄又签订了《合办东省铁路公司合同章程》，主要有四点：第一，成立中国东省铁路公司，章程照俄国铁路公司成规，股票只准华俄商民购买。第二，铁轨宽度照俄国铁轨一律五英尺。第三，第六款规定："凡该公司建造经理防护铁路所必需之地，又于铁路附近开采沙土、石块、石灰等项所需之地，如系官地，由中国政府给与，不纳地价，若系民

① 王绍坊：《中国外交史：鸦片战争至辛亥革命时期（1840—1911）》，河南人民出版社 1988 年版，第 256 页。

地，按照时价，或一次缴清，或按年向地主纳租，由该公司自行筹款付给。凡该公司之地段，一概不纳地税，由该公司一手经理。”第四，俄国经此铁路运往中国或由中国运往俄国的货物都享受减税三分之一的优待。[①]

中俄密约签订后，李鸿章率领使团前往德、荷、比、法、英、美等国访问。在这些国家，李鸿章同样也遭到了强权勒索。出访各国中，各国对这位妥协派主要人物的招待都很隆重，以为正是兜揽军火生意、要索利权的好机会，特别是德国表现得极为热情，因为他们想从中国获得一个军港作为基地。1896 年 6 月 19 日，德国外交大臣马沙尔在和李鸿章的会谈中，当面提出了这个要求，也以德国愿意“保卫”中国的话来进行诱骗。李鸿章竟然也表示：“出让这样一个基地的坏处，不如保持与德国友好的好处来得大。”不过，李鸿章想知道德国是否愿意更积极地支持中国，马沙尔表示肯定支持，并提出以租借方式获得港口的设想，李鸿章便表示“尽一切力量使这个谅解能达成”[②]。

妥协的李鸿章也在幻想着通过德国制衡他国的白日梦。李鸿章此行欧美，除了联络邦交外，还有一项重要使命，就是商请列强同意提高中国海关的洋货进口税率。由于当时世界市场银价跌落严重，1858 年原来以银计征的进口税则，实际上已是值百抽二三，同时清政府还希望各国同意取消对外人消费的烟酒等项货物免税的不合理规定。但各国只盼从李鸿章的手里取得好处，对李鸿章所提出的合理要求反应十分冷淡，并互相推诿。德法两国表示，只要英国同意，两国就同意商定。但是，英国首相金伯利说，须商香港上海英国商会，而美国则假惺惺地说，“各国若允，美无不从”[③]。如此，等于李鸿章的欧美使命宣告失败。

① 王绍坊：《中国外交史：鸦片战争至辛亥革命时期（1840—1911）》，河南人民出版社 1988 年版，第 257 页。

② 苑书义：《李鸿章传》，人民出版社 2016 年版，第 339 页。

③ 王绍坊：《中国外交史：鸦片战争至辛亥革命时期（1840—1911）》，河南人民出版社 1988 年版，第 258 页。

四、德国人强租了胶州湾

1896年夏秋之间，李鸿章和他的养子李经方一行四十多人到欧美各国访问，使清政府的执政者们都沉浸在“天下太平”的幻梦里，根本不会想到，列强正以更加贪婪的目光注视着中国的山山水水。

李鸿章访问欧美各国时，在德国期间，德皇威廉二世信誓旦旦地说，如果清政府有难，德国愿意“保护”。

怎么“保护”呢？那就是在中国获取一个军港，把军舰开到中国去。李鸿章离开德国后，德皇威廉二世便急不可耐地策划着“保护”中国的行动。

1896年德皇威廉二世（中）全家照

甲午战争前后，德国的对华贸易仅次于英国，不管是经济贸易还是经济扩张，德国人很需要在远东有自己的基地。由于没有自己的基地，德国商船或者舰队都需要停靠在日本的长崎和英国侵占的香港，在此购买给养、维修和加煤。威廉二世即位后，很想打破这种局面，便试图在中国寻找这样的基地。甲午战争爆发后，威廉二世认为，中国将会“崩溃”，各国必然在这里争夺自己的势力范围。在日军攻占大连之时，他曾这样说：“无论在任何情况下，我们不能因此而受损失或受人惊吓。我们在亚洲也需要一个据点，因为我们的营业每年值四亿马克。”[①]

甲午战争打得最激烈的时候，德国虽然是以观望者的姿态看待这场战争，但威廉二世比日本人更加迫切地希望占领台湾。他的这个想法遭到了首相霍亨洛埃的劝阻。霍亨洛埃认为，此举必然会遭到英、美、法、俄等国的反对，威廉二世这才没有贸然行动。

虽然首相劝阻了威廉二世的想法，但德国军方却表现得很积极，当时还不是海军大臣的蒂尔皮茨向威廉二世建议说，德国可以与日本达成秘密协议，或向巡洋舰队发出必要指令去夺取台湾。

李鸿章访问德国时，在德国皇宫留影

蒂尔皮茨是威廉二世比较信任的人，他之所以得到威廉二世的信任，是因为1887年他护送时为王子的威廉二世去英国参加他外祖母维多利亚女王继位五十周年庆典，这是威廉二世第一次知道蒂尔皮茨。1888年亚历山大·冯·德蒙接任海军部长，鱼雷部队被认为不再重要，蒂尔皮茨被提升为上校，调到波罗的海去指挥巡洋舰。当时威廉王子已成为皇帝，在一次午餐会上，威廉二世问他对海军发展有什么想法，他就说要建立战列舰队，

① 孙瑞芹译:《德国外交文件有关中国交涉史料选译》第一卷，商务印书馆1960年版，第84页。

结果他又立即被调到北海，负责筹建大洋舰队。他把鱼雷部队的一批人召集起来作为骨干，进行测试。1892年，蒂尔皮茨担任海军参谋长，进入了海军高级指挥层。当时，德国海军的作战思想还是远洋破交战，蒂尔皮茨经过研究后认为，没有战列舰保护的巡洋舰是不安全的，是无法在远洋生存的。

但在当时的环境下，他的思想未被军部接受，他提出辞职，被威廉二世挽留。1895年他成为海军少将，于1896—1897年在东亚指挥远东巡洋舰队。甲午战争爆发时，他认为向中国扩张的最好时机来临了。

所以，李鸿章与日本人签订《马关条约》的当天，德国海军大臣就按捺不住地向威廉二世提交了一个报告，认为从德国在中国的贸易前景出发，应该在中国的南部和北部占领两个基地，他为此建议把地点选在舟山和厦门或者胶州湾。但是，他的建议遭到外交大臣马沙尔的反对。马沙尔认为，此举会引起列强的干涉，所以威廉二世仍然没有贸然行动。

德、法、俄三国干涉“还辽”后，虽然德国以索酬为借口，攫得了汉口、天津两地的租界，但并不感到满足。威廉二世感到，在中国获得一个港口作为军事基地，十分迫切。

李鸿章率使团参加沙皇的加冕典礼，顺访德国时，受到了威廉二世超乎寻常的“热情”招待。威廉二世不失时机地向李鸿章提出了租借港口作为军事基地的想法，并把地址确定在胶州湾，并说这样做是为了更好地“保护”清政府。之后，德国外交部便加紧了这方面的活动，外交大臣马沙尔频频拜会兼任驻德公使的许景澄，希望他向清政府说明此事。

事实上，德国人想租借胶州湾，许景澄早有察觉。1886年2月，他上奏朝廷《条陈海军应办事宜折》就提出德人对胶州湾有窥伺之心，“西国兵船测量中国海岸，无处不达，每艳称胶州一湾为屯船第一善埠”①。据他观察，胶州湾为大小沽河、胶莱南河汇流入海之处，明朝曾在此处设立卫所，东为浮山所，西为灵山卫，方便控扼。湾外群山环抱，口门狭窄，口内又

① 许景澄：《许文肃公遗稿》卷一奏疏一，上海古籍出版社1995年版，第63页。

有岛中峙，形成了一个天然门户。他还敏锐地发现胶州湾所具有的地理战略意义，论及胶州湾处南北洋之中，上顾旅顺下趋江浙，两地均一二日可达，“若酌抽北洋、江南海军，合以山东一军扎聚大枝，则敌舰畏我截其后路，必不敢轻犯北洋，尤可为畿疆外蔽”[①]。并认为若以雷艇、小轮船在湾内通行，则可与直隶海面相互号令策应。鉴于此，建议清政府应及时为海军屯埠，投注财力渐次经营。尽管许景澄较早地意识到了胶州湾的重要性，可惜未能引起朝廷的重视。

许景澄的建议未引起朝廷重视，但是德国人的觊觎之心却在与日俱增。面对列强纷争的局面，许景澄同李鸿章一样都做着“以夷制夷”的白日梦，据德国驻俄公使拉多林的报告，许景澄 1896 年 2 月 15 日与其秘密交谈时赞成德国人使用武力夺取海口，建立海军基地，谈话内容为：“我的中国同僚极机密地告诉我，据他的意见，如果不运用‘一点武力’，割让一个海岛的问题是不易得到解决的。关于这个问题，如仅靠中国公使向中国报告，结果只会不痛不痒地处理，而不会发生作用。他本人怕热心主张这件事，因为他不愿被妄言者目之为汉奸。”[②]

想不到许景澄的话竟成为德国武力占领中国港湾的推动器，1896 年 3 月 18 日，德国外交部参事官莱蒙拖这样描述许景澄的话：“驻柏林与圣彼得堡中国公使及使馆参赞金楷理于本年二月劝我们先直接占领所希望的地点，然后再行谈判。公使许景澄只因害怕爱国的妄言者而不愿向北京提出这件事；不运用‘一点力量’我们将不能得到什么。”[③]

德国希望占领胶州湾，很希望不费一枪一弹地占领。因而采取“先礼后兵”的策略。一面与许景澄晤谈，一面积极与总理衙门接触。1896 年 12 月 16 日，德国驻华公使海靖向总理衙门发出照会，提出以租赁五十年的方式割让一个储煤站的要求，并指明要索胶州。

---

① 许景澄：《许文肃公遗稿》卷一奏疏一，上海古籍出版社 1995 年版，第 63 页。

② 孙瑞芹译：《德国外交文件有关中国交涉史料选译》第一卷，商务印书馆 1960 年版，第 106 页。

③ 同上书，第 108 页。

总理衙门看了这个照会，很快便向光绪帝作了奏报。光绪帝当然是反对的。他问，此例一开，西方各国都提出这样的要求，怎么办？这个反问，等于把德国的要求堵回去了，总理衙门便以这样的理由婉言拒绝。德国的要求被拒绝后，威廉二世便想使用武力夺取。

面对这样的局面，许景澄很想从德国脱身出来，离开是非之地，他以俄国交涉事务繁忙，无暇分身为由，上了《请派专使片》，希望朝廷选派驻德公使。况且，当时许景澄常驻俄国，只在德国派驻了一个参赞，这让德国感到很不高兴。故而也向清政府提出，此后俄、德分使驻守。接到许景澄的奏报，朝廷本想让黄遵宪为驻德公使，但德国指名道姓要许景澄出任驻德公使。清政府只好发布谕旨，让许景澄暂代驻德公使，并选定吕海寰为许景澄的继任者，待吕海寰熟悉德国事务后，许景澄再专任驻俄公使。1897 年 5 月，吕海寰抵达德国，许景澄陪他谒见了德国外交部，开始交接事务。许景澄想脱身，但此后发生的巨野教案却不给他机会，朝廷让他继续留在德国处理交涉巨野教案。

1897 年 11 月 1 日夜，山东省巨野发生教案。德国传教士韩・理加略和能方济在巨野县被杀。巨野教案的发生给德国武力出兵中国提供了借口。威廉二世得此消息，在一封信中这样写道："华人终究给我们提供了……好久期待的理由和事件。我决定立刻动手。"①

11 月 7 日，威廉二世电令海军少将特立斯克："立刻率领全部舰队驶往胶州，占领适宜的地点与村镇，并用您认为任何合适的方法勒取完全赎罪。"②

此时，特立斯克所率舰队正在上海，接到电令，立即开舰驶往胶州。接着威廉二世又命令"王弟亨利亲王为远东舰队司令官，率领大队海舰向胶州进发"。几天后，特立斯克乘坐旗舰"羚羊号"，率"普林采司・威廉号""哥尔莫兰号"先期出现在胶州湾。军兵有七百余人，以演兵为名，在青岛登陆。

---

① 曹中平：《东亚与太平洋国际关系》，天津大学出版社 1992 年版，第 247 页。

② 孙瑞芹译：《德国外交文件有关中国交涉史料选译》第一卷，商务印书馆 1960 年版，第 145 页。

德国军兵刚刚登陆青岛时，心情既紧张又害怕，他们并不知道城内的情形。他们探头探脑地四处张望，当他们踏上青岛栈桥时，眼前的景象让他们惊呆了。预想的清军拼死抵抗的场面并没有出现，城内的守军早已摆好了欢迎的场面。在青岛守军的前面，有几十名妖艳的女子发出怪叫声，向德军打招呼，这是守城的将领搜罗来的妓女。

德军从来没有见过这样的阵势，疑惑过后，便是一阵放纵的嬉笑。德军指挥官还算清醒，他喊来守城的将领，要他交出贮存在城内的枪炮弹药，然后下令占领胶州湾。

几百名德军，区区数舰，竟能闯入胶州湾，没有遇到任何抵抗，竟受到礼遇、欢迎，刹那间占领青岛，迫使清军撤离，真乃天方夜谭。清军退出青岛后，暂时停留在沧口一带。

德国人以巨野教案作为借口，出动兵舰，占领胶州湾。实际上，清政府让许景澄在德国交涉巨野事件，他就预感到德国人会据此要挟。他在 11 月 8 日给朝廷的电报中说，“报称山东杀毙二人，此信若确，海使必借此词要索，应否预告外部已赶紧查办顺致措词稍占先着”[①]。许景澄料定德国人会有所行动，因而，建议朝廷争取外交上的主动，朝廷也批复他“迅速结案”。

德军不费一枪一弹，如入无人之境地占领胶州湾。这个坏消息传到光绪帝的耳朵里，他又气又恨。他万分焦急地谕令总理衙门迅速派人与德方交涉。但是，总理衙门还没有行动，德方的照会却来了。

11 月 16 日，德国驻华公使海靖根据其外交部的指令，照会总理衙门，提出了六项要求：第一，巨野教案山东巡抚李秉衡处置不当，应革除职务；第二，在济宁、曹州、巨野县张家庄三地各建造天主教堂一处，对被害传教士所受的损失，予以赔偿；第三，在巨野、菏泽、郓城、单县、曹县、鱼台等处为传教士建造处所；第四，保证不再发生类似的排教事件；第五，由中德两国共同出资修筑山东全省铁路及开采铁路附近之矿产；第六，巨野教案发生的所有费用由清政府承担。对于这六条，德国的主导思想是尽

---

① 廉立之、王守中编：《山东教案史料》，齐鲁书社 1980 年版，第 184 页。

量提高要求，为租借胶州湾作铺垫，正如威廉二世所言，“向中国尽量提高我们（德国）的要求，务使其无法履行，因而有理由继续占领”①。

德国海军侵占胶州湾时的鱼雷艇

六项要求，极为苛刻。出乎德国预料的是，清政府却同意协商，并让许景澄立即与德方交涉，要求德军先自胶州湾撤出，同时又让李鸿章出面找俄国驻华公使帮忙调停。既然清政府与俄国有“盟约”，清政府很希望俄国能够干涉此事。

当天，李鸿章即拜会了俄国驻华公使，说明了情况，希望俄国派军舰到胶州湾，作为干涉德国的反应。在德国的许景澄先是拜见了前驻华公使巴兰德，又拜访了回国省亲的海关税务司官员德璀琳，要他代为说情。希望德国顾全大局，不失邦交。当然，这都是清政府一厢情愿的美好愿望罢了。

对于清政府要求德国撤兵的诉求，德国却说，出兵中国不为入侵，实为保护“中国国家允行之事，外省大吏都不照准，德国须驻兵防护察看所允效验否，难以即退”②。许景澄反驳说，德国实际上是因为教案而派兵，应该在教案处理后，立即撤走，出兵保护中国之说太无道理。但德方置若

① 孙瑞芹译：《德国外交文件有关中国交涉史料选译》第一卷，商务印书馆 1960 年版，第 168 页。

② 沈云龙主编：《近代中国史料丛刊三编》第二辑，台北：文海出版社 1985 年版，第 23 页。

罔闻。

对于德国侵占胶州湾，英、法两国采取了默认态度。俄国却具有很大的投机性。因为俄国不愿看到德国的势力侵入它自己所觊觎的华北，所以当德国进入胶州湾时，俄国劝告德国自胶州湾撤退，又建议德国在上海以南取得一个海口以代胶州，诱使德国侵入英法的势力范围内去。

但是，德国对俄国的劝告根本不当回事，这样，面对既成的事实，俄国决定对德国妥协。本来俄国是打算派出军舰赴胶州湾的，后来又撤销了这项命令。这使寄希望于俄国能够出手相助的李鸿章感到无可奈何，只得单方面与德国继续谈判。

就德国驻华公使海靖提出的六项要求，总理衙门派出了翁同龢、张荫桓与德国公使谈判。海靖于 1896 年 8 月接任公使，其主要任务就是要在中国攫取一个港口。此时，海靖遵循德皇旨意，向中国漫天要价。所以，他在谈判中，故意拖延时间，百般刁难，目的是让清政府无所适从，以便长期占据胶州湾。关于租借胶州湾问题，翁同龢、张荫桓二人提出要德国撤军，清政府可以另外选择一岛供德国使用，但遭到德国公使的拒绝。翁同龢、张荫桓二人又提出将胶州湾开设为商埠，其北岸设德租界，南岸仍归中国管理，仍然遭到拒绝。

德国占领青岛时，建立的天主教堂

这样，1897 年 12 月 4 日，清政府无可奈何地和德国公使达成初步协议，接受了德国六项要求中的前三项。

总理衙门复照海靖，在前三项的基础上作出承诺：清政府出于中德友谊，愿意开放胶州，并保证不将胶州湾割让给他国使用。清政府允许德国在胶州设立租界、修建铁路，除此之外，清政府还愿意在华南割让一个港口给德国使用。

海靖看了总理衙门发来的复照，虽然清政府只是满足了前三项要求，但给予了实际利益。这使他很得意，忙向国内作了汇报。但是，威廉二世和德国外交部认为这是清政府“以夷制夷”的离间计。威廉二世担心，如果在华南设立基地，会不会与英国产生冲突，俄国会不会干涉。为此，他让马沙尔设法与各国交涉，取得他们的默许，消除各国对德国侵华计划的阻挠。

为赢得俄国对德国占领胶州的承认，德方表示，承认东北、直隶及新疆为俄国的势力范围，德国将从这些地区撤回军事教官。得此保证，俄国投桃报李，表示不反对德国占领胶州。与此同时，德国也向日本表示：“绝对无意原则上妨碍日本进取中国大陆的计划。”[①] 当然，德国在作这些外交努力的同时，也不忘表明自己的强硬姿态，将清政府同意德国在华南取得一个港口的承诺，向英国作了通报，以示警告英国，不要干预。当然，英国正希望德国对抗俄国，便采取了默认的态度。

清政府希望“以夷制夷”，可列强却在暗中勾结。这样一来，清政府只好丢掉幻想，让李鸿章于 1898 年 3 月 6 日与德国签订了《胶澳租界条约》，主要内容有三：

第一，清政府同意将胶州湾租与德国，租期九十九年。中国政府在本区域内发布政令、措施都需经德方同意。第二，准许德国在山东筑铁路。铁路沿线三十里范围内准许德国人开矿经营。第三，德国人可以在山东优

① 孙瑞芹译：《德国外交文件有关中国交涉史料选译》第一卷，商务印书馆 1960 年版，第 203 页。

先开办任何事业。

条约的签订，德国正式确定了胶州湾为其租借地，并把山东划为其势力范围。《胶澳租界条约》签订之前，实际上德国已经单方面宣布胶州湾为德国保护地，并任命海军上将罗森戴尔为第一任总督，租借条约签订后，列强瓜分中国进入白热化状态，德国考虑到对华贸易已经跃居全球第二的优势，认为必须设法延迟瓜分行动的进行，必须支持英美提出的所谓“门户开放”政策，“中国国家机构的继续存在对我们是合适的”，决定放弃初期独占山东的念头。

9 月 2 日，德国正式宣布青岛为不征税的自由港。1899 年 4 月 17 日中国海关总务司赫德与德国驻华公使海靖订立《青岛设关征税办法》，虽规定青岛海关“应于各税务司中拣德国人派充该税务司”，但此德籍税务司仍然受中国海关总税务司节制，“青岛海关征收税饷，即照现时通商各口之税则办理”[①]。

德国强租胶州湾后，各国纷纷效仿。夺占租借地，争划势力范围，强索各种利权，一时成为狂潮。

德国占领青岛时的总督府

① 王铁崖:《中外旧约章汇编》第一册，生活 · 读书 · 新知三联书店 1982 年版，第 884、885 页。

五、接踵而至的"旅大泊舟"

看到德国抢占胶州湾后，最按捺不住膨胀野心的是沙皇尼古拉二世了。虽然说清政府授权李鸿章与俄国签订了中俄密约，通过《中东铁路合同》获得了建筑和经理横穿中国东北的中东铁路以及铁路沿线其他许多政治、经济特权。但是，这些侵略特权，对于妄图吞并中国东北，征服整个中国和控制远东的尼古拉二世来说，当然是不会满足的。在同日本争夺辽东半岛的时候，沙皇尼古拉二世就再三强调俄国要取得一个全年不冻的港口。1896年5月，尼古拉二世加冕期间，维特在向李鸿章提出"借地筑路"之时，同时提出希望在渤海或者黄海获得一个港口的问题。为此，俄国政府派人到中国沿海港口搜集情报，几经调查，终于决定夺取中国渤海湾北部的不冻港旅顺口和大连湾，作为俄国海军基地和中东铁路支线的终点站。

在李鸿章与德国签订《胶澳租界条约》之前，威廉二世曾经担心沙皇会对其进行干涉阻挠。为此，威廉二世在访俄期间，对尼古拉二世说，德国有意占领胶州湾，希望俄国不要干涉德国的这一行动。这样的要求，显然违背俄国的利益。俄国此时已有在中国寻找港口作为军事基地的计划，但还不知道应该占领哪一个据点。尼古拉二世有一种担心，根据中俄密约，俄国正在一步步地实现独霸中国的计划，德国人要占领胶州湾，会不会影响俄国的计划？因此，尼古拉二世对威廉二世说："俄国在取得正在考虑中的一个更靠北的港口以前，对于保证自己进入该港确实是关心的。"[①] 他说这句话的时候，同时在思考一个问题，如果断然拒绝德国的请求，会不会将德国推到英国和日本那边去。在外交博弈中，要想不使俄国被孤立，俄国还很需要像德国这样有一定实力的"同盟者"。尼古拉二世觉得由德国人

① 中国社会科学院近代史研究所：《沙俄侵华史》第四卷上册，中国社会科学出版社2007年版，第59页。

占领胶州湾总比英国人占领胶州湾更符合俄国的利益。他决定对德国的行动采取漠视的态度。

所以，当威廉二世提出，如果需要并征得俄国海军当局的同意，德国舰船会在胶州湾停泊，俄国方面会不会认为有所不便？尼古拉二世连连说，不会，不会。尼古拉二世的这个表态，使得威廉二世认为，俄国不会阻止德国进入山东。通过这次谈话，也使威廉二世感到，尼古拉二世的兴趣集中在鸭绿江附近或者旅顺口、大连湾这些地方。因此，尼古拉二世对德国占领胶州湾态度上的轻描淡写，实际上助长了德国占领胶州湾的决心。

俄国在德国进占胶州湾问题上采取纵容、漠视的态度，使得威廉二世对俄国投桃报李。11 月 20 日，德舰进驻胶州湾短短几天后，威廉二世授意德国外交部发表声明："德国人到达胶州湾并不妨害俄国舰只前往该地。"德国支持俄国的远东政策，希望两国在远东进一步合作，并暗示德国承认朝鲜和"整个中国北部直到北京和黄海的内海"[①]属于俄国的势力范围。

1898 年登陆青岛的德国军队在集结

在看到德国的声明后，沙皇也宣布，俄国不反对德国占领胶州湾，在占领的问题上，俄国也将对清政府施加影响，促使这一行动获得承认。

尼古拉二世这样做，事实上也是在为俄国寻找机会。正如威廉二世所

① 中国社会科学院近代史研究所：《沙俄侵华史》第四卷上册，中国社会科学出版社 2007 年版，第 61 页。

判断的那样，俄国看中了中国的旅顺口和大连湾，只待一个有利的时机罢了。

德国占领胶州湾后，俄国新任外交大臣穆拉维约夫认为，夺取中国一个港口的时机已经成熟。因此，他在11月23日给尼古拉二世的报告中说，俄国应不失时机地派舰队占领旅顺口和大连湾。他提出："中国政府对于德国在胶州的坚决行动方式感到惶惑不安，并且请求我们的保护。因此，我们在北京很容易解释，我们所以占领大连湾是希望为俄国舰队获得坚固的支柱，以防太平洋上万一发生对中国更不利的事件。"①

穆拉维约夫还认为，假如俄国占领旅顺口和大连湾，则中东铁路支线和不冻港口等问题均可迎刃而解。尼古拉二世完全同意他的建议，专门就占领旅顺口和大连湾问题，召开御前会议，进行研究讨论。会议上，穆拉维约夫与陆军大臣都认为俄国应该迅速派遣舰队占领中国的旅顺口和大连湾。但是，财政大臣维特持反对态度，他认为刚刚与中国签订密约，这样做有些背信弃义。他说："索取补偿的政策是违反1896年6月3日中俄同盟的精神的；因为如果俄国索取补偿，它就恰恰作出了自己曾保证要防止日本去作的事情。而且，这样一来，日本就可能要设法步德国和俄国的后尘，取得某一港口，按照6月3日的条约，就将使俄国不得不同日本进行战争。"②

这次会议分歧较大，尼古拉二世没能批准占领旅大计划。可是，过了几天，尼古拉二世竟然提出为了解决胶州湾事件，俄国愿意为清政府效力。要求"中国指定海口，俾泊俄舰示各国中俄联盟之证"③。

俄国外交部接到指示，便让驻华使馆代办巴甫洛夫照会总理衙门说，俄国并没有占领中国领土的意图，现在俄国希望军舰进驻旅顺口、大连湾，

---

① 曲传林、翟云瑞：《沙俄扩大旅大租地始末》，载《社会科学辑刊》1982年第5期。

② ［美］马洛泽莫夫：《俄国的远东政策》，商务印书馆翻译组译，商务印书馆1977年版，第111页。

③ 王彦威、王亮编，王敬立校：《清季外交史料》卷一二七，书目文献出版社1987年版，第28页。

系根据中俄密约“保护”中国免受其他国家侵略，如果德国从胶州湾撤退，俄军就会从旅顺口、大连湾撤出。

此时，总理衙门也收到新任驻俄公使杨儒的电报，说“德事愿效力而难于措辞”[①]。俄国要求中国同意泊舰。

总理衙门看到这样的照会，又有杨儒的电报，信以为真，没有请示光绪帝就答应了。总理衙门答复巴甫洛夫说，朝廷同意俄舰进入旅顺口。并给驻守在旅顺口的守将宋庆下达指令说：“俄船在旅所有应用物件，随时接济，勿听将弁讹言，致启衅端。”[②]

俄国占领旅顺时期的俄军红十字会医院

12 月 14 日，俄国舰队打着“保护”中国的幌子，不费一兵一卒地进入了旅顺口、大连湾。总理衙门不会想到，俄国舰队这一进驻就狗皮膏药一样赖着不走了。1898 年 1 月，中德两国关于胶州湾的交涉已经进入尾声，该签的条约都已签了，驻军已成既定的事实。俄国认为是向清政府摊牌的时候了，尼古拉二世命俄国外交部向总理衙门发出照会说，鉴于德国

① 王彦威、王亮编，王敬立校：《清季外交史料》卷一二七，书目文献出版社 1987 年版，第 28 页。

② 同上书，第 33 页。

在胶州湾的既定事实，俄国军舰不能离开旅顺口和大连湾，并要求长期租借。同时希望清政府同意俄国帮助建设中东铁路南满支线这一段的铁路。

此时，掌管总理衙门的仍然是恭亲王奕䜣，经过慈禧太后的几次打击，早已使他没了锐气。而总理衙门的官员们看到这样的照会后，第一个反应是，上了俄国人的当了。

俄国向清政府提供借款之时，排斥英国，本来就引起了英国不满，现在又侵占旅顺口、大连湾，试图遏制英国在这一地区的利益扩张，英国政府当然更不甘心了，怎么办呢？英国人继续拿借款问题说事，认为俄国在东三省和蒙古享有铁路和工业垄断权，侵害了英帝国的利益；再者，清政府将“从干线‘到某个港口’的铁路支线租让权给予中东铁路公司，‘该港地点将由铁路董事会在营口港移动的黄海岸边进行选择’以及容许俄国在该港设置码头，凡悬挂俄国旗帜的一切船只皆有权驶入该港”[①]，都是阻碍中英贸易的行为，并说俄国可以提供借款，英国也可以代为筹措，但要开放大连湾为通商口岸。英国在作出外交交涉的同时，还派出军舰在巨文岛集结，并开赴旅顺，与俄国形成对峙之势，以此相威胁。

面对如此局面，清政府只好向英国商借对日本的后期还款，俄国为了获得旅大港口，在借款问题上只好向英国作了妥协。1898 年 2 月 19 日，清政府以接受不割让长江流域以及只要英国在对华贸易中占据首位，中国海关总税务司就由英国人担任的条件，与英国签订了借款一千六百万英镑的合同。之后，英国在俄国强占旅顺口、大连湾问题上便保持了沉默。

此时，发现上当的恭亲王奕䜣慌忙向光绪帝作了奏报，光绪帝此刻是什么态度呢？

光绪帝召见了李鸿章等人，当即就是一通大骂。“汝等言俄可倚、与订约，许以大利；今不独不能阻德，乃自渝盟索地。亲善之谓何？”[②] 李鸿章

① ［苏］鲍里斯·罗曼诺夫：《俄国在满洲（1892—1906）》，陶文钊等译，商务印书馆 1980 年版，第 169、170 页。

② 丁名楠等：《帝国主义侵华史》第二卷，人民出版社 1992 年版，第 63 页。

只能脱下帽子，一个劲儿地磕头谢罪。

此时的李鸿章成为光绪帝最为痛恨的对象之一，虽然如此，可是有慈禧太后宠着，光绪帝也是无可奈何。这一次，面对光绪帝的责骂，厚脸皮的李鸿章再一次显出了投降本色。他一面连连磕头，一面竟然说，如果将旅顺口与大连湾租借给俄国，则按照中俄密约，这不是在实践中俄联盟吗？

听此一言，光绪帝真是哭笑不得了。不过他也确实没有什么好办法。这真是前门拒虎，后门却又招进了恶狼，光绪帝没办法，只好让长期与俄交涉的许景澄为头等钦差大臣，前往俄国交涉旅大退兵事宜，并让驻俄公使杨儒为会办，由二人负责与俄国谈判。之所以在俄国谈判，是因为俄国人狮子大开口，在北京谈判，恐引得其他列强干扰，这个主意是俄国人出的，他干了坏事，当然要遮人耳目。

光绪帝派出代表赴俄国谈判，沙皇尼古拉二世为了能尽快地解决俄国提出的侵略要求，压服清政府就范，决定亲自出马。尼古拉二世在接见许景澄时诡称："俄船借泊，一为胶事，二为度冬，三为助华，防护他国占据。"[①] 这真是侵略者的无耻嘴脸，侵略别国领土，却说是为了保护，还满嘴的仁义道德。而对于许景澄提出俄国舰船应当从旅顺口、大连湾撤出的要求却闭口不提。非但如此，还得寸进尺地提出将来中东铁路的修筑，应该直通黄海。

接见过程中，尼古拉二世信誓旦旦地表白："俄真心关切中国，前后无异，请中国勿疑。"并且反复声明："我与中国皇上交谊亲密，以后有事相需，务祈径达我处。"[②]

这次接见，由于相当的匆促，许景澄在相关问题上并没有明确表态，这使俄国认为，清政府妥协了，态度开始更加强硬。

---

① 王芸生编著：《六十年来中国与日本》第三卷，生活·读书·新知三联书店 2005 年版，第 187 页。

② 王彦威、王亮编，王敬立校：《清季外交史料》卷一二九，书目文献出版社 1987 年版，第 18 页。

旅顺港里的
俄国军舰

1898 年 3 月 3 日，俄国公使再次向总理衙门提出租借旅顺口和大连湾，以及自中东铁路筑一支线直达鸭绿江和牛庄之间一海口的无理要求，并限五日内答复。这个要求如果实现，将使俄国的势力伸展到渤海湾上，北京的海上门户全然被俄国控制。

虽然说，前番俄国在借款问题上已向英国作了妥协，但是现在俄国变本加厉地要把势力伸展到渤海湾上，进而遥控警示。用炮舰和强硬外交在华经营多年的英国怎肯利益旁落，立即表示反对。面对反对之声，俄国很担心英日再度联合起来，便决定在朝鲜问题上对日让步。

需要说明的是，自甲午中日战争后，俄国和日本为争夺朝鲜展开了激烈的斗争。1896 年，两国签订了《汉城协定》和《莫斯科协定》，这两个条约使日本很不开心，日本怎肯将朝鲜利益让给俄国。尼古拉二世当然也明白这一点。

为笼络日本，瓦解英日可能出现的联合，尼古拉二世宣布，今后对朝鲜内政将采取不干涉态度，接着又下令撤退在朝鲜的俄国财政、军事顾问。随后，日俄之间还进行了分赃谈判，4 月 25 日双方缔订了《东京协定》。协定规定，俄国不干涉日本与朝鲜之间商业、工业关系的发展。实际上是承认日本在朝鲜经济上的统治地位。

俄国在笼络日本之时，对清政府的态度却更加蛮横无理。3 月 12 日，本是谈判代表许景澄、驻俄公使杨儒与俄国外交大臣穆拉维约夫正式谈判的日子。当天上午，许景澄与杨儒早早就来到了俄国外交部，双方本来是约定好 9 点开始谈判的，可是到了 10 点一刻钟时，还不见穆拉维约夫的踪影。

当天的谈判，俄国要求“胶事已定，英已得长江利益，法亦有索件，故俄必须租得不冻海口为水师屯地，保护两国利权”，关于中东铁路的修筑，“准听东省公司，自鸭绿江至牛庄一带，求以择宜接通”。穆拉维约夫还说，“俄已告明英法等国，务请电达总署，从速答复。俄主意在必成，惟租界远近，或可酌商”[①]。

当天，穆拉维约夫还指示驻华代办巴甫洛夫向清政府提出交涉。巴甫洛夫即盛气凌人地来到了总理衙门。当时恭亲王不在场，接待他的是大学士蒋崇礼。他对蒋崇礼说，关于租借旅顺口与大连湾之事，总理衙门要“即刻果断答复，允从前议”，不能推托。也就是限定 3 月 27 日前，必须在租借（旅大）条约上签字，“过期无复，俄国即自行办理，不能顾全联盟交谊”[②]，说完便扬长而去。

俄国定了最后期限，这让总理衙门感到很为难，慌忙向光绪帝作了汇报，光绪帝也万分着急，便让许景澄再次求见尼古拉二世。3 月 15 日，许景澄再次谒见沙皇尼古拉二世，呈递国电，重申中国难以允借旅大之事。

接见中，许景澄苦口婆心地反复陈述英、法、日环伺中国的形势，不能给列强以口实，难以答应允借旅顺口、大连湾，希望沙皇“通盘筹划，看重睦谊，于商议之事，持平退让，于中俄两国皆能获益”。

俄主云：贵国究拟如何商议？

澄云：使臣前次来俄，蒙俄国皇帝接见时面告，俄兵舰在旅顺口、大连湾春暖离口以后仍须过冬。本国政府现拟照此商一办法。

俄主云：是我曾说此话，但自中国向英德借款（1898 年 3 月 1 日，中国向汇丰和德华两行借款一千六百万英镑，俄国亦曾力揽，因其借款条件

---

① 王彦威、王亮编，王敬立校：《清季外交史料》卷一三〇，书目文献出版社 1987 年版，第 11、12 页。

② 同上书，第 14 页。

过苛，未获成功）以后，东方情形另有变动。

1898 年旅顺港内集结的俄国军舰

澄云：中国所借英德之款，系向银行订借，英德国家并不干预。

俄主云：此且不论。我业将英行商议详细各节面告外部，想外部当即与贵大臣接洽。

澄云：使臣于礼拜六日与贵国外交部面晤一次，业将详细情形电达政府，唯俄国所索与本国所能允者相离尚远。

俄主云：商租两口（旅大），乃中俄两国共同利益，实为保护两国起见，我并无得地之意。各报传闻俄兵进满洲，此说不确。

澄云：中国派使臣前来，专为详陈中国实在为难地步。巴代办所告，限期太促，尤须展缓，以便将各事从容商议。

俄主云：俄国在东方不能不有一驻足之地，现在外交部所订条款及画押期限，我们已经筹定，实难改动，唯望转达贵国政府，早日允办，使他国知我两国系和衷商成，方为妥善。

澄云：容即遵达本国，但此事总须贵国减让，俾有成议。俄主不答。[①]

这次拜见，尼古拉二世要求清政府租借旅顺口、大连湾的侵略诉求非常强硬。在此之前，许景澄已经感受到了俄国不惜诉诸武力的压力，在他

① 许景澄:《许文肃公遗稿》卷九函牍五，上海古籍出版社 1995 年版，第 33 页。

拜见尼古拉二世的头一天晚上，俄国外交部为许景澄等中方代表举行了一个所谓的欢迎宴会，宴会上，穆拉维约夫一面向许景澄敬酒，一面说，接到巴代办的来电，现在总理衙门仍然没有明确答复，距离 3 月 27 日很快就到了，到时候，如果仍然没有答复，那么俄国只有另寻办法。显然，这是赤裸裸的威胁。3 月 16 日，俄国外交部又正式照会许景澄说，根据沙皇命令，俄国将任命巴代办为全权大臣，如期议结此事。面对外交讹诈和威逼，许景澄在 3 月 17 日来到俄国外交部，与穆拉维约夫据理力争，希望俄国减让要索条件，并分析英日可能是在观衅，希望俄国同意各国在大连湾通商，但再次遭到穆拉维约夫的拒绝。

在对许景澄施压的同时，俄国还使用了极其卑鄙的手段，在北京对李鸿章和张荫桓各行贿白银五十万两。李张二人在得贿后自然极力设法为俄国促成此事。1898 年 3 月 27 日，就在俄方所提的限期最后一天，李鸿章和张荫桓代表清政府和俄国驻华代办巴甫洛夫签订了《中俄旅大租地条约》。5 月 7 日又订立了《续订旅大租地条约》。

这两个条约的主要内容如下：其一，中国将旅顺口、大连湾及附近水面租与俄国，租期二十五年，“但限满后，由两国相商展限亦可”。旅顺为中俄共用的军港，大连则开放为通商口岸。其二，在租借地以北，划出几乎包括整个辽东半岛的其余部分为“隙地”也就是中立区。在此地区内，中国军队非经俄国官方同意不得进入。这个地区内的土地不得让予他国人使用，其东西沿海口岸不得开放和他国通商，筑路、开矿和其他工商利益也不得让与他国。这样，整个辽东半岛实际上即成为俄国独占的势力范围。其三，准中东铁路自干线展修至旅顺口、大连湾支路一条，“此支路经过地方，不将铁路利益给与别国”[①]。这片区域从此也成为俄国独占的铁路投资范围。

条约的签订，使俄国在中国的侵略势力得到巩固，凭借旅顺口、大连湾，俄国控制了渤海湾的门户，使得整个华北都逐渐成为其势力范围。

---

① 王绍坊：《中国外交史：鸦片战争至辛亥革命时期（1840—1911）》，河南人民出版社 1988 年版，第 274 页。

六、趁火打劫的“补偿政策”

当俄国侵占旅顺口、大连湾的时候，这进一步刺激了英法等国的贪欲。《中俄旅大租地条约》的墨迹未干，法国便把邻近越南的海南岛划为自己的势力范围，要求清政府不得将海南岛租借或割让给其他国，并进而提出租借广州湾为军事基地。在这种情况下，英国人越发不甘心了，为此，英国公使表面上友善地说，“各口尽被外人所占，此即割裂也”[①]。但俄国和法、德、日都已有勾结，英国当时孤掌难鸣，它的阻挠活动既不能起什么作用，转而乘机向清政府索要“补偿”，以扩大自己的侵略利益。

英国人实际上此刻也想另辟港口，进一步扩大自己的殖民利益。正如英国新任首相金伯利所说的那样，俄国“占领旅顺口，不可避免地将在东方被看作是对北京的长期威胁和瓜分的开始”。殖民大臣张伯伦则建议政府“采取直接行动，决不在战争面前退缩”[②]的强硬政策，以保持中国门户开放。鉴于英德借款协定成立后，英国向美国和德国谋求合作反对其他国家所采取的妨碍中国门户开放的行动的试探失败，而日本尚不够强大，英国最后选择了“补偿政策”，即决定在中国占领一个新的港湾。

1897 年末，当德国与清政府交涉租借胶州湾之时，英国人已把目光瞄向了威海卫。威海卫地处山东半岛，在英国人看来，威海卫在制衡俄国在旅大的行动方面，在地理位置上有着很大的便利条件。

1898 年 3 月，《中德胶澳租借条约》签订之时，俄国向清政府提出了租借旅大的要求，英国趁火打劫，决定侵占威海卫，以争夺对华北的控制权。由于威海卫当时仍在日本的控制之下，英国首先必须取得日本的谅解。3 月 15 日，英国向日本探询对此事的态度，日本表示不反对。25 日，英政

① 陈义杰点校：《翁同龢日记》第六册，中华书局 1998 年版，第 3100 页。

② ［苏］鲍·亚·罗曼诺夫：《日俄战争外交史纲（1895—1907 年）》上册，上海人民出版社编译室俄文组译，上海人民出版社 1976 年版，第 85 页。

英国报纸上刊登的李鸿章访英时下轮船的情形

府即令驻北京的英国公使向总理衙门提出租借威海卫的要求。六天后，英国政府正式通知日本，并要求日本“同意和支持”。日本虽表示“同意”，但提出日本将来有类似措施时，英国也应该予以“同意和支持”。英日之间于是达成了关于侵略中国的合作协议。与此同时，英国也力图获得德国的谅解，因为威海卫是在德国业已取得的势力范围山东境内。英国承诺不损害德国在山东的利益，并承诺不修筑自威海卫伸入山东省内的铁路，事实上等于确认了山东为德国的势力范围。

英国人图谋占领威海卫，俄国是极力反对的，俄国为此向德国提出建议，在日本撤离威海卫时，两国将保证将威海卫交还给中国，但中国需要保证永不将威海卫租借给其他国，这个建议并没有得到德国的响应。原因当然是英国已经承认德国在山东的势力范围，德国当然不愿意给自己找麻烦，俄国得不到德国的支持，便又转向了日本，但日本与英国一样有不可告人的攻守同盟，对俄国的建议也是拒绝。

俄国想阻止英国人占领威海卫却找不到“同穿一条牛仔裤”的伙伴，而英国却加紧了侵占威海卫的步伐，清政府与俄国签订《中俄旅大租约》的第二天，英国驻华公使窦纳乐便正式向总理衙门提出租借威海卫的要求，总理衙门最初表示，须待日本自威海卫撤退后再议。三日后，窦纳乐到总理衙门威胁说："十二日（4 月 2 日）若不定，水师提督带兵到烟台，事且不谐……千万语不变，所要者威海租地与俄抗衡耳。"[①]

英国报纸上刊登的李鸿章拜见英国女王时的场景

英国人要租借威海卫，清政府的头头脑脑们心情很矛盾。对清政府来说，第三次向列强借款已经完成，对日赔款也即将偿付完毕，中国完全可以提前收回威海卫。而收回威海卫正是清政府三次政治大借款的目的。清政府面对英国提出租借威海卫的要求，心态矛盾极为突出。若将威海卫租借给英国，则意味着清政府在三次政治大借款中所作的努力都将付之东流。如何处理当前的中英关系是清政府不得不考虑的现实问题。清政府认识到，在当前主权危机的时刻，英国是遏制俄国的强大力量。

朝廷中的亲英派趁机站出来怂恿朝廷接受英国的要求，当时的督办铁路大臣盛宣怀公然主张，如果将威海卫租借给英国将可以阻止俄、德的扩张，从而达到"以夷制夷"的目的；而两江总督刘坤一、湖广总督张之洞、

① 张蓉初译：《红档杂志：有关中国交涉史料选译》，生活 · 读书 · 新知三联书店 1957 年版，第 145、157 页。

直隶总督王文韶，也都做着“联英”的美梦。

根据这些人的建议，总理衙门决定接受英国人的要求，但提出了三项条件：其一，租期应与俄国租借辽东半岛的期限相同；其二，中国可以利用威海卫停泊兵船；其三，英国宣布不再向中国提出进一步的领土要求。

窦纳乐原则上接受前两项条件，但对第三条却不答应。这进一步暴露了英国侵略者的侵略野心。窦纳乐向总理衙门明确提出，英方租借威海卫是专为防御俄国，如果法国在南海占领某一口岸，英方将“别索一处抵之”。面对英方毫不让步的立场，翁同龢提议列强共同召开和平会议，约定三项：“一不占中国之地，一不坏各国商务，一不侵中国政权。”[①] 对于翁同龢此议，窦纳乐未置可否。

1900 年占领威海卫的英国海军为其死去的士兵举行葬礼

在英国的威逼下，清政府被迫完全接受了英国人的要求。1898 年 5 月，当清政府将后期战争赔款交付给日本后，根据《马关条约》的规定，日本应从威海卫撤军，但接收威海卫的不是中国军队而是英国军队。在中英尚未就威海卫租借事宜签署条约之前，英军即占领威海卫，清政府对此

① 陈义杰点校：《翁同龢日记》第六册，中华书局 1998 年版，第 3108 页。

未有任何抗议。

完成了事实占领威海卫的行动之后，英国即着手应对法国在两广地区的全面渗透，这也是为什么窦纳乐不愿答应总理衙门提出的第三项条件的原因。在4月间，窦纳乐与总理衙门交涉威海卫之初，法国却配合德、俄派舰队至广州湾，迫使总理衙门于4月10日依法国要求，宣布不将越南邻省让予他国，应允租借广州湾。于是，窦纳乐乘机提出“展拓香港地界”。

自第一次鸦片战争后，香港被英国侵占。当时，英国人抢占的只有香港岛。1860年强订《北京条约》，除勒索巨款、增辟口岸外，又增加割取南九龙半岛的条款。清政府被迫于《北京条约》上签字画押。条约第六款规定：“前据本年二月二十八日（阳历为3月20日）大清两广总督劳崇光将粤东九龙司地方一区，交与……巴夏礼代国立批，永租在案。兹大清大皇帝定即将该地界付与大英大君主并历后嗣并归英属界内，以期该港埠面管辖所及。庶保无事，其批作为废纸……”[①]据此，南九龙半岛由租变为割让。

英国割占九龙半岛南端以后，并没有因此而满足，又打起了北九龙半岛的主意，这便有了其在俄、德等国抢占中国领土之际，要求租借北九龙半岛及附近岛屿的诉求。

英国的新要求远不止这些，窦纳乐还向总理衙门提出了三项条件：其一，中方给予英方一条铁路的筑路权；其二，中方开放南宁为商埠；其三，中英签署中国不出让广东和云南的协定。由于清政府已经向法国政府表示不将两广出让他国，所以清政府顾虑法国方面的反应，未予承诺。

要拓展香港界址，英国人也很清楚，九龙城的问题将成为障碍。因为九龙城城墙以外被称为九龙寨的地方，已经成为中英双方彼此心照不宣的缓冲地带，这里虽然赌场、妓院遍布，一派声名狼藉的“繁荣”景象，但这里却属于清政府的管辖地带，英国人试图打破这一缓冲地带的司法权、

① 王铁崖：《中外旧约章汇编》第一册，生活·读书·新知三联书店1982年版，第145页。

行政权以及领地管理权，因为在所有租界中没有先例可循，这让总理衙门既吃惊又不知所措。

在窦纳乐提出这一要求之初，总理衙门“考虑的只是有限拓址，能够使英国当局在香港港口两侧设防，防御俯瞰港口的山丘”。但是，不管总理衙门怎么想，英国提出扩大香港领土的理由却五花八门，诸如要兴建一座打靶场，为部队提供操练场地，香港公墓面积不足，等等。这些理由连窦纳乐也感到牵强。他说，政府方面提出的理由实在可笑，“据我估计，鉴于所要求土地的面积约为二百平方英里，我认为不适合把这些意见提交……总理衙门，他们将在与我会晤时给予我们为上述目的所要求的全部领土”[①]。

窦纳乐的诉求与总理衙门的设想有很大差距，说白了总理衙门极不愿意割让如此大面积的领土，争辩说已经同意英国租借威海卫以抵消其他列强获得的租界。窦纳乐认为，威海卫“租让给我们，既是为了我们的利益，也是为了他们的利益，假如俄国人离开旅顺港，我们明天就放弃威海卫”。至于香港，“倘若我们不是担心为其他列强树立先例，很早以前就让中国把这个殖民地的安全所必需的地方转让给我们”[②]。窦纳乐还指出，出于非常相似的原因，为防御新获得的青岛领地，德国人已经获取了一块同样大小的地盘，法国人也提出了同样的要求。

中英双方经过几个月的争执和谈判，清政府最终妥协了。6月，总理衙门与窦纳乐签署《展拓香港界址专条》，英国根据该条约取得了对九龙半岛北部新界为期九十九年的租借权，同时还取得了从广州至九龙的铁路筑路权。由此，英国成为瓜分狂潮中收获较多的一员。

《展拓香港界址专条》的订立，使英国又获得了深圳河以南、界限街以北的九龙半岛广大地区以及大小二百多个岛屿总面积近千平方公里的领土。在租借九龙半岛的过程中，窦纳乐起了重要作用。翁同龢评价他“贪如狼，狠如羊”，每次提出要求，他拟定文件，总是要求清政府不准改动一

① ［英］弗兰克·韦尔什：《香港史》，王皖强等译，中央编译出版社 2007 年版，第 367 页。

② 同上书，第 368 页。

字。《展拓香港界址专条》的签订，就是他对清政府威逼、讹诈的结果。专条签订后，他兴高采烈，但是英国国内的一些狂热分子仍然感到不满。

在香港的英国商人认为应该把驻扎在九龙城内的清朝官员赶出去，如果照旧让他们在这里行使权力以及保留大鹏湾码头，这岂不是等于英帝国的领土内仍然容许他国实施管理权。英国商人还说，容忍清朝海关巡逻船只使用大鹏湾，岂不是有将香港变成中国的一个港口之虞。而英国的中国协会则认为，协助中国海关缉私税收，是在降低香港的地位，并从属于广东的财政系统，都在严重损害香港的声誉。

根据这些意见，英国外交部回应称，女王陛下政府很重视这些见解和意见。1899 年 1 月，当英国开始在北九龙半岛以及香港岛四周和大鹏湾、深圳湾附近的大小岛屿行使权力的时候，《展拓香港界址专条》规定清政府官员在九龙城内行使管理权力的条款被废弃，驻扎在这里的清政府官员被驱逐，英国取消了中国兵船、商船可以使用大鹏湾一区码头，可以使用深圳湾的规定，还将协助中国“整顿税务”的管理也一并废弃。英国侵略者的这种背信弃义，充分说明帝国主义的逻辑就是强权即公理，只要于它有利，是什么事都干得出来的，自食其言根本不算一回事。英国背弃专条的某些规定，是又一个活生生的例证。

在瓜分狂潮中，日本在甲午战争中获得了巨大好处，这一刻保持相对的低调，而且履约撤出威海卫，交由英国军队接收。但是，日本政府并非甘于沉默，无所作为，而是担心自己将成为列强在华竞争中的落伍者。

1898 年 4 月 10 日，清政府向法国驻华公使发出照会，表示不会向他国割让两广和云南。这个动向使日本政府认为，这是向中国政府提出要求的最好时机。4 月 15 日，日本方面向总理衙门提出，不要将福建割让与他国。

提出不要将福建省割让与他国这一要求的正是日本驻华公使矢野文雄。在此之前，他于 1898 年 3 月 26 日向日本外务大臣西德二郎发出了《关于列国对清要求之意见》的密电。他在密电中说：“愚以为，该国情势已至于斯，为防其他强国逼迫我疆土且为他日固我于东亚大陆之地位，使该国承诺勿将近我疆土之清国地区割让或租借与他国，亦乃当然之手段。”①

矢野文雄给西德二郎的密电中除了认为目前是日本政府向中国提出要求的最佳时机外，他还认为，在其他列强向中国索取利益之时，如果清政府将福建等邻近日本之地割让与他国，则日本也会面临危险，因此，要求清政府不要将福建割让与他国。

矢野文雄发出这封密电后，迟迟没有得到回信，又于4月7日再发密电以示催促。这一次的密电中说："望许可小生（矢野文雄自谦）先以个人身份试探清政府二三重要人物之意志……小生与翁、李、张三人颇亲近，若能说服上述三人并得其承诺，再正式提出，则事必可成。若时机错过则再无意义……”②

矢野文雄发出此封密电的第二天，即收到了西德二郎发来的电报。西德二郎在电报中表示支持矢野文雄提出的不割让福建的提案，并要求他对清政府提出该项要求。同时，关注列强在福建的动静，一旦有要求割让或租借福建之事，即向清政府表示反对。4月22日，矢野文雄正式向清政府发出照会，要求不割让或租借福建与他国。面对日本政府的逼迫，清政府发出照会称，福建省内及沿海一带均属中国要地，无论何国，中国断不让与或租给。③

这个承诺，实际上已经承认了日本在福建的势力范围。面对瓜分狂潮，清政府可以说完全是消极应对，这充分表明清政府在与列强的外交交涉中所处的弱势地位。面对列强贪欲膨胀的瓜分狂潮，意大利人也趁火打劫，对于福建沿海的三门湾提出租借要求。

1899年3月，意大利人蛮横地向中国提出，要求租借三门湾。海关总

---

① 李书纬：《少年行：1840—1911晚清留学生历史现场》，广东人民出版社2016年版，第226页。

② ［日］大里浩秋、孙安石编：《近现代中日留学生史研究新动态》，上海人民出版社2014年版，第39页。

③ 李书纬：《少年行：1840—1911晚清留学生历史现场》，广东人民出版社2016年版，第227页。

税务司赫德对此评论说："意大利的最后通牒已经送达。中国必须在四天之内表示'接受'，否则一切后果自负！局势再次危急。无论中国是'接受'，还是'拒绝'，我们的处境大概都要越来越坏。我们没有余款，没有海军，又没有适当的军事组织。而这一切都不能一下办起来，马上用上。其他列强将援例而来，崩溃即在眼前。这并不是中国本身在四分五裂，而是各列强在把她撕成碎片！"①

几天之后，赫德又说："意大利已将其公使召回，显然并没有就此罢休。到了仲夏时节，很可能再来一道最后通牒，使我们处于困境。但是不管怎样，看来中国人这回宁愿战斗，而不再屈服。最倒霉的是，我们再也享受不到太平年月。刚刚渡过一个难关，马上又陷入另一个困境；刚刚松了一口气，马上又出来一个难题！"②

继德国强占胶州湾、俄国租借旅大后，面对列强群拥而至的瓜分狂潮，把持海关税务司的赫德很为中国的前途担忧，当然他还担忧自己的权力地位受到冲击。瓜分狂潮中，自己的母国英帝国更变本加厉地加入瓜分行为的行列中来，这都使他的心中产生一种莫可名状的愤懑。连意大利这样的国家都可以对中国索要，他觉得中国实在是没有希望，便有了一种辞职归国的想法，他在自己的日记里写道："我开始认识到，当崩溃即将来临，好转的希望已趋幻灭的时候，人们会变得何等狂暴和邪恶。如果列强不插手中国的事务，她还能和以前一样，成为一个整体。但是，列强都在努力将她拉向某个方向，她将会越来越松散，乃至解体。尽管中国面临着许许多多令人担忧和生畏的问题，而政府还是在睡大觉，梦想一切老办法都是最好不过的，继续起劲地按老章程办事——只是毫无目标……我说，待在这里，眼看着他们让时间溜过去，不思改进，看着他们失掉可以走出泥潭、踏上康庄大道的许多良机，简直会令人发疯。中国政府对英国开始产生了恶感，香港用粗暴的手段处理扩充领土一事，激怒了每一个人！再加上要

① 陈霞飞主编:《中国海关密档：赫德、金登干函电汇编（1874—1907）》第六卷，中华书局1995年版，第959页。

② 同上书，第963页。

求总理衙门答应总税务司要由英国人来担任所产生的后果使我遭了殃。”①

因为英国政府在瓜分狂潮中的无耻行径，使得中国上下更对英国人产生了恶感，这对赫德的工作也造成了影响，因而使他产生了挂冠归里的想法。对于列强的瓜分行动，赫德清楚：列强的瓜分行为虽然打乱了中国的改革，但并不会阻止中国的进步，中国作为一个伟大民族，并不会因为这种贪婪而被消灭，中国终将有一天会居于世界前列。

赫德认为，一个世纪之后，只要中国的路走得正确，就会成为最强大的国家，而且是一个最少侵略性的大国。他对于中国人民的民族反抗精神和巨大的潜在能量有相当清醒的估计，预言任何一个国家，或者是联合的国际，从长远的眼光来看，都不能统治中国。

七、美国人要清政府“门户开放”

在瓜分狂潮中，美国政府中的一些人如赫德一样，也认识到了瓜分并不能使中国人真正屈服，因而提出了“门户开放”的政策建议，这一政策使瓜分中国的趋势有所缓和。这倒不是列强对美国“门户开放”政策有多么大的支持，而是他们也感到，狂热的瓜分行径更会造成激烈的对抗，赫德在中国的工作开展得不顺利便是明证。况且，瓜分狂潮一旦造成清王朝的覆亡，新政权的建立，列强在华利益很可能遭到颠覆。事实上，中国各地发生的反抗怒火也让他们感到担忧。

在山西，人们对英俄夺取山西路权、矿权的罪恶活动，表示坚决抵制，指出“外人……假铁路以侵地，假矿务以夺利”，要求“停办山西路矿”，制止外国势力侵入山西。在粤北，沿线人民“聚众”与美国测量线路的工程人员“为难”。在东北，“人民约齐抗阻”沙俄“在黑龙江查勘地基”。在

① 王宏斌：《赫德爵士传：大清海关洋总管》，文化艺术出版社2000年版，第351页。

山东的潍县、高密等地人民更起而“聚众阻工”，武力反抗德国的野蛮侵略行径。在雷州半岛，群众也用锄头、铁锹同法国侵略者进行斗争，反对铺设赤安铁路。尽管当时国内外反动势力在阶级力量的对比上占有优势，中国人民群众广泛开展的自发反抗斗争，遭到帝国主义的屠杀和清政府的“弹压”①，但抵抗行动还是对列强的侵略造成了一定的冲击，这也使他们感到，瓜分狂潮虽然可以获得利益，却不能真正使中国人民屈服，“门户开放”政策正是在这样的一种背景下产生的。老实说，面对瓜分狂潮，美国人也很想分得一杯羹。德、俄、英、法纷纷在中国“租地”，划分势力范围，美国人也不甘利益旁落，很想占领一个港口作为巩固利益的基地。为此，美国在德、俄占领胶州与旅大之时，便公然占领了与中国一海之隔的菲律宾，以此作为进一步控制中国的跳板。正如美国前国务卿福斯特所说，控制菲律宾是“准备参加瓜分中国”的行动。

1898 年夏，康格接替田贝出任美国驻华公使，他一上任就表现出对巩固在华“势力范围”的关切。1898 年 10 月间他给新任美国国务卿海约翰的报告中将中国政府描绘得极其懦弱无能，无力对大国进行任何抵抗。康格写道：“至低限度，我们应占据一个良好港口，以此作为据点，我们就能坚定地捍卫我们的权益并有效地扩大我们的势力。”②

政府高层的态度代表着国家意志，欲望的促动使美国政府在占领菲律宾后即向其海军部提出，要求海军部了解威海卫或者烟台的详细情况，以便把这里作为美国的海军基地。后来，又感到距离上海不远的定海也是个不错的地方。这些计划得到美国总统麦金莱的支持，他在 1898 年 12 月 5 日致国会的咨文中说，美国关心的是对美国贸易实行“门户开放”政策，但是面对各国在中国划分势力范围，美国的对华政策“并非中华帝国所发生的非常事件的消极旁观者。中国的一部分沿海省份已被欧洲列强控制，可是我们希望在这些地区中我国人民所经营的广阔的贸易不会因为这些新

---

① 刘培华：《近代中外关系史》下册，北京大学出版社 1986 年版，第 92、93 页。

② ［苏］戈列里克：《1898—1903 年美国对满洲的政策与“门户开放”主义》，高鸿志译，黑龙江教育出版社 1991 年版，第 25 页。

主人同清政府所缔结的特殊协定而遭致损害，就我们来说必须避免在中国舞台上充当演员”。

“如果德国、英国与俄国所租借的领土胶州、威海卫、旅顺、大连港确如他们所宣布的将向国际贸易开放，如果现在没有将来也不会出现任何歧视美国公民及其贸易的协定，那么我国政府也就心满意足了。”①

看来，麦金莱并不反对建立势力范围，条件是这些势力范围须向美国贸易开放。这也是美国大资产阶级的愿望。他们认为，菲律宾只是其“对华贸易的阶梯”和“门户”，如果美国“不在中国取得利益，占领菲律宾则没有意义”。美国史学家格里斯沃尔德在论述美国占领菲律宾与美国对华政策的关系时指出：“菲律宾曾被视为开启亚洲市场的钥匙，现在这把钥匙必须适合这把锁，并加以转动。美国能否仿效英国变马尼拉为真正的香港，从那里炫耀海军实力，向其在中国的竞争对手挑战？或者这个新殖民地的不稳定局势将会导出一个更谨慎的决定？对这些问题的最初答案，便是包含在 1899 年 9 月 6 日的门户开放照会和 1900 年 7 月 3 日海约翰通告的两个重要政策宣言。”②

美国宣扬“门户开放”政策漫画

① ［苏］戈列里克：《1898—1903 年美国对满洲的政策与“门户开放”主义》，高鸿志译，黑龙江教育出版社 1991 年版，第 26 页。

② 曹中平：《东亚与太平洋国际关系》，天津大学出版社 1992 年版，第 265、266 页。

美国政府决定提出“门户开放”政策之后，其国内还为此政策的提出进行了一场大辩论，辩论的时间长达一年之久，主要是在以西奥多·罗斯福为首的帝国主义者与以布莱恩为首的“反帝国主义者”之间进行。辩论反映了不同利益集团的政治观，经过长时间的辩论，双方的观点逐渐趋于一致。分析认为，虽然美国占领了菲律宾，但并不适宜在中国继续占领港口，虽然美国对菲律宾的占领，加强了美国在远东的战略地位，使菲律宾成了美国“为其高度现代化的工厂和农场的源源不断的过剩产品获取市场的手段”，同时，也增强了解决中国问题的力量，但也使美国背起了沉重的包袱。当时的国际局势是，德国从西班牙手中夺取了加罗林、马里亚纳和帛硫群岛，日本占领了台湾，这都与美国的太平洋政策产生冲突，影响美国对华政策的确定；再者，面对列强已经形成的势力范围，经历过战争的美国和东亚形势已经不允许其挥戈西进，有限的军力，而且又经历了美菲战争，使得美国不得不放弃占领中国港口的图谋，而虚伪地以“门户开放”政策示人。经过这场辩论，美国国务卿便委托美国远东政策的“教父和起草人”柔克义草拟致各列强的相应外交照会。

在美国政府委托柔克义起草致各列强的照会之前，在中国海关任职的英国人贺壁理由华回国途经美国，他给柔克义提出了一个关于在中国实行“门户开放”政策的备忘录，柔克义据此拟定了给各列强的照会。

美国驻华公使柔克义（后排居中者）与清政府官员在一起合影，前排左一为清华大学首任校长周自齐

毋庸说，这个照会体现了美国资产阶级侵华利益的意志。柔克义将这个照会送给美国总统麦金莱的时候，麦金莱对柔克义大加称赞。1899 年 9 月，美国国务卿海约翰命美国驻英、俄、德等国使馆以美国政府的名义，正式发出这个照会，到了 11 月间，又分别向法、日、意三国发出这个照会，就在华实施“门户开放”政策列出了三个方面的主张：

第一，列强在中国任何所谓“利益范用”或租借地内之任何条约口岸，或任何既得利益，互不干涉；第二，对于运往列强势力范围或租借地等一切口岸（不含自由港）的货物，都适用中国现行关税率征税，税款由清政府征收；第三，各国在其势力范围的各口岸，不得对他国船舶征收高于该国船舶之港口税，对于过往铁路、口岸的货物，所收运费也不得高于本国国民运输同等的运费。

照会还要求“列强在北京采取一致行动，以赞助为巩固清朝政府及维持中国完整所急需之行政改革”。若将这些内容归纳起来，简单地说就是，在经济上要求准予美国在各国的“势力范围”内利益均沾，在政治上列强联合支持作为它们共同侵华工具的清朝政府。①

从这些主张可以看出，美国所谓的“门户开放”政策，并不反对各列强在华获取租借地的现实，对于列强划分势力范围或利益范围的瓜分行径，也予以承认，但是，美国在华所追求的“门户开放”就是“利益均沾”。希望享受“平等待遇”而不使各国排斥，归根结底体现两个目的：第一，是为了维持美国“在中国市场中的现有地位”，因为在 1899 年，美国对华贸易的总值已达五百七十五万多海关两白银，在美国对外贸易中占有很大比重，并呈快速增长的趋势；第二，是为了保证列强在中国“能扩大将来的活动”，以适应各国进一步侵华的需要。所以，实行中国“门户开放”政策，不仅对美国扩大在华利益有利，而且并不妨害列强在华势力范围的划分。

一个对列强瓜分中国领土并不反对的“门户开放”政策，目的一样也是追逐在华利益，列强在态度上肯定也并不反对。实际上英国也正有此意，

① 刘培华：《近代中外关系史》下册，北京大学出版社 1986 年版，第 100 页。

1899年11月，英国外交部对美国驻英公使超特表示，英国今后在中国可能用租借或其他方式获得更多的领土，扩大利益范围，对“门户开放”政策很满意。并说：“女王陛下政府对于威海卫租借地和……一切利益范围，准备发表贵国政府所希望的声明，只要其他各有关国家也发表类似的声明。”值得注意的是，英国政府在这个复照中根本未提九龙半岛租借地的问题，这明显地反映了英国对“门户开放”政策的主张还抱有某种保留的态度。

12月4日，德国政府通知美国驻柏林大使杰克逊说：在远东，德国的政策“事实上就是门户开放政策”，并且表示德国打算“将来仍维持这个原则”。毕鲁正式向杰克逊表示：“如果其他各国政府赞同美国政府的建议，德国将不提出反对。”[①] 德国政府认为，这个政策适合德国的利益，因为“这样，我们（德国）既不过早地束缚我们的自由”，并且可以避免英国将德国排挤出扬子江地区。

12月16日，法国政府向美国驻巴黎大使波特尔表示：法国“希望在中国全境，并且准备在它自己所租借的领土内，适用对所有国家公民和臣民的平等待遇，特别是关税和航行税以及铁路运费等问题上的平等待遇，但附有当然的保留条件，即一切有关国家保证它们都愿如此照办”。

日本认为“门户开放”政策和日本的目标一致，所以日本政府在12月16日向美国表示，同意实行中国“门户开放”的政策。[②]

对于美国的照会，俄国虽然并不反对，但也有些不情愿地认为，美国是想在东北与俄国“利益均沾”，这显然违背了俄国的利益，因为俄国已在东北形成了自己的势力范围，并想让美国承认这种势力范围的存在，更不想让美国打破这种局面。因而，当美国发出照会后，双方进行了艰难的交涉，海约翰联合英、日等国共同向俄国施压，并要求俄国将大连辟为“自由商港”，面对压力，俄国只好宣布大连为“自由商港”，承认“门户开放”

① ［英］约瑟夫：《列强对华外交（1894—1900）》，胡滨译，商务印书馆1959年版，第400页。

② 刘培华：《近代中外关系史》下册，北京大学出版社1986年版，第102页。

政策，12 月 30 日，俄国向美国发出照会说，“就中国租借给俄国的领土来说，帝国政府已经把大连（大连湾）辟为自由港，从而表明它要遵循‘门户开放’政策的坚决意向”。如果将来“设有关税区域而同该地区其他部分分开，那么，在征税的地区内，对一切外国商品不分国别，都应征收关税……但是，帝国政府的这项保证，是以在华具有利害关系的其他各国提出类似声明为条件的”。

1898 年法国画报上的讽刺漫画，列强瓜分中国

从这个含糊其辞的照会可以看出，俄国虽然同意了，但仍然有些不情不愿，因为复照中对有关港口费和铁路运费等问题，都闭口不提，这个复照也根本没有提及俄国的“利益范围”的何种保证。俄国的保证仅限于它所租借的领土，并且是只对关税而言。

列强对美国的复照，有一个共同点，那就是皆以他国表示接受此项建议为条件。因为它们担心别国的势力渗入自己的势力范围或利益范围，而自己不能分沾他国势力范围或利益范围内的利益。在列强之中，只有意大利在给美国的复照中未提任何保留条件，因它在华既无租借地，也没有势力范围。[①]

① ［英］约瑟夫：《列强对华外交（1894—1900）》，胡滨译，商务印书馆 1959 年版，第 403 页。

因为没有危害，从这个“门户开放”政策中，意大利还可以得到好处，何乐而不为呢？所以意大利很爽快地表示支持。虽然列强对这个政策既认同又疑虑，但海约翰仍认为这是对华政策的一次成功。然而这个政策却忽视了清政府的存在，因为美国对各国势力范围采取了默认的态度，并不是真正关心中国的命运，这使得列强更加狼狈为奸地勾结在一起，当义和团运动兴起的时候，列强利益索求变得更加强烈，原因当然是列强不愿放弃在中国推演而成的势力范围。所以，“门户开放”政策并没有使列强心存善念或者良心发现。[①]

① ［美］马士、宓亨利：《远东国际关系史》，姚曾廙等译，商务印书馆 1975 年版，第 423 页。

Chapter 4

第四章　维新斗争中的外交插曲

一、“蛋壳”里的维新

1894年中日甲午战争爆发，这是对中日两国近代化成果的一次大检阅。结果日本在海上和陆上都取得了决定性的胜利，清军不堪一击，李鸿章十数年苦心经营的北洋海军全军覆灭。清政府被迫与日本签订《马关条约》，割地赔款、开埠通商，准许日本在华设厂，丧失了许多的领土和主权。其他列强也趁机捞取好处，进一步扩大其侵略权益。甲午战争之败，给妄自尊大的清政府以巨大的震动和打击。

甲午战争的失败，令整个中华民族都感到这是一种奇耻大辱。这一战，也唤醒了民族的自强意识。朝野内外涌出了一批有识之士激烈批评洋务派，斥其“徒袭西人之皮毛”，纷纷主张效法西方的政治制度，进行维新变法。

在这些人中，康有为是呼吁变法图强的典型代表。1858年3月19日，即清咸丰八年二月初五，康有为诞生于广东南海县（今广东省佛山市南海区）丹灶苏村的一个旧式知识分子家庭里。

康有为童年的时候师从简凤仪学习传统儒学。继而师从朱次琦，朱主“济人经世，不为无用之空谈高论”，力除汉、宋门户之见，而归宗于孔子。康有为受其影响，始觉“以日埋古纸堆中，汩其灵明，渐厌之”，“闭户谢友朋，静坐养心”的书呆子举动，实在与国家的危亡无补，这也使他对传统儒学产生了怀疑。[①]

---

① 李书纬：《少年行：1840—1911晚清留学生历史现场》，广东人民出版社2016年版，第215页。

1879 年，康有为接触到西方资本主义思想和当时的改良思潮。后游香港，以为“西人治国有法度”。1882 年，过上海，购读各种西书译本和报刊，开始向西方寻找真理。1885 年，撰《康子内外篇》和《实理公法全书》，向往“平等公同”。1886 年撰《教学通议》，主张“言教通治”“言古切今”，尊周公、崇《周礼》，企图融合古今中西之学，改良政治。

康有为主张改良政治。他根据 1884 年发生的中法海战所造成的“国势日蹙”，列强的步步紧逼，法国政府于 1886 年到 1888 年间逼迫清政府签订了《中法越南边界通商章程》《中法界务条约》《中法续议商务条约》等一系列不平等条约，慨然上书光绪皇帝，提出变成法、通下情、慎左右的变法主张，并建议仿照汉朝议郎，设立训政之官。康有为第一次上书光绪皇帝，他通过国子监祭酒盛昱（伯羲）替他转呈光绪帝的老师翁同龢，通过翁同龢转呈到光绪帝手里。但是，康有为当时有些提法很不合时宜，所以，翁同龢不愿递也不敢递；况且，康有为性格狂悖傲慢，在京同乡对他不满，从中作梗，翁同龢也不愿意因此得罪同事。再者，康有为只是个布衣或荫监生（靠祖辈功名得到的监生资格），按照清政府的规定，是没有资格直接上书皇上的。这样，他的上书没能送达光绪皇帝手里。

维新变法失败后，流亡在海外的康有为

虽然如此，康有为并没有因此泯灭胸中逐渐燃烧起来的爱国之心。《马关条约》签订后，人们听到朝廷与日本议和，割让奉天沿边及台湾一省的消息，无不震惊愤慨。此时的康有为正在北京参加会试。消息传来，众多学子群情激奋，康有为和他的弟子梁启超对这种卖国行为深恶痛绝。他们联合当时参加会试的举子发动了一场声势浩大的上书请愿活动，即“公车上书”。康有为在梁启超、麦孟华的帮助下，用一天两夜的时间，写成了一万八千言的《上清帝第二书》，亦称万言书。

《上清帝第二书》激情慷慨，引经据典，畅言救国救时的道理。这封上书，对《马关条约》割让台湾给日本表示坚决反对。认为割让台湾给日本人是“弃台民”“散天下”之举，会造成民心的离散，这样只会加速民族的危亡。《上清帝第二书》反对议和，并提出了“拒和、迁都、练兵、变法”以及“富民”“养民”“教民”的自强立国主张。

《上清帝第二书》中，康有为指出：“夫才智之民多则国强，才智之士少则国弱。土耳其天下陆师第一而见削，印度崇道无为而见亡，此其明效也。故今日之教，宜先开其智。”[①] 他强调，重视发展教育，使国家走向富强，使中国立于强国之林，才能大雪国耻，扬我国威。

《上清帝第二书》是康有为在甲午战争失败后，联合广大举子的集体行动，其重视教育，主张体制变革，为腐朽虚弱的中国走向近代化制定了较为完整的规划。因此，这次公车上书，成为新兴资产阶级和希望国家自立自强的人的集体呼声。但是，康有为发起的这次运动，再一次遭受到了保守派的压制。

《上清帝第二书》失败后，有些沮丧的康有为却得到一个好消息。朝廷发榜，他会试及第并被朝廷授予工部主事一职。这虽然对他多少是一个慰藉，但他并不甘心。《马关条约》生效后，康有为看到朝野上下麻木不仁，得过且过地粉饰太平，更加剧了他对国家前途危亡的担忧。于是，他又把《上清帝第二书》作了修改，再次上书光绪皇帝。这就是《上清帝第三书》。

康有为于 5 月 29 日请都察院代呈《上清帝第三书》，这一次终于送达光绪帝手里。这时，康有为已是朝廷命官，都察院对他的上书不能再像以前那样扣压。因此，6 月 3 日都察院将上书代递军机处。当天，军机大臣翁同龢就呈给了光绪皇帝。

---

① 光绪二十一年文升阁木刻《公车上书记》，又参见光绪乙未上海石印书局代印本。

在《上清帝第三书》中，康有为的观点给光绪皇帝的老师翁同龢留下了深刻印象，康有为的积极“开风气”，在朝野士大夫间培养感情，使他得以结识翁同龢。

翁同龢与康有为结识后，他为光绪皇帝召见康有为起到了重要的牵线作用。翁同龢在朝中任军机大臣有二十年，甲午战争后，朝野上下人心惶惶，他和光绪皇帝始终站在一起，成为光绪皇帝十分倚重的重臣。战败国的耻辱，使翁同龢受到莫大的刺激，尤其是台湾被割让出去，更使他感到一种深深的民族危机感，从而翁同龢在内心深处也产生了“更弊政，图富强”的念头，因而，他对康有为的变法主张给予了积极的支持。

由于翁同龢与光绪的关系密切，他又在朝野之中联系广泛，所以这以后，他在争取光绪帝推动维新变法的道路上起到了重大的作用。

史学界一般认为光绪帝推动维新变法是在 1896 年，这是不符合历史事实的。在维新派积极呼吁变革图强的呼声中，光绪皇帝渴望振作的心情也非常强烈。那时的光绪皇帝虽然已经亲政，但并不掌握实权。但是，他毕竟是名义上的一国之君，被迫签订《马关条约》的苦衷，像一枚苦果，常常使他有一种说不出的苦痛。中日双方在烟台完成《马关条约》的签字后，光绪皇帝在当时颁布的朱谕中沉重地吐露其无限“苦衷”和希望“天下臣民皆应苦谅”的心情，又殷切地希望朝野上下，艰苦一心，革除积弊，奋发图强。

在光绪皇帝万分焦虑的苦痛心情里，他更渴望变法图强，实现振作。甲午战争之后出现的列强“合以谋我”乘人之危的严重局面，加剧了他的忧虑之心。他意识到如不奋起励精图治、更张求强，将使江山社稷难以保守。因此，光绪皇帝把国家的兴衰和清王朝的存亡，紧密地联系在了一起。

光绪皇帝渴望振作，而此时，维新派的主张使他感到这是国家图强的良策，从而也使他与康有为走在了一起。

1895 年 7 月 19 日，甲午之败的沉痛使年仅二十四岁的光绪皇帝在这一天发布的《上谕》中说：“自来求治之道，必当因时制宜，况当国事艰难，尤应上下一心，图自强而弥祸患。”这可以视为光绪皇帝面向全国臣民吹响了维新变法的号角。他要求朝廷各部、各省官员一个月内向朝廷奏陈图强门径以变革图强。光绪皇帝的图强方略围绕“修铁路，铸钞币，造机器，开各矿，折南漕，减兵额，创邮政，练陆军，整海军，立学堂，大约以筹饷、练兵为急务，以恤商、惠工为本源，此应及时举办。至整顿厘金、严核关税、稽察荒田、汰除冗员各节”等方面展开。[①]

外交环境是维新变法很重要的一环，要改革，就必须开创一个和平的外交环境，但对当时虚弱的清政府而言却不一样，因为当时清政府的外交关系是盲目的、被动的。当日本侵华的时候，清政府希望联俄制日；当俄国占领旅大的时候，清政府又转而希望联英日以抗俄。可是甲午之败的沉痛，让光绪帝与维新派希望通过维新实现国富民强，但要做到这些，外国的经验不得不学，学哪里的呢？西方经验固然值得学习，但是，面对被弹丸小国日本打败的现实，中国不应弃近求远，而应向一海之隔的日本学习进行改革，况且，面对中国正被俄国侵占旅大、德国占领胶州湾的现实，清政府中的维新派以及一些知识分子认为，向日本学习，应该与日、英结盟，携手抗俄。进步知识分子章太炎曾向李鸿章提出过这方面的意见，但是李鸿章并没有表态。1898年初，广东举人麦孟华等人联合向朝廷上书进言，要求联结英日，阻遏俄国对华侵略扩张。麦孟华认为，现在救亡图存的办法，只有联日拒俄。该上书认为虽然中俄力量对比悬殊，但俄国在远东的力量相对薄弱，且调兵困难，所以俄国也并不敢盲目对华用兵。如果俄国攻击中国，则中国闭关不出，“请局外之国公断”[②]。英国和日本必将出面助华。

麦孟华还呼吁光绪帝，要变法自强，必须“远虑事变，坚忍力持，勿图旦夕之苟安，勿畏虚言之恫喝，上焉拒俄请以联英、日，次焉求公保以绝俄交，然后发愤变法，力求自强，则国家将有所赖”[③]。

---

① 李书纬：《少年行：1840—1911晚清留学生历史现场》，广东人民出版社2016年版，第215—219页。

② 戚其章主编：《中国近代史资料丛刊续编：中日战争》第五册，中华书局1993年版，第387页。

③ 丁文江：《梁启超年谱长编》，上海人民出版社1983年版，第108、109页。

麦孟华是康有为的得意弟子，他的这种联英日以拒俄的外交思想，应该说有康有为授意的成分。果然，继麦孟华之后，康有为在1898年的春节刚过就上书光绪帝《请大誓臣工，开制度新政局折》，纵谈变法及外交主张。他主张学习日本变法维新，外交上希望联合英日。当然，《马关条约》签订后，以康有为为首的维新派就不断地向朝廷提出变法维新、学习日本的主张，但在外交上如此清晰地主张联结英日，这还是第一次。

麦孟华像

《请大誓臣工，开制度新政局折》上说，要变法维新，必须借鉴日本明治维新经验，在外交上联合英日，特别是日本。为什么要这样呢？康有为谈了明治维新以来，日本迅速崛起所取得的成果，进而又说，中日一海之隔，政俗、文化又很接近，学习日本，成效最速，条理尤详，取而用之，尤易措手。

康有为把日本明治维新的成功归纳为三点：第一，大誓群臣以革旧维新，而采天下之舆论，取万国之良法；第二，开制度局于宫中，征天下通才二十人为参与，将一切政事、制度重新商定；第三，设待诏所，许天下人上书，日主以时见之，称旨则隶入制度局。[①]

① 孔祥吉、[日]村田雄二郎：《罕为人知的中日结盟及其他：晚清中日关系史新探》，巴蜀书社2004年版，第61页。

基于这些成功经验，康有为认为，中国要变法图强，非走明治维新的路不可。为促动光绪帝尽快实施变法维新，康有为还做了两件事：第一件事是在向光绪帝上呈奏折后，又向光绪帝进呈了他以多年心血撰写的《日本变政考》一书，这本书共十三卷，分两次进呈；第二件事是在进呈该书后，再次向光绪帝上呈奏折，奏折名称为《为译纂〈日本变政考〉成书，可考日本由弱致强之故，恭呈御览，乞采鉴变法，以御保图存折》，对他为什么要进呈《日本变政考》一书，中国为什么要借鉴明治维新经验作了说明。

被聘为京师大学堂总教习的丁韪良（美国人）与清政府官员在京师大学堂（和嘉公主府）前合影

康有为说，甲午之后，国家危难，列强瓜分，亡国在即，只有像明治天皇那样，推求新法，革除弊政，才能使国家“扶危定倾”，实现富强。在奏折中，康有为重申，中日互为近邻，政俗、文字又很接近，学习日本是一种捷径。“惟日本文字政俗皆与我同，取泰西五百年之新法，以三十年追摹之，始则亦步亦趋，继则出新振奇，一切新法，维妙维肖……吾地大人众，皆十倍日本，若能采鉴变法，三年之内，治具毕张，十年之内，治化大成矣。”[1]

① 孔祥吉：《救亡图存的蓝图：康有为变法奏议辑证》，台北联经出版事业公司 1998 年版，第 58 页。

西方经验固然值得学习，但学习日本既便捷又节省成本，何乐而不为？因此，康有为请求光绪帝以日本经验为蓝本，实行自上而下的改革。当然了，凡是日本改革中错误的地方，是不必要重蹈这个覆辙的，但是成功与可取之处则要认真学习，相信这样不几年间便可以实现民富国强。

光绪帝看了康有为的新书《日本变政考》和奏折后，便令军机大臣将这些都送到了在颐和园颐养天年的慈禧太后处，光绪帝想听听老佛爷的意见，当然也是想从她那儿得到支持。不久，光绪帝与慈禧太后对康有为进行了一次召见，也就是说，慈禧太后也想亲自听听康有为的变法主张。召见中，康有为再次阐述了维新变法的意义，说他考察了各国的变法经验，如果皇上决意变法，可提供参考，“泰西讲求三百年而治，日本施行三十年而强，吾中国国土之大，人民之众，变法三年，可以自立，此后则蒸蒸日上，富强可驾万国，以皇上之圣，图自强，在一反掌间耳”[①]。

光绪帝听了康有为的陈述后，连连点头，他脑海中仿佛陡然升起一幅盛世强国、人民安居乐业的壮丽图景，他称赞康有为说得很详细，条理很清晰。

这次召见，慈禧太后并没有表现出反对的态度。因为，她还没想到，维新变法会冲击到自己的权力和体制朝纲。这次召见，康有为给光绪帝留下了很深刻的印象。召见之后，康有为怀着愉快的心情，本想写一个谢恩折。但是，因为光绪帝将新书送给了慈禧太后，便派军机大臣康寿恒传达旨意，要康有为将所编写的《日本变政考》《波兰分灭记》等书，再抄写一份进呈。于是康有为便向总理衙门请假：“昼夜编书，不能赴署当差。”

根据光绪帝的旨意，康有为夜以继日地对《日本变政考》《波兰分灭记》等书进行抄写，梳理发达国家的改革经验。康有为一边抄写，一边由康寿恒把完成的部分进呈给光绪帝。在这些书中，对光绪帝影响最大的当属《日本变政考》，往往是康有为还在抄写，光绪帝已经派人前来催促了。显

① 孔祥吉、[日]村田雄二郎：《罕为人知的中日结盟及其他：晚清中日关系史新探》，巴蜀书社 2004 年版，第 64 页。

然，日本明治维新经验已经引起了光绪帝的重视。渴望变法维新的他，希望通过阅读这些书稿，来汲取经验，在变法实践中运用。对于这一点，康有为有很清楚的认识，他在自己的年谱中说："凡中国变法之曲折条理，无不借此书发之，兼赅详尽，网罗宏大，一卷甫成，即进上。上复催，又进一卷。上以皆日本施行有效者，阅之甚喜。自官制、财政、宪法、海陆军、经营新疆、合满汉、教男女、改元迁都、农工商矿各事，上皆深然之。"①

从这里可以看出，光绪帝基于了解日本，力图按照明治维新经验进行改革的意图已经非常明朗。但是，在相当长的一段时间里，光绪帝对维新派人士提出联英日以拒俄的外交政策却没有积极回应，为什么呢？因为在当时的内外环境中，要作出这一决断，并不是一件容易的事，它涉及朝廷内部人事问题与复杂的外交问题。

二、联日"秘密报告"与张之洞"扬镳"

光绪帝在日趋明朗的变法步骤中学习日本，必然要加强与日本的联系，那么该如何处理与日本的外交关系呢？光绪帝虽然没有明确表态，但他在试图借鉴日本明治改革经验的行动中，一直在思考着这个问题。尽管光绪帝对中日外交关系的思考，在当时的档案中，并没有更多的文字可考，但在新法的推进中，从清政府对外交方面的人事任命，仍然可以寻到蛛丝马迹。

光绪帝要推行新法，在对日关系上，他谕令黄遵宪为驻日公使，可以说是一个重要的人事任命。黄遵宪是广东应州人，字公度，曾跟随何如璋在日本使馆工作多年，对日本风土民情多有了解。他帮助何如璋撰写的《朝鲜国策》有着深远的影响。他撰写的《日本国志》，可以视为一本不可多得的了

① 孔祥吉、[日]村田雄二郎：《罕为人知的中日结盟及其他：晚清中日关系史新探》，巴蜀书社2004年版，第65页。

黄遵宪像

解日本的好书。他在日本，目睹日本明治维新所取得的成效，深为赞赏。光绪帝要推行新法，侍读学士徐致靖向朝廷荐举新政人才，称颂黄遵宪对各国的政治、改革多有研究，且这个人办事认真，言行如一，“近在湖南办理时务学堂、课吏馆、保卫局等事，规模宏远，成效已著。若能进诸政府，参赞庶务，或畀以疆寄，资其敭（扬）历，必能不负主知，有补大局”[①]。

本来，黄遵宪撰写《日本国志》，将日本情况介绍到国内后，就已经给光绪帝留下了好印象，现在有徐致靖的举荐，光绪帝便让总理衙门代为引见。1898 年 7 月，黄遵宪以三品京堂身份正式被任命为驻日公使。一般而言，清政府对驻外公使的任命都是由总理衙门或者军机大臣代为拟写上谕，黄遵宪的任命，却是光绪帝亲自拟写上谕，这意味着光绪帝对黄遵宪出任驻日公使之职寄予厚望，希望他能够成为联结中日关系的推手，更希望他在日本能够更多地了解日本明治维新的改革经验，为清政府所用。

在人事任命上，光绪帝当时还有一个举动，就是把亲俄的李鸿章赶出了总理衙门，令其勿在总理衙门行走。原因当然是多方面的，李鸿章是慈禧太后的亲信，甲午战争之后，即与光绪帝关系不融洽。再者，亲俄的李鸿章在签订《中俄密约》后吹嘘说，此约签订后可保中俄二十年相安无事。

① 孔祥吉：《救亡图存的蓝图：康有为变法奏议辑证》，台北联经出版事业公司 1998 年版，第 99 页。

然而，墨迹未干，俄国却趁德国强占胶州湾之时，占领了旅顺与大连。这其中李鸿章有着不可推卸的责任。因而 1898 年 9 月 7 日，光绪帝颁布谕旨，免去李鸿章总理衙门大臣之职。

李鸿章被免，这在当时引起了不小的震动，俄国外交部对此表达不满。据当时日本外务省档案记载，日本驻华代理公使林权助向国内汇报说，清朝皇帝免黜李鸿章总理衙门职务，系因人弹劾，其内阁大学士职务仍然保留，但俄国驻华公使对此表示了遗憾，认为这是对俄国政界的打击。

对于李鸿章的被免，有支持变法倾向的《国闻报》认为，原因有三：

第一，总理衙门与洋人交涉，多在衙门交涉，但李鸿章任北洋大臣期间，却躲在私宅接见，到总理衙门仍然不改这个坏习惯，朝廷担心此举泄露朝廷机密，所以将他踢出总理衙门；第二，芦汉铁路借款中，李鸿章与俄国暗中勾结，遭到英国人不满；第三，朝廷中有人认为，李鸿章联俄误国，大概说“中国士大夫惩於去年胶州、旅顺之事，均大悟往者联俄之非计，而思结好英、日，以为互相抵制之法。适日前相伊藤游历来华，欲借此结纳之，恐李傅相坚守联俄之说，或致阻挠大计，此又一说也”[①]。

国内外对李鸿章被免去总理衙门大臣职务的纷纷猜测，说明当时中国朝野以及国际上的许多国家对光绪帝要联结日本推行变法，所采取的政治、外交动向尚不十分清楚。实质上，光绪帝的动机是把亲俄的李鸿章从总理衙门赶出去，等于搬去了他实行联结日本外交政策的一块绊脚石，从而也为推动变法铺平道路。在李鸿章被免之前，光绪帝还作出了一个举动，他让总理衙门大臣张荫桓与军机大臣王文韶前往日本驻华公使馆拜见了林权助，向他表达了光绪帝希望与明治天皇密切交往的意愿。林权助认为这是中日交往的大事，便于 9 月 11 日写了一份名为《王文韶、张荫桓两大臣来访，转达重要使命之报告》，向外务省作了汇报。

这次会见的主要内容是什么呢？林权助说，主要是清朝皇帝希望与天

---

① 孔祥吉、[日]村田雄二郎：《罕为人知的中日结盟及其他：晚清中日关系史新探》，巴蜀书社 2004 年版，第 67、68 页。

皇陛下秘结友谊，并希望将头等第一勋章赠送给天皇陛下，并说了清朝任命黄遵宪为驻日公使之事。

1897年在时务学堂学习的维新志士，左起叶觉迈、谭嗣同、王史、欧榘甲、熊希龄、韩文举、唐才常、李维格

林权助在给日本外务大臣大隈重信的报告中还阐述了自己的意见，认为天皇若能够同意与清朝皇帝加强私密关系，将使日本对中国的影响大增，并有利于改良清朝诸政，实为“增进我方利益，增大我方权利，以巩固我方地位的一大良剂”①。

林权助的报告发回国内，大隈重信与明治天皇还没有表明态度，光绪帝积极推动的戊戌新政才刚刚拉开帷幕，就被慈禧太后发动的一场政变扼杀在摇篮之中了，改革的帆船遭遇惊涛骇浪，以慈禧太后为首的保守势力对维新派大加鞭挞，北京的上空一时间血雨腥风。在这场政变中，光绪帝被幽禁，他希望联结日本、推动变法的愿望只能是昙花一现。慈禧发动政变之时，日本驻华公使矢野文雄已经从日本到了中国，返回他的公使任上。矢野文雄还从国内带回了明治天皇对光绪帝秘结友谊的态度，因而矢野文雄归来后，立即向总理衙门请求，希望拜见慈禧太后与光绪帝，并得到了总理衙门的引见。

矢野文雄出任驻华公使期间，正值维新运动迅速发展之际，他曾与黄遵宪、康有为、梁启超等人有过多次接触，对维新派的思想见解颇为支持。

① 孔祥吉：《黄遵宪若干重要史实订证》，载《清史研究》2010年第2期。

政变发生一个多月后，即11月5日，矢野文雄得以觐见慈禧太后以及处于幽禁状态的光绪帝，提出了许多中肯意见：一方面他建议清政府应该继续推动改革，不应重走老路；另一方面转达了明治天皇对光绪帝此前所表示的希望两国皇帝加强密切联系的回应，表示这样有利于加强两国关系。矢野文雄还专门写了《致清帝书》，对自己能够得到两宫的接见表示感谢，也代表日本天皇转达了对两宫赠送礼品的谢意，同时表达了“我皇帝希望贵国，履宇外文明诸邦，克臻隆治之道，受兹介福”的祝愿。[①]

此刻，处处受到牵制的光绪帝看到矢野文雄的《致清帝书》，万分感慨，他知道自己已经失去了话语权，因而没有表态。那么，重掌权柄的慈禧太后是什么态度呢？作为守旧派的代表人物，她当然不会继续推行光绪帝所推动的维新政策。但是，这并不意味着“联结日本”外交政策的终结。况且，慈禧太后在接见矢野文雄之时，亦表示将使“两国交谊益加亲密”。况且，清政府的一些地方实力派人物也倾向于联合日本对抗俄国，如张之洞、刘坤一等江南大吏对慈禧太后后来的外交政策都产生过积极影响。

需要说明的是，维新变法前后，希望推行“联结日本”外交政策的有两派人物，一派当然是以康有为、梁启超为代表的维新派，另一派则是以张之洞为代表的地方实力派。维新变法之时，两派人物有一个共同的特点，就是希望联结日本，推动变法，改造中国。就说张之洞吧，政变之前，他既支持康有为举办上海强学会，又专折向朝廷保荐黄遵宪、梁启超等维新派人物。但是，慈禧太后发动戊戌政变后，两派势力很快便分道扬镳。维新派人物被追杀，地方实力派慑于慈禧太后淫威，不但与维新派关系决裂，而且反目成仇，势同水火。康有为和张之洞甚至都把对方视为暗杀的目标。虽然如此，维新失败后，不遗余力地反对维新派的张之洞却仍然主张推行联日的外交政策。联日既然是一种外交政策，并不矛盾的也是学习日本、实现自强的需要。张之洞作为地方实力派，之所以如此，应该说得

① 孔祥吉、[日]村田雄二郎：《罕为人知的中日结盟及其他：晚清中日关系史新探》，巴蜀书社2004年版，第74页。

益于他对明治维新的了解和认识。特别是甲午之战时，作为一个弹丸小国的日本，却把视为天朝上国的清政府打得落花流水，更使张之洞心灵受到了强烈的震撼，头脑受到了深刻的刺激。穷则变，变则通。头脑灵活身处高位的张之洞，希望中国能借助日本经验，引进日本先进的科学技术，兴办日本式的企业，按照日本的军事训练方法来训练军队，以达到富国强兵的目的。

在德国侵占胶州湾之时，日本军方在长江流域活动，日本军部参谋大佐神尾光臣专门前往武汉拜见张之洞。当时，张之洞并不知道神尾光臣葫芦里究竟卖的什么药，没有亲自接见，而是让自己的亲信钱恂代为接见。当钱恂将会见的情形告知张之洞后，张之洞大为兴奋，遂产生联结日本的冲动，也有一种没能亲自接见的遗憾。

在钱恂与神尾光臣的会见中，神尾向钱恂表达了希望中日秘结友谊之意。神尾光臣这一想法的初衷虽然是维护日本在华的利益，却对张之洞心中潜藏已久的“联结日本”外交政策有着极大的刺激。所以，他为没能亲自接见神尾光臣而感到遗憾。为了弥补这种遗憾，他甚至采取了一系列的补救措施：一是草拟电报给神尾光臣；二是给总理衙门去函表达自己的主张。张之洞给神尾光臣去电，但是他又不知道神尾光臣的行踪，只好给上海道台蔡钧发了电报让他代为传达，表达了希望谋面的迫切心情。但是，蔡钧也不知道神尾光臣的行踪，只好将张之洞的电报转交给日本驻上海代

钱恂画像

理领事小田切，小田切接到电报后，对此事也非常感兴趣，他除了将此电转发给神尾光臣外，还于1898年1月4日，将电文誊写一份转发给了自己的上司日本外务省次官小村寿太郎，小田切还附上了自己的见解，说了很多中日联结对维护日本利益的好处。

与此同时，张之洞也希望获得总理衙门的支持，他频繁地给总理衙门写信，阐述联日的重要性。1898年1月2日，张之洞一天之内连续三次给总理衙门发电。当然，他有这样的冲动，也是经历了权衡、思考的过程。

当天清晨，张之洞发出了第一封电报，向朝廷说明德国占领胶州的现实，认为要"适启争局"，当务之急是"迅速联英倭"，并称"倭情甚急，自欲防害，必无奢望，落得联之"①。

第一封电报发出仅仅两小时，张之洞感到自己希望联结日本的主旨没有向朝廷说清楚，便又发了第二封电报。第二封电报详细说明了神尾光臣来武汉访问的情况，大致说了神尾光臣来湖北，未能亲自接见，但神尾光臣表达了中日结盟的意愿，这也是共同抵制俄、德的需要。所以日本"急欲联英联中，以抗俄德而图自保，彼既愿助我，落得用之。盖倭不能抗俄德，英水师则能之，联倭者所以为联英之枢纽也。倭肯出力劝英与我联，则英不能非理要求，而我可藉英之援助矣。我不与倭联，则彼将附英以窥长江矣"②。

当然，为引起朝廷重视，张之洞在电文中还进一步说明，联日"利害甚明，于我似甚有益"。第二封电报刚刚发出，日本参谋部官员宇都宫再次前来拜见，这一次张之洞亲自接见了他。接见中，宇都宫重申了希望中日联结的主张，并说了希望清政府也与英国联结的愿望。这样，当夜张之洞又给总理衙门发电作了汇报。

一天之内，接连发出三封电报，足见张之洞希望联结日本的急切心情。他天真地认为，通过联结日本，不仅可以实现自强，而且可以得到英国的

---

① 孔祥吉、[日]村田雄二郎：《罕为人知的中日结盟及其他：晚清中日关系史新探》，巴蜀书社2004年版，第81页。

② 张之洞：《张文襄公全集》第七十九卷，台北：文海出版社1963年版，第1417页。

帮助，进而抗击俄国对中国领土的蚕食。抱着这样的幻想，张之洞在 1 月 16 日，再次给总理衙门发电，又是一天之内连发三电，电文中再次申明联结日本的原因，张之洞说，“所谓藉联倭以联英者，恐英要求太横，可托倭居间婉商，减其贪欲凶焰。倭实有唇齿之忧，深恐中危西强，彼必不保，情词惶急，我若托之，彼当肯助力劝解。非为我，乃自为也”①。

张之洞如此热心地希望联结日本，那么总理衙门是什么态度呢？自甲午议和、恭亲王复出领班军机处和总理衙门，到他于 1898 年 6 月去世，他仍然控制着总理衙门。李鸿章此时还没有被光绪帝赶出总理衙门，所以说总理衙门实际上是被保守派控制着。因而，大多数仍是亲俄的力量，对联结日本并不热心。总理衙门的答复是：中日两国虽有唇齿相依的地缘优势，但列强瓜分中国，根本的原因还在于日本“近以德事，各国环伺，机局危迫，东方太平之局，几不可保。日英求联，皆游士兵官之言，该使从不稍露端倪，联之一事，甚不易言。各国风俗通，政教同，相联甚便。中外事事隔阂，难为密谋，祇可遣使各国，商保东方太平之局，则不联之联，不致激成东方战局”②。

总理衙门不想联结日本，认为这样只会加剧东西方的矛盾和嫌隙，但张之洞认准了自己的主张，只把总理衙门的话当成耳旁风，仍然积极地与日方接触。当时，正值维新运动势头正劲之时，张之洞积极地拉拢维新派，因而，他的联日主张也对维新派产生了很大影响。当时，无论是在北京的康有为、梁启超，还是在南方的唐才常、谭嗣同，都认为联结日本正当其时。可以说，慈禧太后发动政变之前，维新派与地方实力派的联结日本、实现自强，甚至进一步实现“结英之势”的思想是相通的。这一点，康有为在 1898 年初代御史杨深秀草拟的请联英日奏折中也有体现，奏折大意是，既然形势有变，虽然两国因战争结下仇怨，亦应该放下仇恨而联合起来，并以楚王怒思伐秦、诸葛亮联吴伐魏的典故来劝说光绪帝，实现联结英日。

---

① 张之洞：《张文襄公全集》第七十九卷，台北：文海出版社 1963 年版，第 1420 页。
② 同上书，第 1421 页。

1906年张之洞出席芦汉铁路（即京汉铁路）通车典礼

此后，康有为还亲自呈递《为胁割旅大，覆亡在即，乞密联英日，坚拒勿许折》，阐述联结英日是拒俄的上策，建议朝廷以日为楷模，“专以开制度局、变新法、修战具为事，天下幸甚”①。

如果没有后来慈禧太后发动的戊戌政变，维新派与以张之洞为代表的地方实力派两股势力的合流，都诚心诚意地希望学习日本，联结日本，走向自强，这对于不想做亡国之君的光绪帝推行的新法，也许将能很好地贯彻执行。

虽然维新派与地方实力派在联结日本这个大势上态度是一致的，但是在推进改革的措施和步骤上却有着不同。以张之洞为代表的地方实力派，不喜欢维新派的高谈阔论，认为应该在职权范围内做些扎扎实实的事情。维新派的改革重点是大誓群臣，采天下之言，取万国良法；设立中央制度局，把敢说敢做的才能贤士笼络到皇上身边去；设立待诏所，鼓励天下人上书，进富国强兵之言。

张之洞联结日本，学习日本的措施与步骤，与康梁相比有很大不同，

---

① 孔祥吉：《救亡图存的蓝图：康有为变法奏议辑证》，台北联经出版事业公司1998年版，第46—48页。

在他的心目中，有一个非常庞大的合作计划，合作计划主要是派留学生到日本游学，推进扎扎实实的军事改革，等等。

也许是康有为、梁启超与张之洞所处的地位、环境不同，因而在学日、联日的措施与步骤上存在分歧。张之洞主张取法日本应该一件事一件事来做，在派出留学生的问题上，张之洞注重学习军事，甲午战争之败，使张之洞感到，清军素质、实战都已经落后于日本，因而，他认为派留学生去日本，当重点学习武备，为此，他曾经通过日本驻上海领事小田切表达了自己的愿望。他说："湖北拟派学生二百人，去日本游学。内大约武备学生五十名，教导团五十名，枪炮厂学生，经理科、军医科学生共五十名，工艺、农务、商务五十名。"①

张之洞提出拟派二百人赴日本留学，日本的答复是可以接受二百人去日本学堂，日本可以代交学费。提出这一建议的是日本驻华公使矢野文雄，他当时也认为，培养亲日的中国留学生，更是维护日本在华利益的需要，但是，这二百名留学生须在全国范围内选送。张之洞则称二百人均由湖北派遣，居然连他管辖的湖南省五十名都不在此数内。于此不难看出张之洞派遣游日学生的愿望是何等的强烈。

在推动军事改革上，张之洞也希望扎扎实实地推进。他认为，清军要提高战斗力，必须进行脱胎换骨的改造。他对此又有两方面的设想：其一是希望日本派出一定数量的参谋教习团队来华工作，来湖北帮助教习兵勇、训练军队。他曾经计划"湖北拟共练兵五千名，目前暂练三千名。第一年先练二千，第二年添成三千，候筹足饷项，再练成五千之数"②。其二，张之洞还希望日本派遣技术人员，帮助湖北改造枪炮厂，以提高其技术水准。但是，张之洞的这些计划并没有向朝廷禀报，戊戌政变后，张之洞担心慈禧太后迁怒于他，更是悄悄地进行。他改变了曾经向日本人提出的希望日本派技术人员来华工作的设想，改为翻译武备书籍，其余与日本合作的规

① 孔祥吉、[日]村田雄二郎：《罕为人知的中日结盟及其他：晚清中日关系史新探》，巴蜀书社2004年版，第88页。

② 同上书，第89页。

模因而大受影响。

从维新派与地方实力派联日的步骤和措施来看，不管是维新派还是地方实力派，都因慈禧太后发动戊戌政变而使他们的变法思想遭受挫折，维新派甚至不得不流亡海外，但是有一点不能否认，在百日维新的中国政治舞台上，无论是康有为、梁启超还是张之洞，都希望在维新洪流中得到光绪帝的赏识，热烈地希望通过学日、联日，来使清朝实现自强。对两派来说，这仿佛是一场竞赛，谁都不甘落后，尽管他们所处的官场位置以及政治信仰有所不同，但取法日本、共图振兴的理想却是一致的，尤其是康有为所代表的维新派，面对守旧派的血腥屠刀，仍然天真地认为，联结英日，不仅可以使自身，也能使清政府转危为安。

康有为在维新变法刚刚启幕之时，就已经有了与日本联结的想法，他曾为此拜见日本驻华公使矢野文雄，对中日联邦提出了很详细的方案，还希望矢野文雄通过外交照会总理衙门，希望清政府能够接受这一建议，并告谕天下。但是，维新派在变法中遭遇保守派的反攻，乃至慈禧太后发动政变。面对紧张局势，康有为又认为中国应与日本合邦，才能保存。

英国传教士李提摩太也很赞同康有为的想法，他分析了中国局势，目前条件下即便是变法，恐也是缓不济急，应该先设法图存，然后再言振兴。康有为认为李提摩太的分析很有道理，便亲自给御史杨深秀、宋伯鲁，以及刑部主事洪汝冲草拟奏折，恳请光绪皇帝实行与日本合邦的计划。洪汝冲的奏折讲述得极为清楚，最能代表康有为的政见。

李提摩太（后排左二）与清朝翰林院翰林合影

奏折中说："中国论治，主闭主分；欧西论治，主通主合。"指出，西方国家的强盛就在于通与合，但是西方与中国种族、文化皆不相同，势难连理，日本就不同了，"所亲宜无过中国，以我幅员之广，人民之众，物产之饶，诚得与之联合，借彼新法，资我贤才，交换智识，互相援系，不难约束俄人。……而祖宗缔造之业，亦巩如磐石矣。此事若在欧西，即合为一国，亦不为怪"[①]。

1898 年 9 月 20 日，御史杨深秀继洪汝冲之后，也呈递奏折，两个奏折的内容可谓一脉相承，杨深秀在奏折中说，"最要最要者，莫过于联结与国之一条"。二人都认为中国的强大，需要"日本之相助，英人保泰持盈"[②]。

当天，御史宋伯鲁也再次上书光绪帝，直言康有为的合邦计划，于清政府所面临的局势而言，很有必要：昨闻英国传教士李提摩太来京，往见工部主事康有为，道其来意，并出示分割图。渠之来也，拟联合中国、日本、美国、英国为合邦，共选通达时务、晓畅各国掌故者百人，专理四国兵政税则，及一切外交等事。别练兵若干营，以资御侮。凡有外事，四国共之，则俄人不敢出；俄不敢出，则德、法无所附，势必解散。吾既合日，彼英与日善，不患不就我范围。[③]于是，为着合邦计划，康有为拜见了矢野文雄，要求召开合邦大会议，并写了详细的报告，"请矢野君行知总署答允，然后可以大会于各省，而俄人知之，矢野君未敢"[④]。

其实，康有为不辞辛劳地为他的维新同伴们草拟奏折，是有私心的，虽然他口口声声说，与日本合邦可以保存清政府，但骨子里是想通过保存

① 中国史学会编：《中国近代史资料丛刊：戊戌变法》第二册，上海人民出版社 1957 年版，第 365 页。

② 茅海建：《从甲午到戊戌：康有为〈我史〉鉴注》，生活 · 读书 · 新知三联书店 2009 年版，第 386 页。

③ 孔祥吉、[日] 村田雄二郎：《罕为人知的中日结盟及其他：晚清中日关系史新探》，巴蜀书社 2004 年版，第 95、96 页。

④ 康有为撰，姜义华、张荣华编校：《康有为全集》，中国人民大学出版社 2007 年版，第 92 页。

维新新政，保存自己的权力。所以，在戊戌政变发生的时刻，他把希望寄托在了与日本合邦上。

三、伊藤博文之来中国

康有为与他的维新伙伴们频繁上奏折，陈述与日本合邦计划，内心既有一丝光亮，又有一丝阴郁。光亮的是，他认为合邦计划作为图存之计未尝不可；阴郁的是，列强会不会借此发难。再者，自 1898 年 9 月 19 日慈禧太后突然从颐和园返回皇宫，指示手下对光绪帝进行了严密的监视。此时的光绪帝虽然名誉上仍然是皇帝，但已经形同傀儡，无法作出任何决断，他只能看着这些奏章暗自叹息，暗自落泪。维新变法行将夭折，让光绪帝感到一丝希望的是，日本前首相伊藤博文来了。

炮制《马关条约》的罪魁祸首，此次来华的目的是什么呢？他到中国后对维新运动产生了什么影响呢？

在日本历史上，伊藤博文是一个改革派人物，他积极推动资产阶级改革，多次赴欧美考察，1885—1888 年曾担任明治政府第一任内阁首相，期间主持制定了《大日本帝国宪法》，后任枢密院议长和贵族院议长。1892 年，松方正义内阁因议会弹劾和内讧倒台，伊藤博文受命第二次组阁，再任首相。在职期间，发动了震惊世界的甲午战争，并签订了《马关条约》。1898 年伊藤内阁辞职，他即以下野政治家的身份来华访问，口头上声称是来华游历。伊藤博文到来时，正处于守旧派与维新派斗争最激烈的时刻，自 6 月以来，光绪帝虽然在维新派的鼓动下，发布了一系列改革政令，但是面临的阻力很大，收效甚微。进入 9 月下旬，守旧派更是密谋发动政变，进行反扑，慈禧太后与直隶总督荣禄甚至密谋趁 10 月天津阅兵之机，废黜光绪帝。

伊藤博文（左）
与家人在一起

对伊藤博文来华，维新派与保守派都有着自己的盘算。对于维新派来说，伊藤博文的到来就像是抓到了一根救命稻草，迫切地希望向他讨教变法经验，并希望通过伊藤博文获得日本政府的帮助，康有为还希望光绪帝延聘伊藤博文为客卿，请他劝说慈禧太后，推动维新变法。对于守旧派来说，此时正在密谋政变，对伊藤博文的到来怀有戒心，唯恐日本政府公开支持光绪维新，干涉中国事务，从而加紧了发动政变的步伐。此外，张之洞、刘坤一等地方实力派，也想通过伊藤博文揣摸日本政府对中国时局的态度，并争取日本的援助。故而，中国的各种政治势力都十分关注伊藤博文来华后的一言一行，并极力拉拢他。

伊藤博文来中国之前，明治天皇曾特地召其入宫进行了两个多小时的密谈，可见他是负有特殊使命的。日本报纸声称："伊藤侯爵乃东亚第一流人物，瞻前顾后，维持亚洲大局，深惜中国执政大臣俱在梦中，毫不警觉，兹特航华，与中国政府共筹东亚安全之策，伊藤此行所关甚大，故特志之。"天津《国闻报》也对伊藤博文的到来进行了报道，说他此来，很有深意，"甚望与中国协力同心相助为理，固不仅为寻常游历计也"①。

不管怎么说，伊藤博文作为日本对华政策的决策人物，他的到来绝不

① 中国史学会编：《中国近代史资料丛刊：戊戌变法》第三册，上海人民出版社 1957 年版，第 393 页。

是其口头上所说的“游历”二字能掩盖的，而是为日本利益及对华外交政策的需要而来。众所周知，自三国干涉“还辽”后，俄国先是抢占了旅顺口、大连湾，又要求把铁路线延伸到中国境内，更试图在朝鲜扩张势力，这些都引起了日本政府的不安。日本很想与英国结盟来抵制俄国在东亚的扩张。再者，在清政府内部，自甲午战争之后，亲俄的力量便占了上风，尤其是李鸿章此刻联俄的倾向十分明显。伊藤博文此次访华的重要目的就在于改变这种局面，通过笼络清政府来遏制俄国在东亚的扩张，并扩大日本对中国的影响。

维新派的学日、联日政策，正好迎合了日本对华政策的需要，维新派也想联日拒俄，日本政府感到这是支持维新派遏制俄国在华扩张、打击清政府中的亲俄势力的有利时机。同时，还可以通过维新派对日本的学习，进而培养中国的亲日势力，控制清政府。但是，日本又担心中国维新改革不能成功，因而也不愿意得罪手握重权的守旧派，以免影响日本在华利益。同时，日本国内还希望在地方实力派当中培养亲日力量。可以说，这也是伊藤博文此次来中国的外交重点。

伊藤博文 1898 年 8 月 19 日离开长崎，途经朝鲜，于 9 月 11 日抵达天津。对于伊藤博文的到来，当时身为直隶总督的荣禄很不高兴，在 12 日举行的接风宴上，态度冷漠的荣禄寒暄了几句，便借故离开了。而维新派却对伊藤博文的到来表现出了极大的热情。伊藤博文在 9 月 13 日给妻子的家书中写道：“一到天津，清国朝野欢迎我的盛情实非笔墨所能形容。明日当由天津赴北京，皇帝陛下似乎久已在等着我，谅能立即遇见。当滞留在天津时，忙于日夜宴会，甚多中国人前来，咸以援助中国为请，实在欲推不得之势。迄至今日所听到的是：皇帝似甚贤明，年仅二十七岁，若至北京，闻有种种下问。”①

伊藤博文一行于 9 月 14 日抵达北京，第二天即与总理衙门进行了一次会谈，参加会谈的有庆亲王奕劻、总理衙门大臣张荫桓等人。会谈中，伊

① 王晓秋：《近代中国与日本：互动与影响》，昆仑出版社 2005 年版，第 122 页。

藤博文表示对中国向他请教变法经验感到荣幸。总理衙门的一位大臣询问，变法使用年轻人有没有流弊，这话显然是有所指，指的是维新派。伊藤博文则说，用年轻人也无不可，但必须才胆识三者兼备，否则就会遭致失败，还不如用年长者而用年轻人辅助他。再则，变法有轻重缓急，如果杂乱无章，则必失败。

伊藤博文可能感到，维新派的处境已不太妙，他说："如贵国皇上有事下问，则我知无不言。但我言之而无人助，皇上行之亦是枉然。我看总署诸公，未必以改法为然，且近来用新进而退老成，亦不免太骤。"①

维新派创办的
部分进步刊物

守旧派进行反扑时，真正支持维新派的人并不多，朝中多数人是站在守旧派的立场上的，伊藤博文这番话正好迎合了守旧派的心理。伊藤博文与总理衙门会谈后，又到贤良寺拜见了赋闲在家的李鸿章，虽然说二人是老相识，但由于李鸿章亲俄，所以二人一见面，一番寒暄之后，伊藤博文就讥讽李鸿章说："阁下在北方建造了一个有伟大势力的藩屏啊！"②

既然维新派对伊藤博文来京充满希望，便纷纷前来拜访。即便英国传教士也为维新派吹嘘说："既然伊藤博文那样成功地改变日本成了一个强国，那么最好的办法，是由中国政府请他作一个外国顾问。"贵州举人傅夔甚至主张干脆留伊藤博文为相，以行新政。他认为"中国今日借助变法，

① 中国史学会编：《中国近代史资料丛刊：戊戌变法》第三册，上海人民出版社 1957 年版，第 430 页。

② 王晓秋：《近代中国与日本：互动与影响》，昆仑出版社 2005 年版，第 123 页。

莫如伊藤为宜”①。这些反应都说明维新派对伊藤博文抱了很大希望。

御史杨深秀、宋伯鲁甚至还上奏光绪帝说：“况值日本伊藤博文游历在都，其人曾为东瀛名相，必深愿联结吾华，共求自保者也。”宋伯鲁的奏折建议“请皇上派重臣见李提摩太及日相伊藤博文，与之商酌办法，以工部主事康有为为参赞，必能转祸为福”②。

张荫桓作为总理衙门大臣中为数不多支持维新变法的人，还专门设家宴招待伊藤博文。张荫桓在甲午议和之时，虽然在日本遭到了冷遇，但此刻却显得非常大度，伊藤博文通过他约定了觐见光绪的日期。

9 月 18 日下午，康有为特地到日本使馆拜见了伊藤博文。见面时，康有为表达了光绪帝及维新派对伊藤博文的热切寄望。表示伊藤侯爵来中国正值中国锐意变法的紧要时刻，朝廷许多仁人志士都很希望侯爵在变法维新上进行指导。

可是，伊藤博文竟说，要改革必须要改掉妄自尊大的坏毛病，世界上不论什么人种都是天地所生，岂能有贵贱之分地称自己为中华，而视外国为夷狄呢？康有为则解释说，这个话题在几年前尚有议论，自甲午后，千年迷梦被贵国警醒，现在有这种观点的人已经很少了。但伊藤博文仍然喋喋不休地围绕这个问题训斥道：“上而学士，不可妄发议论，排斥外国，当知外国亦有好处。至于小民，尤不可轻易闹教，暴杀外人，是贵国紧要之务也。”伊藤的这种态度使康有为感到失望，便反驳道：“侯爵轻蔑敝国甚矣！此种议论，在三年以前发之可也，向老耄各大臣言之可也，敝邦近年之士大夫，年齿在三十以下，无不深知斯义，各省学堂学会、新闻杂志，纷纷并起，民间智识大开，明斯义者，十得之六七。”伊藤博文问：“然则贵国数月以来，着意变法，而未见推行之效，何哉？”③

变法未见成效，康有为归结为主要是慈禧太后的阻挠，守旧势力的破

---

① 王芸生编著：《六十年来中国与日本》第三卷，生活·读书·新知三联书店 2005 年版，第 266 页。

② 王晓秋：《近代中国与日本：互动与影响》，昆仑出版社 2005 年版，第 123 页。

③ 同上书，第 125 页。

坏，所以当此之时，他很希望伊藤博文能够从中劝说，使太后回心转意，支持变法，伊藤博文则表示，既然是这样，等拜见慈禧太后之时，当全力劝告。

老实说，拜见伊藤博文之前，康有为的心情是兴奋的，现在见他态度如此冷淡，很有些高高在上的样子，原来请教的热情一下子降到了冰点，打消了请教维新话题的想法，只是希望凭他的威望能够劝说慈禧太后支持变法。

1909 年 10 月，伊藤博文被朝鲜义士刺杀倒地

9 月 20 日，光绪帝在勤政殿如约接见了伊藤博文，忧郁的光绪帝脸上露出一丝喜色。他对伊藤博文也抱有很大希望，因而给予他亲王礼遇，赐坐御座之侧。伊藤博文先是说了一大通恭维的话，说皇上近来推动维新变法，自强当指日可待，外臣不胜钦佩，这也实乃东方盛事，待敝人回国后，当向天皇告知，想必天皇也会为此感到高兴。最后，说了一些祝福的话。光绪帝听了便说，贵国明治维新，成绩多出自侯爵之手，这是各国都十分敬仰的，无不赞美，朕也十分钦佩，便把希望借鉴日本经验的想法说了出来，光绪说，“贵国与敝国同洲，相距较近，我中国近日正当维新之时，贵侯曾手创大业，必知其中利弊，请为朕晰言之，并祈与总署王大臣会晤时，将何者当兴，何者当革，笔之于书，以备观览。”伊藤回答：“敬遵宠命，他日猥承总署王大臣下问，外臣当竭其所知以告。”光绪表示：“但愿嗣后两国友谊从此益敦。”[①]

① 中国史学会编：《中国近代史资料丛刊：戊戌变法》第三册，上海人民出版社 1957 年版，第 446、447 页。

言语之间，光绪帝的内心透露着真诚。遗憾的是，历史已经不给他像日本那样进行维新改革的机会了。在光绪帝与伊藤博文见面的第二天，慈禧太后就发动了戊戌政变。光绪帝被幽禁于瀛台，慈禧太后再度训政。某种程度上说，伊藤博文的访华，弄巧成拙地成了守旧派加速政变的推进器。

为什么会出现这样的局面呢？还是那句话，守旧派对伊藤博文的到来充满了疑忌，担心他与光绪帝联合起来，所以，二者见面后，守旧派便立即采取了行动。政变发生后，面对随之而来的血雨腥风，伊藤博文能做的就是授意日本驻华公使馆设法保护康梁等维新派人士出逃，并通过外交途径保护张荫桓和被光绪帝任命为驻日公使的黄遵宪，意图保存清政府中的亲日力量。

伊藤博文想保护维新派，保守派却是穷追猛打。就在政变发生第三天，慈禧太后就让李鸿章拜会了伊藤博文，追问康有为等人的下落。说，康党有可能逃往日本，如果有这事，希望伊藤侯爵一定抓获送回敝国惩办。

伊藤博文回答："唯唯否否不然，康之所犯如系无关政务，或可遵照贵爵相所谕。若干涉国政，照万国公法不能如是办理，当亦贵爵相所深知。"[①]见伊藤博文如此表示，李鸿章只好无奈地说，如果是这样，那实在是敝国的不幸。

伊藤博文对戊戌变法与戊戌政变的看法，从他9月26日给妻子的信中可以反映出来。他在给妻子的家书中写道："14日入北京，出席各种宴会，20日谒皇帝。迄至今日，如此殷勤而亲切地招待我，尚无前例。此后，相当于总理大臣的皇族庆亲王又设宴款待我，此亦为前所未有之事。21日，突然发生政变，太后劫取政权，此乃由于皇帝推行过激改革的缘故。万事效法日本，甚至打算将衣装也要改从西服。事为太后所闻，则大不以为然。又有一说，谓欲排斥太后。中国之事，究竟何者为真，实难判断。"[②]

维新变法，短短百余天，宣告夭折，伊藤博文也不能判断究竟因何失败，但他内心更多地倾向于维新派可能变法过于激进。不管怎么说，康有

① 中国史学会编：《中国近代史资料丛刊：戊戌变法》第三册，上海人民出版社1957年版，第448页。

② 王晓秋：《近代中国与日本：互动与影响》，昆仑出版社2005年版，第127页。

为、梁启超等人在英、日等外国势力的掩护下，先后顺利逃到日本，留在国内的维新志士们以及支持维新的地方实力派则人心惶惶，担心受到打击，一度支持维新的张之洞虽然进呈了《劝学篇》，痛斥了康有为，但仍然成为守旧派的攻击目标。徐桐说张之洞对维新异常热心，说他勾结日本人，等等，这让慈禧太后对他十分不满。内心承受着巨大压力的张之洞时时刻刻都在思考着应对的办法，面对戊戌政变后的危急形势，他感到只有撇清自己与维新派的关系，才能摆脱困境，因此，他匆忙地采取了四个方面的措施。

第一是坚决而毫不留情地与维新派划清界限。政变发生的第二天，张之洞就向管理大学堂的孙家鼐发出急电，痛斥梁启超。此时，梁启超还在国内，张之洞的电文中说，康有为已得罪。上海官报，万不可令梁启超接办。梁启超乃康有为死党，为害尤烈。方今朝野正论赖公主持，天下瞻仰，祈祷，祈祷。窃思如有品学兼优之人，接办官报固好，否则，不如暂停，从缓再议。①

本来，朝廷中的保守派并没有抓捕梁启超，而张之洞的电文却说，梁启超乃康有为的死党，“为害尤烈”，所以很快梁启超便成为抓捕的对象。

维新变法失败后，张之洞主导创办了两江学堂，图为张之洞与教育官员及教员合影

① 张之洞：《张文襄公全集》第一五六卷，台北：文海出版社 1963 年版，第 2875 页。

为撇清与维新派的关系，张之洞还尽可能地销毁他与维新派联络的痕迹。政变之前，张之洞由湖北移职两江，途中他畅游焦山，曾赋诗一首题于松寥阁。诗中表达了对时局的感慨，很有支持维新变革之意。寺僧便将此诗裱装后悬挂在阁中。政变发生后，张之洞慌忙再赋诗一首，让亲信梁鼎芬带往焦山，梁鼎芬问寺僧，张总督的题诗现在是否还保留阁中？寺僧取下卷轴说，不敢损毁。梁鼎芬说，张督欲再题跋于后，题好还汝。携卷归，裂而焚之。

第二是请求日本政府驱逐康有为和梁启超。虽然说，维新失败后，张之洞慌忙跳出来表白自己，但仍然无法摆脱守旧派对他的攻击，特别是在10月6日，朝廷颁谕旨严惩了陈宝箴、陈三立父子，这对张之洞产生了巨大震撼，因为陈宝箴作为张之洞的下属，很多的新政措施都系由张之洞、陈宝箴二人联奏，如改革科举与游学日本等等，现在朝廷惩罚了陈氏父子，担心没有好日子过的张之洞便通过日本驻上海领事小田切要求日本政府驱逐康有为和梁启超。

张之洞对小田切说："康学种种邪僻悖乱，中东两国，现在极敦和好，诸事联络。而康党得罪中国朝廷，闻现逃至贵国。东洋距中国太近，必至造言煽惑，句串我内地奸民，变乱是非，滋生事端。若贵国容留，于中东交谊，大有不便，以后岂敢深信？倘能交出或驱逐，方显中东亲好实据。"①

为达到驱逐康有为和梁启超的目的，张之洞表示，维新派留在日本会伤害中日关系，也妨碍由日本聘请教习训练湖北军队的计划，并以军事改革计划和派遣留学生作为诱饵。张之洞说，如果日本准备接受中国学生，他希望帝国政府通过特命全权公使，通知总理衙门，要求他们通知南洋大臣、北洋大臣和湖广总督，尽可能早地送我们的学生出去。②

① 孔祥吉、[日]村田雄二郎：《罕为人知的中日结盟及其他：晚清中日关系史新探》，巴蜀书社2004年版，第99页。

② 孔祥吉、[日]村田雄二郎：《对毕永年〈诡谋直纪〉疑点的考察》，载《广东社会科学》2008年第2期。

张之洞要求日本政府驱逐康有为和梁启超，那么日本方面会答应吗？对于日本政府来说，帮助中国训练军队，培植亲日的地方势力，是他们感兴趣的。所以后来日本人还是受到了张之洞的影响。

第三是进一步落井下石，污蔑康有为、梁启超。戊戌政变后，朝中的大多数人都倒向了守旧势力一边，这让张之洞倍感压力，真担心哪一天，慈禧降罪，自己吃不了兜着走，怎么办呢？要博取慈禧太后等守旧派的信任，他不能不挖空心思对康有为进行人身攻击。1898 年 12 月 21 日，小田切在给日本外务省的报告中谈到了政变后张之洞的情况，称赞其是一位为政清廉的地方官，但政变之后却受到朝廷的怀疑，现在张之洞的一举一动都非常谨慎，特别是在他提出的由日本招聘教官、训练士兵以及派遣留学生等问题上更是如此。

小田切在给日本外务省呈递报告时，还附上了一本名叫《康有为事实》的小书，作者是梁鼎芬，但内容却是张之洞授意所为，书中对康有为的人格行为等诸多方面都进行了抨击。

张之洞这样做，当然是希望通过把康有为搞臭来讨得慈禧太后的欢心，但是，作为清政府的一名地方实力派大员向外国政府散发诋毁国人的文件，这在有清一朝甚为罕见。张之洞无疑开了一个恶例，但是日本外务省接到小田切的报告后则明确表示：应该满足张之洞在日本刊布《康有为事实》之要求。“张之洞提出希望在日本报纸上发表一篇题目为《康有为的真相》的文章的要求。我们立即允许，并刊载在上月十八日、十九日、二十三日、二十四日四天的《东京日日新闻》上。请见另纸简报。同时下令给该领事，把剪报交给总督，以资确认。”[①] 请小田切将样报转交张之洞以资确认。

第四是要求日本政府查封关闭《清议报》，并督促尽快驱逐康有为和梁启超。梁启超逃亡日本后，即与维新派人士在横滨创办了《清议报》，该报

---

① 日本外务省编：《日本外交文书》第三十二卷第四一三号，日本国际联合协会 1953 年版。

主要刊发时事评论，但是主题却是抨击慈禧太后等守旧派人物的倒行逆施，为保救光绪皇帝疾呼。报纸既在日本发行，也在中国秘密传播，文章的犀利以及思想动机都让慈禧很慌张。当此之时，张之洞立即采取行动，通过外交途径告诫汉口与上海的日本领事，要求他们报告国内，查封该报，驱逐康有为和梁启超。他指出，《清议报》现在在国内外广泛流传，“为祸匪细，非迅速驱逐远去，必为大患。拟请旨密谕出使日本大臣，速与外部婉切相商，令其设法将康有为、梁启超、王照三人，速遣出境，以免肘腋之患，方足见中东亲好之诚”①。

张之洞祭出康有为和梁启超留在日本将影响他与日本的合作计划的招数，令日本方面很担心张之洞不能很好地配合，权衡利弊，终于作出决断，向康有为施加压力，让其离境。1899 年 3 月 22 日，康有为怀着很不满的情绪离开日本，开始了他的欧美之行。小田切将康有为离开的消息告知了张之洞，表示日本方面不顾国际法的压力，努力完成张总督的嘱托，完全显示了日本方面意欲加强与之合作的愿望。张之洞得到这个消息很高兴，但他又有些不满。高兴的是，这是他外交上的一个胜利；不满的是，梁启超、王照等人还滞留在日本。因而，张之洞在 4 月 4 日再次致电小田切，先是感谢日本政府对驱逐康有为所作的努力，进而又说，梁启超、王照留在日本一样影响合作大局，“惟梁启超、王照，尚在贵国，清议报馆尚开，此事是一大误，有碍中东大局”②。

小田切收到张之洞的电报，照例又向日本外务省作了汇报，日本外务省便找王照谈话，王照毕竟不是维新变法的核心人物，况且变法中他主张康有为应循序渐进，不可过急，所以并不在慈禧太后的必杀之列。因而，王照主动向日本外务省呈递书信表示，说自己获罪的原因不过是向朝廷举荐了康有为和梁启超罢了，“及来贵国，照亦从未指责西太后之短，故北京亦无刺照之意。今请贵省以后不必资给保护，照为一渔一樵，皆天皇与诸公之德

① 张之洞：《张文襄公全集》第八十卷，台北：文海出版社 1963 年版，第 1433 页。

② 孔祥吉、[日]村田雄二郎：《罕为人知的中日结盟及其他：晚清中日关系史新探》，巴蜀书社 2004 年版，第 104 页。

也。且照无声无臭，必不碍两国交谊，所有感戴辞谢之情，仅此上闻。”[①]

张之洞利用与日本合作为由头，要求日本政府驱逐维新派，应该说取得了一定的效果。1899年10月间，流亡欧洲的康有为因母亲患病，乘船由加拿大返港，途经日本之时，他想在横滨与梁启超会面，但遭到日本政府的拒绝。

曾几何时，日本政府对维新派表现出支持之态，政变发生后，日本也不惜冒风险，帮助康有为逃亡日本，然而，现在因为张之洞的一个合作计划却毫无道义地拒绝康有为登岸，最终的症结就是日本不愿因保护康有为和梁启超而丢失其帮助练兵、扶植地方亲日势力等诸多实惠和利益。经过这些事件后，日本加紧了与张之洞的联系。1899年11月4日，日本特派近卫笃公爵前往长江流域活动，得到了张之洞热情而隆重的欢迎。近卫笃是日本政界元老，他与康有为、梁启超、张之洞都保持着联系。

康有为离开日本，很大程度上是因为近卫笃的劝说。张之洞的孙子到日本留学，也是经由近卫笃的安排。因此，对于他的到来，张之洞作了精心安排并举行了隆重的欢迎仪式，二人进行了一次谈话，畅谈中张之洞明确提出，希望日本政府尽快关闭《清议报》，驱逐梁启超。结果，近卫笃回国不久，就完成了张之洞的嘱托。梁启超在万般无奈之下，离开了他并不愿意离开的日本列岛。

四、紫禁城里的如意算盘

张之洞采取措施与维新派撇清关系，并通过外交手段驱逐在日本的康有为和梁启超。虽然没有立即赢得慈禧太后的信任，但慈禧太后却大大减

---

① 孔祥吉、[日]村田雄二郎：《罕为人知的中日结盟及其他：晚清中日关系史新探》，巴蜀书社2004年版，第105页。

少了对他的猜忌。而事实上，在张之洞采取措施打击维新派的同时，慈禧太后以及守旧派也在密谋着针对维新派的清洗行动。

戊戌政变后，慈禧太后重新掌握大权，她与保守派杀害了谭嗣同等六君子之后，对倾向维新的人大都予以了打击。虽然，康有为和梁启超等人已经逃往日本，但他们散布慈禧太后仇视新政、迫害维新志士的言论，令守旧派十分不满，必欲诛杀而后快。然而，政变后的内外环境对守旧派及慈禧太后极为不利，除了俄国等极少数国家之外，英、日、法、美等国纷纷对维新派表示同情。当此之时，守旧派们纷纷给慈禧太后出谋划策，御史杨崇伊提出，要想制服康有为和梁启超，与日本结盟是一条途径。杨崇伊是一个善于投机钻营、报复心极强的人，他在广西任职的时候，便拜在荣禄门下。

说到杨崇伊，就要回顾一下甲午之后，民族危机加深，康有为等人在北京创立强学会，出版《万国公报》主张变法更张时，许多有头脑的封疆大吏和士大夫都很支持，李鸿章也想出资赞助，但维新派却认为李鸿章甲午一战一味求和，不愿与这样的妥协派为伍。这样一来，意气用事的维新派却得罪了李鸿章，作为李鸿章的儿女亲家，杨崇伊便为李鸿章打抱不平。

1896 年 1 月 20 日，杨崇伊上书，弹劾强学会，称："自东洋事起，热中着流急于自见，遇事生风，往往联章执奏，时局艰难日甚一日。""于后孙公园赁屋，创立强学书院，专门贩卖西学书籍，并钞录各馆新闻报，刊印中外纪闻，按户销售……犹复借口公费，函索外省大员，以毁誉为要挟，请饬严禁。并查明创立之人，分别示惩，以为沽名罔利之戒。"①

当时，光绪帝还没有接受维新思想，故而，杨崇伊上奏折后，强学会即遭到查封。1897 年，杨崇伊又上书朝廷，弹劾翰林院侍读学士文廷式，因为在这之前，文廷式曾经指责李鸿章在甲午战争中妥协惧敌。杨崇伊在奏折中说文廷式，"遇事生风，常于松筠庵广集同类，互相标榜，议论时

① 孔祥吉：《甲午战争与中国近代报刊的初兴》，载《广东社会科学》2015 年第 2 期。

政，联名执奏，并有与太监文姓结为兄弟情事”。这样一个奏折，让本就排斥帝党的慈禧太后大为恼怒，要求将文廷式革职，永不叙用，并逐出京师。维新变法高潮之际，杨崇伊更是频繁与李鸿章、奕劻、荣禄等人密谋，打击维新派，并在1898年9月19日上书慈禧太后，请其即日训政，稳定乱局。杨崇伊抨击维新派“蛊惑人心，紊乱朝局……外奉广东叛民孙文为主，内奉康有为为主，得黄遵宪、陈三立标榜之力，先在湖南省城开讲，抚臣陈宝箴倾信崇奉，专以讪谤朝廷为事”①。

政变发生后，杨崇伊很想斩草除根将维新派一网打尽，因而，他向慈禧太后献媚说，维新党可能计谋意外之事，当让荣禄速来京师，李鸿章则应重返直隶总督任上，共同来对付维新派。当六君子血染菜市口，杨崇伊很有些扬扬得意。对于逃亡日本的康有为、梁启超，甚至在海外宣扬革命的孙中山，杨崇伊认为，这些人才是朝廷真正的隐患，必须尽快捕获。杨崇伊想置康有为和梁启超等人于死地，怎样才能杀掉康有为和梁启超呢?杨崇伊想到了康有为的政敌刘学询。

杨崇伊想派人前往日本搞暗杀，而诛杀康有为和梁启超也正是慈禧太后的目标。因而，1898年10月13日杨崇伊向慈禧太后呈递的密折正好说到她的内心，杨在密折中说：“乱党虽平，慎防后患，密折仰祈天鉴事。窃康逆为孙文羽翼，孙文勾引东人，……孙文尚在，祸机犹未已也。”②

杨崇伊故意把康有为说成孙中山的党羽，目的是引起慈禧太后的重视。实际上，康有为与孙中山并没有关系。他明白，不管是孙中山，还是康有为，都是慈禧太后必欲杀之而后快的敌人。

杨崇伊为引起慈禧太后的重视，还不忘抬出自己的亲朋好友，为他们请功卖好。他在密折中说，如果李翰章在广东，孙文必然被捉拿归案，那么就不会有革命党祸乱朝廷了。

为刺杀康有为和梁启超，杨崇伊在奏折还称：“康有为和梁启超避迹，

① 国家档案局明清档案馆编：《戊戌变法档案史料》，中华书局1958年版，第461页。

② 孔祥吉、[日]村田雄二郎：《罕为人知的中日结盟及其他：晚清中日关系史新探》，巴蜀书社2004年版，第128页。

必依孙文，此人不除，中华无安枕之日……幸而有机可乘，有人可用，请允臣等相机办理。”①

杨崇伊所说的“有人可用”，指的是康有为的政敌刘学询以及仇视维新派的庆宽。此时，三人已经勾结在了一起，“相机办理”则是让慈禧太后利用与日本人结盟作为由头，一来不得罪日本，二来可以借机刺杀康有为和梁启超。“有机可乘”则是以“商务考察团”的名义前往日本，开展刺杀行动。杨崇伊在奏折中还说：“臣所有折片，事关机要，吁恳皇太后密收，即军机大臣，亦勿宣示。”②

为完成刺杀康有为和梁启超之计划，杨崇伊还请荣禄和庆亲王奕劻给慈禧太后吹吹风，最终得到了慈禧太后的应允。

1890年的正阳桥与五牌楼，图为正阳门大街上的摊棚和骡马车

杨崇伊密折推荐刘学询、庆宽二人赴日刺杀康有为和梁启超，二人满口答应。刘学询作为康有为的政敌何以到了必杀康有为而后快的地步呢？因为甲午战争后，康有为就不断向朝廷上奏折揭露两广总督谭钟麟包庇广东富商刘学询的种种恶行，从此二人便结下了仇怨，可谓势同水火，不共戴天。

1896年1月17日，康有为代御史王鹏运草拟的《疆臣笃老昏瞀，措

① 国家档案局明清档案馆编：《戊戌变法档案史料》，中华书局1958年版，第481页。

② 孔祥吉、［日］村田雄二郎：《罕为人知的中日结盟及其他：晚清中日关系史新探》，巴蜀书社2004年版，第129页。

置乖方，请饬查办以安海疆折》中即把谭、刘二人捆在一起予以弹劾。奏折中说，刘学询为广东巨害，曾经有该省商绅联名控告他，但他以重金贿赂谭钟麟，谭钟麟便一味袒护，说广东商绅忌其多财，凭空污蔑。谭钟麟是非颠倒，莫此为甚。

王鹏运的奏折呈递朝廷之后，并没有产生什么反应。维新变法开始后，维新派再次弹劾谭钟麟包庇刘学询狼狈为奸的事实，光绪帝下令广东巡抚许振祎严查此事，许振祎虽然不敢与自己的顶头上司谭钟麟公然闹翻，但也觉得刘学询劣迹颇多，应予惩处，因而作出了“勒罚刘学询银一百万两”的决定。

虽然只是罚款了事，但也足以让刘学询心惊肉跳，曾逃到江浙一带躲避风头。从此后，他对康有为的仇恨更深了。戊戌政变后，刘学询感到出头之日到了，再说他也有当官的野心，因而当杨崇伊找到他时，二人一拍即合，表示愿意到日本刺杀康有为和梁启超。

要刺杀康有为和梁启超，为什么又拉上庆宽呢？一来是庆宽仇视维新派，二来是有庆亲王奕劻的推荐，庆宽与庆亲王等朝廷权贵有着密切的交往。甲申易枢后，醇亲王当权，庆宽因为曾在其手下当差，得了个管理银库的美差，从此他大肆贪污，胡作非为。

晚年的康有为（中）
与妻妾、女儿在一起

庆宽在掌管银库任上一干就是十多年，这为他贪污舞弊、聚敛钱财提供了充裕的时间和空间，据山西道御史敬佑的揭发：银库库账王伯平（即庆成）、祁芝山（即文端），勾结库官，始而庆宽等，继而恒起等，舞弊招摇，无恶不作。向章各省官报解内务府饷银，除照例交费及平饭外，别无使费。现在庆成等多索交费，否则稽延不收。又照例应将饷银收入银库，再按各项应领者，分期开放。乃饷鞘抬至库门以外台阶上，并不入库，不过一二刻，即将银鞘抬至钱铺，声言归还外间借欠。银库久成虚设，而库账与库官勾结，在外私放渔利，且在饭馆酒肆，开放领银，致有靴库之名。靴库者，库官靴筒内带有银票也。及至收回引领之后，堂官并置不问，是以库账等骄奢淫佚，更不堪言。①

敬佑的揭发，使得庆宽被革职，但毕竟他利用职务之便，聚敛了大量财富，在京城仍然是数得着的富户。庆宽这人有个特点，就是不甘落寞，也是一个有政治野心的人，每逢朝廷有事，庆宽常带头认捐，故而与朝廷要员关系很是密切，他虽然被革职了，仍常常留意朝廷的政治动向。

戊戌政变后，庆亲王奕劻与杨崇伊要他赴日刺杀康有为和梁启超，庆宽满口答应，认为这是时来运转，求之不得的好机会。

1898 年 11 月 22 日，慈禧太后批准了杨崇伊的计划，并发密谕，要刘学询和庆宽二人“赴外洋内地游历，考察商务”。美其名曰“考察商务”，实际上就是刺杀康有为和梁启超。并要求驻日公使李盛铎予以帮助。总之，要“密速办理。总期不动声色，不露形迹，予杜日人借口，斯为妥善。果能得手，朝廷亦不惜重赏也”②。

密谕要刘学询、庆宽等人密速办理，但是，刘学询、庆宽都不是心思缜密之人，他们经常自我吹嘘，到处张扬，他们的计划还没有开始，已经在京城传得沸沸扬扬，就连日本政府也得到了密报。日本政府很担心所谓的“考察商务”会给日本带来麻烦。外务大臣青木周藏紧急电令矢野文雄到总理衙门交涉，防止事态扩大。在北京的矢野文雄也听说了清政府可能

① 孔祥吉、[日]村田雄二郎：《罕为人知的中日结盟及其他：晚清中日关系史新探》，巴蜀书社 2004 年版，第 133 页。

② 孔祥吉：《戊戌前后的孙中山与刘学询关系发微》，载《广东社会科学》2005 年第 2 期。

派人到日本以“商务考察”之名行刺杀之实。现得到外务省的电令，更感到事情的严重性，他在接到青木周藏电报的第三天，便来到了总理衙门，交涉此事。

矢野文雄说明来意，表示反对清政府派遣刺客，这让总理衙门的大臣们一头雾水，表示绝无派遣刺客之事，认为矢野文雄是把张之洞要求驱逐康有为和梁启超之事错误地判断为清政府要派遣刺客，言语之间很有责怪日本外务省大惊小怪之意。实际上，总理衙门对刘学询、庆宽以“考察商务”为名，计划前往日本刺杀康有为和梁启超一事并不知情。因为整个计划都是在慈禧太后、奕劻、荣禄、杨崇伊之间进行的，即便是军机大臣也不知此事，更不用说是总理衙门了。

既然要到日本刺杀康有为和梁启超，刘学询、庆宽就必须了解康有为和梁启超在日本的行踪和情况，因此，清政府的密谕发出后，刘学询、庆宽即前往长江流域及上海一带活动，目的主要有两个：一是探寻赴日执行慈禧使命的路子。因为他们两人对日本情形一无所知，要执行这样的重大使命，必须有日本的内线来提供帮助，而这种日本的内线人物，通常在上海一带最多。二是希望通过张之洞了解维新派的情况。张之洞自戊戌政变之后，屡屡向慈禧表达忠心，并以扑灭康有为和梁启超一党为己任。况且，张之洞与日本人多有联系，二人希望通过他打探一些消息。

虽然刘学询与庆宽二人的活动是秘密进行的，但早已引起了日本驻上海领事小田切的关注，小田切经过调查，很快便掌握了二人的经历、身世以及不光彩的个人历史和他们准备前往日本的动向等等。

小田切对他们的印象并不太好，感觉二人鬼鬼祟祟的样子，没有一种凛然的正气。他搞不明白，清政府为什么要派出这样两个人去完成刺杀康有为和梁启超的重大政治使命。印象归印象，小田切感到自己肩上责任很重，在了解到二人到日本刺杀康有为和梁启超的意图后，要他们另想别的办法。小田切每次都以国际公法作为理由，指出如在日本刺杀康有为和梁启超此等人物，实为非法，日本也将招来别国耻笑。小田切还说：“我邦官府虽不希望康有为滞留，但其既然来寓，只要他无妨害治安之举动，就不能将其强制退去等事情。以及如该国宫廷希望日清两国之亲交，应努力疏通相互了解、求敦睦交谊之道。若如此，康有为事件将自见分晓，不应存任何芥蒂，将此宗旨反复劝告。”①

小田切希望刘学询、庆宽二人设法劝告清政府，应“相互了解，求敦睦交谊之道”。实际上，也是希望实现中日结盟。关于这一点，起初他在看到张之洞给神尾光臣的电报时，便有了这种想法。

小田切希望刘学询、庆宽劝告清政府，实现中日结盟。二人本来对到日本能否刺杀成功就没有多少底气，此时也开始做起了与日本结盟的美梦，表示将回京向庆亲王禀告此事，让其劝说慈禧太后与日结盟。这样，小田切等于化解了清政府派人赴日刺杀康有为和梁启超的问题，他很快将这个收获电告了日本外务省。

他在电文中认为，二人并非那种甘冒风险之人，通过对他们的了解，即便他们受到朝廷指令，也不可能很好地贯彻执行。“观察他们过去之历史及现状，可以断言，根本无决行非常手段之意思。刘近期内会游历长江沿岸，尔后为商务视察可赴海外，其到达我邦当在三四月之交。届时，仍应加以充分注意，不能放松对其探报之举动。”②

此时，矢野文雄也将他对总理衙门的探询情况，向国内作了汇报。这使日本外务省感到，慈禧所派杀手并非如传言中所说的那样严重。

在小田切与矢野文雄向国内汇报情况期间，刘学询已经乘轮北上赶回北京，他回到北京后，住在位于锡拉胡同的一处豪宅里。豪宅原来的主人是总理衙门大臣张荫桓。

张荫桓与康有为是南海同乡，由于他支持维新变法，很为守旧派所忌恨，戊戌政变发生后，慈禧太后急于抓捕康有为和梁启超，曾两次派兵来到张荫桓家里搜查，但一无所获。张荫桓因为支持变法，也很快入狱，要

① 孔祥吉、［日］村田雄二郎：《罕为人知的中日结盟及其他：晚清中日关系史新探》，巴蜀书社 2004 年版，第 139 页。

② 同上书，第 140 页。

不是英国人出面说情，张荫桓一样会被推到菜市口，最后他被发配到新疆，人走宅院空，发了横财的刘学询便花一万五千两银子买下了这座豪宅。

成了锡拉胡同豪华大宅新主人的刘学询虽然在京城并没有任何职务，但他却在这里做着他的仕途梦，这座宅院距离东华门很近，上朝方便，又便于与庆亲王等人联系，在这里筹划中日结盟，进而控制康有为和梁启超岂不是两全其美之事。

经过小田切的点拨，已经改变冒险赴日捕杀康有为和梁启超计划的刘学询明白，要想在日本警察的严密保护之下刺杀康有为和梁启超，实在是一件难以实现的事情。而实现了小田切所说的敦睦中日友谊之策，日本自然会替清政府处置康有为和梁启超。带着这种梦想的刘学询在锡拉胡同住下后，便加紧了活动，他先是与御史杨崇伊密谋，进而又同庆亲王相商，奕劻也感到小田切所说很有道理，便亲自跑到紫禁城里去劝说慈禧太后，要她暂且忍耐，不必急于刺杀康有为和梁启超，搞好了中日关系，与日结盟，自然会有办法控制康有为和梁启超。慈禧太后终于被奕劻说动了，要他抓紧办理此事，妥善周密策划。

刘学询与李鸿章合影

1899 年 3 月 14 日，小田切意外地收到了庆亲王奕劻的来电，电文中说有商务要事请他速到北京面商。

庆亲王的电文中所说的有商务要事与小田切面谈，使小田切百思不得其解。根据他与刘学询的交谈，判断不外乎三种：第一种就是刘学询多次向他说过的刺杀康有为和梁启超及其党羽；第二种就是商谈中日结盟，共保东亚大局；第三种便是商谈振兴两国商业发展之事。不管是哪一种情况，小田切都作了精心的准备。

小田切明白，此事非同小可，便把电文转发给了国内，请日本外务省筹划对策。日本外务省对此电文进行研究后，很快转给了驻华公使矢野文雄，要他对小田切进京与庆亲王的会谈予以支持和协助。日本外务省虽然也不知道小田切与庆亲王会谈些什么，但还是对小田切的北京之行予以了全力支持，并从机密项下特批八百元经费帮助他完成这次会见。

看来，日本方面对这次会见表现出了浓厚的兴趣，而庆亲王奕劻对此也相当重视。奕劻让刘学询亲自前往上海迎接。1899 年 5 月 5 日，刘学询、小田切从上海乘船北上。小田切对这次会面踌躇满志，一到北京，刘学询便直接把小田切安排在锡拉胡同的豪宅里秘密住了下来。

根据事先的安排，小田切一到北京，庆亲王即会与他进行会商。然而，朝廷临时下旨，让庆亲王赴东陵办事，这样一等就是近十天，直到 5 月 21 日，庆亲王从东陵归来，才匆忙安排了与小田切的会面。由于会面是秘密进行的，所以地点不是在皇宫，也不是在总理衙门，而是在庆亲王的府邸。

这次会面，杨崇伊、刘学询都在场，他们坐定后，庆亲王立即打发了用人，关上门窗，拉上窗帘，开始了会谈。

庆亲王奕劻像

庆亲王与小田切的会谈持续了一个多小时，让小田切感到意外的是，庆亲王奕劻竟然没有提及康有为及维新派的事。

会谈结束后，双方各自都向自己的政府作了汇报。奕劻和杨崇伊先后向慈禧太后作了汇报。杨崇伊在谒见慈禧太后时，得到了这样的指示，要他向小田切申明，两宫非常希望与天皇陛下加强联系，对于不能亲自接见小田切，只是担心外面闲言碎语太多，引起京中骚动，且担心引起外国猜疑，只好作罢，请其理解。

在庆亲王奕劻向慈禧太后的汇报中，则主要陈述了他对日本支持小田切前来会谈的看法。他认为，小田切对此事态度积极，日本外务省也表现出浓厚的兴趣，正是可以利用时机，实现中日结盟。慈禧听了，连连点头称是。既然紫禁城里的当权派们统一了认识，想与日本结盟，与日本天皇搞好关系，便暂不提捕杀康梁之事。这样，有日本方面的支持，清政府在国际上也不至于很孤立。趁小田切在京之际，这些事情都应该抓紧办理。

既然慈禧太后表示希望加强与日本天皇的联系，庆亲王奕劻便在总理衙门找了一些可靠之人，设计了与日本天皇通电的密电码以及事先拟好的上谕，准备由刘学询、庆宽携带前往日本递交天皇。庆亲王拟定的上谕仍然说让刘学询、庆宽前往日本，一来是向天皇呈递密电码，二来是考察商务。谕旨还冠冕堂皇地说，商务是中国富强的根基，自应极力振兴。

除此之外，清政府还给刘学询等人下了一道与小田切直接相关的上谕，"著特派二品衔道员刘学询、员外郎衔庆宽，会同日本总领事小田切万寿之助，亲赴日本，逐细考查，认真联络，庶几内外商务，日有起色，朕实有厚望焉"。

派密使赴日，庆亲王还让内务府准备了两份礼物，一份是代表慈禧送给天皇的，一份则是代表光绪送给天皇的。

在慈禧太后、奕劻等人为出使而积极准备之时，住在锡拉胡同的小田切也没闲着。他内心有一些不安，久居官场的他练就了圆滑而精明的处事能力。庆亲王一封密电把他从上海召唤到北京，虽然说征得了外务省的同意和支持，但清政府派人前往东京，毕竟是中日两国的大事，他感到此事无论如何不能绕开驻华公使矢野文雄。再说，他毕竟是一个小小的驻上海领事，矢野文雄是自己的顶头上司，按照惯例，两国交往的大事，理应由驻京公使负责，而清政府却听了刘学询的建议，说为保密起见，应避开矢野文雄。这个主意让小田切怎么想都感到不甚妥当，于是，他不顾奕劻一再强调的保密训则，悄悄地来到日本驻华使馆与矢野文雄取得了联系，把清政府要派使前往东京考察商务之事一一作了汇报，并由公使馆电报外务省，征询上司意见。外务省很快便给二人发来电示，要二人相互协作与庆亲王协商清政府派密使的相关细节。

6 月 3 日，掌灯时分，北京城内不像现在到处灯火辉煌，那时候的夜晚，北京城内已经行人稀少，在东交民巷的日本公使馆门口停下两顶官轿，一个轿子里坐着庆亲王奕劻，一个轿子里坐着小田切。他们在这里要举行一场重要会谈。

会谈的人员只有奕劻、矢野文雄与小田切，其他的闲杂人等一律不得在场。庆亲王带来了一本厚厚的密电码和光绪帝致日本天皇的上谕。三人的会谈一开始，庆亲王便拿出以光绪帝名义签发的上谕说，时局瞬息万变，我皇上、皇太后顺应时变，特别希望能进一步加深与贵国天皇陛下的交情，对有关政务，希望能得到天皇陛下帮助。为了两国宫廷密切联络，特别编制了一套密电码，准备由刘学询、庆宽二人携往贵国，面呈天皇陛下。

庆亲王所说的内容，其实矢野文雄已经得到了小田切的报告，并且日本外务省也对此事表现出了相当大的兴趣。因而，矢野文雄表示，这是两国结好之意，本使当表示祝贺。但是，矢野文雄接下来却提出了一个让庆亲王难堪的问题。他说，早先听闻刘学询、庆宽二人负有捕杀康有为和梁启超的秘密使命，不知这次派遣二人前往日本，与前所听闻有无关系。庆亲王慌忙解释说，传闻纯属子虚乌有，派使赴日，实为我两宫陛下诚心诚意与贵国天皇加深联络，敦睦友谊，此事与康有为等人毫无关系。

文人出身的矢野文雄是一个心思缜密的人，他再三询问出使事宜，并敲定大体细节，会散之时，已是深夜。第二天，矢野文雄在公使馆电报房内，将他与庆亲王会谈的细节以及光绪帝给天皇的信函，用密电码发给了外务大臣青木周藏。

日本外务省接到矢野文雄的电报，对此事十分的重视，立即召开会议，紧急磋商，并着手进行相应的准备工作。6月7日，青木周藏给矢野文雄发了回电说，天皇乐见两国巩固友谊，对派遣密使之事表示欢迎，但对清政府会提出什么“具体要求”仍应“充分考量”，表现了日本既谨慎又颇感兴趣的态度。

6月8日，小田切从公使馆得到了青木周藏发来的“欣然接受”清政府密使的指示，感到大功告成的他便决定离开锡拉胡同。他在这里居住了二十多天，虽然有刘学询无微不至的关怀照顾，但他总感到生活很枯燥、乏味。因为是秘密来京，庆亲王及刘学询一再告诫他一定要谨言慎行，不可被外人察知，因此，他即便是前往日本使馆，也常常是夜间前往，生怕被人发现。但是，世上没有不透风的墙，小田切来到北京的消息还是在清政府官场传开了，朝廷内外，对此议论纷纷，朝廷中的御史们便不断有人弹劾刘学询，说他与日本领事暗中勾结，但慈禧明知此事，只当耳旁风，并对庆亲王说，不要有任何顾虑。

小田切是6月11日凌晨离开京城的，离开前夜，他吃了晚饭，准备休息一会儿，好在半夜动身，这时候杨崇伊领着一队抬着箱子的官差进来了，说是代表两宫与庆亲王专门来为领事大人送行的，说着便送上了一份礼物清单，礼物都是珍贵的玉器、瓷器之类，都是罕见的宝贝。

看了这些名贵的礼品，小田切连声道谢，并让杨崇伊代为转达对两宫及庆亲王的感激之情，接着双方又说了一会儿话，杨崇伊便起身告辞了。小田切望着这些名贵的礼品，万分激动，思绪万千，回想自己从接触刘学询、庆宽到与庆亲王会谈，他一个小小的上海领事，却经历着中日间重要的外交活动，获得清政府与日本外务省的重视。矢野文雄在华任公使多年也没能导演出这么一出中日邦交的大戏，得到两宫与庆亲王如此厚重的赏赐。

半夜时分，小田切与刘学询一道离开京城返回上海。在小田切满载而归地到了上海后，刘学询、庆宽便开始为出访日本进行紧张的准备。

五、漂洋过海的暗杀行动

经过一番紧锣密鼓的准备，刘学询与庆宽等人终于开始了他们的日本之行。他们去往日本，对外的说法是“赴外洋内地考察商务”。根据清政府的意见，小田切既是使团的向导，又是他们的顾问与监督，他提前回到日本，作相关的汇报与安排。虽然在这之前，矢野文雄、小田切已接二连三地汇报了清政府派密使去东京之事，但小田切还是觉得先期回国汇报并作安排要好些。

小田切回国之时，刘学询与庆宽也加快了他们的行程，毕竟此行是秘密的，因而，他们的行踪相当诡秘、低调。

刘学询一行到东京后，在帝国饭店住了下来，这里是东京市中心最高档的酒店，当时很多外事活动都在这里进行。在这里，刘学询、庆宽一行休息了三天，便在驻日公使李盛铎的陪同下，会见了日本外务大臣青木周藏，接着又先后拜见了伊藤博文侯爵、内务大臣西乡从道等政要，他们都为刘学询一行安排了盛大的宴会，给刘学询留下了很好的印象。

东京帝国饭店

7 月 26 日，是日本外务省安排刘学询、庆宽到日本皇宫觐见天皇的日子。日本皇宫位于日本东京千代田区，这里绿树环绕、花草葱茏，古色古香的亭台楼阁错落有致，亭台点缀在绿树和花草之间，给人一种诗情画意之感。

显然，刘学询一行前往日本带有不可告人的目的，虽然对外宣称“考察商务”，但日本方面出于礼貌还是举行了隆重的欢迎仪式。根据日本外务省的史料记载，刘学询与庆宽是在驻日公使李盛铎的陪同下，在日本式部大臣、侍从大臣的带领下得以觐见天皇的。

这次觐见，最为高兴的是日本天皇。密电码和慈禧太后精心安排的礼物都显示了清政府的良苦用心，礼物有十二件，分别装在十一个箱子里。慈禧太后送给天皇的礼物有：御笔字一轴、御笔团扇二柄、脂玉松鹤山子两件、古玉琮、龙泉釉莲花瓷洗、宋釉瓷三足洗等等。以光绪皇帝名义赠送的礼物则有：脂玉双环四足洗、脂玉双耳有盖扁瓶、古铜凫式瓶、宋定窑笔筒、宋汝窑碗等等。

具有讽刺意味的是，当时日本的主要媒体《国民新闻》对刘学询、庆宽的日本之行作了多次报道，报道说：刘学询是广东的一个赌博大头目，是向西太后献金之后，得到候补道台的虚衔的；庆宽亦有前科，劣迹多端。这个使团来到东京后，行动鬼鬼祟祟，据说是奉了西太后的密旨来与日本结盟的。

更为荒诞的是，刘学询一行自到东京后，就处于日本警方的监视之中，日本外务省告知日本警视厅，刘学询此来目的可能是刺杀康有为和梁启超，因而，他们的一举一动都被监控着，刘学询一行无论是外出还是在帝国饭店的起居，甚至他们收到的信函、会客情况都被警视厅一一列举，形成报告，然后，报送外务省及日本首相，即便是刘学询、庆宽召来的妓女，警察也要询问一番。所有这一切，让刘学询、庆宽等人感到不满，认为日本此举实在是伤害他们此行中日邦交之使命。

好在日本方面也兼顾到使团的感受，每日里都有人来作陪。小田切与贵族院议员小幡笃次郎几乎每天都来拜访，询问饮食起居生活情况。帝国饭店对他们的饮食起居也安排得很细致、周详，处处显得彬彬有礼，这一切使得刘学询、庆宽原有的不快之感逐渐烟消云散。

刘学询、庆宽一行来日本虽然是以“考察商务”的名义，但仍然有相机捕杀康有为和梁启超的使命，但是，他们知道在被监视的情况下，要实现捕杀维新派的目标实在困难，虽然知道康有为和梁启超仍然滞留在东京，但他们几经秘密打听，却根本没有维新派的任何线索。百无聊赖的日子里，刘学询突然想起他的同乡好友、革命党人孙中山。孙中山此刻也在日本，刘学询与孙中山的交情，慈禧太后并不知情，要不然慈禧太后也不会赋予刘学询作为赴日密使的使命。孙中山自广州兴中会起义以来就成为清政府追杀的对象，他常常在欧美、日本等地居无定所地进行活动，使清政府的追杀相当困难。刘学询毕竟是孙中山的好友，通过秘密打听，他还是了解到孙中山的行踪，因而便产生了拜访的念头，全然不顾孙中山系清政府捉拿的要犯。

刘学询是通过东亚同文会的宗方小太郎得知孙中山的行踪的，宗方小太郎也是孙中山的朋友，刘学询一行来到东京，孙中山也通过宗方小太郎了解了情况，因而，宗方小太郎便悄悄地安排了二人的会面。

刘学询与孙中山的密谈是在 7 月 27 日进行的，《国父年谱》记载：密谈中，刘问：“现在中国与日本联盟，君之革命宗旨究如何？”先生答曰：“我之革命宗旨，始终在兴起中国。”刘表示：“若政治革命，可以协力，种族革命，恐其事甚难。”[①]

1897 年秋，孙中山（二排左二）与日本友人宫崎寅藏（长髯者）合影

① 孔祥吉、[日] 村田雄二郎：《罕为人知的中日结盟及其他：晚清中日关系史新探》，巴蜀书社 2004 年版，第 179 页。

毕竟孙中山是革命党领袖，也许是出于这重考虑，《国父年谱》在记载这一事件时，对刘学询这个投机分子略有粉饰、遮掩。对他们的这次会面，只有冠冕堂皇的简单记载。

刘学询与孙中山在一个月后又进行了第二次会面，他们的第二次见面谈了些什么呢？具体的细节没有记载，不过据《孙中山年谱》的记载，第二次见面后，他们很快又进行了第三次会面。在第二次见面时，孙中山就致函好友犬养毅，声称将于后天再与刘学询一道拜会犬养毅与大隈重信。孙中山之介绍函曰："犬养木堂足下，今晚与刘学询会谈。彼欲于后日（三十日）朝八时来拜会先生，并欲顺候大隈伯，托弟先为转达先生，祈先达大隈伯可也。"①

从这个记载来看，刘学询与孙中山的会面还是比较频繁的，刘学询无所顾忌地与孙中山往来，很快引起了同为密使的庆宽的不满。

因而，慈禧太后很快便知晓了刘学询在日本东京密会孙中山之事，这也导致了密使被迅速召回的命运。慈禧太后得知刘学询密会孙中山的消息，有两种途径：一是庆宽的报告；二是日本媒体的捕风捉影。日本媒体的报道不仅仅局限于刘学询与孙中山的密会，诸如什么密使在东京嫖娼，密使前往东京遭到俄国人反对，等等，不一而足。不管是报纸的报道还是庆宽向清政府密报，慈禧都认为使团在日本招摇过市，有辱使命，十分不满，因而下令召回。

慈禧太后要刘学询等人回国，日本方面如释重负。因为对密使的日本之行，日本政府是持保留态度的，所以才出现了被监控的荒唐事。现在既然要离开了，捕杀康有为和梁启超的行动将不复存在。日本政府很有些送瘟神的感觉，忙不迭地准备他们离开的事宜，也给慈禧太后与光绪帝准备了回礼，回赠的礼物有刺绣四扇屏风成件、御章七宝花瓶一对等等。

日本政府回赠给清政府的礼物与慈禧太后及光绪帝所赠给日本方面的

---

① 孔祥吉、[日]村田雄二郎：《罕为人知的中日结盟及其他：晚清中日关系史新探》，巴蜀书社 2004 年版，第 181 页。

礼物相比，实在是太微不足道了。可以说这是中日两国政府互赠礼物日方最为菲薄的一次。为什么会出现这样的状况呢？很显然，日本方面对刘学询、庆宽一行所奉的使命持有不满，虽然日本政府口头上表示“亟敦友谊，开诚相信”，但行动上却有保留。

刘学询一行是9月初离开东京的，他们在海上经过多天的漂泊，回到了上海，但刘学询、庆宽等人并没有立即回京复命，一来刘学询对庆宽心生忌恨，二来担心慈禧太后怪罪，所以迟迟不愿进京。

刘学询、庆宽等人滞留上海，慈禧太后及庆亲王奕劻自然十分不满，让总理衙门电函催促，要他们即行回京复命，到京后先到总理衙门报到。

在朝廷的催促之下，刘学询、庆宽不得不进京复命，他们是10月9日到达北京的，当天就到总理衙门报了到，第二天又拜见了庆亲王奕劻。11日，庆亲王入宫觐见慈禧太后代为陈情，向慈禧太后面呈了问答节略、刘学询等人的考察报告，另外还有庆宽呈递的建议书。

庆宽因为有庆亲王的信任，很有些大胆地将在日本的所观所感写成管见六条，算是改革建议。庆宽的建议书先对清政府所处的形势作了描述，说现在中国的形势是“外见强邻之日逼，内顾贫弱之日深，国事艰难，今非昔比”，“自至东邦观政问俗，考其致强之道，绎其忠告之言，积薪厝火，已迫危机，旋乾转坤，待决庙算。当务之急，自强之谋，非从容暇豫之可安，非虚文寡实之可论”[①]。所以提出了“整顿”建议六条。

虽然是改革建议，但庆宽深知慈禧太后最厌恶的是“变法”，最憎恨的是“维新”等字眼，因而建议书中绝口不提这四个字，而是投其所好地说是对朝政的整顿，把慈禧太后发动政变也视为整顿，这样慈禧太后在情绪上就不至于对庆宽反感。

庆宽所陈六条中，第一条是整顿学校，他认为，从私塾到官办学堂，都要整顿，学业分为小、中、大学三个阶段，每个阶段都设置相应的课程，

① 孔祥吉、[日]村田雄二郎：《罕为人知的中日结盟及其他：晚清中日关系史新探》，巴蜀书社2004年版，第188页。

相应的毕业年限。庆宽指出："近世教化不广，人才不盛，由于学臣失职，学非所用之故，广设学堂所以救学堂之弊也。"他根据在日本的考察，发现"日本凡国民年届六岁，应进寻常小学，凡四年毕业；再进高等小学，凡四年毕业；再进高等中学，凡五年毕业。勿论贫富贵贱子弟，必须进小中两学，所谓国民必须之学，又即所谓普通学也。普通学毕，则进高等学校，讲习专科四年毕业后，进大学又四年，毕业授为学士。其各学校教科之书，皆由文部核定。师所教，教是书，弟所学，学是书。故其国人无不学，学无异趋，上者政君泽民，下者亦必明忠孝之大义"[①]。

因此，庆宽建议，改革教育、整顿学校，像日本那样遍设学堂，现在世界上强大的国家莫不是以强化教育为根本，这也是国家自强的基础。庆宽主张重视教育，他还建议慈禧太后迅速派有声望学识渊博的贤达之士，赴日本考察教育，回国后仿效推行。

庆宽的建议在当时堪称前卫，对清朝的革新也大有裨益，但在慈禧太后、保守派极力打击维新派的非常时刻，他的建议无疑是对牛弹琴。

庆宽建议书中的第二条主张是整顿财赋，他仍然以日本为例，日本虽是弹丸小国，只有中国一两个省那么大，但经明治以来，讲求理财，整顿得法，已经跻身世界强国之林。因此，清朝亦应仿效日本对财赋进行整顿。他建议发行纸币，设立银行，增加税收，"察得日本各税，如酒税、烟草税……皆岁入千数百万，（宜派人）赴日本考察银行事宜，将一切条例、章程咨取回华，酌量仿办"。

建议书第三条是整顿军政，认为日本的陆军、骑兵、炮兵甚至征兵之法都应仿效。第四条是整顿商务，认为鸦片战争以来，存在的一个问题是，利权都被外商剥夺了。因此，要振兴民族商业，必须整顿商务，"商务为富国之基，此皇太后所宜急为整顿者也。日本通商，始亦衰微……后开商法会议，至明治十三年有生丝转运局之设，遂以战胜外商，收回权利"。

---

① 孔祥吉、[日]村田雄二郎：《罕为人知的中日结盟及其他：晚清中日关系史新探》，巴蜀书社2004年版，第189页。

第五条是整顿农工，可能是庆宽还没有考虑成熟，具体的建议他没有说。第六条是整顿保甲，也就是仿效西方的巡捕、日本的警察那样，建立完善的警察制度。

庆宽建议慈禧太后派人赴日本考察，然后回国推广，并建议慈禧太后针对六条建议设立六政局。他指出，整顿六大政，拟请设整顿六政局，简派大臣六人，各专一政，再各设参议一人，副参议一人，辅之特命亲贵，检查综理，精选属僚，以备任使。[①]

从庆宽的建议书可以发现，此人虽为赌棍，但其对日本的富强之路还是作了一番考察研究、动了心思的，不像刘学询一味地胡混，忙于私会孙中山、召妓等等。庆宽的建议书虽然绝口不提“维新”“变法”等字眼，但其建言向日本学习的主张与维新派有颇多相似之处，但是以慈禧太后为首的保守派要庆宽他们此行赴日的真正目的是捕杀康有为和梁启超，对他的改革建议并不感兴趣。

既然慈禧太后的本意是让刘学询、庆宽二人到日本后，相机捕杀康有为和梁启超，保守派便对他们在日本的所作所为心生不满，非但对建议书不热心，反而弹劾的奏章扑面而来，这也是刘学询惴惴不安、不愿进京的原因。因为他作为与孙中山私会的当事人，最害怕的就是慈禧太后追究，毕竟孙中山是朝廷极力要追杀的革命党首领，系比康有为和梁启超更应必惩之要犯，而刘学询竟然在赴日期间频繁地私会这样一个人物，真可谓胆大包天。事实上，早在他们回国之前，就有御史弹劾他，说刘学询“等旋移寓与广东逸犯孙文同住，过从亲密，又与该犯同在妓馆久作狎邪游，日人物议滋多，毫无避忌。其后，虽由出使日本大臣李盛铎带见外部办事，而其先外部实不允晤面，甚有鄙薄之语。且东洋报纸，将该员等平时劣迹及在东之行为污垢，屡列甚详，盖甚鄙之也。窃思往来投赠，亦属睦邻所常有……刘学询等任性妄为，既敢与罪人交游，又复溺于声色，朝命不顾，

① 孔祥吉、[日]村田雄二郎：《罕为人知的中日结盟及其他：晚清中日关系史新探》，巴蜀书社 2004 年版，第 192、193 页。

国体何存”[①]。

慈禧太后绞尽脑汁，费尽心机，又给日本天皇送了不少的古玩珍宝，希望得到日本人的欢心，进而实现她联倭捕杀康有为和梁启超的阴谋。但是，日本方面一开始就对这种结盟持怀疑态度，因而出现了密使在日本被监视的荒唐事。既然日本对清政府持有怀疑，“亟敦友谊”便只是一句外交辞令。事实上，对于清政府精心编制的密电码，日本天皇也没有真正地启用。即便回赠的礼品与清政府赠送的礼品相比也是天壤之别。总而言之，慈禧太后派密使赴日本之行是一次失败的外交活动。这种情况说明，故步自封的慈禧太后并不了解当时的外交形式，她落伍、自以为是的外交观只能使中国被孤立。

垂帘听政的慈禧太后召见外国公使夫人，努力营造一种良好的形象

虽然联日失败了，刘学询被弹劾了，但是，他并没有被治罪。相应地，慈禧太后一纸谕令让其到两广总督麾下“差遣委用”。对于这样的情况，朝中清流与张之洞、梁鼎芬等人也只能发一通牢骚而已，梁鼎芬说：“以天下大事，问一著名贪恶卑谄之赌犯刘学询，诚可诧异，然来问者，乃是日日要钱，事事弄坏，毫无知觉之奕劻，则又不异耳。”[②]

① 孔祥吉：《戊戌维新运动新探》，湖南人民出版社 1988 年版，第 229 页。

② 孔祥吉、[日] 村田雄二郎：《罕为人知的中日结盟及其他：晚清中日关系史新探》，巴蜀书社 2004 年版，第 204 页。

在梁鼎芬看来，刘学询这样一个赌棍，一个行为卑贱的人，之所以能谋得赴日密使的差事，很大程度上是在贪婪的奕劻处行贿的结果，而出现私会孙中山这样的事，却仍被“差遣委用”，必定是花钱消灾，费了不少的银两。也许是被指责被弹劾的原因，1899 年 12 月，刘学询到李鸿章麾下听差后，对维新派的追杀便变得十分的凶残和不遗余力。

六、一个英国考察者的“维新”反应

在清政府的外交活动中，不管是维新派主张的与英日结盟，还是保守派后来出于巩固政权需要而被动地联结英日，都引起了英国人的关注。1898 年九十月间，英国议员贝思福也以“商务考察”的名义来到中国。

贝思福来到中国“考察”，英国首相金伯利特意拨出专款予以资助。英国国内对这次考察活动有着特别的期许，希望他多了解中国朝廷的动向，为英国政府制定对华政策提供更多的信息。英国政府之所以这样做还有一个原因，那就是列强对华“瓜分论”甚嚣尘上，在无法排除列强势力竞夺的现实情况下，此次考察活动也反映了英国人急于保全在华利益的外交意图。

西方版画上的慈禧太后与光绪帝，讽刺慈禧垂帘听政控制年轻的光绪帝

贝思福来到中国的时候，戊戌政变已经发生，但他还是按照原定的计划，在北京、天津、唐山、上海、牛庄、汉口、福州、广州和香港等地接

触了中国政界和商界的人士，如奕劻、荣禄、袁世凯、裕禄、刘坤一、张之洞和郑观应等等，甚至和当时已经逃到香港的康有为也有接触。

通过与他们的交谈，贝思福了解了他们对中英外交关系的认识和态度，据此写成《中国的解体》一书，供英国政府参考。

在对中国的考察活动中，贝思福还承担了为英国商人了解清政府商务、外交动向的使命，因为这是英国在华商人的意愿，面对当时的瓜分狂潮以及保守派与维新派之间的斗争，英国商人很担心自己的利益受到冲击，担心他们不复拥有一个庞大而统一的中国市场。贝思福在天津、牛庄、上海、武汉等地与英国商人的交流中了解到，英国商人认为本国政府对华外交政策具有迟滞性，因而对此很不满。汇丰银行总办在与贝思福的交流中认为，英国对华的外交政策所产生的影响远远不及俄国，这将严重影响英国在华的经济利益。在天津的一些英国商人则通过贝思福上书英国政府说，对正在发生的瓜分狂潮，很为英国的经济利益担忧。他们认为："俄在北方，旦夕可动，不必问中国也，亦不必问津约也。我辈当此境地，宜收不宜放，盖俄一动，商即休也。噫！北方光景如此，不几举贸迁有无之局？一笔抹倒哉。"①

对于英国商人的认识，贝思福也有同感。他认为，清政府政治上的混乱，诸如维新派与保守派之间的斗争，只会加剧列强对中国的瓜分，面对这种不可避免的瓜分形势，英国不应作壁上观，应该切实保护好英国的利益在瓜分面前不受侵害。

在华主持海关总税务司的英国人赫德也认同英国商人与贝思福的观感，他认为列强瓜分中国已经危及英国的在华利益，他说："所有的列强都已摸进了英国的房间，坐在她的椅子和沙发上，从而认为他们也有各自的权益和权利。"当然，忠诚于英国利益的赫德不会甘心这种局面的形成，为此，赫德以轻蔑的语气对金登干说："可惜的是，就我们所得到的利益来说，我

---

① 孙昉：《戊戌政变后晚清朝野外交认识的分歧：以贝思福访华为考察中心》，载《衡阳师范学院学报》2010 年 10 月第 5 期。

们认为各国想得太多了。”①

基于这一相同的认识，赫德、贝思福甚至英国在华商人都希望自己的政府在列强瓜分中国的行动中，为保全英国利益发挥作用。为此，贝思福还对英国、俄国在华利益进行了对比研究，当时，俄国已经完成了对旅顺口、大连湾利益的侵占，虽然英国在牛庄也有租界，但俄国已经公然把它视为自己的势力范围。贝思福经过研究发现：在俄国势力范围的东北，铁路与海运皆被其控制，使英国商人无从置喙，并且因为三国干涉“还辽”的原因，清政府对其在当地开矿也心存抵触。本来，维新派主张联盟英日，但是掌管权力的保守派普遍对英心存偏见。再者，英、俄在华利益的竞争中，清政府的官员普遍认为，英国忌惮俄国，在贝思福与清政府官员交谈中，他们常说“英以畏俄而损厥威”。这也可以视为清政府官员对当时外交感想的真实表达。基于这样的观感，贝思福认为，必须在中国人的心目中树立起一种英国人是专以帮助中国拒俄的外交思想。他说，英国并不是害怕俄国，“所以隐忍不发”，是不想投鼠忌器。就俄国的军力而言，并不能对英国造成威胁，“故以海权论之，全握于英人之手。俄人知其故，特于中国背后陆地筑路增兵，拊中国之背，以避英国之锋，待时而动，以攘中国之境土，英不与俄开兵衅，则中国犹可苟延。英若一旦因助中国，结怨于俄，则兵端一启，英、俄两国之胜负皆不必论，中国则必受其害矣”。

贝思福之说，当然是为维护英国利益找借口。他认为，既然俄国损害中国，那么英国就应该通过通商来保护中国。为此，贝思福还专门拜会了庆亲王奕劻，表达了英国的关切。他对庆亲王阐述了这样一种观念，如果中国不能凭借自己的力量来保护中外通商，而把希望寄托在列强身上，恐怕这非各国所望，长此以往恐怕各国将纷纷自立其法，这个法是什么呢？“不过曰划分方卦耳，而自保其商耳”②。显然这是一种瓜分中国市场的行

① 陈霞飞：《中国海关密档：赫德、金登干函电汇编（1874—1907）》第六卷，中华书局1995年版，第937页。

② 孙昉：《戊戌政变后晚清朝野外交认识的分歧：以贝思福访华为考察中心》，载《衡阳师范学院学报》2010年10月第5期。

为，贝思福对奕劻说，英国持反对瓜分中国市场的态度。

贝思福出于维护英国利益的考虑，虽然把话说得很冠冕堂皇，但庆亲王奕劻对此却是有戒心的。在二人的会谈中，他只是对贝思福的关切泛泛地表示赞同，并没有明确地给予回应。他反问贝思福，有什么保护通商的好办法？贝思福就以同治朝时，戈登帮助清政府攻打太平军、赫德署理海关总税务司以及后来的北洋水师聘请朗威理做教习为例，建议清政府批准英国派员训练中国海军，进而抵抗俄国。对于这样的要求，庆亲王奕劻没有表态。在随后荣禄与贝思福的会谈中，荣禄则直截了当地说，既然英国关切列强瓜分中国，那么一旦中国与他国发生冲突，英国会乐于相助吗？

荣禄是保守派的代表人物，作为慈禧太后的亲信，在戊戌政变中，他获得了权力，巩固了自己的地位，把持了北方的军政大权。此时此刻，他怎么会轻易听信贝思福的建议呢？

当然，贝思福在表现出维护英国利益的关切的同时，也努力地表现出不干涉中国内政的伪善面孔。在与庆亲王奕劻、荣禄等人的交谈中，他也发现了清政府官员的这种戒备心理。因而，他努力营造英国不干涉中国内政的印象，以此消除清政府的顾虑。当贝思福与奕劻会谈帮助练兵需要外交交涉时，他又表示本人不便干预，在荣禄就练兵事宜提出开一清单时，贝思福仍然表示，此事关乎国政，不便表示态度。

荣禄故居

经过这样的表态，清政府虽然对英国仍然心存戒备，但又担心完全拒绝贝思福的建议，有可能会导致英国人狗急跳墙，对华采取不利措施。因而，清政府在请求英国帮助练兵问题上的态度开始松动，要求张之洞、刘坤一与贝思福接洽。张之洞是主张联盟英日的积极人物，希望在张之洞主政的湖广进行试验，允许英国派员训练清军。总理衙门为此致电张之洞与荆州将军祥亨说："据英国议绅水师提督贝思福以中国练兵为要，与总署王大臣面商愿荐将弁教练，先从南省办起，着祥亨、张之洞早为预备，于驻防营挑选一千名，练军各营挑选一千名，务期年力精壮，一律整齐，俟所荐洋将到鄂，再与详议章程，派员会同督练，以观后效。"①

张之洞这人有个特点，就是喜欢背着朝廷干些事情，在联盟英日的问题上，张之洞就悄悄地背着朝廷与日本有过联系。这一次，总理衙门一再告诫张之洞就练兵事宜与朝廷保持一致。张之洞当然明白，朝廷对贝思福的建议，心存戒备。经历了戊戌政变，张之洞虽然没有被治罪，但是在政治上变得谨小慎微起来，况且，张之洞对贝思福一样也心存戒备，不愿意看到英国人控制自己在地方上苦心经营的军队。

因此，张之洞收到总理衙门的电函后，立刻表现出相同的基调。他在回电中认为，英国真实的想法是想揽长江兵权，如果让英国帮助练兵，危害极大，"据云，欲派一知兵大员，助我整顿华军"，这不是一般的洋教习能比，"查今日中国练兵诚为第一要事，惟各国皆思干预我兵权亦是大患，大率用洋人为教习则可，用洋人大员为将领万万不可"②。

张之洞同样担心完全拒绝英国人的要求，会招致英国作出反应。因而，他向总理衙门建议，聘请英人代练军队应遵循五原则：

其一，官不可大，至大不得过守备，官大者，洞断不用；其二，鄂须言明为洞属员，听节制；其三，其名只为教习；其四，诸事与营务处道员商办；其五，湖北饷绌兵少，只能先拨练军五百人，荆州驻防五百人，令

① 戴银风：《贝思福访华论述》，载《近代史研究》2003年第1期。

② 苑书义等主编：《张之洞全集》第三册，河北人民出版社1998年版，第2137页。

其分扎教练，俟教育有成效，并饷能多筹，再酌议能否加增，由洞斟酌。[①]

张之洞认为，防范英国人，就要兵权与利权都不能被其控制。因而他在电报中又说："彼能依此五条，方有可商，若钧署不先议定，将来该英提督到鄂，必以奉旨强勒。长江利权今已半归英人，又兼揽长江兵权，尾大患深，洞实不敢当此重咎。"[②]

后来，当贝思福抵达湖北时，张之洞更是表现出与朝廷一致的立场。在二人的会谈中，张之洞先是试探了贝思福的意图。

贝思福表示，练兵实为帮助保全中国。张之洞即反问，既然如此，自应先在华北练兵，保京城，为何却来南省练兵，这不是人们常说的忌惮俄国而出此下策吗？如果英国在湖北练兵，而俄国竞相效仿，到华北练兵，那结局将是如何？

贝思福回答说："我在京原议乃从湖北练起，非仅练此二千人。"在湖北，贝思福与张之洞共进行了两次会谈，在第二次会谈中，贝思福态度强硬地说："必先在京城设军务处，聘英将为参谋筹拟章程，整顿中国全国军务，随时随同中国大员巡阅各省军营，方能有益。若仅在外省练兵反招他国效尤，有损无益。"[③]张之洞表示他只能负责湖北一省的军务，对全国的军务不敢妄加评论，并表示担心其他列强将以英国为例，纷纷效尤，干预中国兵权。

对此，贝思福称自己刚接到首相金伯利的指示：中国聘请英国政府推荐的教习帮助训练全国军队，如果别国干预，英国将全力帮助清政府，并请张之洞将这个态度转达给总理衙门。张之洞同意向总理衙门转达贝思福之意，但同时强调：

一、中国请英国荐员练兵，非请英国代为练兵，英员到华即是华官，不能借势要挟。二、京中英员名为参谋，归王大臣统属，只能参谋筹拟章

---

① 孙昉：《戊戌政变后晚清朝野外交认识的分歧：以贝思福访华为考察中心》，载《衡阳师范学院学报》2010年10月第5期。

② 苑书义等主编：《张之洞全集》第三册，河北人民出版社1998年版，第2136页。

③ 同上书，第2137页。

程，候王大臣核定咨行，英员不能行文调度赏罚，不能照总税务司办法。三、外省洋员归督抚统属，与营务处商酌，兼用他国人员，以免猜忌，并不拘定由彼荐举，兼可由我访募，若中国原有将官练洋操好者，不能更换。

张之洞编练的湖北新军

从二人的会谈中，可以发现，贝思福建议的练兵从湖北练起，包含着更多的愿望，即逐渐地染指全国的军务，这正是清政府和张之洞所戒备和担心的。张之洞担心，此议若成，英国人必将把清朝军队视为英国人的第二个海关。因此，他在给总理衙门汇报会谈情况的电报中阐述了自己的观点：洋人来华无论如何与约，都是以伸张利益为目的，比如说海关三十余年从不让华员跟随练习要务便是如此，也正因此，海关长期无法接管，这是前车之鉴。

总理衙门看了张之洞的电报，对贝思福的疑忌更深，立即给张之洞发出明确指示："京城设军务处、用英参谋一说，断不可行，将来如果来京商办，应仍照原议就鄂省先练二千，一切荐员教练归我节制，临时由该督妥慎筹酌，务须预防流弊，操纵在我。"[①]

需要说明的是，清政府以及张之洞虽然对贝思福的练兵建议持有猜疑，

① 苑书义等主编：《张之洞全集》第三册，河北人民出版社 1998 年版，第 2139 页。

但在外交态度上却十分谨慎。这一点，在总理衙门任职的郑孝胥看得明白，也对张之洞的外交态度感到遗憾，郑孝胥在自己的日记中写道：“计今日英爵贝思福当至南京与岘帅会晤，日领事小田切亦将继往，惜岘帅左右无人，不能用英、日两国也。人心豫怯，则智勇并竭，香帅今日是也，非他人所能助矣。”①

与清政府及张之洞对贝思福的猜疑不同，有一个人却对练兵之事表现出浓厚的兴趣，此人就是通商大臣盛宣怀，他曾专门拜会贝思福，二人在汉口也曾进行过两次会谈。会谈的内容仍然是练兵，虽然盛宣怀也表示担心别的国家效仿，但对贝思福的建议表示赞赏。盛宣怀也给贝思福留下了良好的印象，贝思福认为此人聪明练达，勇敢有为。盛宣怀将会谈的情况向张之洞作了通报，认为“如真能联合英美附之以日，不及自办，较之坐以待毙，稍有生机”②。

盛宣怀像

对贝思福帮助练兵的建议，表现出较大兴趣的还有绅商界人士，如郑观应就对此持积极的支持态度。戊戌政变后，郑观应对保守派政治上的倒退，以及对维新派的反攻倒算非常失望。他认为此举必然会导致外交上的

① 劳祖德整理：《郑孝胥日记》第二册，中华书局1992年版，第700页。

② 夏东元：《盛宣怀年谱长编》下册，上海交通大学出版社2004年版，第628页。

失控，从而加剧列强对中国的瓜分。

郑观应认为维新派的外交立场，符合内外形势的需要。在列强“合以谋我”的环境下，他认为朝廷中的保守派已经失去了化解外交危机的能力，唯有像维新派所主张的那样，积极与英日结盟，方能化解被瓜分的危机。在列强瓜分中国的行动中，俄国是首恶，从遏制俄国在华势力扩张的意图出发，也应该联合英日以拒俄。郑观应认为，现在贝思福既然提出了派英国军官代练清兵的建议，这个建议正当其时。他说：“楚材晋用聘教习，边备兵强有颇、牧。寓兵于民法泰西，俄、法焉敢肆荼酷。”①

郑观应认为，练兵是实现中英结盟的一个途径，同时，中英结盟还应该扩展到更广泛的领域，比如路矿利权。他认为铁路、矿务可以与外国合股举办，这样朝廷可以获得利源。他希望朝廷改变在联英外交上有所迟疑的态度：“达权通变互得益，解纷排难须从速。只手相期挽逆流，双关慎勿观棋局。”在郑观应看来，若朝廷放弃猜忌，与英国实行外交上的全面合作，可以使中国避免像土耳其那样的厄运。

郑观应希望通过英国助华练兵，实现中英结盟，但他毕竟是一个绅商，人微言轻，并不能引起清廷保守派的重视。为此，郑观应在 1898 年 12 月间又联系何东、何启、何昆山、黄丽川等香港知名绅商，就贝思福的建议交换意见，他们聚集在中华会馆，交谈中对贝思福的建议一致表示赞同。会后，他们联名上书清廷，建议朝廷接受贝思福的建议，认为只有这样才可以使中国商务得以振兴。

郑观应、何东等商界代表认为，中国商业的兴衰成败与中英外交关系密不可分，只有实现了中英结盟，他们的利益才能得到保证。但是，他们的上书并没有引起保守派的重视，这种情况也说明，贝思福这次访华，并没有达到预期的效果，正如《泰晤士报》驻上海记者在报道中所指出的那样：“贝思福碰了软钉子，已颓然而返。”但是通过贝思福访华，朝廷和地方督抚及绅商界在外交上程度不等的分歧已经显现。

① 夏东元：《郑观应集》下册，上海人民出版社 1982 年版，第 1319 页。

英国报刊敏锐地察觉到了这一点，并且为赫德等人所认同。《晨邮报》曾连续刊载该报驻汉口记者发回的题为《中国问题》的长篇报道。该报道认为俄国人不仅要对中国长城以北的地区加强控制，而且要凭借俄法同盟关系向华中地区发展。该报道高度重视地方督抚在清政府政治运作中的作用，指出张之洞是沿江各省督抚的领袖。要求英国政府加强对中国地方官员的外交工作，不要冷淡他们，而要促使他们向亲英方向转变。①

维新派也对贝思福访华表现出相当的关注。当时，《清议报》《昌言报》对贝思福的中国之行进行了大量报道，字里行间对联英充满了期待。贝思福第一次抵达香港，恰好康有为也在此避难。贝思福很想了解维新派的思想与外交观，便约见了康有为。谈话中，贝思福感到，康有为不过是个激进鲁莽的文人罢了。这只能使他推动维新变法欲速而不达。不用说，从已是明日黄花的维新派首领那里，贝思福没有得到任何有用的东西。

贝思福以“考察商务”为名的访华之行，没有达到预期的效果，他在1899年初怀着怅然的心情离开了中国。

---

① 陈霞飞主编:《中国海关密档：赫德、金登干函电汇编（1874—1907）》第六卷，中华书局1995年版，第948页。

Chapter 5

第五章　义和团扶清灭洋与八国联军入北京

一、扶清灭洋为慈禧“背书”

甲午战争之后的清政府处于内忧外患之中。英、俄、德、法等国以借地之名行扩张之实。而这还没过几天呢，让慈禧太后与光绪帝都感到震惊的事情发生了，声势浩大的义和团运动在华北大地风起云涌地出现了。

义和团运动的发生与清政府准许德国人租借胶州湾一事息息相关。当然，《马关条约》的签订，清政府对日赔款也是原因之一。那么大一笔巨额赔款，钱从哪里来？晚清时的中国可不像现在的多元化经济时代，有第一、第二、第三产业，中国人民还可以到海外并购。那时候的清政府除了商业、传统手工业和农业税收之外，实在没有什么进钱的门路。怎么办呢？除了向外国大借款外，另一个途径就是搞摊派从百姓身上搜刮了。可是，动荡年代，人民朝不保夕，哪里经得起这般搜刮，再加上吏治腐败，甲午战争之后，又接连不断地发生灾害，使得华北、华东大地一时间处于水深火热之中。

人们常说的一句话，官逼民反，民不得不反。义和团运动就在这样的背景下爆发了。再者，甲午战争之后，列强纷纷向清政府借地搞扩张，也为义和团的发展壮大提供了契机。

义和团反抗外国侵略，是从山东冠县梨园屯开始的，当时还有些反洋教的性质。冠县梨园屯位于直隶与山东的交界处，这里也是洋教比较盛行之地，第二次鸦片战争后，法国人就在此设有教堂。此后，德国人、英国人都在此设有教堂。这些教堂欺压人民，鱼肉百姓，自然要遭到中国百姓的反抗。自然，梨园屯及其“教堂林立”的周围地区的老百姓起来反抗，这也引起了当地政府的警惕，把这些地区看作“教中吃紧之区”，诬为“盗贼匪窝”，“拳教渊薮”[①]。

梨园屯人反抗洋教欺凌始于1886年，当年，德国人创办的教会看中了村中的玉皇庙，率领教民拆了庙宇，想建成教堂，这遭到了村民的反对。村民们在外界压力下很容易团结起来，他们也不懂得什么法律，但玉皇庙却是他们生存与发展的精神寄托，虽然有些迷信，但百年千年祖祖辈辈都是这么过来的。现在，庙宇被外教拆了，怎么办？村民们便推举生员王世昌、监生左建勋、武生阎得胜、贡生商东山和蒋老亮等为代表到冠县县衙申诉。但知县何世箴不敢得罪洋人，不与做主。王世昌等人便又告到聊城东昌府，谁知东昌知府洪用舟也与洋人沆瀣一气，并判王世昌入狱，这使梨园屯的村民感到，指望官府不如号召百姓，准备进行武力护庙。

村民中的阎书勤、高元祥都是苦大仇深的农民出身，但平素喜好练练拳脚，又爱打抱不平，因而在村中很有威信。二人提出把村民组织起来武力夺回庙产，当即就有十六名村民响应。村民称誉阎书勤、高元祥和这首先报名的十六个人为“十八魁”。后来，响应的村民不断增多，但这一具有自卫队性质的村民组织仍以“十八魁”的名号震慑着洋教和聊城地方官。德国教会见“十八魁”来势凶猛，又很得百姓拥护，只好暂停修建教堂，但他们并不甘心，给教民发了枪支，经常到玉皇庙寻事生非，这种局面一直持续到1892年，冠县知县何世箴担心事情闹大，息事宁人地演了一出戏，说是自己掏腰包，要重新选址为村民们建新的玉皇庙。梨园屯的很多村民被何世箴这一招儿迷惑了，王世昌也向何世箴保证，从此以后不再打官司了，但“十八魁”却不为何世箴的种种伎俩所迷惑，坚决反对洋教在玉皇庙址上修建教堂。1893年春天，教会又开始在玉皇庙址上修建教堂，“十八魁”当即前往阻止，并将庙址夺回，后又联合村民重新盖起了

① 廖一中等编：《义和团运动史》，人民出版社1981年版，第64页。

玉皇庙。

教会当然不愿吃这个亏，朗神父来到东昌府，诬称“十八魁”谋反，按照正常的法律程序，“十八魁”和村民们当然要到东昌府应诉理论，朗神父却让教民向前来辩论的群众开枪射击。“十八魁”怒不可遏，遂率众反抗，并将武器集中在玉皇庙内，防备教会前来报复，这种局面持续到1895年，东昌知府洪用舟害怕“民教相争，酿成巨患”[①]，亲自带领清军来到梨园屯拆毁了玉皇庙，把庙址交给了教会，并留兵勇帮助镇压“十八魁”的护庙斗争。

“十八魁”和梨园屯百姓并没有向与教会勾结的洪用舟屈服，他们主动联合在直隶、山东、河南三省交界的梅花拳首领赵三多一起抗争，从而使梨园屯的反教斗争走向了一个新的阶段。

赵三多是直隶威县沙柳寨人，平素也喜欢练拳脚，身边有很多徒众，他们对洋教也十分憎恶。也就是说，大家的目标一致，都是打洋人的。当阎书勤前来求助时，他们立即联合起来，赵三多率领一部分拳众随同阎书勤一起来到梨园屯再一次夺回了玉皇庙址，拆了教堂。这一次行动轰动了整个冠县，使得赵三多的梅花拳在三省交界之地产生了更大的影响。附近

义和团部分人物留影

① 廖一中等编：《义和团运动史》，人民出版社1981年版，第66页。

的乡民纷纷加入习练梅花拳，即便是原来习练洪拳的“十八魁”也开始改练梅花拳。当时，活跃在直隶威县、曲周、永年、平乡、邯郸等地的韩道士、朱九斌、刘化龙等人聚拢的拳众，也习练梅花拳，慕赵三多之名，前来投奔，这些组织在相互团结、聚合的同时，还把几支团练组织起来，以便统一步调和行动。

1896 年 4 月 2 日，赵三多召集各路团民在梨园屯召开比武大会。参加大会的有三千多人，他们亮拳比赛持续了三天之久。这次大会使得义和团的声势更加浩大。还有一项最重要的，就是他们利用这次比武大会，散发了许多反对洋教的宣传单子，并提出今后“趁商贾墟市之场，约期聚会，比较拳勇”。

面对列强横行中华大地这一现实，义和团打着反洋教的旗号，作为抵制西方传教、抵制文化侵略的尖兵，具有值得肯定的一面。义和团在反对西方的行动中，“掀铁道，把线砍，旋再毁坏大轮船”。“总而言之，凡关涉洋字之物，皆所深忌也”[①]。

慈禧太后甚至光绪帝等统治者对义和团这样一个组织，充满恐惧，担心义和团发展壮大，冲击朝廷根基。虽然朝廷对义和团有所恐惧，也有过镇压，但是，在《辛丑条约》签订前朝廷基本上还是采取纵容的态度。为什么会出现这样的局面呢？作为清政府政权的实际掌控者，慈禧太后当然有自己的政治用意。

这与当时的政治环境有关，甲午战争之后，光绪帝在康有为等维新派的鼓动下，推动维新变法。但是，康有为等人推动的变法很有些极端的成分。说白了，他毕竟是个读书人，对于治国主张太过于理想化了。没有治国经验的康有为忽视了列强的贪婪本性，一厢情愿地提出联合日本、英国，推动清政府变法自强的政治主张。他为此还忽悠御史杨深秀上书光绪帝支持这一主张。

以光绪帝为首的“帝党”积极支持康有为的变法主张。但是，慈禧太

---

① 路遥:《义和团运动》，巴蜀书社 1985 年版，第 170 页。

后与李鸿章等保守派代表人物却大不以为然，李鸿章甚至向慈禧太后提出建议，应该联结俄国来逐步实现自强。

在维新派与保守派联结外国的矛盾斗争中，列强当然也有自己的盘算。康有为的主张，日本、英国当然很乐意接受，因为这使他们看到了向中国扩张势力的机会。美国也想借维新派的主张分得一杯美羹，所以他们都对维新派寄予很大希望。而以慈禧太后为首的保守派既然倾向于联俄，那么俄国肯定是支持慈禧太后的。

维新变法失败后，光绪帝被幽禁于瀛台，对比俄国是采取旁观态度的，日本、英国和美国却很担心，担心什么呢？担心慈禧太后重新掌权，中国很有可能回归到道光、咸丰皇帝排斥外国人的时代，那不是又得兵戎相见了吗？他们把慈禧太后和光绪帝作了对比，权衡之下，认为还是支持光绪帝建立一个开明的政府好些。因而，对于光绪帝被幽禁一事，他们都表现出了相当的关注。

光绪帝被幽禁后，重新训政的慈禧太后想废帝再立新君。当然，要废帝不是说废就能废的，首先要在舆论上造一下势，便把光绪帝患病的消息散布了出去。

慈禧太后发布懿旨，要为光绪帝遍选名医，诊治痼疾。1898 年 9 月 25 日，慈禧太后以光绪帝的名义发布了一道上谕："朕躬自四月以来，屡有不适，调治日久，尚无大效。京外如有精通医理之人，即著内外臣工，切实保荐候旨。其现在外省者，即日驰送来京，勿稍延缓。"① 这正是慈禧太后的狠毒之处，借为光绪帝治病一事大造舆论，实际上是为废帝作准备。

要废黜光绪帝，还得有朝臣的支持，再者还要选立一个新皇帝。另外，外国人会不会干预，这些都是必须要考虑到的。慈禧太后倒不担心朝臣的支持，朝中有的是像李鸿章、荣禄这样见风使舵的人。在光绪帝被幽禁的那一刻，保守派中一些当权人物便跳出来说，光绪帝推行新法，破坏祖宗成法，应当废黜，这样的论调正迎合了慈禧太后的心思。

---

① 朱寿朋编：《光绪朝东华录》第四册，中华书局 1958 年版，第 4202 页。

慈禧太后在颐和园的观音扮相

慈禧太后想废帝再掌大权，英、美、日等列强当然会高度关注。实际上自光绪帝遍选名医谕旨下达的那一刻，英法两国驻华公使便来到了总理衙门。维新变法失败后，总理衙门有了很大的人事变动。此时执掌大权的是庆亲王奕劻，英法公使见到他，开门见山地表示要给光绪帝看病，各国都对大皇帝的病情很疑虑，为释群疑，不能不看。

外国人要给光绪帝看病，奕劻感到事情重大，不敢耽搁，匆忙向慈禧太后作了奏报。慈禧太后当然不想让外国人给光绪帝看病，她很担心外国人医好了光绪帝的病，那岂不是刚刚到手的训政大权又要拱手让人。慈禧太后说了一通西方医术的不是，什么听诊啊，肌肉注射啊，都是旁门左道，远不及中国医学的博大精深。

话虽是这么说，慈禧太后也明白其中的道理——外国人真正的目的不是看病，而是外交干涉，给慈禧太后添堵，从而谋取利益。况且，她身边的近臣荣禄提出，一味拒绝会不会得罪外国。她思忖再三，勉强同意了外国人为光绪帝看病。

1889 年 10 月 18 日，法国驻华使馆医生多德福在庆亲王奕劻、端郡王载漪及军机大臣的带领下来到瀛台，为光绪帝看病。

多德福作为一名西方医官，在中国期间，对中医也有一定研究。他认为中国医学在辨证、问诊上有许多可取之处。对于光绪帝的病，他采取了中西医结合的诊治方法。到瀛台后，多德福按照西方礼节向光绪帝鞠躬致敬，接着询问病情，此时的光绪帝虽然面色苍白，但精气神还在。他大致向多德福说了自己的病情，说自己虽然有病，但尚不至于病入膏肓，且“饮食尚健”。说话间，光绪帝亲自将关于自己病情的《病源说略》递交到多德福手里。

《病源说略》是这样描述的：“身体虚弱，颇瘦劳累，头面淡白，饮食尚健，消化滞缓，大便微泄色白，内有未能全化之物，呕吐无常，气喘不调，胸间堵闷，气怯时止时作。”①

多德福看了病案，接着为光绪帝做了听诊，又做了常规化验，认为光绪帝的病情为“腰败”所致。“我确信此病系肾脏损伤引起，欧洲称为肾炎或者慢性肾炎。正常情况下，血液流进肾脏时，将营养交换后的残渣滤出；而这类残渣对肾脏器官正是一种毒素。当肾脏损伤不能将这些毒素随尿排出时，这些物质便由血液带到其他脏器，在那里堆积，引起脏器运行紊乱，出现上述症状。”②

根据病情，多德福的结论是“病势无大碍，惟患血虚之症”③而已。多德福自信地认为，按照他的治疗，可使“小便调和，喘气闷堵可除，以致病身大愈”。多德福的治疗方案是让光绪帝吃人乳或牛乳，好好调养休息。但是，多德福的方案并没有被清政府采用。

且不说多德福这次诊断是否对光绪帝的病情有所帮助，但是他从瀛台出来后，给列强提供了关于光绪帝情况的第一手资料，即一是光绪帝还健在；二是光绪帝虽然体弱多病，但患的不是绝症。

得到这样的讯息，列强表现出了更加强烈的关注，使得慈禧太后的废

---

① 茅海建：《戊戌政变的时间、过程与原委》，载《近代史研究》2002年第6期，第169页。

② 同上书，第170页。

③ 中国史学会编：《中国近代史资料丛刊：戊戌变法》第三册，上海人民出版社1957年版，第548页。

帝阴谋一时难以得逞。虽然如此，慈禧太后并不甘心，她知道，光绪帝一日不除，就可能成为其心头的一大隐患。毕竟自己年事已高，说不定哪一天就可能驾鹤西去，虽然说人死如灯灭，光绪帝一旦掌权，会不会干出一些让她难以想象之事，难以料知。在列强的干预面前，她仍然不断地寻找着废帝的机会。

慈禧太后心中潜藏着的废帝之念，已经被朝廷中的一些人摸透了。曾经两次想“承大统”而未能如愿的端郡王载漪以及承恩公崇绮、大学士徐桐很想借废帝之机捞取各自需要的权势和富贵，因而便时常勾结在一起“日夕密谋”，策划废立活动。

1899 年冬，载漪、崇绮、徐桐等人再次联名上奏，要求废黜光绪帝，再立新君。这样的奏折当然迎合了慈禧太后的心思，但列强的干涉、社会舆论的压力，使得慈禧太后仍然未敢贸然表态。

慈禧太后未表态，载漪、崇绮、徐桐等人并不死心，他们又去拜访了慈禧太后的亲信荣禄。荣禄作为一个实权派人物，他原本是废帝的主谋，打击维新派人士也是积极分子。但是，面对列强的干涉、国内舆论的压力，他对废帝之举也心存顾虑。老奸巨猾的他此时既不愿公开站在载漪等人的行列，又不想惹慈禧太后不高兴，怎么办呢？当载漪、崇绮、徐桐拜访他后，他又去拜访了李鸿章。

此时的李鸿章，因为签订《马关条约》被明升暗降地进入总理衙门办事。说是办事，实际上并没有什么事情可做。只是闲居贤良寺，没有了昔日北洋大臣时的风光。

荣禄的到来，让他感到一定是有要事相商，两人一番寒暄之后，喝退了左右，便进入密谈。荣禄说：“太后将行大事，天位当易，惟亡命者肆意鼓吹，恐友邦为所惑，夙知公娴习外情，烦一探其向背。”[①]

李鸿章毕竟是老奸巨猾的政客，可谓老油条，知道太后是想敛权，也

---

① 中国史学会编：《中国近代史资料丛刊：戊戌变法》第四册，上海人民出版社 1957 年版，第 321 页。

知道太后很想笼络他，当然他也很想借这个机会东山再起。他先是推托，说自己无权无势，名不正言不顺，进而他又对荣禄说："我办外交数十年，皆人先谒我，且此系内政，先询人，失国体。如必询，当授我以两广总督，我先于《泰晤士报》传其风说，届时外宾必来贺我，询我以国事，我可就而探之。"[①]

荣禄听了很高兴，回去后立即向慈禧太后作了汇报。慈禧太后当然顺水推舟，授命他为两广总督一职。后来的事情也正如他所料，各国公使听说他重掌实权，都来向他道贺。

与各国公使的谈话中，各国都对废黜光绪帝之事表达关切。这使李鸿章感到，匆忙地废帝并非上策。后来，荣禄再次向李鸿章探口风，李鸿章说了废帝的困难，他说："若果举行，危险万状。各国使臣，首先抗议，各省疆臣更有仗义声讨者，无端动天下之兵，为害曷可胜言。东朝圣明，更事最久，母子天伦，岂无转圜之望。是在君造膝之际，委曲密陈成败利钝，言尽于此。"[②]

李鸿章的这番话更使荣禄拿不定主意了。他并没有立即向慈禧太后说明情况，只是到 1899 年 12 月 31 日，荣禄才亲自与慈禧太后密商大计。在恽毓鼎《崇陵传信录》中，记述了他们的密谋。荣禄首先若无其事地问："传闻将有废立事，信乎？"

慈禧太后先是故作镇静地说："无有也。"紧接着她又表示："事果可行乎？"企图乘机试探荣禄。

荣禄："太后行之，谁敢谓其不可者？顾上（光绪帝）罪不明，外国公使将起而干涉。此不可不慎也。"

慈禧太后："事且露，奈何？"

荣禄："无妨也，上春秋已盛，无皇子，不如择宗室近支子，建为大阿

---

① 中国史学会编：《中国近代史资料丛刊：戊戌变法》第四册，上海人民出版社 1957 年版，第 322 页。

② 中国社会科学院近代史研究所编：《近代史资料专刊：义和团史料》上册，中国社会科学出版社 1982 年版，第 187 页。

哥（即皇储——引者》，为上嗣，兼祧穆宗（同治），育之宫中，徐篡大统，这样就师出有名了。”

慈禧太后沉思片刻道：“汝言是也。”①

就这样，他们便在秘密之中议定了以立皇储的办法来逐步替代光绪帝的主意。随后，他们经过物色，选中了端郡王载漪 15 岁的儿子溥儁。

被册立为大阿哥的溥儁

1900 年新年，光绪帝签发了一道谕旨，被洋人们称为“中国历史上最伤心的文字”。文中说自己“朕以冲龄，入承大统，仰承皇太后垂帘听政，殷勤教诲，巨细无遗”，遗憾的是，自己多病，又没有子嗣，为江山社稷考虑，“就近于宗室中慎简贤良，为穆宗毅皇帝立嗣，以为将来大统之畀。再四恳求，始蒙俯允，以端郡王载漪之子溥儁，继承穆宗毅皇帝为子。钦承懿旨，欣幸莫名，谨敬仰遵慈训，封载漪之子为皇子。将此通谕知之”②。

① 中国史学会编：《中国近代史资料丛刊：戊戌变法》第四册，上海人民出版社 1957 年版，第 448 页。

② （清）景善：《景善日记》，转引自辜鸿铭等著：《清代野史》第一卷，巴蜀书社 1998 年版，第 156、157 页。

这道谕旨显然是在慈禧太后的胁迫下颁发的，说得还很羞愧难当。对一般老百姓而言，不孝有三，无后为大，而在光绪帝身上，更被提升到大清基业的高度，光绪帝的谕旨白纸黑字地说，为江山社稷考虑，是应该生个儿子来继承大统的，可是皇后、皇妃们都不争气，至今都没能生出个一男半女来，现在自己病重，实在无力梳理朝政了，且皇太后年事已高，为使皇家不致断了香火，江山后继有人，朕颁谕旨决定立端郡王的儿子溥儁为同治皇帝的嗣子，将来继承大统。

谕旨说了立溥儁为同治帝的儿子，而不是过继给光绪帝，这很不正常，也说明了光绪帝颁布谕旨实在是迫不得已，很无奈的事情。但谕旨也向外界透露了这样一个讯息，光绪帝的病已经很重了，说不定哪一天就撒手人寰，因此，他要“隐退”，要立储寻找一个替代他的新皇帝。

这个谕旨发出后，在朝野甚至西方引发了巨大舆论。英、法、美、俄、日等各国驻华公使更是为各种传言感到迷惑，频繁地约见庆亲王奕劻以及李鸿章等人，要求官方出来澄清传闻，并且再三表示其“不承认除光绪帝之外的任何皇帝”的坚定立场。庆亲王唯唯诺诺，敷衍着洋人们。而李鸿章感到北京的政治空气太不寻常，很担心自己被卷进去，正好朝廷任命他为两广总督的谕旨下达，他便选择退避三舍，离开是非之地，立即到南方任职去了。

李鸿章开溜了，他避开纷争到南方后，列强的干预变得更强烈了。本就没有多少外交经验的奕劻急得像热锅上的蚂蚁，三天两头地向慈禧太后奏报列强的干预情况。

且不说慈禧太后欲立新皇帝代替光绪是否顺应民意，站在她的立场上，这肯定是清政府的内政，外国人是不能干涉的，可是外国人却利用各种理由予以干涉。更让她恼火的是，1900 年的新年才过去不久，外国人的兵船就已经集结起来从上海北上，目的是向慈禧太后施加压力。

事实上，慈禧太后对于列强一向是主张妥协的，可是洋人们似乎并不领情，这一次兵船北上，奕劻、荣禄等人向她汇报情况时，她不由得大骂洋人简直是喂不熟的狼。更让慈禧太后气愤的是，康有为在英国人的庇护下隐藏在英国管辖下的香港。慈禧悬赏十万金欲购康有为之首级，英兵防卫森严，杀手们无从下手。慈禧闻听此种情况，对英国恨之已极，咬牙切齿地发誓道："此仇必报！"

既然慈禧太后想打击列强们的嚣张气焰，怎么报复呢？她为此专门召集群臣开了一个小范围的御前会议，参加的大都是慈禧太后所深为器重的人。在这御前会议上，载漪给她奏报了一个并不确定的消息，说英、美、法、日等国准备递交照会，照会有四点，其中一条是"逼太后归政"。慈禧太后顿生"火气"，怒气冲冲地说："彼族竟敢干预我家事，此能忍，孰不可忍！外人无理至此，予誓必报之。"①

见慈禧太后气不打一处来，载漪又趁机说，现在活跃在山东、京津一带的义和团是号称扶清灭洋的，且他们忠勇可嘉，可以为朝廷所用。

听到载漪的话，慈禧太后灵机一动，何不利用义和团来对付骄横的列强呢？对于义和团，一开始慈禧太后是主张镇压的，像对付太平天国和捻军起义一样，这些都被慈禧太后视为反叛。但是，义和团既然现在声称要扶清灭洋，而洋人又在她废黜皇帝的路上掣肘设绊，她没有理由不想办法对付洋人。既然义和团是打着鲜明的反帝旗帜，并以实际行动展开了对外国教会教士的斗争，何不利用他们对洋人的仇视而对列强进行报复呢？

为了报复列强，慈禧太后就由镇压义和团改为利用义和团的爱国情怀去和列强抗争。而随着慈禧太后与列强的宣战，义和团完完全全地被慈禧太后所利用，成了她打击报复西方列强的工具。

二、列强"代剿"与错愕的宣战

说义和团已成为慈禧太后打击报复列强的工具，当然不是无理由的杜

① 冯元魁：《光绪帝》，吉林文史出版社 1993 年版，第 341 页。

撰，随着政治、外交斗争的进展和形势的不断发展变化，可以看出清政府对义和团前后不一的态度。事实上，不单单慈禧太后如此，清政府的很多官员都是这样。他们对义和团的态度充满矛盾，在义和团发展之初，冠县、聊城等地的低级官员是反对义和团的，担心他们坐大，不好控制，威胁到自己的统治利益。可是随着义和团的迅速壮大，他们又认为其反洋教，是可以被官方所用的。

就拿山东巡抚张汝梅来说吧，他很希望招抚义和团为朝廷所用。1898年10月，赵三多、阎书勤在直隶发动反洋教的武装斗争，声势不断壮大，很快波及河北、内蒙古、陕西、河南等地。到1900年夏，山西晋阳一带已是“联群结伴”“练者纷纷”，在内蒙古也是“旬日之间”成为风靡。义和团所形成的声势和规模已经让列强们闻风丧胆了。

义和团声势不断壮大，在维新变法失败之前，张汝梅曾经给光绪帝上了一道奏折，说正在山东、直隶交界处活跃的义和团实际上是清朝咸丰、同治年间创立的乡团，因此他请清政府充分考虑“化私会为公举，改拳勇为民团”的建议，适时决定“督饬地方官吏剀切劝谕，严密禁察，将拳民列诸乡团之内，听其自卫身家，守望相助”①。

张汝梅的想法是，将民间这种日益增长的反抗外国人的力量纳入政府统一管理的轨道，利用这些力量来与外国侵略势力进行抗争。张汝梅的这一初衷在1898年2月20日给盛宣怀的信中就曾有所流露。他说，在山东境内中德冲突越演越烈，而我政府迄今并没有引起足够的重视，一味听从德国人的摆布。德兵占据胶澳，将及两月。巨野教案一月前早已办结，而德国方面忽借口曹州又有欲杀洋人之事。实际上，据该道、府、县禀报，全属捕风捉影之谈，简直就是以势力相凌，故意与我为难。胶澳为南北洋之枢纽，事关全局，如果处理不当，后果不堪设想。因此他建议政府应该坚持定见，维护中德之间已经达成的诸多谅解。他还告诉盛宣怀，在山东，

① 故宫博物院明清档案部：《义和团档案史料》上册，中华书局1959年版，第15、16页。

不仅德国人飞扬跋扈，而且英国等国家的人也仗势欺人，无视中国的主权与文化传统。如英教士到曲阜欲游览文庙，守门者以无人带领相阻，致彼此口角。英领事不明真相，竟相信英国传教士被戕害的谣言，向清政府提出抗议。[①]

张汝梅的奏折上达朝廷的时候，光绪帝甚至慈禧太后都没有表明态度，但有一点可以肯定，对张汝梅的做法，他们是默认的，要不然义和团也不可能迅速发展壮大。张汝梅借助义和团这样一种力量反对外国侵略，他改"拳勇为民团"便成为山东地方对待义和团、大刀会这些组织的招抚方针。这种力量的官方化，使得直隶、奉天等地纷纷效仿，将这些组织改成民团，纳入政府管理之下。这种形式还有一个好处，就是在很大程度上遏制了这些地区长期存在的秘密结社等不安定因素。毓贤代替张汝梅执掌山东后，继续推行这一政策，他一方面禁止民间私立大刀会等名目的拳会，一方面命令地方官员认真稽查，"凡属私团，概行归官督率办理"，以杜流弊。

活跃在天津的义和团民众

官方的纵容使义和团不断发展壮大，对外国侵略势力造成了极大的冲

① 张海鹏主编，马勇著:《中国近代通史》第四卷（从戊戌维新到义和团 1895—1900），江苏人民出版社 2006 年版，第 367 页。

击。起初，列强们向清政府施压，认为只要清政府出面，就不难将义和团镇压下去。可是，清朝的地方官企图借助民间的力量来平息中国与外国之间的矛盾，怎么肯听命于列强，从而镇压他们精心招抚的这一力量呢？他们认为，如果听命于外国人，对民间反抗力量采取严厉的镇压措施，只会使传教势力更加猖獗。况且，利用这些反教会的民间力量去制衡外国侵略势力的嚣张气焰，遏制他们的贪婪野心，也是迫不得已，“岂知今日时势，不仗兵力而仗民心；各国之觊觎而不敢遽动者，亦不畏兵力而畏民心”①。民心既然可用，他们便没有将之彻底镇压，平白无故地将他们推到敌对方面去的道理。

列强要地方官镇压义和团，地方官却采取纵容态度，这当然使镇压义和团的行动不能有所奏效。1899 年 2 月，美国驻华公使康格来到总理衙门，向庆亲王奕劻提出抗议，要求清政府出兵镇压山东义和团的仇教活动。随后，英、德、法公使也来到总理衙门提出同样的要求。抗议归抗议，执政山东的毓贤仍然是消极地“执行”。

毓贤镇压义和团不力，美、英、法、德等国公使非常不满。1899 年 12 月，康格再次来到总理衙门，这一次他很有些气急败坏。他说，山东巡抚毓贤不能阻止义和团的排外活动，清政府应该撤换他的巡抚之职，选派一个能够平定义和团的人去治理。

对于列强的要求，慈禧太后原本是这么想的，如果在废黜光绪帝的问题上，西方能够支持她，义和团还是可以镇压的。慈禧太后先是在义和团的问题上采取了妥协态度，希望以此换取列强支持她重掌大权的回报。所以，慈禧太后于当月派袁世凯署理山东。12 月 30 日，在肥城发生了英国传教士卜鲁克斯被杀案，总理衙门立即命袁世凯尽速缉拿凶犯。袁世凯逮捕了多人，将其中二人处死，其余的也分别判刑；此外又赔银九千两和空地五亩，为教会建堂，再以银五百两竖立一座“纪念碑”。不但如此，慈禧太后和光绪帝还写信给英使对卜鲁克斯之死表示遗憾。

① 故宫博物院明清档案部:《义和团档案史料》上册，中华书局 1959 年版，第 83、84 页。

但是，慈禧太后投桃，列强没有报李。在废黜光绪帝的问题上，列强仍然表现出强烈的关切。慈禧对外释放消息说，光绪病重，公使团派人频频探询病况，英使窦纳乐竟然警告说："假如光绪帝在这政局变化之际死了，将在西洋各国之间产生不利于中国的后果。"①

1900年1月24日，是正式宣布确立溥儁为皇位继承人的日子，清政府让李鸿章搞一下公关，请各国公使入宫致贺，但遭到了公使们的婉言谢绝。非但如此，1900年的元旦刚过，列强的军舰便在上海集结北上，以示对慈禧太后废帝和镇压义和团行动不力的不满。

列强的举动，使得慈禧太后对他们衔恨更深。她一改让袁世凯缉拿杀害传教士凶犯（义和团民众）时的姿态，再次对义和团采取了纵容的态度。1900年1月11日，她以光绪帝名义发了一个对义和团相对妥协的谕旨，谕旨要求各地督抚在对义和团进行镇压的时候，不可将那些集众习武者盲目地视为会匪，不要扩大打击面，若安分良民，或习技艺以卫身家，或联村众以互保闾里，是本着守望相助之义。各级各地官员若遇有民教冲突，万不可良莠不分，而应持平办理。

这个谕旨使得列强感到，慈禧太后镇压义和团的态度并不积极。谕旨晓谕各省巡抚等地方官员对待民间秘密结社分子要温和，"首要的是不要惩罚一个无辜的人，不论他干过什么"②。

各国公使对这个模棱两可、含混不清的上谕很有些不满，认为是清政府对义和团的包庇和纵容。公使们的担心是有道理的。因为，各地又走向了分化安抚与打击并重的老路，本已开始消散的义和团再次蠢蠢欲动，"初起时专掠教民，尚有良民附和之者。近则掠及良善，绑票勒赎，专以抢掠为生计。良民由集团协捕者。现平民已知其为匪，有业者各归农田，只剩数十悍匪，随处纠合无赖少年，或百余人，或数十人，任意抢掠，直掠至

① 王绍坊：《中国外交史：鸦片战争至辛亥革命时期（1840—1911）》，河南人民出版社1988年版，第298页。

② 张海鹏主编，马勇著：《中国近代通史》第四卷（从戊戌维新到义和团1895—1900），江苏人民出版社2006年版，第377页。

距省卅里”[1]。

面对烽火又起的义和团，英国公使窦纳乐并不打算向清政府表达不满，他把此视为清政府不能有效地兑现曾经作出的严厉镇压义和团承诺的证据。

相比之下，德国公使克林德获知1月11日的上谕后，情绪比较激昂，他让自己的属下葛尔士到总理衙门询问那些“庸人”，谕旨表达的到底是什么意思？葛尔士去总理衙门了解情况。总理衙门回答说，太后的第二道谕旨意味着鼓舞各社会团体实行互助保护和做些体操锻炼，绝没有伤害和平的德国人的意图。然而，听到这个消息的英国公使窦纳乐很不满意，他对公使们谈话说：“如果再伤害，我们真要发狂了，让他们也知道我们的厉害。”[2]

列强们思谋着对清政府进行报复，慈禧太后也在思考着如何对列强以牙还牙。1月中旬，被袁世凯取代的原山东巡抚毓贤回到京师复命。他到京城后，拜访了总理衙门大臣庆亲王奕劻，也拜访了与慈禧太后走得很近的端郡王载漪、刚毅、荣禄等王亲贵胄。在与他们的交谈中，毓贤对自己在山东巡抚任上镇压义和团不力没有丝毫的悔意，而是不断地宣扬义和团忠勇可嘉，可以为朝廷所用，这些话很快便通过载漪等人传到慈禧太后的耳朵里。慈禧太后正对列强十分恼恨，便特意召见了他。

召见中，慈禧太后对毓贤没有丝毫的训斥，而是对他大大地夸赞了一番，说他治理山东地方有方，此时将他召回，实为另有任用。这次召见，慈禧太后还赐给毓贤一块大大的“福”字匾额。不言而喻，这一切都是对毓贤任职山东地方的肯定。果然不久，毓贤就到山西赴任去了，仍然是做他的巡抚，于是毓贤更有恃无恐地推行他的排外政策。

慈禧太后召见毓贤的举动，西方各国很快便通过各自的渠道知晓了，第一个反应便是不满。他们纷纷猜测清政府的真实动机，更对清朝能否真

---

① 张海鹏主编，马勇著：《中国近代通史》第四卷（从戊戌维新到义和团1895—1900），江苏人民出版社2006年版，第378页。

② ［澳］骆惠敏编：《清末民初政情内幕：泰晤士报驻京记者、袁世凯政治顾问乔·厄·莫里循书信集》上册，刘桂梁译，知识出版社1986年版，第159页。

正镇压义和团表示怀疑。美国驻华公使康格在慈禧太后召见毓贤后的不几天，再次来到总理衙门，仍然是提出抗议，表示对慈禧太后召见毓贤的举动有一种担心，认为这是不明智的，这会使清朝各地方排斥外国人的活动更加疯狂。

面对慈禧太后召见毓贤的举动，列强们也在思考着解决问题的办法。1 月 23 日，法国驻华公使毕盛向美、德、英驻华公使提出建议，召开四国公使联合会议，商讨如何应对义和团对传教活动的破坏。因为法国传教活动在山东以及华北最为活跃，所以表现得尤为积极。在 24 日的联合会议上，四国公使并没有讨论出一个有用的办法。25 日，四国公使在英国公使馆继续会商。讨论的结果是，各国联合起来，共同向清政府施压，从而使清政府产生忌惮。

1 月 27 日，四国公使联合向总理衙门发出照会。照会说，清政府在 1 月 11 日发布的上谕中的一些措辞是不适当的。这造成了一种印象，即清朝对义和团与大刀会这样的打击外国人的组织存在好感，对他们采取了纵容态度。这些组织从上谕中会得到鼓励，从而更加疯狂地对外国人以及基督教施加暴力。照会还说，这种行径对任何文明国家来说都是一种耻辱。照会还特别注明，因为义和团、大刀会这些组织打出的都是“灭洋”旗号，因此，强烈要求清朝政府发布一道措辞严厉的上谕，下令各地对这些组织进行全面的镇压与取缔。

对于清政府该如何发布措辞严厉的上谕，四国公使的照会把文字的大致内容也拟好了，就是要求清政府在上谕中清楚地说明，凡是加入这两个结社中任何一个或窝藏其任何成员者，均为触犯中国法律的刑事犯罪。①

四国公使的照会刚刚发出，得知此情的意大利公使也立即给总理衙门发出了一个内容类似的照会。中国各地的排教活动，当然也波及了意大利人，意大利公使为此感到头痛。现在借此机会，很快便加入四国公使的阵营，组成了五国公使联盟，共同向清政府施压。

---

① 胡滨译：《英国蓝皮书有关义和团运动资料选译》，中华书局 1980 年版，第 12、13 页。

总理衙门收到照会，并没有立即作出答复，原因是1月24日宣布正式立储之事，引起了国内不小的震荡，各地反对之声甚嚣尘上。总理衙门因为这种混乱而受到慈禧太后的责骂，所以事情便拖了下来。到了2月21日，五国公使见总理衙门没有作出答复，便又联合发出照会，要求总理衙门作出答复，并表示要与总理衙门紧急会晤，执掌总理衙门的庆亲王奕劻必须亲自接受会晤。

3月2日，英、美、德、意、法五国公使如约来到总理衙门，庆亲王奕劻早已等候在那里。一见面，英国公使窦纳乐就说，他代表五国公使表达对清政府镇压义和团、大刀会的一些看法，重申要求清政府再次发布严厉镇压义和团和大刀会的上谕，并要求谕旨全文必须在公开出版的官方公报上发表。德国公使克林德强调，清政府3月1日送来的上谕虽然提到要取缔义和团，但是没有提及取缔大刀会，而这两个秘密结社必须取缔是各国的一致要求。[1]

会晤中，各国公使都发表了自己的看法，庆亲王奕劻则一一解释，他说，我朝对民间结社所犯的罪行处理起来是认真的，上谕也要求有关督抚严格办理。至于上谕中没有提及大刀会，是因为朝廷把它视为与义和团同一组织。

经过庆亲王的解释，各国公使当时表示接受该上谕有镇压义和团这些组织的意思表示，但对于诚意仍然表示怀疑。3月10日，五国公使再次组织起来，召开联合会议，要求清政府以更加坚决的态度镇压义和团，如果不能接受这一要求或者形势没有得到根本改善，那么各国将为了他们侨民的生命财产安全而采取必要的措施或者联合军事行动。这次会议半个月后，英国军舰“仙女号”和“快捷号”由上海驶抵大沽。4月6日，英、美、德、法四国公使奉其政府密令再次发出联合照会，限令清政府在两月以内“悉将义和团匪一律剿除，否则将派水陆各军，驰入山东直隶两省，代为剿

---

① 张海鹏主编，马勇著：《中国近代通史》第四卷（从戊戌维新到义和团1895—1900），江苏人民出版社2006年版，第380页。

平”[1]。4月12日，俄、英、法、德等国军舰群集大沽口外海面，向中国炫耀武力。

从天津大沽登陆的联军

列强故技重演，开来军舰向清政府施压。慈禧太后对此又气又恨，虽然想报复洋人，但感到国力不支，又采取了妥协的方针。4月13日，慈禧太后以光绪帝的名义再发上谕，谕令直隶总督立即取缔义和团。第二天，直隶总督将这个上谕发布在了《京报》上，列强们看到这个上谕，知道清朝慈禧太后是害怕了，对此很是满意。英国驻华公使窦纳乐不无得意地说，清政府终于开始表现了镇压这一反基督教团体的真正的愿望。虽然清政府向列强表示了妥协，有开始转向镇压义和团的倾向，但是，在列强向中国派出军舰示威期间，义和团势力却向京津呈现出更加迅猛的发展势头。如此一来，列强于4月26日再次联合照会总理衙门，要求清政府尽快办理，否则各国将自行派兵。

列强要调兵来，慈禧太后不能不想到1860年英法联军攻占京津，火烧圆明园，她随咸丰帝逃亡热河的仓皇遭遇。至今回想“咸丰故事”仍然心

① 中国史学会编：《中国近代史资料丛刊：义和团》第三册，上海人民出版社1957年版，第169页。

有余悸。况且，洋兵一来，京师之地恐又遭生灵涂炭。她不得不再次派出军队镇压义和团。可是清军再一次在作战中显示了混乱和无能。在5月20日的作战中，义和团一鼓作气，在涞水把清军打得落花流水，真有点像太平天国的重演。经此一役，义和团的声势更加高涨，也使慈禧太后陷入进退维谷的矛盾之中。

义和团一举击败清军，列强也很恐慌，再次提出调兵镇压义和团的要求，并给总理衙门发出照会，提出镇压义和团的具体措施，要求总理衙门立即作出答复。列强是在5月21日发出照会的，关于镇压义和团的具体措施是："拘办拳民练团纠党传布揭帖拘；拳民聚会之处无论寺庙民居，将其住持屋主一并收监；将拘办拳民不力之员概行惩处；将为首焚杀之拳众一并正法；将纵拳之人尽行诛戮；直隶与邻省有拳团之处，地方官出示严禁。"[①]

总理衙门看了这个照会，即表示立即剿办并"严禁该会"，但列强对这个答复并不满意，实际上仍然想找借口调兵进北京。5月28日，列强公使再次举行会议，一致"同意不失时机地调来卫队保卫各国使馆"，并照会总理衙门，声称"奥、英、法、德、意、日、俄、美等国公使已决定调集特遣队立即前来北京，并要求提供运输便利"[②]。

看来这一次提出调兵的要求，不再是动嘴皮子功夫的恫吓，而是来真格的。庆亲王奕劻慌忙向慈禧太后作了奏报。对于洋人的要求，认为妥协是上策的慈禧太后竟然答应了。这样，奕劻向各国公使作出答复，允许各国调入三百名士兵作为他们维护使馆的卫队。但是，这个卫队在6月初组成后，列强却立即在沿海集结了二十多艘军舰，为进入北京城作准备。

6月10日，英国公使窦纳乐向英国海军发出求援，要求派出军队进入北京，英国海军上将西摩尔立即率领两千名士兵从天津出发向北京挺进。

消息传来，慈禧太后的心理又发生了变化。她感到，即便是妥协，列强还是有进兵北京的可能。况且，慈禧太后因在废立皇帝的问题上，对列

---

① 王绍坊：《中国外交史：鸦片战争至辛亥革命时期（1840—1911）》，河南人民出版社1988年版，第299页。

② 胡滨译：《英国蓝皮书有关义和团运动资料选译》，中华书局1980年版，第89页。

强产生的怒火仍未平息，她越发感到，这一牵动其心的悬案之所以迟迟不能完全落实，其症结还在于列强的干预。

强烈的报复心再度燃烧起来了。就在西摩尔率军向北京城挺进的当天，总理衙门作了重大人事调整，庆亲王奕劻被慈禧太后停职下课了，代替他执掌总理衙门的是端郡王载漪，启秀为总理衙门办事大臣，这些人都是极端排外分子。

就在慈禧太后对总理衙门进行人事调整的前几天，她曾经派刑部尚书赵舒翘出京“宣抚”团民，但是，她也没有想到，她的这个举动，使得义和团认为，朝廷是支持他们的，便蜂一样地开始拥进北京城。

义和团拥进北京，理由是反对列强进兵京师。6月15日，进入北京城的义和团立即围攻了外国使馆。第二天，日本使馆书记官杉山彬为清军董福祥部所杀。据说载漪抚摸着董福祥的背部，伸出大拇指赞曰：“汝真好汉，各大帅能尽如尔胆量，洋人不足平矣！”搞得这个曾经被左宗棠赏识的人很有些飘飘然。

但是，义和团对列强所采取的行动，更加紧了列强武装干涉的步伐。由于内外形势出现了日趋复杂的尖锐局面，所以慈禧太后也就不得不面对这种现实了。不过在面对复杂的局面时，她向来以对其皇太后统治地位的威胁程度来决定对策。

慈禧太后在对待洋人与义和团的态度上矛盾重重，也是因为朝中大臣对义和团的态度不一。她的亲信荣禄，吏部侍郎许景澄，总理衙门大臣袁昶、联元，封疆大吏李鸿章、刘坤一、袁世凯主张剿杀，当然是担心义和团坐大，局面难以收拾。而端郡王载漪、庄郡王载勋、贝勒载镰、大学士徐桐、军机大臣刚毅以及刑部尚书赵舒翘等认为应该安抚，为朝廷所用。当然，这些人是因为参与了废帝行动，涉及太后的“家事”，掺杂着种种私心，使得他们对义和团持有支持的态度。

朝中大臣态度不一，怎么办呢？在义和团拥进北京城的第二天，矛盾的慈禧太后再次召集群臣开了一个御前会议，商量对策。她还让光绪帝发布谕令：“著荣禄速派武卫中军得力队伍，即日前往东交民巷一带，将各使馆实力保卫，不得稍有疏虞。”[①] 直到慈禧太后决定要对列强同时宣战的最后时刻，她仍然“执定不同洋人破脸”，在当时，慈禧太后曾向天津、北京调集了一些军队，但其只是为了准备“攻期攀民”[②]，根本不是准备抵抗侵略的措施。此后，由于八国联军不断向大沽口海域集结，无疑这又给她加重了压力。另外，反帝斗志愈益高昂的义和团民众，也加速向天津、北京推进，进一步使慈禧太后陷入“剿抚两难”的困境。

义和团冲进北京城，对外国人的攻击，对慈禧太后是一种激励，她很解气，很有些赌徒式地准备把宝押在义和团的身上。但是，她也知道利用义和团存在很大的风险。且不说义和团的尾大不掉是否会危及朝纲，但就列强而言，一旦像咸丰朝那样发动大规模的报复行动，那清朝肯定要遭受比 1860 年更为惨痛的劫难。

准备把宝押在义和团身上的慈禧太后，又使出她一贯的卑劣伎俩，她再次把光绪帝拉出来作为垫背的，如果义和团阻止外国人成功，则皆大欢喜；如果失败，洋人进行打击报复时，那光绪帝作为谕令的发布者，就会成为“罪人”。于是，从 6 月 16 日到 6 月 19 日连续召开了四次御前会议，朝臣们为是否应该利用义和团打击外国侵略势力而争论不休。慈禧太后在 16 日的第一次御前会议上就假惺惺地让光绪帝做主。

对于义和团，光绪帝是持消灭态度的。在 6 月 17 日第二次御前会议上，没有丝毫权力的光绪帝以大局为重，仍然谈了自己的观点，他对山东、直隶纵容义和团的态度很是不满。光绪帝表态了，一些主张消灭义和团的大臣，便趁势也发表自己的主张，翰林院侍读学士刘永亨官阶并不高，在当时的诸大臣中，他是站在后面的，这时候他由后排膝行而前，高声奏道：臣以为可让董福祥领兵驱逐。

刘永亨还没说完，端郡王载漪就伸出手指厉声喝道：好，此即失人心

---

① 故宫博物院明清档案部：《义和团档案史料》上册，中华书局 1959 年版，第 144、145 页。

② 中国史学会编：《中国近代史资料丛刊：义和团》第三册，上海人民出版社 1957 年版，第 438 页。

第一法。吓得刘永亨当即闭紧了嘴巴。此时，站在殿外的总理衙门大臣袁昶说道，臣袁昶有奏。慈禧命李莲英传话，让袁入奏。袁说：义和团只不过是造反者，万不可恃，就令有邪术，自古及今，断无仗此成事者。太后反驳说："法术不足恃，岂人心也不足恃乎？今日中国积弱已极，所仗者人心耳，若并人心而失之，何以立国？"①

慈禧太后冠冕堂皇的话，显然有偏袒义和团的嫌疑。但是，继袁昶之后，仍然有臣子大着胆子向慈禧进言。先是大理寺少卿张亨嘉提出捕杀义和团头目可以平息列强的怒气。翰林院侍读学士朱祖谋干脆直通通地说，太后信全匪乱西洋可恃者何人？慈禧回答说，可恃者董福祥。朱祖谋则说，董福祥是第一个不可恃之人。慈禧听了此言，脸色立时大变。她怒道，你说董福祥不足恃，你给我保个人来！朱祖谋仓促不能对……朱祖谋退出的时候，太后"犹怒目送之"②。

慈禧太后说让光绪帝做主，态度上却倾向于利用义和团，这摆明了是让光绪帝难堪。她对朱祖谋等人反对依仗义和团之言的呵斥，正反映了她的态度。慈禧太后的这种态度，顺应了一些民心，最起码在义和团一干人众的心里，慈禧太后是圣明的，什么光绪帝、康有为维新派人士都是里通外国之人，理应杀掉。特别是像康有为这样的主张与英国、日本联盟结邦的人，最好是把他引渡回来，交给义和团一刀砍掉，以儆效尤。

义和团认为光绪帝是里通外国之人，让慈禧太后很有一种吃了葡萄干般的甜爽。因而在6月18日的第三次御前会议上，她更坚定了自己的态度，大有与列强一决雌雄的想法。当天下午的会议，慈禧太后以及端郡王等人控制了整个会议场面。会议开始的时候，总理衙门大臣联元奏报了两江总督刘坤一与湖广总督张之洞等人发来的电报，建议朝廷为大局计，消灭义和团。电报中说，乱民不但不可保国，外兵深入，大局溃烂，到时候后悔都来不及。

---

① 中国史学会编：《中国近代史资料丛刊：义和团》第一册，上海人民出版社1957年版，第47页。

② 同上书，第48页。

1900年联军炮轰天津城，下令拆毁城墙，图为天津老城墙东南角

这样的电报，慈禧太后根本听不进去。载漪更是很有些不耐烦地打断联元的奏报，上奏慈禧太后说，应该趁义和团围攻外国使馆之际，一鼓作气使洋人屈服。慈禧太后当即许允。这不是赤裸裸的要与洋人开战吗？即便是慈禧太后的亲信荣禄对这种蛮干之举也不敢认同。荣禄很担心慈禧太后的蛮干造成不可收拾的局面，更不应该鸡蛋碰石头般地对外国宣战，而应保护外国使馆。但是，慈禧太后听不进去荣禄的劝告。

光绪帝当然知道慈禧太后的险恶用心——敛权与废帝的动机使然。虽然如此，面对国家危难局面，他却未顾及个人的处境与安危，仍利用得到的这点有限发言权“侃侃而谈”，尽力表述自己的见解和主张。

当然，光绪帝是站在义和团的对立面的，并对其怀有明显的偏见。不言而喻，他虽然遭到慈禧太后的打击又处于被软禁的状况，但毕竟还占着皇帝的位置。因此，光绪帝看不到人民群众中蕴藏的巨大反帝力量，对之持以蔑视的态度，是可以想见的。事实上，在敌视人民斗争这一基点上，他与慈禧太后并无本质的区别。

光绪帝认为，在列强“合而谋我”这一总的前提下，“中国积衰”，敌我力量对比悬殊，并鉴于甲午中日战争“创巨痛深”的教训，认为“寡不可以敌众，弱不可以敌强”，反对同时与八国开战，主张只有议和才不致使中国在大兵入境的情况下，再给国家和人民带来无法挽回的巨大伤害，才能使中国在与列强的交涉中获得一点主动地位。

总之，在当时的那种特定的情况下，光绪帝是从力图维护朝廷（国家）与“民命”的大局出发的，他与慈禧太后及载漪等人的出发点截然不同，这就是当时主战派与主和派分歧的焦点。但是，“以民命为儿戏”的慈禧太后在数次御前会议和观察了朝野以及列强的动向之后，于6月21日又召集她信得过的人开了一次会议，毅然决然地以光绪帝的名义正式发布了宣战谕令。

谕令中说：天朝“深仁厚泽；凡远人来中国者，列祖列宗罔不待以怀柔。迨道光、咸丰年间，俯准彼等互市，并乞在我国传教”，然而列强不思感恩，“一意拊循，彼乃益肆枭张，欺凌我国家，侵占我土地，蹂躏我民人，勒索我财物”，更为令人气愤的是，“昨日公然有杜士兰照会，令我退出大沽口炮台，归彼看管，否则以力袭取。危词恫吓，意在肆其披猖，震动畿辅。平日交邻之道，我未尝失礼于彼，彼自称教化之国，乃无礼横行，专恃兵坚器利，自取决裂如此乎”！列强的倒行逆施，人人忠愤，“朕令涕泣以告先庙，慷慨以誓师徒，与其苟且图存，贻羞万古，孰若大张挞伐，一决雌雄”[①]。

宣战谕令虽然写得很振奋人心，却违反了慈禧太后自甲午战争以来一贯妥协的外交惯例。胶州湾、旅大被德俄强占，清政府不敢抵抗，现在却要同时面向八国开战，不只是张之洞、李鸿章之流感到慈禧太后疯了，连列强也感到不可思议，英使窦纳乐说：“没有一个欧洲人（在北京肯定是没有的）曾预见到这件事。”“很显然，如果中国政府方面要挑起同所有欧洲国家、美国和日本的争端，那将是发疯。同时，没有人认识到这个可能性，即中国政府事实上将要发疯，而且它将做那些当它仍然清醒时决不会想象到要做的事。”[②]

可以肯定的是，慈禧太后的宣战有侥幸心理，希望以此渡过难关。但一贯无视国家与民族利益和极端仇视人民反抗斗争的慈禧太后，显然没有

---

① 故宫博物院明清档案部：《义和团档案史料》上册，中华书局1959年版，第162、163页。

② 牟安世：《义和团抵抗列强瓜分史》，经济管理出版社1997年版，第328页。

认真思考国家和人民的命运。那么，要血战联军，清朝的国运安危和走向将会如何呢？

三、不是虚应的“咸丰故事”

1900年6月21日，慈禧太后怀着其不可告人的目的向外界发布了对列强宣战的谕旨，这虽然有点全民抗战的意味，口号也喊得很响亮，却使中外矛盾冲突更趋白热化了。慈禧太后与列强宣战，其目的是希望西方承认“太后训政”这一事实，而不愿接受西方提出的“太后归政”。因此，早在1899年11月21日，她就在寄各省督抚的上谕中说：“现在时势日艰，各国虎视耽耽，争先入我堂奥。以中国目下财力兵力而论，断无衅自我开之理，惟是事变之来，实逼处此，万一强敌凭陵，胁我以万不能允之事，亦惟有理直气壮，敌忾同仇，胜败情形，非所逆计也。”[①]

慈禧太后对义和团寄予厚望，希望义和团能血战联军，为自己挽回面子，就在发出宣战诏书的同一天，清政府还“派左翼总兵英年，署右翼总兵载澜会同刚毅，办理义和团事宜”；认为“此等义民，所在皆有，各省督抚如能召集成团、藉御外侮，必能得力”[②]。开战后，清政府又做样子似地传旨嘉奖义和团，从而形成了中国军民并肩抵抗外国侵略者的战局。

后来，战事愈发对清政府不利，慈禧只好同列强议和，她还不断地询问奕劻和李鸿章，所议条款中“曾否见询，有无万万不能行之事”，“应据实密奏”[③]。看来，慈禧太后最关心的还是她自己的权力和命运，“万万不能行之事”当然是“太后归政”之事，她已经为这个问题而忧心忡忡，寝食

① 故宫博物院明清档案部：《义和团档案史料》上册，中华书局1959年版，第37、38页。

② 同上书，第163页。

③ 同上书，第37页。

难安了。

且不说私欲主导下的宣战能不能达到全民抗战、抵御外侮的目的，但就当时义和团愚昧、盲目的现实情形也决定了这场战争必然失败。

说到这里，我们回顾一下两次鸦片战争的失败。两次鸦片战争都是清政府以绝对优势兵力来对抗敌人的少数兵力的。但是，近代化武器装备与长矛大刀式的冷兵器较量，结果可想而知。这一次作战，拥有绝对数量优势的清军与义和团由于没有新式武器，只凭血肉之躯和简陋的作战工具与敌人作战，除了能够破坏铁路、电线，烧毁教堂，袭击租界外，并不能对外国侵略势力造成致命的打击。

自慈禧太后宣布与列强开战后，战事的进展可以分为两个阶段。从宣战前的6月20日到24日为第一阶段，从6月25日到8月14日为第二阶段。第一阶段是慈禧太后支持载漪等主战派围攻使馆，妄图实现他们废帝立储的心愿；第二阶段是慈禧太后支持荣禄、奕劻等主和派对使馆明攻暗保，为他们向列强求和留有余地。

在第一阶段的战事中，载漪等人纠集的一些人与义和团、清军一起围攻使馆，迫使敌人屈服的愿望并没能实现。当时，荣禄花费二十万两白银一手打造的武卫中军列阵使馆区东和南两面，董福祥的甘军和义和团列阵使馆区的西和北两面，日夜攻打。尽管董福祥的甘军和义和团在战斗中英勇作战，攻占和焚烧了比利时、奥地利、荷兰、意大利等四国使馆以及华俄道胜银行，一度造成“火势逼人，洋兵几不能守”的局势，但三四天的激战，并未能攻破使馆，只不过迫使侵略者各自退守在使馆内罢了。造成这种胶着状态的原因有三个：一是侵略者依恃使馆区内坚固的建筑和工事，又凭借洋枪洋炮等新式武器，顽强对抗；二是围攻使馆区的清军统帅荣禄，在宣战后态度明朗地站到主和派一边，他在吁请慈禧太后转战为和的同时，密嘱诸将“不可力攻”使馆，以留后路，又怂恿和支持武卫中军对进攻使馆的义和团“猛烈开火”，大大帮了侵略者的忙；三是攻打使馆的义和团武器落后，又迷信刀枪不入，战斗中只顾肉搏冲锋，不知隐蔽自己，造成极大伤亡。

联军进攻天津时，美国骑兵抓捕的义和团民众

侵略者退守使馆后，战事进入第二阶段，但形势却对清军更加不利。从6月底到7月初，近千名俄军联合英、美海军向海河东岸贾家沽的北洋机器局发起进攻。驻守在这里的清军与义和团奋力抵抗，也使俄、英、美联军死伤二百余人。但在西方军队近代化武器装备的猛烈进攻下，这座华北最大的军工厂最终落入敌手。

7月13日，联军集合更多兵力大举进犯天津城，当天清晨到中午，仅英军就发炮一千余发，使天津城处于一片火海之中。此时，在俄国海军中将阿列克谢耶夫的率领下，俄、德两国军队也向天津东北角水师营炮台发起了猛烈进攻。

虽然义和团奋力抵抗，驻守在天津的马玉昆部与和永盛部也凭城死守，但架不住敌人的狂轰滥炸，最终，天津城在14日失陷。

进入天津的联军进行了疯狂的大屠杀，先是在城中心架炮轰击城中百姓，接着焚烧房屋，对有价值的东西更是进行了大肆抢掠，一个参与战争的侵略者写道："津城失守之日，津地下等西人，皆牵车往返六七遭（前往掠劫）。前之不名一钱者，今或数十万金。四五十家之当铺，数十百家之公馆，一二十户之盐商，财产衣物，一时都尽。其书籍字画之类，除东（日本）人收去少许外，余则大抵聚而焚之。"有人"家储重宝，藏匿棺中掩埋”，被洋兵查获，于是“四郊之外及各省会馆义园，几乎无棺不破，抛尸道左”①。

天津沦陷后，联军为了争夺统帅指挥权急红了眼。因为攻占天津之后，他们的目标是北京，那里可是有着数不胜数的珍奇异宝，按捺不住的联军就如何进军北京、何时出发、到了以后怎么办而争吵不休。英、美、日三国主张立即出发，而俄国由于把兵力投入了抢占东三省的战斗中，感到兵力不继，主张缓进。德国国内正在作战争动员，也主张缓进。为此，7月27日、8月1日和3日，各国侵略军首领在天津连续召开会议。由于英、日、美等国的坚持，会议决定联军于8月4日向北京进犯。由于联军总司令尚未确定，只得议定由各国司令官每晚开例会来决定军事行动。

八国联军攻陷天津后，带着辎重准备向北京进发

8月4日，八国联军共2万余人兵分两路从运河两岸北犯，英、美、日三国军队担任左翼，沿河西岸推进，俄法等国则沿东岸推进。

此时，京津间的义和团在慈禧太后的控制、瓦解和欺骗下，或被消灭，

① 丁名楠等：《帝国主义侵华史》第二卷，人民出版社1992年版，第119页。

或被改编，或散归原籍，力量急剧削弱。但是京津间和北京城内的清军数量仍然是不少的。各地的“勤王师”，加上京津间的驻军有十万余人。按说，凭借数倍于敌的兵力，还是有可能抵御来犯之敌的。但是，自天津沦陷后，慈禧太后先前因为一己私利要与列强决战的勇气荡然无存。此刻，她的态度已经不是抵抗，而是如何向侵略者求降。慈禧太后一边几次电催李鸿章北上与列强议和，一边又在联军推进北京时，旨令宋庆把“已派李鸿章为全权大臣与各国议结一切事宜，并电知各国外部先行停战”[①]的上谕告诉“各国前敌统兵大员，先行商议停战”[②]。企图以此乞求联军停止进军。8月上旬，慈禧太后虽然也命令防守京城的部分营队做好战备，进行防御，但是态度并不坚决，因为调赴城外的人数很少，更无具体措施和得力的将领。已没有决战热情的慈禧太后，此刻只想着“出巡”避战，向列强表示议和诚意。

众所周知，慈禧太后与列强宣战，是想以此排斥光绪帝，并不是真的想和列强决战到底。因而，她的宣战一开始就存在着妥协性。

当然，这种妥协性也是一种投机心理使然。宣战之始，她口口声声表示要与列强一决雌雄，并谕令各省督抚将义民召集成团，共同抵御外侮，甚至还发给义和团粮、米，下令悬赏洋人首级。在宣战的最初几天里，慈禧太后也装模作样地诵念义和团神咒，奖励有功人员，激励人心。但是，在主战派声言要带领义和团入宫杀反对义和团的光绪帝、恭亲王奕䜣和李鸿章时，慈禧太后却大为震怒，认为义和团已威胁到她的安全，这一事件发生在6月25日，当天，慈禧太后就派荣禄前往使馆交涉议和，但是遭到了列强的拒绝。

慈禧太后反对义和团诛杀李鸿章等人，当然是为自己留有余地。因为在慈禧太后发布宣战谕令之前，李鸿章曾经提出“先定内乱，再弭外侮”的主张。在江南的张之洞也认为慈禧太后应该“严禁暴军不准滋事，速安

① 故宫博物院明清档案部：《义和团档案史料》上册，中华书局1959年版，第466页。
② 同上书，第472页。

慰各使馆，力言决无失和之意”。对此，慈禧太后在6月26日的答复谕旨中称赞他们的主张是“老成谋国之道”[①]。

这些情况无不说明，慈禧太后利用义和团有着很强的投机心理。后来，清政府还令驻外使节向各国解释，说朝廷并不是不想消灭义和团，只是此事不能操之过急，对于义和团围攻外国使馆，朝廷还是会对使馆加以保护的。清政府说这番话的时候，是在宣战谕令下达的第八天。看来，慈禧太后已背着人民开始向列强妥协了。

慈禧太后意欲妥协，善于投机的她，当然是想为自己留有后路。这一点朝廷中的妥协派也看得明白。慈禧太后发布宣战谕令后，李鸿章、张之洞、刘坤一曾有过一次会面，他们认为应设法为清政府挽回因宣战而造成的损失，所以他们先后致电许景澄、吕海寰等驻外公使，要他们向驻在国解释，清政府绝无与各国开战的意思，战争的发生都是因义和团所为，要求各国不要开战。列强听到李鸿章等人的解释后表示，对他们之间并无“战争”状态。既然李鸿章之流为慈禧太后妥协留有余地，为议和开辟道路，那么慈禧太后怎么会让义和团诛杀他们呢！

慈禧太后在政治上为自己留有余地，在军事上也是如此。在围攻使馆的行动中，义和团之所以久攻不下，就在于清军并不是真配合。在军事部署上，甘军董福祥为配合义和团进攻外国使馆，便向荣禄借用大炮，但是荣禄是主张对列强妥协之人，拒绝出借，董福祥便向慈禧太后告了荣禄的状。但是，董福祥反而遭到慈禧太后的责骂，她很担心使馆被义和团攻下，造成难以挽回的局面，因而为自己留有余地。她在后来坦承：“我若是真由他们尽意的闹，难道一个使馆有打不下来的道理。”[②]

慈禧太后宣战后，在外交上也为自己留有余地。战争开始后，她对东南督抚发起的“东南互保”持默认态度，便是如此。宣战后，面对全国上

---

① 王绍坊：《中国外交史：鸦片战争至辛亥革命时期（1840—1911）》，河南人民出版社1988年版，第304页。

② 中国史学会编：《中国近代史资料丛刊：义和团》第三册，上海人民出版社1957年版，第438页。

下日益高涨的排外声势，她又担心矛盾激化，便下令各督抚、将军："查明各国洋商教士在通商各埠及各府州县者，仍按照条约，一体认真保护，不可稍有疏虞。"①

虽然慈禧太后处处妥协，为自己留下余地，但是列强进占京津，目的就是要索取利益，因而虽与李鸿章、张之洞等东南督抚保持默契关系，却无视慈禧太后的妥协，而是希望通过战争的主动，迫使清政府接受他们的条件。所以，这更使清政府在战争中处于被动地位。

当战事进展到 8 月中旬，清军已经完全没有了抵抗能力，在八国联军的猛烈进攻之下，在隆隆的炮声中，慈禧太后与她的亲信们思考最多的就是退路问题。仅 8 月 14 日这一天，她就一连五次召集军机大臣商量对策，是投降还是选择像咸丰皇帝那样出逃？她恍如惊弓之鸟，没有了主意。14 日夜，局势变得更加困难。

城外的枪炮声一阵阵传入宁寿宫，慈禧看着只是流泪的光绪帝，禁不住浑身战栗起来，事已至此，她知道百赎莫回，只得选择了出逃。

八国联军进攻北京城

① 故宫博物院明清档案部：《义和团档案史料》上册，中华书局 1959 年版，第 328 页。

8月15日凌晨，紫禁城里一片混乱。慈禧太后已经连续两天没有好好睡觉了。列强攻打紫禁城的枪炮声更使她寝食难安，如果自己单独出逃，她显然对光绪帝不放心，于是挟持这个年轻而希望振作的皇帝，开始了她继咸丰十年英法联军火烧圆明园后的又一次“逃亡”。

慈禧太后挟持着光绪帝，带着大阿哥溥儁，身后跟着荣禄等亲信，仓皇逃出西华门。慈禧太后在颐和园稍事休息后，即经居庸关向太原方向逃去。

慈禧太后离开京城后，八国联军对京城进行了疯狂的烧杀淫掠。古老的都城再次陷入惨绝人寰的浩劫之中。破城的当天，联军再次对城中百姓进行了疯狂的大屠杀，特别是针对流散的清兵和义和团民众，他们包围各坛口，将被捕获者统统斩首或枪毙，仅在庄王府的院中，就集中杀害了一千七百多人。[①]

有一个叫贝野罗蒂的法国随军记者，在他的《北京的末日》一书中，用纪实的手法，详细记述了八国联军攻占北京时的血腥屠杀和疯狂抢劫，描写了“这座古老的东方之都和闻所未闻的世上之珍宝，真像是阿里巴巴面前的宝库之门，被列强蛮横地打开了……昔日中国之帝都成为血色废都”之悲惨情景。

紫禁城被洗劫后，在天安门前合影的日俄军官

① 张海鹏主编，马勇著：《中国近代通史》第四卷（从戊戌维新到义和团1895—1900），江苏人民出版社2006年版，第503页。

像1860年列强洗劫圆明园的场景一样，这一次，列强们进入北京后对紫禁城也进行了疯狂的洗劫。

洗劫紫禁城，有这样一个场景不得不描述：当时，意大利军队抵达北京后，很有些急不可耐，其指挥官让其使馆人员带路直趋皇宫，途中急速行军，还不断询问："美人、法人等是否已入宫？皇宫是否尽被掳掠？宫殿是否放火？"当得知凡紧要处已被他国占据，愈觉慌张，便跑步行进。在抢劫行动中，俄国军队的行为也十分恶劣。俄军侵华最高指挥官阿列克谢耶夫中将及其随行人员，为了偷窃更多的珍宝，在酷热难忍的天气里竟然穿上了大衣和斗篷这种所谓的民族服装，用宽大的外衣裹走了大大小小的珍宝，并当着众人的面，将慈禧居室内数十件用黄金和宝石精制成的艺术珍品洗劫一空。

列强在洗劫了紫禁城后，还洗劫了颐和园、三海等处。联军还鼓励士兵对民宅进行了洗劫，联军统帅瓦德西曾经直言不讳地说："联军占领北京之后，曾特许军队公开抢劫三日，后又以捕拿义和团搜查军械为名继续行抢。传教士、使馆官员也趁火打劫大发横财。于是，皇宫、官衙、王府、宫邸、商店、当铺、钱庄、民户皆被洗劫一空。"①

总之，这场大浩劫之下，北京这座古都所积蓄的典章文物、国宝珍奇被洗劫之物不计其数。对此，连八国联军总司令瓦德西在他的回忆录《拳乱笔记》中也不得不承认："中国此次所受毁损及抢劫之损失，其详数将永远不能查出，但为数必极重大无疑。"②

北京城被洗劫，对于慈禧太后来说，她当时也许可以想象得到。她为自己留有余地，却没有得到列强的回报，作为丧家之犬的她管不了那么多，她最关心的是，洋人会把她怎样。所以，慈禧逃到太原后，惊魂未定，便迫不及待地派庆亲王奕劻、李鸿章为朝廷的议和大臣，卑躬屈膝地去找侵略者进行投降议和。由此，李鸿章开始了他的又一次议和投降之举。

---

① 中国史学会编：《中国近代史资料丛刊：义和团》第三册，上海人民出版社1957年版，第31、32页。

② 张明金：《清末民初的战争》，解放军文艺出版社2001年版，第60页。

四、李鸿章再次接过“议和”的重任

1900年9月8日，慈禧太后在西安发出懿旨，让庆亲王奕劻、两广总督李鸿章进京与洋人交涉议和。此时的李鸿章觉得时机已经成熟，便踏上了进京的行程。早在6月中旬，慈禧太后就向李鸿章发电，要他“迅速来京”，两广总督着广东巡抚德寿兼署。虽然李鸿章表示遵旨北上，但并没有立即行动。

因为当时以端郡王载漪为首的顽固派推行“灭洋”的势头正盛，这使李鸿章感到，贸然进京，不但议和难以推动，而且可能有性命之忧，所以他拖着没有动身。

慈禧太后对列强宣战后，又给他发出电报，要他速速进京。而李鸿章干脆把慈禧太后的谕旨压了下来，仍然没有动身。相反，却与两江总督刘坤一、湖广总督张之洞搞起所谓的“东南互保”来。

“东南互保”本是张之洞、刘坤一等东南督抚与西方相互勾结、联合，相互利用的产物。因为张之洞、刘坤一并不赞成慈禧太后借助义和团抵抗列强的想法，在慈禧太后决定与列强宣战前夕，二人还联名致电上奏，希望慈禧太后能改变与列强作战的冲动决定。实际上，二人对义和团迅速发展起来有一种担心，担心这种民间力量蔓延到东南之地。张之洞、刘坤一的担心也是英、美等国所担心的。自两次鸦片战争以来，他们在中国南方攫取了大量经济、政治和外交特权，当然担心义和团的蔓延会对他们的利益造成冲击。英国驻上海代理总领事华伦曾向其国内报告了这样一种担心。他说，“在扬子江流域内任何事件的爆发，能够引起大的损失”，因而他计划“立刻与湖广及两江总督取得谅解”。“我有充分信心，假若他们能够信赖帝国政府的有效帮助，那么在他们区域内，他们将要做到他们能够做到的，来维持和平”[①]。

① 中国史学会编：《中国近代史资料丛刊：义和团》第三册，上海人民出版社1957年版，第517页。

为此，英国外交部电告华伦，希望他能够与两江总督刘坤一达成某种意向，采取某种办法，免使义和团蔓延。英国国内也表示，如果需要还可以得到英国海军的协助。根据指令，华伦也向张之洞表达了这种意向。张之洞则表示感谢，但对英国军舰在长江上“莽撞的示威”表示不安，唯恐会激怒中国民众，反而给自己“保护”英、美利益造成困难。华伦对此心领神会，立即电请英国外交部向海军部转达，建议应该向长江的帝国海军舰队指挥官发出指示，避免任何示威。对于美国、日本方面，张之洞也表达了同样的意见，“目下长江沿海一带，各督抚力任保护之责，诸国洋人，均可无庸顾虑”[①]。

基于对义和团、大刀会这些组织共同的担心，很快他们勾结在了一起。张之洞、刘坤一与英、美各国驻上海领事达成“谅解”，并制定了《东南保护约款》和《保护上海城厢内外章程》，这就是所谓的“东南互保”。

根据约定，上海租界归各国共同保护，长江及苏、杭内地均归各督抚保护。张之洞、刘坤一这种与西方“联结”的形式，很快引起了山东、广东、广西、浙江、福建等督抚的兴趣，他们纷纷加入“东南互保”中来。

张之洞、刘坤一等东南各省督抚纷纷参加“东南互保”，当然害怕会被慈禧太后怪罪。怎么办呢？在订立《东南互保约款》的当天，他们就联名给慈禧太后发电报大诉苦衷。他们在电报中说，目前的局势，因为义和团，朝廷已与列强形成决裂之势。如果东南各省也遭列强蹂躏，那时候，局面就很难收拾了。现在只有稳住各国或许疆土可以保存。在江南，英国经济贸易已经形成强大的势力范围，各国也觊觎已久，这也许是为什么各国没有进兵东南的原因。现在，正好利用这个机会，“在我正可就其所忌而羁縻牵制之。若鼓动一国，势必群起而攻，大沽覆辙可深鉴也，此实委曲求全之策。……总之，能联络一日，长江以内尚可使外人无从逞志。倘各国必欲以干戈从事，派大队兵舰来江攻我营台，实逼处此，臣等受恩深重，有

① 冯天喻、何晓明：《张之洞评传》，南京大学出版社 1991 年版，第 181 页。

守土之责，自当尽力抵御，存亡与共”[①]。

张之洞、刘坤一在给慈禧太后发电报的同时，也给两广总督李鸿章发了电报，对搞“东南互保”征求其意见。二人给李鸿章发电报，当然有拉拢李鸿章的成分。多一个人加入多一分力量，到时候，太后怪罪了，大家相互也好有个担当。慈禧太后与列强宣战，李鸿章当然也是持反对态度的。他曾经连续五次给慈禧太后发电报，阐明利害，希望她改变决定。但是，慈禧太后不为所动，坚持要与洋人开战。现在既然张之洞、刘坤一二人征询意见，李鸿章便复电表示赞同，并公然加入了“东南互保”的行列。

不管是李鸿章，还是张之洞、刘坤一，他们都明白，此举一定是违背了慈禧太后要与列强决战的旨意，很有点抗旨不遵的嫌疑。八国联军攻进北京城后，张之洞、刘坤一等人竟然还拒绝北上“勤王”，这些都让慈禧太后很伤心，但鞭长莫及，心里直骂这些人“大逆不道”。可是，随着战事的进展，慈禧太后又感到一丝欣慰，认为这些人还是有眼光的，战局急转直下，到了难以收拾的局面，最起码这些人为她提供了与敌妥协的机会和平台，为与列强议和“留有余地”。当然，这也与张之洞等人所主导的“东南互保”的初衷有很大关系，他们所主导的“东南互保”，既不是与朝廷分庭抗礼地闹“独立”，更不是助纣为虐地要政府垮台，而是希望借以保住东南半壁江山，他日再图振兴，免得造成“全局瓦解，不可收拾”。这个本意，张之洞、刘坤一二人在给慈禧太后的电报中也说得明明白白。

再者，张之洞、刘坤一等人在谋划“东南互保”时，处处为慈禧太后，同时也是为朝廷预留地步，设法让“东南互保”与朝廷本意结为一体。在慈禧太后宣战之前，曾发谕旨让各省督抚选将、练兵、筹饷，以备开战。张之洞抓住“各督抚互相劝勉，联络一气，共挽危局”的字句，阐说引申，采用移花接木之术，给“东南互保”涂上“奉旨行事”的油彩。为了与朝廷宣战之意尽量靠拢，还说，如果列强进犯江南，“自当尽力抵御，存亡与共”[②]，

---

① 冯天喻、何晓明：《张之洞评传》，南京大学出版社 1991 年版，第 183 页。

② 中国第一历史档案馆：《义和团运动档案史料》上册，中华书局 1990 年版，第 59 页。

以备转圜。如此，可以“内防奸匪借端，外免洋人口实，顾全东南大局方能接济京师也”[①]。面对如此滴水不漏的做法，慈禧太后自是无话可说。

况且，与八国联军宣战，造成的苦果是，她挟持光绪帝仓皇逃亡西安，端郡王载漪、军机大臣刚毅这些为自己的权势而“主战”的顽固势力在列强的打击下土崩瓦解，朝廷对列强唯命是从，如惊弓之鸟的慈禧太后也没有心情对“东南互保”指手画脚了。

李鸿章加入“东南互保”后，便在其中处于关键地位，不过，李鸿章本人并没有因涉身“东南互保”而转移北顾的目标。即使是刘坤一、张之洞、盛宣怀等，也都无意让李鸿章胶着于“东南互保”的棋局上。他们认为李鸿章应该做清朝全盘棋局上的一只大车，盛宣怀就曾建议李鸿章“仍遵前旨，迅速起程”进京，“以清君侧、护两宫为要义”[②]。

对张之洞、刘坤一、盛宣怀等人的建议，李鸿章心里是明白的。但是，他也在观望着列强的态度，他知道，慈禧太后让他进京，肯定是为议和留有余地的。但是，他需要观望列强的态度，列强的态度直接关系到议和的成败。所以，他并不急于进京。然而，他支持“东南互保”却为自己的投降外交开辟了道路。

7月中旬，战事进行了二十多天，局势已完全呈现出对清朝不利的状况，急如热锅上蚂蚁的慈禧太后与敌议和的心态更加强烈，她几次三番地给李鸿章发电，要他迅速进京。懿旨虽然没有明说，但也指出“事机紧迫”，李鸿章明白，太后这是急着要与列强议和。在太后催促李鸿章进京的同时，李鸿章还得到了调任直隶总督兼北洋大臣的谕令，有了这个前奏，重获甲午战争之前权力的李鸿章应该志得意满地进京复命了。但是，他仍然没有立即进京，而是首先来到了上海，显然，他仍在观望。

李鸿章显然在为自身的安危顾虑。试想，在慈禧太后的鼓动下，主张镇压义和团的光绪帝都成为该杀的目标了，事事与列强妥协的李鸿章还有

---

① 苑书义等主编：《张之洞全集》第十册，河北人民出版社 1998 年版，第 8070 页。

② 苑书义：《李鸿章传》，人民出版社 2016 年版，第 377 页。

好果子吃吗？义和团反对洋人，同时也反对与洋人有关的东西，凡是与洋人交往的人也在该杀之列。慈禧太后宣战后，义和团扬言要“杀一龙二虎三百羊”。与洋人多有交往的李鸿章被认定为二虎之一，当然属于该杀之列。李鸿章到上海的第二天，即7月22日，他的儿子李经述从山东德州给他发来电报：天津失守，直督裕禄逃走，“溃勇、拳匪沿途抢劫，难民如蚁，津亡京何能支，大势去矣。伏望留身卫国，万勿冒险北上”①。

八国联军进入北京城后与清政府官员一起处罚义和团

8月初，李鸿章得到袁世凯发来的电报，得知朝廷意欲处斩主和派的许景澄、袁昶等人。李经述也再次发来电报说，慈禧太后无法控制局面。李经述要李鸿章不要急着进京，以免自蹈危机。李鸿章得知此情，感慨万千，哀叹这是一个什么样的世界，表示暂缓北上，即便朝廷怪罪也顾不了那么多了。

李鸿章在上海赖着不走，既想迫使慈禧太后赋予他更多权力，也希望太后能够坚定议和的决心。因为当时慈禧太后虽然倾向于依靠李鸿章、庆亲王奕劻等人与列强交涉，但是由于端郡王载漪、军机大臣刚毅以及义和

① 苑书义：《李鸿章传》，人民出版社2016年版，第380页。

团的反对而犹豫不决，以致“送使不实，剿匪不办”。在这样的局面下，李鸿章当然不敢直接北上了。

观望心态使他觉得，只有慈禧太后真正向外界表明了妥协的立场，才有利于他与列强议和。在上海，李鸿章曾经收到张之洞发来的电报，这个电报实际上是张之洞所拟致各国领事的电稿，对慈禧太后的决策进行了粉饰。电文中说，维新派借助报纸散布谣言，诽谤慈禧太后，离间两宫，希望李鸿章领衔上奏，严禁在中外报纸上再有诋毁慈禧太后的言论。但是，这个要求遭到李鸿章的拒绝。李鸿章认为，与联军作战之败，慈禧太后应该效法禹汤，下罪己诏，这样才能安定民心。当时的国际环境则是，各国公使打算再次提出让慈禧太后归政给光绪帝。对此李鸿章则说，“太后训政两朝，削平大难，臣民爱戴，此次拳匪发难，只恐祸起腋肘，不得已徐图挽救”[①]。他一边为慈禧开脱，又一边与张之洞等共商对策，因为在维护慈禧统治地位这一点上，他们并无分歧。李鸿章想要的就是慈禧太后的坚定立场，在为议和铺平道路的同时，减轻自己谈判中出现的压力和责任。

李鸿章在上海停留，还有一层原因，是他希望疏通外交管道。北京沦陷后，列强也明白，议和是必然的，但各国都希望拉拢一个靠得住的谈判代表，使本国在议和中赢得更大的利益。在华势力最强的英、俄两国与德国很想瓜分中国，俄国积极拉拢李鸿章，很殷勤地表示要派军舰由上海护送李鸿章北上，但是英国人却反对李鸿章的全权代表资格，认为他这个全权只不过是个虚名，并没有决断实权。德国人也拒绝承认李鸿章的全权代表资格，美国人则坚持维护“门户开放”原则，认为还是应该保留清政府原有的统治秩序。

在列强明争暗斗的纷争面前，李鸿章委曲求全，通过各种途径，希望列强卖给他一个老面子，停战议和。李鸿章这番努力，还包含着一个意图，希望各国承认他的全权代表资格，并争取各国同意维护清政府的统治地位。但是，李鸿章的意图没有得到回应，列强基于自身利益，借故拖延不肯派

---

① 苑书义：《李鸿章传》，人民出版社 2016 年版，第 380 页。

出代表进行谈判。

李鸿章在上海迟迟没有北上，但是北京的局面却不容拖延。逃亡途中的慈禧太后不得已采取了一系列措施。她先是让光绪帝发布了“罪己诏”，然后给李鸿章发来了电报，准其以全权大臣身份“便宜行事”，与列强议和，令其将应办之事迅速办理。9月8日，慈禧太后以光绪帝名义再发电旨说“罪在朕躬，悔何可及”，令李鸿章火速进京，与各国公使会商，展开议和谈判，此行“不特安危系之，抑且存亡系之，旋乾转坤，匪异人任”[①]。

经过慈禧太后的一再催促，李鸿章认为北上时机业已成熟，决定启程北上。他原计划乘坐俄国的军舰从上海赴天津，但考虑到乘坐俄国军舰容易引起他国猜疑，便改乘招商局的“安平”轮，由一艘俄国军舰护送赴津。

当时，受命为全权大臣的是庆亲王奕劻和李鸿章两个人，但是庆亲王奕劻是一个贪渎钱财而无能的人，指望他与洋人交涉，实在有些困难，这样，李鸿章便成为直接与洋人交涉的全权代表了。

1900年10月5日，新任直隶总督李鸿章以全权代表身份抵达北京，准备同列强进行议和谈判。但是，他到北京后，列强仍然不承认他的全权代表身份，为什么呢？因为此时列强特别是联军统帅瓦德西希望通过扩大战争来向清廷提出更多的条件。

自8月中旬北京城沦陷后，德国人瓦德西成为联军统帅。这是列强之间博弈的结果。在八国联军侵入北京之前，各国都企图夺取联军统帅这一位置，而其中以英国和俄国争得尤为激烈。联军进攻天津时，英国就高喊“必须让在华联军中职务最高的司令官担任统帅”，因为当时联军的最高司令官是英国的西摩中将。日本起初也以侵华兵力最多而强调以兵力多少来确定统帅位置，后来自知在列强中属于“小兄弟”，无此威望而只好放弃。意、奥当然不是英国的对手，美国以“门户开放”的政策对待中国，对统帅的欲望也不大。能与英国抗衡的主要对手是俄国，且两国矛盾异常尖锐。

---

① 故宫博物院明清档案部：《义和团档案史料》上册，中华书局1959年版，第566页。

这次竞争联军统帅，俄国说什么也不肯让英国占便宜。为打击英国，俄国极力拉拢德、法、意、奥等国，反对英国人担任统帅。

八国联军进入北京城后，各国军官在设在北京的临时参谋总部合影

这种僵局给野心勃勃的德国提供了一个难得的机会。德皇威廉二世一面假惺惺地向俄国表示：是否认为联军总司令一职应该由俄国将军担任，或者同意由德国将军担任；如果是同意由德国将军担任的话，提议由陆军元帅瓦德西伯爵出任这一职务①。另一面德国又向英国讨好，把拒绝英国担任总司令的责任推给俄国和法国，以消除英国在历史上对日耳曼人的“反感”。这样一来，俄、英两国都对德国怀有或多或少的好感，都有意让德国出面缓冲双方相持不下的僵局。

德皇提议由瓦德西出任联军统帅，尼古拉二世竟然很爽快地答应了。尼古拉二世当然有自己的盘算。在他看来，同意让德国人出任联军统帅，不仅可以卖德国人一个顺水人情，还可以遏制日本与英国这两个冤家对头。

尼古拉二世同意瓦德西出任联军统帅，让威廉二世很高兴。因此他的胆子也更壮了。他当然希望各国对此都予以支持，结果也正如他所希望的，

① 张海鹏主编，马勇著：《中国近代通史》第四卷（从戊戌维新到义和团1895—1900），江苏人民出版社2006年版，第495页。

各国也都表示了支持，唯独法国却迟迟没有表态。为什么呢？原来，法国对德国一直心存芥蒂，普法战争中所遭受的凌辱，使其很不情愿把自己置于德国人的领导之下，法国认为“让打过法国人的瓦德西来统帅法国人是不能容忍的事”。最后，在俄、德两国软硬兼施的压力下，法国才不情愿地表示接受这样的事实。

威廉二世对各国同意瓦德西为联军统帅，很有一种荣誉感。他要求瓦德西把这种荣誉发扬光大。出于对义和团杀死德国公使克林德的愤恨，在瓦德西前往中国之前，威廉二世训令瓦德西到中国后，要把战争继续扩大化。根据这样的旨意，瓦德西到中国后，迅速扩大了侵华战争。他重新对联军作了军事调整，制订了新的侵略计划。根据部署，联军以京津为中心，首先攻占了联结东北和京津地区的铁路大动脉津榆线和东端的两个重要的战略要点——山海关和秦皇岛。

1900 年 10 月中旬，瓦德西派德、英、法、意军队从北京、天津分两路进攻保定。到第二年 4 月，联军先后共组织了四十六起“讨伐队”（其中三十三起为德军）四处侵扰，西到直晋边境的娘子关、紫荆关，西北到张家口，南到直鲁边境，焚烧掳掠，对当地人民犯下了滔天罪行。

在瓦德西的作战计划中，原本是打算攻打山西的。反对洋人的原山东巡抚毓贤作为义和团的坚定支持者，此刻他被调往山西，仍然出任巡抚之职。毓贤到了山西后依然如前，指使义和团的一些团民，焚烧了寿阳教堂。不仅如此，毓贤到任山西后，仍然采取他一贯的排外政策，他将太原全城的外籍教士，一律集中到铁路公所，让清兵化装成团民将他们杀死。毓贤还派清兵到太原北门天主教堂，放火焚烧了修女院。

太原城屠杀洋教士的行为使列强感到，血债必须要用血来偿，便计划攻打山西。那么，联军计划攻打山西，为什么又放弃了呢？

联军放弃进攻山西，是因为一个叫孔祥熙的年轻人起了一定的作用。孔祥熙，字庸之，于 1880 年出生于山西省太谷县，是孔子的后裔。孔祥熙十岁入美国教会在太谷所办的“华美公学”读书。1894 年，在基督教公理公会保送下，进入潞河书院读书，从此成为一名基督教徒。

有一天，在联军总部担任要职的叶守贞拜见孔祥熙，探询自己在太原设立的医院的情形。当时，孔祥熙正在北京的宅子里闲住。在聊天中，叶守贞询问孔祥熙有关义和团捕杀教士教民的情况，孔祥熙没有正面回答，而是解释说，山西的情况，完全是由山西巡抚毓贤一人指使，与平民百姓无关，都是毓贤卫队以红衣包头，化装成团民所为。

叶守贞后来将自己与孔祥熙关于山西教士被杀事件的谈话，向英国传教士李提摩太作了说明。此时，李提摩太受李鸿章的委托，代为折中山西教案事件。李提摩太从叶守贞那里得知孔祥熙从山西到了北京，并得知他救了几名女性教士，便专程前往拜访。

八国联军进入北京城后的合影

在孔家的京宅里，孔祥熙与李提摩太的谈话进行了很久。孔祥熙对李提摩太说，教案的发生，既因毓贤所为，也因百姓的无知。要使教案事件不再发生，必须“开通民智”，兴办新文明教育，让百姓更多地了解西方世界。这样，教案事件非但不会发生，而且可以为中国立百世不朽之基。李提摩太对孔祥熙的话大为赞赏。

除此之外，八国联军在侵占山西的问题上，也存在分歧。德国、法国、意大利主张向山西进军；英、美则不主张扩大战争。李提摩太从孔祥熙那里了解情况后，又向联军作了说明。于是联军决定，要求朝廷惩办毓贤，不再进军扰民。

这个要求提出后，慈禧太后一口就答应了下来。这也让列强感受到了慈禧太后的妥协态度。虽然，列强放弃了侵占山西的打算，但是，为了达到议和所能够达到的条件，列强将侵占行为向北、向南不断推进。

既然，列强扩大战争的目的，是向清政府索要更多的好处。在联军不断进攻天津、北京，进占了秦皇岛和山海关的同时，又向南攻下了保定。面对这样的局面，慈禧太后电令李鸿章，除了危及她自身的利益外，什么都好商量。在这样的氛围下，列强终于同意与李鸿章谈判了。

清朝官员为侵占北京的八国联军送锦旗

最开始，李鸿章到北京时希望与列强谈判，而列强却不肯与他谈判。李鸿章对此等局面，采取两个策略：第一个策略是军队不准抵抗。他认为这是向列强表示愿意和谈的诚意。而八国联军却在瓦德西的指挥下，四出攻掠。李鸿章却说，与联军对抗，只能徒增困扰，因而，要求“礼迎”。这样，八国联军所到之处，出现了“优礼劳军，吏迎兵撤，示以无他”的闹剧。①

第二个策略是“以夷制夷”的平衡外交。李鸿章历来办理卖国外交的一个基本方针是“以夷制夷”。自甲午战争后，他一意主张“联俄”。虽然“联俄”的结果是俄国乘机在中国大肆侵略，但李鸿章对俄国仍痴心不死。此番要与列强谈判，他很希望俄国能够从中调停。而俄国也认为这正是利用李鸿章的“大好时机”。俄国这时正想利用清政府的困境以诱使清政府同

① 故宫博物院明清档案部：《义和团档案史料》上册，中华书局 1959 年版，第 731 页。

意其对东三省的侵占。所以，在列强不承认李鸿章全权代表身份之时，俄国第一个站出来表示接受李鸿章为清政府的议和全权代表，而且由财政大臣维特给在北上途中的李鸿章发电表示："俄国他日之护助贵国，请中堂勿疑。"[①] 俄国外交大臣拉姆斯多夫也向中国驻俄公使杨儒表示，议和谈判，俄国将会"宽大"对待。

在俄国别有用心的"支持"下，李鸿章的"以夷制夷"还真发生了点效用。俄国和李鸿章间的勾结向来为英国和日本所疑忌，让一个亲俄势力的代表来做全权代表，他们多少有些不甘心。日本外交大臣甚至表示，李鸿章的全权要光绪帝亲笔授予。并对驻日公使李盛铎表示，中国南方应该另立一个新政府。英国则希望由亲英的张之洞参与谈判。除英、日之外，德国也反对李鸿章的全权代表身份，不过德国的目的是希望提出更多的条件。

面对英、日、德的反对，俄国极力说服美国，以求得美国对李鸿章的支持。俄国向美国表示，俄国在华并没有领土野心，并保证俄国从牛庄撤出军队，尊重美国提出的"门户开放"政策。见俄国支持"门户开放"政策，美国便同意了承认李鸿章的全权代表身份。

美国承认了李鸿章的全权代表身份后，英、日就有些坐不住了。但傲慢的英国和日本总得给自己一个台阶下吧。于是，英、日两国提出要他们的代言人张之洞、刘坤一参加和议。英国驻南京、汉口领事向张、刘转达英外交部来电说："将来议结之时，本国国家必向两江湖广两位督部堂请询意见若何，本国国家亦必以二位督部堂之意为重。"[②] 日本也明白地向驻日公使李盛铎表示须加派奕劻、荣禄、刘坤一、张之洞为议和代表。逃亡路上的慈禧太后，正风餐露宿地吃着苦头，对英、日的这点要求焉能有不答应的道理？便遵从了英、日的意思，令他们和李鸿章"随时函电会商"[③]。

清政府既然在议和代表身份问题上一再释放善意，英、日得到满足后

---

① 王绍坊：《中国外交史：鸦片战争至辛亥革命时期（1840—1911）》，河南人民出版社 1988 年版，第 315 页。

② 苑书义等主编：《张之洞全集》第十册，河北人民出版社 1998 年版，第 8260 页。

③ 朱寿朋编：《光绪朝东华录》第四册，中华书局 1958 年版，第 4538 页。

便不再说什么，德国也不好在李鸿章全权代表身份这个“次要的问题”上继续和俄国对立。这样，列强终于都同意和李鸿章进行谈判了。

五、“结万国之欢心”与《辛丑条约》

1900年10月中旬，各国对李鸿章的全权代表身份都已表示承认，于是李鸿章与列强间的谈判正式开始。在此之前，列强为了向中国索取更多的利益，除了进一步发动战争外，对于和谈还提出了让慈禧太后既担心又难以接受的条款。

9月15日，李鸿章从上海启程前往北京的第三天，德国曾提出惩办慈禧太后、端郡王等祸首，作为同清政府进行外交谈判的先决条件。当时德国宣称：“只有惩办真正的祸首，才算赔罪。我们必须以这个惩罚作为谈判继续下去的先决条件。”[①] 对于德国的要求，英国表示支持。而俄、法等国则主张对慈禧太后宽大处理，以便迅速与李鸿章开议。

面对德国要求惩办祸首这一提议，慈禧太后为求得列强的宽容，只好于9月25日发布上谕，宣布惩处载漪、载勋、刚毅、赵舒翘等几个皇亲和重臣。

在慈禧太后发布上谕同意惩处载漪等人的同时，李鸿章、张之洞、刘坤一等人也不断地向列强表明，义和团排外、朝廷宣战都是载漪、刚毅这些人搞出来的，极力为慈禧太后开脱。这也使列强感到，李鸿章等人还是很忠实于他们的主子的。对于这个封建思想根深蒂固的国家来说，如果惩办了慈禧太后，就会造成王朝统治秩序的混乱甚至崩溃，而清政府将会被新生势力所取代，那么列强几十年苦心经营的在华利益就可能成为泡影。

① 孙瑞芹译：《德国外交文件有关中国交涉史料选译》第二卷，商务印书馆1960年版，第122页。

于是，列强中的老牌帝国英国很快就改变了态度，公开表示："绝对不否认，如果把皇太后牵入这件事情以内，人们将冒着废弃中国整个国家组织的危险，这也是对于欧洲不利。"[①]

十一国公使团共同商讨对清政府的议和大纲

列强态度的转变造成的最终结果是决定支持慈禧太后，这样各国便指示他们的公使约见李鸿章，表示愿意和谈，李鸿章则表示愿意与各国密切合作。随后，李鸿章、奕劻又给在西安的慈禧太后发电报，说列强已经同意和谈，请太后回銮，迅速签订合约。

既然列强同意和谈，肯定要狮子大开口地漫天要价。10月4日，法国提出和谈的六点要求，作为谈判的基础，这六点是：惩办主要罪犯；禁止向中国输入军火；对各国、各社团及个人的损失作出赔偿；在北京设立一支卫队永久保护使馆；拆毁大沽炮台；对天津至大沽途中的三个地方进行军事占领，保证各国前往北京时的道路畅通。[②]当然，这六点也是列强的共同意思。

对法国提出的六点要求，李鸿章、奕劻进行了商讨，于10月16日提出了《应对六条的和约草案》。草案有五款：其一，清政府承认围攻使馆有错；其二，同意赔偿各国损失；其三，重新订立通商和往来条约；其四，清政府与各国分别订约，商定赔款后，各国军队应从北京城撤出；其五，和议

① 牟安世：《义和团抵抗列强瓜分史》，经济管理出版社1997年版，第447页。

② 张海鹏主编，马勇著：《中国近代通史》第四卷（从戊戌维新到义和团1895—1900），江苏人民出版社2006年版，第521页。

谈判前应宣布停战。

当和约草案递交到各国公使面前的时候，他们一致的反应是，李鸿章等人太不自量力了，作为战败者，怎么可以提这样的条款呢。各国公使对和约草案置之不理，甚至拒绝在各国之间达成协议前与李鸿章、奕劻会商。列强对待清政府议和代表的蛮横态度，从西班牙公使葛络干面告李鸿章的话中可见一斑。他说："此何时耶，既已一败涂地至此，尚欲议和，惟有凛遵所示而已。"①

10 月 27 日，各国公使一致通牒，要求慈禧惩治载漪、载勋、载澜、溥静、毓贤、李秉衡、董福祥、刚毅、赵舒翘、英年等十一个祸首。否则，议和便没有诚意。当然，这时候，已逃到西安的慈禧太后也明白，要想达成尽快结束战争、尽快回銮这一目的，只有答应列强的条件。因而，慈禧太后逃亡到西安后，就一而再地给李鸿章发电，只要列强仍愿维持清朝的政权，她准备接受任何条件。慈禧太后最担心的就是列强拿她开刀。

列强当然知道慈禧太后急于求和的心态，对于李鸿章提出的和约草案，他们召开了专门联合会议进行讨论。在关于惩处慈禧太后的问题上，列强认为慈禧太后还是一枚不能扔掉的棋子，便将她排除在惩处的名单之外。

既然列强把慈禧太后从祸首的名单中剔除出去了，她也就没有顾虑了。慈禧太后答应了列强的要求后，内心五味杂陈。虽然不再有被列强打击报复的担忧，但逃亡的生活已使她吃尽了苦头，禁不住怀念起紫禁城的安逸生活来。

渴望尽快结束颠沛流离生活的慈禧太后于 11 月 21 日再次给李鸿章、奕劻发了电报。告诫说，谈判只能成功，不能失败，一切都由庆亲王等唯力是视，朝廷不为遥制。12 月 5 日，慈禧太后再次给奕劻、李鸿章发来电报说，与列强议和"如有为难之处，不妨据实直陈，朝廷必能审时度势，酌夺办理，切勿迁延日久，致大局益难收束"②，充分流露了其急于求和的

① 王绍坊：《中国外交史：鸦片战争至辛亥革命时期（1840—1911）》，河南人民出版社 1988 年版，第 318 页。

② 同上书，第 319 页。

心理。

有了慈禧太后的这番表态，李鸿章、奕劻这些妥协派在列强面前肯定是极尽顺从之能事。12 月 24 日，列强在法国提出的六点要求和李鸿章和约草案的基础上，提出了十二条议和大纲。

列强认为董福祥、毓贤等人应予以斩首；清朝皇帝应发布上谕，革除那些排外的官员；应将赔偿总额通知海牙法庭，受雇于外国人的中国人的损失也应予以赔偿；划定使馆区，中国人不得居住其内，保证“各国为它的使馆维持一支卫队的权利”；外国可以将拆毁大沽炮台的适用范围扩大到大沽以外的别处炮台；清政府应颁布上谕，禁止其民加入排外会社，违者处以死刑，上谕在全国张贴两年，取消总理各国事务衙门，任命外务部大臣，同中国朝廷的关系“应建立在切实基础上”。

在这个大纲基础上，德国与日本又分别提出，对德国驻华公使克林德、日本外交官杉山彬被杀之事应该追查当事人，并予以赔偿。

议和大纲十二条以照会的形式发给了庆亲王奕劻和李鸿章。二人看了照会，感到要求太苛刻了。取消总理衙门，这本是清政府的内政，况且这个涉外机构自成立以来已经运行几十年了，怎么能因为洋人的要求就裁撤呢。还有设立使馆区，以及天津大沽炮台的使用权……这些要求，奕劻和李鸿章都不敢表态，便给同在西安的荣禄发了电报，希望他在太后耳边吹吹风，权衡利弊，迅速作出决断。

12 月 27 日，慈禧太后发了回电，对奕劻、李鸿章二人说，列强“所有十二条大纲，应即照允”。事实上，慈禧太后见到大纲中没有她所顾虑的“首祸当议己”这一款，已是“大喜过望”了。这样，在清政府和列强之间没有经过任何谈判，和约的内容便已基本确定，只剩下细节留待商讨了。

慈禧太后批准十二条议和大纲之后，又按照各国公使的要求，发布上谕加盖御玺，作为同文照会的副本，于 1901 年 1 月 16 日分送各使馆，正式生效。

当然，慈禧太后批准了十二条，这个前番还信誓旦旦要与洋人决战，现在却又急不可耐地与洋人谈判的“女强人”也感到对全国人民不好交代。

她又虚伪地以光绪帝名义下了一道“罪己诏”，这个诏谕不但毫无自责之意，而且借“悔祸之机”，恶毒攻击义和团，为慈禧太后推卸责任。它极力表白和讨好列强，叙述如何保护使馆，并让奕劻、李鸿章派人带上水果、礼品前往使馆慰问。说，使馆之所以没有酿成巨祸，实为慈禧太后着力尽心保护使然。太后对列强的宽大处理，也是感恩戴德。对于议和，慈禧太后还指示奕劻与李鸿章，“量中华之物力，结与国之欢心”，保证把国家民族利益奉送给列强，换取它们的保护。慈禧太后的这一番表白，与十二条大纲的应允，把清政府投降卖国的本质暴露无遗。①

根据议和大纲，列强之间在要索的具体内容上开始进行协商。主要围绕着惩凶、赔款、加强外国人安全（按：指加强政治军事控制），及战争赔偿与抵押品的担保等方面进行。

对于惩凶，早在1900年9月间，列强就提出惩办十一名祸首才能议和，慈禧太后主动惩办了一些王公大臣，列强才同意将“惩凶”一条列入议和大纲。但后来的议和大纲十二条中提出了一个惩办祸首的名单，要求将这些人都处死，名单中因为有载漪、载澜等皇室至亲，在法律和感情上都存在执行的困难，因而清政府请求列强能够“宽大”，对此，俄、日、美、法四国都表示同意。但是，德、奥、英、意则主张严峻执法，执行死刑。最后经过协商，列强在“惩凶”的问题上达成了妥协，接受了清政府提出的皇亲不加刑的请求。

1901年2月21日，清政府发布上谕：赐令载勋自尽，载漪、载澜均定斩监候，发往极边永远监禁。毓贤、赵舒翘、刚毅都被处以极刑，而刚毅病故，对其惩罚只好作罢，但需撤销恤典。启秀、徐承煜正法。徐桐、李秉衡均应定斩监候，已自尽，革职、撤销恤典。董福祥革职降调。

十一名“祸首”被惩处后，慈禧太后电告李鸿章说，按照各国意见，已经惩办“祸首”，即应与列强早定和局，商定撤军，勿再拖延。但是，在列强看来，事情并未完结。1901年4月7日，奕劻、李鸿章向西安转发

① 廖一中、李德征等：《义和团运动史》，人民出版社1981年版，第418页。

了由十国公使（沙俄不在其内，它已退出“惩凶”谈判）所送交的“查明外省确犯重罪应请严惩各员清单”。该名单列举“外省犯罪官员”144人，“大部分的证据是从中国人（按：指教徒）方面得来的传闻证据”[①]。

面对列强的无赖行经，清政府只好再发上谕，以伤害教民、焚毁教堂等罪名又惩办了各地军政官员五十余名。其中，山西归绥道郑文钦等四名，处斩立决；塔拉特王，革爵查办；阿拉善王等二名，传旨申饬；已故直督裕禄、驻藏大臣庆善等二名，追夺官职；浙抚刘树堂，革职永不叙用，饬令回籍；盛京副都统晋昌、黑龙江副都统凤翔（已殁）、巴彦苏苏统领鄂英等四名，发往极边，充当苦差；其余尚有革职发往极边永不释回、革职永不叙用等名目的不同处罚。[②]

8月19日，清政府第三次公布了惩处各处官绅人等五十余名的上谕。前后三次惩办的“罪犯”达一百余人。这些“罪犯”，上自王公贵族，下至文武官绅，其中一些人是具有爱国思想的抵抗派人物。经过这次惩罚，在统治阶级内部产生了巨大的震慑作用，打击了各级官吏中的仇洋情绪，使得清政府对列强的奴役更加唯命是从。

《辛丑条约》签字现场

① ［美］马士：《中华帝国对外关系史》第三卷，张汇文等译，商务印书馆1963年版，第372页。

② 廖一中、李德征等：《义和团运动史》，人民出版社1981年版，第420页。

列强之间谈判争夺的另一个焦点是分赃，也就是赔款问题。赔款偿付办法关系列强的重大利益。

瓦德西出任联军统帅后，威廉二世曾训令他："要求中国赔款，务达最高限度，且必彻底贯彻主张。"[①] 这种贪婪欲望，表达了列强的共同心愿。但列强各有盘算，在赔偿总额、赔偿方式及提高海关税率等问题上，进行了长时间的争吵。

争吵的原因，一个是赔款的数额，另一个当然是拿什么支付的问题。在要求支付的数额上，俄国与德国可谓狮子大开口。当时，俄国正经历着财政和经济危机，它为建造一支庞大的舰队、改善军队装备和赶修西伯利亚铁路，很需要一大笔款子。在东三省交涉屡次受挫之后，它要求赔款的数目激增。德国则希望通过获取赔款建造舰队，它提出赔款总额应定为二十亿马克（约七亿两），扬言夺取中国海关。瓦德西甚至计划调动军舰，对清政府进行恫吓，认为此举"将在讨论赔款时高度地发生作用"[②]。

控制着清政府海关的英国坚决反对德国的提议，因为英国很担心因赔款而造成列强共管清政府海关的局面。美国出于稳定国内政治局势和力图扩大在中国的商业利益之需要，也想尽快结束谈判，拿到赔款。日本是想用巨额赔款充实战备，以应付不可避免的对俄军事行动。法国则选择附和沙俄的立场。列强的不同态度，使得谈判桌上斗争此分彼合，纷纭杂出。[③]

中国连年对外赔款，旧债未清，新债又来，自然拿不出钱来。怎么办呢？俄国便主张列强共同作保，替清政府在国际金融市场上筹集外债。德国最初支持俄国的主张，曾劝诱中国驻德公使，要中国一次付清赔款，"一了百了"，免得长期纠缠不清。这个办法对英、美不利，英国反对得尤为坚决。英国仍然是担心列强共管中国海关，冲击自身利益，因为英国得到的

① 中国史学会编：《中国近代史资料丛刊：义和团》第三册，上海人民出版社 1957 年版，第 7 页。

② 孙瑞芹译：《德国外交文件有关中国交涉史料选译》第二卷，商务印书馆 1960 年版，第 354 页。

③ 廖一中、李德征等：《义和团运动史》，人民出版社 1981 年版，第 421 页。

赔款额小。所以英国宣称，英国政府不能接受“以我们的财政信用来担保总数如此之大，而属于我们的一份如此之小的一笔款项”，这不符合英帝国的利益。[①] 美国代表柔克义报告国务院说，他坚决拒绝美国参加担保联合贷款。针对俄国方案，英国提出中国发行债券，分年摊还的偿付办法。这一提议得到美国的支持。俄国被迫撤回原先的主张。

鉴于列强在赔款问题上存在重大分歧，公使团于1901年2月23日委托美、德、荷、比四国公使组成赔款委员会，负责制定赔款原则。3月22日，又委托英、德、法、日四国公使组成赔款偿付委员会，负责研究赔款支付方式以及调查清政府可以用来赔款的财政收入状况。

赔款委员会参照英、法、日三国提出的赔款分类草案及各国的赔款要求，拟定赔款的基本原则及大致范围。规定只有1900年义和团运动期间所受到的直接损失，才能够获得适当的赔偿，赔偿要求分为对政府的赔偿，对外国社团、公司、个人的赔偿，对外国人雇用的中国人的赔偿三大类。个人赔款利息不超过五厘，商业赔款利息不超过七厘，一切赔偿均自损失实际发生的日期计算。对于这几大原则，各国政府均表示愿意接受。

至于向清政府索赔的数目及方式，各国经过磋商，同意先由各国分别估算各自的损失和索赔数额，汇总后共同向中国提出。由英、德、日、法四国公使组成的赔款偿付委员会，根据赫德以及汇丰、道胜、东方汇理等银行负责人提供的中国财政情况报告认为，中国能够负担的赔款总额不超过4.5亿海关两（合6750万英镑）。赔款支付委员会建议根据这一总额，参照各国自己估算的损失及索赔要求，在各国之间按比例分配。

但是，按照各国自己的估算，按照比例分配，要想将数字控制在4.5亿海关两之内，则相当困难。因为俄国提出的赔款总额就达1.3亿两，比任何国家都多；德国竟然将索要总额增加到4亿马克，超出其因战争实际支出近一倍。

英国政府起初基于控制中国财政的需要，反对向中国索取过多。然而

① 丁名楠等：《帝国主义侵华史》第二卷，人民出版社1992年版，第151页。

到了 4 月间，英国政府感到列强实际上能够获得的赔款总额必须少于它们所要求的全部数额，这样先前所要求的赔款数额必须按比例减少的时候，它的态度开始发生微妙变化。英国政府向谈判代表萨道义发布指令说：英国政府不反对减少赔款的总额，但假如是让其他国家对所有实际费用得到充分的赔偿，而英国仅得到一部分的话，那对英国来说显然是不合理的。因此，英国政府指示萨道义，必须注意不要从英国原来的要求中剔除那些被其他国家包含在要求之内的项目，诸如使馆卫队和属于陆海军的其他部队伤亡人员的赔款、公使馆及散布各地的领事馆建筑物破坏等损失，如果其他国家的要求中包含这些内容，那么英国也应该附加这些条件。①

所以，英国也参照其他国家的办法，将自己的索赔总额大幅度提升，以便将来万一各国必须按比例减少时不吃亏。5 月 7 日，各国提出的赔款总数达到 4.5 亿海关两。这个数字虽然没有超出偿付委员会提出的 4.5 亿两的负担能力，但仍然是强盗国家漫天要价导致的结果。

赔款总数尘埃落定，公使团在 5 月 9 日正式照会清政府，言明，由于各国所支付的费用，而且由于团体和外国人以及那些因为替外国人服务而受难的中国人所受的损害，直到 7 月 1 日为止，列强所受损失的总额共为 4.5 亿两，如果联军的占领延长到那个时期之后，这笔款项将大为增加。按照中国皇帝陛下所接受的联合照会的第六款规定，即“中国为了保证支付该赔款，将采取列强可接受的财政措施”。因此各国全权代表要求中国全权大臣正式保证他们承认这笔款项所负的责任，并且要求他们把中国为清偿这笔债务而打算采取的财政措施通知各国全权代表。②

英、俄两国对于公使团发出的这份照会是持保留意见的，两国代表表示：两国政府不反对美国政府所建议的最后减少赔款要求的意见，因此这笔款项的提出可以说是对费用和损失的一项说明，而不是一项要求。

---

① 张海鹏主编，马勇著：《中国近代通史》第四卷（从戊戌维新到义和团 1895—1900），江苏人民出版社 2006 年版，第 538 页。

② 胡滨译：《英国蓝皮书有关义和团运动资料选译》，中华书局 1980 年版，第 480—482 页。

1902 年慈禧与光绪回銮，在袁世凯军队的护卫下进入紫禁城

英、俄两国公使为什么会这么说呢？因为在列强提出赔款数额之时，美国基于推行“门户开放”政策的需要，认为应该削减赔款数额，因为 4.5 亿两实际上已经超出了清政府的支付能力，美国希望将赔款数额控制在 4 亿两之内。英国政府最初同意美国政府的建议，但在德国政府的外交压力下，英国转而不支持美国的建议，它能够做到的只是建议列强将军事行动的费用截至 7 月 1 日，此后所发生的费用不再向中国索取。列强最终同意了英国的这一建议。

当列强为赔款数额争吵不休的时候，清政府为了尽早结束联军对北京、直隶的军事占领，为了尽早回銮，几乎未作任何抗争就接受了列强 4.5 亿两的索赔要求。①

这是一次无人审计评估的、一厢情愿的战争赔款，在天文数字面前，软弱的清政府竟然选择了接受。清政府的上谕说，各国赔款共四百五十兆，四厘息，著即照准，以便迅速撤兵。②但同时又要求庆亲王奕

① 张海鹏主编，马勇著：《中国近代通史》第四卷（从戊戌维新到义和团 1895—1900），江苏人民出版社 2006 年版，第 538、539 页。

② ［美］马士：《中华帝国对外关系史》第三卷，张汇文等译，商务印书馆 1963 年版，第 351 页。

劻与李鸿章尽力与列强说明："中国财力止有此数，务须将本利核定总数，宽展年限，力与磋磨为要。"①

1901 年 9 月 7 日，奕劻和李鸿章代表清政府与英、美、俄、法、德、意、日、奥、比、西、荷十一国代表签订了比《马关条约》更加屈辱的《辛丑条约》。这个条约除正约外，还有十九个附件。条约对中国的损害主要表现在四个方面：

（1）巨额赔款使清朝百姓长期承受沉重负担，清政府向列强赔款总数关平银为 4.5 亿两，分 39 年摊还，年息四厘，本息共达 9.82238150 亿两白银。对于赔款支付，条约规定，赔款以关余、盐余（关税和盐税收入在偿抵外债后的剩余部分）和常关收入三项税收作为担保，各通商口岸五十里内的常关归总税务司管辖。从此海关和盐务税收机构完全成为帝国主义的"提款机"。

（2）加强了对清政府的军事恫吓。条约规定："清政府应允，将大沽炮台及有碍京师至海通道之各炮台，一律削平。"并规定自北京至山海关十二处：黄村、廊坊、杨村、天津、军粮城、塘沽、芦台、唐山、滦州（今滦县）、昌黎、秦皇岛、山海关，准帝国主义各国派兵驻守。②京津之地，外兵驻守，在武装恫吓面前，清政府变得更加顺从了。

（3）使馆区的建立，使列强侵华更加便利。条约规定："清政府允定各使馆境界，以为专与住用之处，并独由使馆管理，中国人民概不准在界内居住，亦可自行防守，中国国家应允诸国分应自主，常留兵队，分保使馆。"这样一个特殊地区的设立，无异在京城设立了一个"国中之国"，其性质之严重且有过于一般通商口岸中的租界。③

（4）依据条约，清政府成了帮助列强镇压中国人民反帝反侵略运动的头号帮凶。《辛丑条约》中规定：对于支持义和团的王公大臣以及地方官

---

① 廖一中、李德征等：《义和团运动史》，人民出版社 1981 年版，第 424 页。

② 王绍坊：《中国外交史：鸦片战争至辛亥革命时期（1840—1911）》，河南人民出版社 1988 年版，第 322 页。

③ 同上书，第 323 页。

要予以严惩，凡是发生排斥外国人的地方，停止科考五年。清政府还同意派户部侍郎那桐为专使赴日本，为日本使馆书记生杉山彬被杀事，向日本政府道歉；派醇亲王载沣为专使前往德国，为德国公使克林德被杀事，向德国政府道歉。为了防止今后人民反帝运动，又规定凡“私立、擅入仇视各国人民各会”，要依法取缔、惩治，地方官要全力镇压，否则官员革职查办。

《辛丑条约》的签订，彻底暴露了清政府投降媚外的丑恶嘴脸。由于列强没有把慈禧太后作为“祸首”惩办，这让慈禧太后非常感激。所以当她于 1902 年 1 月回銮北京后，对各国使节从头到尾格外多礼。之后各地方官也一意媚外，竭力维护列强在华权益。当时有人评论说，“内而宫廷，外而疆吏，下至微员末秩，皆莫不以敬礼外人为宗旨”[①]，清政府已经彻底地沦为洋人的代言人了。

六、慈禧太后又派出了“谢罪”使团

《辛丑条约》还在议商之时，德国就向清政府提出派出专使到德国赔罪，为死去的德国公使克林德竖碑纪念的要求。

对此，清政府最初的意见是，立碑倒无不可，而且很快就立起来了，但派使“谢罪”，慈禧太后有些不情愿，她表示可以让在德国的驻德公使吕海寰代为“谢罪”。但德国态度坚决，慈禧太后只好答应。

要派使节去德国道歉，派谁去呢？德国的意思是必须派出一位与皇室有血缘关系的亲王，这样方显出清政府的诚意。据此，慈禧太后想到了光绪帝的亲弟弟载沣。载沣承袭了醇亲王奕譞的爵位，这一年他十八岁，派这样一个年轻的亲王出使德国，德国人会是什么态度？庆亲王奕劻便安排

① 金冲及：《辛亥革命的前前后后》，人民出版社 2011 年版，第 16、17 页。

载沣与德国元帅瓦德西进行了一次会面，会面中，瓦德西对载沣的印象还算良好，认为他“举止优美，面貌聪俊……必为吾皇所喜悦”[①]。事情就这样决定了。

少年时代的载沣

事实上，载沣与瓦德西见面前，庆亲王奕劻还作了备选方案，把肃亲王也作为备用的人选。瓦德西在会见载沣之后，也见了肃亲王，瓦德西在自己的日记中写下了他对肃亲王的印象，肃亲王“甚欲求得余之宠爱，但是未能得偿其愿”。也就是说，瓦德西感到肃亲王太功利了，况且，在他看来，让载沣出使德国，使德国在国际面前更有一种体面的感觉，毕竟是光绪帝的一母同胞，地位上较其他亲王更为显要，更能体现清政府“道歉谢罪”的诚意，再说，载沣当时在义和团排外事件中并没有立场。

这样便确定了由载沣为专使出使德国。随后，庆亲王奕劻便给在西安的慈禧太后发了电报。电文说，现据德国使臣照会，奉德主训条，中国若派醇亲王前来通好，当优礼接待，并以王宫为驻扎之所。

应该说，当时的载沣还不是1908年后的载沣，他的儿子溥仪还没有出世，因为是光绪帝亲弟弟，他并没有得到慈禧太后的重用。义和团运动爆发后，慈禧太后只不过给了他一个内廷行走的职务。这是一个并无实权的皇族荣誉。1901年春任为阅兵大臣，并命他担任正蓝旗总族长，这才渐渐

① 李志武：《载沣使德述论》，载《华南农业大学学报（社会科学版）》2003年第1期。

接触一点实事。

虽然外国人对他的印象不错，说他“态度谦恭可亲，使人看来才气横溢”[①]。但要派载沣到德国“谢罪”，慈禧太后感到有些不太妥当，而光绪帝也对此坚决反对。他们认为让一个天潢贵胄远渡重洋去战胜国道歉，有损天朝颜面，德国人却一再坚持。1901 年 6 月 5 日，远在西安的慈禧和光绪帝只好任命载沣为“头等专使大使”，并任命前内阁侍读学士张翼、精通德语的副都统荫昌为参赞，随同载沣出访。

决定让载沣代表中国出使德国后，总理衙门便组成了以载沣为首的四十三人使团。使团成员都是富有阅历和在外交领域有一定特长的人。前内阁侍读学士张翼为参议，正白旗汉军副都统荫昌和记名直隶候补道梁诚分别为头等参赞，二等参赞是候补道麦信坚，三等参赞是浙江候补道刘祖桂和道员用直隶候补知府王瓘；二等翻译官为分省补用知府治格与候选知县杨书雯，三等翻译官为知府用候选直隶州知州吴仲贤和江苏补用知县严璩及候选知县唐家桢；随员分别是户部员外郎象贤、刑部员外郎曾广镕、候选知县尚希曾、候选县丞缪钦臣等等。此外还有学生、医官、护卫等等。

1875 年马嘉理教案发生后，清政府曾派出郭嵩焘代表中国向英国道歉，之后郭便留在英国出任首任驻英公使。这次八国联军侵略中国，虽然国外的一些媒体也谴责了列强的暴行，但是此次出行更是一种耻辱，因为“谢罪”的人是光绪的亲弟弟，形式大于内容。所以，当慈禧太后批准载沣代表中国前往德国“谢罪”后，此事立即受到了中外各界的瞩目。《纽约时报》报道说，清朝皇帝陛下的弟弟载沣陛下，将被派往柏林，就德国驻清公使克林德被害一事正式向德方道歉，他将于 1901 年 7 月 20 日乘船前往欧洲。

事实上，载沣一行于 7 月 12 日已经由永定门车站出发。当时，送行的有多位中国官员，还有把持清朝海关总税务司的赫德以及西方各国的公使。

载沣一行由京师抵达天津，然后在大沽口乘坐轮船前往上海，于 7 月 16 日到达上海。在这里，载沣使团受到了江浙地方官以及中外人士的盛大

---

① 梁碧莹：《梁诚与近代中国》，中山大学出版社 2011 年版，第 111 页。

欢迎。停泊在黄浦江上的各国兵舰都升旗鸣炮，向这位御弟表示敬意。当然，这也是外交礼节，租界区法国警察更是戎装列队，率领各国警察在码头上向载沣致以敬礼。当时，围观的群众可谓人山人海，都想一睹皇上亲弟弟的尊容，“西国士女欲一瞻丰采者亦复不少”[①]。

上海是清朝的土地，却由外国人来主持一场外交欢迎式，也许载沣没有感受到这个场景的屈辱。他被表面上的荣耀感包围着，从平安号轮船走下来，登岸时，一队英国军警为他开道，前边的六人骑着高头大马，后边是四十余名士兵。载沣就坐在后边的轿子里，抵达英国租界后，上海地方官也派出二十余人到洋务局帮助照料。租界区充分考虑到了他的安全，法国、英国警察在所要经过的各个路口、街头进行巡查，行人更不得进入租界区。

载沣在上海停留了四天。当时的报纸对他的到来极尽赞扬之能事，有一份报纸这样说，当轮船靠岸时，船体有较大的倾斜和震动，人们注意到这位年少的、缺乏水上生活经历的贵人毫无惊慌或不安的神色，便赞赏他沉着稳重。大小官员登舟呈递手版，他只留见二人。留人和谈话都很得体，表现了他对上海发展的关心和博学多闻。于是人们又评论他是如何“好西学，识时务”。面对众多前来行馆求见的各界头面人物，自然无法分身一一亲自接见。好在他带的随员、内监和卫侍等共达四十三人之多，其中的内阁侍读学士张翼、后来被任命为驻德公使的副都统荫昌、驻美公使梁诚、翻译麦志坚等，都是富有才学和见识的人物。载沣根据来人的情况，分别委托随员代他接见，并不拒之门外。因此他又被认为具备谦逊、办事周到和平易近人的美德。

载沣出使德国之所以行事低调也是有原因的，一来维新变法失败，光绪帝处于慈禧太后的掌控之中，作为皇上的一母同胞，他做事不能不小心谨慎；再者，代表清政府出使德国道歉，这毕竟不是什么光彩的使命，出发之前，慈禧太后也特地发来电报，叮嘱他此行要注意节俭，低调行事。

---

① 凌冰：《爱新觉罗·载沣：清末监国摄政》，文化艺术出版社 1988 年版，第 12 页。

因此，他一到上海就“传谕一切从简，不必奢华”。

接受了外国人的欢迎礼后，载沣在上海期间，出门坐的都是四人抬的小轿。虽然上海地方官为他准备了皇家专门乘坐的黄呢大轿，但被他拒绝了，这个举动给上海市民留下了好印象。本来，要皇上的亲弟弟出使外国是清朝立国以来从没有过的事情，上海人又难得一见这样一位亲王，按人们的想法，他应该是高高在上的，出行像皇帝一样尊贵。但是，他却这般的行事低调，自然对他是一片赞誉。

7 月 20 日，载沣一行辞别前来送行的各国驻上海领事馆的官员以及上海地方官，乘坐广济轮抵达吴淞口，然后换成德国“贝仁号”邮轮出海。25 日，轮船抵达香港，英国军舰也是鸣炮致敬，欢迎的盛况不亚于上海。7 月 30 日，轮船行至新加坡，“炮台鸣炮致敬”，“送者观者，途为之塞”。8 月 1 日过槟榔屿，“商民之观者以万计”。特别是“槟城众华人铺户均悬龙旗一面、英国旗一面，欢声载道，士女如云，殊形热闹，然则我埠华人忠爱之心已从可见矣”[①]。

载沣使团部分成员在香港与德国军官合影

但是，当轮船行将抵达德国时，德国人又耍起了无赖。他们提出无理要求，什么要求呢？也是一场礼仪之争。中国皇帝不是喜欢让洋人觐见时

① 《香港华字日报》1901 年 8 月 16 日。

下跪吗？威廉二世虽然没有提出让醇亲王载沣下跪觐见，却要求醇亲王行三鞠躬礼，随行人员觐见须行跪拜之礼。

8 月 18 日，当载沣一行抵达瑞士巴塞尔时，德国外交部通知中国驻德国公使吕海寰说："德主在白厅坐见，醇亲王行三鞠躬礼，参赞随员如见须叩首，彼云此是谢过，非常时觐见。"① 这场突如其来的觐见礼仪风波，使载沣一行不得不驻留于瑞士巴塞尔，进退两难。

这显然是德国拿中国封建王朝的跪拜礼仪说事，中国的跪拜之礼起源于古代席地而坐、亲友相见的习惯，对跪拜者并无屈辱、轻视的意思。到后来亲友相见时一般不再跪拜了，但对皇帝仍要跪拜。中国的皇帝已被神化，被尊崇为"天子"。皇帝合人神于一身，对他跪拜便是自然的事情，外国没有这种习惯，便认为跪拜是一种屈辱。因此在中国同外国开始交往以后就产生了认识上的问题。

1860 年中英、中法间的《北京条约》签订后，清政府才被迫接受各国公使常驻北京。起初外国使臣也尊重中国习惯，对中国皇帝跪拜而并不以为羞耻，但美国使臣华特的拒绝跪拜和愤然离去还是引起了清政府的注意，

上海南京路上欢送载沣赴德的队伍和人群

① 李志武：《载沣使德述论》，载《华南农业大学学报（社会科学版）》2003 年第 1 期。

便于1873年同法国等公使议定：外国使节觐见中国皇帝时免去跪拜之礼，中国使臣到外国也不屈膝。从那时起二十多年间已成惯例。现在德国方面突然违例要求跪拜，明显带有污辱中国使臣的意图，当然是中国所不能接受的。因此载沣在途中留住巴塞尔不再前进，同西安行在密电颇繁，采取了拒绝跪拜的姿态。

与此同时，清政府推迟了《辛丑条约》的正式签订。《辛丑条约》的丧权辱国程度，大大超过了以前的所有不平等条约。虽然根据条约要求，清政府应该派出道歉专使，但要专使向德皇行三鞠躬礼，随员觐见要磕头，这大大出乎清政府的预料。因此，慈禧迫于舆论和臣下的压力，不得不让奕劻在《辛丑条约》上缓期画押。①

慈禧太后还要求总理衙门赶紧与德国方面交涉。总理衙门于8月26日致电吕海寰，强调："今德国于各项礼节，出立御座，并于纳陛上赐坐，此中国非常异数……务望设法电达德外部，切实力争为要。"②

实际上，吕海寰此时驻德公使任期已满，因此，他没有向德皇辞别即直接去巴塞尔拜见了载沣，他和载沣等人一起商量解决问题的办法。经过商议，载沣于8月31日让吕海寰再回柏林，继续与德国交涉，协调觐见礼仪一事。此时，在西安的慈禧太后也给载沣发电，让他告知吕海寰积极与德国外交部磋商。

年轻的载沣在巴塞尔有一种很无奈的感觉。9月初，他又听到报告，说"德皇9月6日出巡，过期即不接见"。显然，德国人这是在给清政府难堪。此番，德国人也学着清朝皇帝那样，希望载沣使团给威廉二世行跪拜之礼，现在又无视公法，无理地怠慢，实在是恃强凌弱的外交表现。

对于跪拜之礼，吕海寰到德国外交部表明态度，说明各国都没有这样的例子，现在清朝皇帝接见外使也没有这样的礼仪。口口声声说文明的德国怎么可以要求专使进行这样的礼仪呢？吕海寰的据理力争，让威廉二世

① 凌冰：《最后的摄政王：载沣传》，文化艺术出版社2006年版，第18、19页。

② 李志武：《载沣使德述论》，载《华南农业大学学报（社会科学版）》2003年第1期。

也感到这个要求太过分，为这个问题僵持下去对谁都没有好处。经过交涉，德国方面同意不以跪拜礼接见。

9月2日，吕海寰和德国驻巴塞尔领事艾士威拜见了载沣，传达了德国外交部的意思，德国外交部表示，德皇同意接见，呈递国书时只带荫昌一人作为翻译，免去跪拜礼，俱行鞠躬礼。

听此一言，托病不行的载沣一下子振奋起来，连夜起程，于第二天抵达波茨坦。9月4日，载沣与荫昌一起在德国外交官员的带领下，前往德国行宫拜见了威廉二世。接见中，载沣向威廉二世行鞠躬礼，呈递了国书，宣读致辞，荫昌则跟着载沣一起行了鞠躬礼。

载沣拜见威廉二世时，他的致辞大意是这样的，敝国去年乱事的酿成，责任乃在于误国的庸臣，并不是我们大皇帝的过错。不过臣民有罪，皇帝也是负有责任的，所以深感抱歉。现在幸喜和议即将订好，笼罩在两国之间的云雾就要散去，而变得天朗气清了。祝愿我们两国永释前嫌，增进友好。

但是，威廉二世所作的答词却是相当强硬和严厉，其中有“断不能因贵亲王来道歉之忱，遂谓前愆尽释”的话。这位以暴躁好战而著称的威廉二世真可以说是名不虚传！

德皇答词后，载沣即呈上光绪帝的道歉国书。国书说，因为义和团，导致德国公使被害，“朕自惟薄德，未能事先预防，保护多疏，疚心曷极！”

国书以光绪帝名义表达了歉意，最后表示，“惟望大皇帝尽弃前嫌，益敦夙好。从此我两国共享开平之福，永联玉帛之欢”[①]。

载沣呈递国书时，德皇威康二世傲慢地坐受国书，发表答词也未曾起立。虽然如此，载沣觉得这样即“大局保全，国体无伤”，当日即电告北京：“所有一切……俱臻妥协，堪慰宸念。”闹腾了二十几天的礼仪之争就以这种形式结束了。

在这次礼仪之争中，德皇的态度为什么会由傲慢无理转而妥协了呢？

---

① 朱寿朋编：《光绪朝东华录》第四册，中华书局1984年版，第4670页。

应该说是与中国人民的抗争、国际舆论的指责分不开的。

《香港华字日报》刊登的《论德皇接待醇亲王改章》一文中说，德皇虽然盛气凌人地提出了过分要求，但德国臣民却感到诧异，叩首是中国陋习，欧西古礼，何以德皇于此独有复古之心。中国人民表示义愤，华人宁死，不受此辱。更重要的是国际舆论的不满，迫使德皇不得不改变态度。当时，英、美、法等国的舆论都对德皇的态度提出批评，指责德皇的行为违背公法。英国报纸报道说，中国使团在德皇接见前，德方先要醇亲王“从大道遍游，以马车护送”，以表示中国谢罪的诚意。英国报纸认为，这是激怒来使，从而羞辱中国的行为。醇亲王代表的是中国，如果接受德皇的无理要求，就是侮辱中国，这是违背公法的。因而，英国报纸批评“德皇委员会往见醇邸，先说国书词语尚欠谦和，继而德皇坚持要醇邸行叩首礼”，这种欺人太甚的做法，不仅“有悖于人心，亦有违于天意”[①]。

1907年7月25日，醇亲王载沣在香港期间与港督亨利·布莱克爵士合影

面对西方各国的指责、清政府在这个问题上的坚持和德国人民的反对，德皇不得不改变态度。这次载沣的“谢罪”之行，虽然德皇表现得十分傲慢，但是，礼仪问题上的成功交涉，于载沣来说，是成功的。

毕竟光绪帝的亲弟弟代表清政府给外国人道歉，实属历史上的头一遭，各国都很关注。慈禧太后怕引起连锁反应，所以交代他要行事低调，“礼毕

① 《香港华字日报》1901年9月4日。

即行回国”。可是载沣离开北京之前，美国驻华公使即代表美国发出邀请，请载沣访德之后顺访美国。接着，日本、比利时、英国都发出了类似的邀请。列强都知道，让载沣顺访他们的国家，会给别的国家甚至清朝子民一种假象，那就是它们与清朝是友好的。庆亲王奕劻立即向慈禧太后汇报了这样的邀请，慈禧的回复是“著照所请，以重邦交”。后来，在西安的军机处又向慈禧太后提出建议，让载沣出使德国后，也前往罗马会见教皇，请教皇严诫在华主教等“恪守教规，不准滥收匪类入教，凡民教词讼……教士不准干预包庇讹索，教堂偶因滋事被毁，务须公平议价赔偿，不得借词要索巨款”等等。这样，载沣的出使计划中又加进了英、意、比、美、日等国。

在德国拜见过威廉二世的载沣，因为“国体无伤”而暗自庆幸，也就在他思考着如何访问英、美、日等国之时，德国外交部来件，说德皇反对载沣访问欧洲其他国家，载沣“若往欧洲英意比，有违专诚之意”。

载沣与他的儿子
宣统皇帝溥仪

这个无理要求使载沣陷入两难。同时，庆亲王奕劻也受到德国驻华公使的压力。这样，慈禧太后在 9 月 18 日给载沣发电，让他办完事后即可回国，欧洲其他各国不用访问了。

慈禧太后取消了载沣顺访英、美等国的计划，这在中外引起猜测，搞不清葫芦里究竟卖的什么药。西方一份很八卦的报纸是这样猜测的，光绪帝年已三十，结婚多年而并无后嗣，而且体弱多病。因此慈禧皇太后和光绪帝都在为将来皇位的继承问题而担忧。他们急于让载沣回国完婚，生子继承帝位。

这个报道似乎解除了人们心中的疑团，但仔细推敲起来，似乎又很牵强。即便慈禧太后有让载沣回国完婚生子继承帝位的想法，但结婚生子与外交大事相比又不是那么十万火急的事情。况且，载沣回国后，并没有马上完婚，而是在第二年的秋天才成婚。据此推断，慈禧太后还是害怕得罪德国，才有了载沣被急急召回的结果。

载沣虽然没有造访他国，但他此行的最大收获，是使他本人中外闻名。这也引起了慈禧太后的重视。当时中外报纸对他的出行，报道和评论很多。一类赞词说，他以天潢贵胄而不避“重洋多阻”“风波险恶”而“远适异国”；“使于四方，不辱君命”；“于纡尊降贵之中，仍寓保全国体之意”。另一类赞词是对他寄予深切的期望：“中国素卑视于商，兹王乃不以商而卑之。王之谦德亟与外人联络，异日外交手段必高出寻常万万者。”“自兹以往，王其深于阅历矣。见所未见，闻所未闻者未知凡几，比之处深宫之内不知外情之诸王、贝勒等，其相去又何啻天渊哉！”甚至还说，中国或朝廷“自强之基础，即于王立之矣！”又说：“醇亲王诚中国之贤王也哉！王之此行为中外邦交所系，为中国维新所关！”[①] 这简直差不多是要把载沣的出国道歉同中国历史的转折相联系了。

① 凌冰：《最后的摄政王：载沣传》，文化艺术出版社2006年版，第23、24页

Chapter 6

第六章　艰难的索还东三省交涉

一、尼古拉二世扩张有“契机”

1901年春天，当李鸿章、奕劻正在全力与洋人议和的时候，慈禧太后感到战事停了，自己面临的威胁也解除了。她就想着回銮，尽快结束颠沛流离的生活。可是这时候，俄国在东三省问题上又掀起波澜，慈禧遂放弃了回銮的计划。在1900年八九月间，俄国第一个站出来承认李鸿章为议和全权代表，其目的就是觊觎东北的利益。

俄国财政大臣维特说，当义和团运动的消息传到俄京圣彼得堡的那天，“陆军大臣库罗巴特金到财政部办公室来见我。他喜形于色”。他说，“我很高兴。这将给我们一个占据满洲的借口”，“我们将把满洲变成第二个布哈拉”。[①]

维特的说法表明，义和团运动成为俄国侵占东三省的一个诱因。实际上，促动俄国侵占东三省有两个诱因：一个是俄国人借地筑路种下的仇恨；另一个是因为俄国占领旅大激起了辽东、辽南人民的反抗活动。自1898年5月，中东铁路（也称东清铁路）分由哈尔滨向东、向南、向西，由旅顺口向哈尔滨，由双子城向哈尔滨，同时积极施工，到1900年6月14日，一部分已经通车。兴安岭山洞及松花江第一、第二铁桥，嫩江铁桥已经在施工中，松花江内的浅滩也已经疏通，并有汽船十三艘往来行驶，向哈尔滨运输材料，使得哈尔滨由一个小小的村庄变成了大城市。海参崴、牛庄

① 牟安世：《义和团抵抗列强瓜分史》，经济管理出版社1997年版，第428页。

与大连等地的码头上，也满布着装有建筑材料与铁路器材的大仓库；大连新市区，也开始建设；华俄道胜银行在东北的哈尔滨、吉林、沈阳、旅顺口、大连湾等地设立了分支机构；烟台与瓦房店的煤矿也已开始了采集工作。这样的成果，让俄国很是扬扬得意，说这是一亿五千万卢布所取得的成果。实际上，这是俄国侵略中国、逼迫中国的结果。

为什么这么说呢？在俄国人计划修筑中东铁路之初，维特就将在俄国内停止使用的纸卢布九千余万东运，再利用华俄道胜银行以套换中国银两制钱，并设立分行，完全将当地经济生活的命脉掌握在自己手里；而沿线铁路所使用的土地，都要求清政府无代价转让，所需要的木材与建筑材料也要求清政府无代价地提供，筑路工人也是从山东强行抓来的廉价劳工。可以说，筑路所需要的人力、物力大部分都是从中国廉价或无偿榨取来的，而俄国工程师、监工以及护路兵丁的专横跋扈、鱼肉百姓更是不一而足。这种情况，势必会引起中国人民的反抗。从 1898 年冬昌图县附近发生两百余人夜袭俄路地形测量班事件后，沿线人民反抗的行动就不断发生。其中较大的有皮子窝、烟台煤矿、八家子村、宽城子村、辽阳等地发生的事件，引起了俄国人的不安。[①] 义和团运动的发生，让这些地方的百姓更是纷纷响应。正因为此，不断冲突的局势也给了俄人出兵侵占东北的借口。

正在建设的中东铁路

① 吴相湘：《俄帝侵略中国史》第二卷，台北“国立”编译馆 1957 年版，第 185、186 页。

1900年6月间，八国联军攻占大沽口，俄国立即加紧了侵占中国东北的步伐，慈禧太后对列强宣战的第三天，尼古拉二世就宣布阿穆尔军管区进入战争状态，接着又在临近中国北部和西北的西伯利亚、土尔克斯坦等军管区以及欧洲部分的一些地区进行战争动员。7月6日，尼古拉二世自任俄军总司令，任命陆军大臣库罗帕特金为参谋总长，指挥对华作战。他们把所有远东部队和从欧洲调来的部队编成了四个作战军团，“共有作战部队十三万五千余人，火炮三百二十八门。此外，各要塞和军区尚有留守部队四万余人”，向旅大、海参崴等地进击。当时，清军在东三省“共有防、练军一百一十七营三哨”，“总数可达五万八千余人”；此外，尚有八旗兵“四万四千余名”。[1]

清军的驻军数量与俄军的四个军团相比，人员实在是太少了，装备又差，焉有不被动挨打的道理，所幸有义和团的协助，与俄军展开了浴血奋战。

俄国军舰在海兰泡集结

但是，面对敌强我弱的局面，清政府与地方官府根本无力顾及，妥协的姿态也渐趋明显。在地方官吏中，除黑龙江将军寿山、瑷珲副都统凤翔、

① 牟安世：《义和团抵抗列强瓜分史》，经济管理出版社1997年版，第429页。

吉林宁古塔副都统双令、盛京副都统晋昌等少数将领组织了抵抗外，大部分将领不是一战即逃，就是干脆挂出免战白旗投降，如吉林将军长顺、盛京将军增祺、黑龙江全省营务处总理程德全等。虽有东北义和团浴血奋战，但终不能同十几万俄国正规军相匹敌。因而，在短短三个多月的时间里，俄国人残暴的铁蹄就踏破了东北三省。

俄军践踏东三省，最惨绝人寰的是制造了震惊中外的屠杀海兰泡华人和江东六十四屯惨案。

海兰泡，位于黑龙江畔，本是中国的领土。1858 年 6 月被俄国强占后，易名为布拉戈维申斯克（俄语“报喜城”），成为俄国阿穆尔州的州府所在地。到 20 世纪初，该城三万多居民中，华人仍占三分之二。1900 年 7 月中旬，八国联军血洗天津的同时，沙俄对海兰泡的华人也下了毒手。15 日下午，俄国阿穆尔军区司令格里布斯基派兵封锁了黑龙江，不准一个中国人西渡。同时，又在《阿穆尔边区报》上，抛出了一份《给阿穆尔哥萨克人的号召书》，叫嚣：在屠杀华人这个问题上，“不要为不必要的请示和等待批准而浪费时间”。这就等于公开下达了屠杀令。当晚，俄军将华人的商店、住宅洗劫一空。16 日清晨，把搜捕到的四五千中国人，分别赶到警署和精奇里江（结雅河）畔一个木材厂的大院里。17 日，沙俄军警和哥萨克骑兵，在其首脑的亲自指挥下，宣称送中国人回国，将这四五千人朝黑龙江边驱赶。途中，时有老人儿童不堪其苦，昏倒路旁，沙俄军士即刻将其砍死或枪杀。当数千华人汇集到江边以后，沙俄军警就开始了灭绝人性的集体大屠杀。据《瑷珲县志》记载：是时，沙俄军警“各持刀斧，东砍西劈，断尸粉骨，音震酸鼻。伤重者毙岸，伤轻者死江，未受伤者皆投水溺亡，骸骨漂溢，蔽满江畔。有随波力拥过江者，八十余名，赤身露体，昏迷不能作语”[①]。

紧接着，俄国人又对江东六十四屯进行了疯狂的大屠杀，并一把火焚烧了瑷珲古城。这座古城有二百多年的历史，多数建筑都是木制结构，是

① 佟更：《话说八国联军侵北京》，新蕾出版社 1990 年版，第 104、105 页。

瑷珲人民辛勤汗水和智慧的结晶。然而，在海兰泡和江东六十四屯大屠杀后，杀红了眼的俄国人再一次成为继火烧圆明园之后的最大纵火犯。一场大火，瑷珲人焦尸遍野，幸存的建筑只有魁星阁仿佛在弥漫的烟火中燃起最沉痛的抗争。8月间，俄国军警又用同样残暴的手段，对强占的黑龙江以北、乌苏里江以东广大地区的华人进行了灭绝人性的大屠杀，居住在这里的农民、牧人、渔夫和商贩，还有俄国因修筑中东铁路而招募来的华工。据当时的盛京副都统晋昌向朝廷的奏报显示，这一地区当时被屠杀的不下二十万人。

俄国侵占东北后的外阿穆尔军区司令部

与残暴的杀戮相伴的，是疯狂的抢劫。齐齐哈尔的图书档案、粮饷财物、枪炮弹药，皆被俄军劫掠一空，伯都讷的库银存款、吉林机械局和银元厂价值数十万两银的财富，都被俄军洗劫而空；俄军侵占奉天后，指挥部设在故宫，这个清朝陪都宫殿内的所有宝物，均被俄军占有；还将崇漠阁、文朔阁所藏珍贵图书，统统运往俄国。此外，俄军在所经过和侵占地区掠夺的民财，更是无计其数。俄国侵占东三省后，如何控制和管理这一地区成为当务之急。俄国对此有三套计谋：其上策是将中国东北变成俄国的一部分，其中策是将中国东北变成俄国的势力范围，其下策是掌握实际的控制权。俄国最企盼实现上策，也欢迎中策。但实行上、中二策，有两大障碍：一是东北三省人民宁死不屈的反抗精神；二是帝国主义列强，尤其是日本，不会容许它独吞中国东北。鉴于此，俄国只好选择第三策，先设法使控制东北“合法化”。[①] 但是要实现这些，必须与清政府进行谈判，并得到清政府的承认。

与清政府谈判时，俄国希望与中国订立一个关于东北的协定。但是，在与中国签订关于东北协定的问题上，俄国国内又有着不同的态度，一派认为应该与东北地方当局直接签订协议，而另一派认为应该与清政府交涉获得清朝中央的承认。1900 年 10 月，俄国财政部驻北京代表璞科第致电财政大臣维特说，签订东北协议，不要依靠庆亲王和李鸿章，不要追逐幽灵般的清朝政府。他建议通过俄军统帅阿列克谢耶夫从速与中国东三省的将军们交涉，分别订立地方性临时协定，等时机成熟后再把这些协定纳入俄国将来与中国中央政府缔结的条约之中。璞科第的电报旋即获得沙皇尼古拉二世的赞许。[②]

随后，俄国陆军大臣库罗巴特金也向尼古拉二世提出建议，有关东三省的问题，应该直接与东北地方当局进行交涉。尼古拉二世批准了这个建议，让陆军部直接与东三省地方将军谈判，作为陆军部安定东三省总计划的措施来实行。

1905 年，俄国陆军大臣库罗巴特金在辽阳车站给俄军官下达指令

① 佟更：《话说八国联军侵北京》，新蕾出版社 1990 年版，第 108、109 页。

② 中国社会科学院近代史研究所：《沙俄侵华史》第四卷上册，中国社会科学出版社 2007 年版，第 185 页。

既然尼古拉二世批准了库罗巴特金等人的建议，俄国方面就着手进行与东北当局的谈判。库罗巴特金考虑到俄国政府曾经发表有条件地从东北撤军的声明，他在思考着如何通过签订协定使俄国迅速控制中国东北的秩序。他又知道，在中国东北实行俄国管理或者通过兼并的方式进行管理都是危险的，有可能引起中国人的反抗和列强的联合干涉。怎么办呢？在研究谈判的具体方针措施时，他是这么想的，是否可以保留清政府原有的行政机构，实行"以华治华"的方针，逐步完成俄国的兼并管理。这个建议实际上是俄军统帅阿列克谢耶夫向库罗巴特金提出的。阿列克谢耶夫此时已经获得了可以直接与中国盛京将军谈判缔结协定的全权，为了实现"以华治华"的目的，阿列克谢耶夫认为，英属印度的管理模式便于对中国盛京将军的监督与领导，俄国可以在盛京府衙设置俄国陆军部和外交部，派驻全权代表，但需要清政府同意这样做。据此提议，尼古拉二世要求阿列克谢耶夫直接与盛京将军增祺谈判。但是，作为盛京将军的增祺并不了解俄国的意图，因为他当时处于俄军的监控之中，与俄人谈判，他又没有得到朝廷的指示，便不敢贸然前往，只派出已被革职的道台周冕前往旅顺口交涉。

盛京将军增祺像

周冕到后即与俄方代表季杰曼（代表财政部与中东铁路公司）和科罗斯托维茨（俄外交部代表）会谈。在谈判中，俄军统帅阿列克谢耶夫态度蛮横，坚持不许多议，要求立即在俄国的草案上签字。11月9日周冕在《奉天交地暂且章程》上签了字，这个章程一共九条，绝口不提撤军和尊重中国领土主权，名为“奉天交地”，实则建立由俄国控制的傀儡政权，该政权对旅顺口俄国军事长官负责，为俄国占领军服务。

按照这一章程，奉天省的主权将丧失殆尽，增祺将成为沙俄殖民主义者的傀儡。本来已被革职的道员周冕根本无权代表官方签订条约，他也知道在沙俄一手炮制的条约上签字，必有性命危险。他要求必须向增祺请示，甚至认为增祺也无权签订此约。可是沙俄代表蛮横无比，根本不顾周冕的抗议，横加威逼，阿列克谢耶夫甚至威胁说，如果中国代表“再固执已见，那么海军中将将要把他们押送回去，也不放将军出新民厅”。最后，周冕在沙俄代表的逼迫下，只好签字。阿列克谢耶夫的这种做法，连参加谈判的俄方成员季杰曼都对俄国“不讲道义的要求表示愤怒，并认为中国人的反抗是有道理的”。周冕带着这份章程，由沙俄军官瓦维洛夫中尉“护送”到新民厅，找增祺签字画押。增祺阅后，拒绝签字，因为他不同意“关于收缴中国军队的军械，交出武器以及在某些地方继续保持俄国管理的要求”。阿列克谢耶夫听到这个消息后，大发雷霆，他转告增祺，“要想回盛京去，就得在协定上签字”[①]。面对威逼，尽管户部侍郎清锐和奉天府尹福裕反对这个协定，但增祺最终就范，于 11 月 26 日在协定上签了字。

在此之前，俄国政府召开了财政、陆军、外交三大臣会议，于 1900 年 11 月 13 日共同议定了《俄国政府监理满洲之原则》，其内容主要有五点：第一，俄军“占领满洲”；第二，迫使清政府“自愿放弃在满洲之军备权”；第三，由俄国远东军事长官监督东北三省将军与副都统之行动，如清政府委派将军与副都统，必须与俄驻华公使“商妥”；第四，俄国派外交代表监督中国东北三省的外交；第五，设立军事法庭。这个监理原则在表面上承认东三省为中国领土，实际是将整个东三省完全置于俄国占领管辖之下。沙皇尼古拉二世批准了这个“原则”，在与中国政府签订最后协定之前，作为俄国占领东北的总方针。[②]

① 穆景元:《日俄战争史》，辽宁大学出版社 1993 年版，第 91 页。

② 杨公素:《晚清外交史》，北京大学出版社 1991 年版，第 316 页。

俄国制定的《俄国政府监理满洲之原则》和《奉天交地暂且章程》合在一起，就是要把东三省变为俄国的势力范围，表面上承认东三省为中国领土，保留了中国在该处名义上的行政管理权，实际上一切听命于俄国，在中东铁路管理局与俄国军事长官控制下，决定东三省将军以下军政大员的人选任命和职权范围，把东北的军政大权完全控制在俄国人手中。

俄国人炮制的这个原则，既然目的是要把东三省变成他们的势力范围，关键的步骤就是要通过外交手段把《俄国政府监理满洲原则》变成条约，迫使清政府接受。此时，李鸿章已经从上海抵达北京，俄国驻华公使格尔斯与璞科第同李鸿章会谈时，都曾提到东三省问题，格尔斯表示将来对东三省官员的任命，都需要经俄方同意。璞科第则提出，将来东三省铁路各站的关税收入都应由俄国经营管理，这些要求使李鸿章明白了俄国的意图，也明白了俄国对清朝中央和地方当局谈判的重点是什么。但是，李鸿章不敢拒绝俄国人的要求，他让准备在京与自己进行谈判的俄方代表乌赫托姆斯基请示俄国外交部，公布俄国对中国东三省的要求，正式任命乌赫托姆斯基为谈判代表，在北京正式开展谈判。因为乌赫托姆斯基与李鸿章有一定的私人关系，李鸿章也希望通过他对俄国施加影响。

维特看出了李鸿章的小心思，断然反对公布条件。维特在 11 月 23 日电告乌赫托姆斯基说："在未明了别的大国如何动作时，我们不能签订单独协定，以免作茧自缚。"[①]

驻华公使格尔斯也认为中俄关于东三省的谈判，应该超越私人情感。他致电外交大臣拉姆斯多夫说，鉴于庆亲王和李鸿章迫切希望俄国尽早把东三省归还中国，而俄国已决定将东三省的行政权交还中国，这就部分地满足了他们的愿望。因此，俄国现在就应当同中国签订单独协定，以保证俄国获得在东三省及整个势力范围内的矿产资源和修筑铁路的租让权；否则，"很可能以后将较难取得中国的同意了"[②]。

---

① 中国社会科学院近代史研究所：《沙俄侵华史》第四卷上册，中国社会科学出版社 2007 年版，第 189 页。

② 同上书，第 190 页。

拉姆斯多夫接到电报后，立即与维特、库罗巴特金进行了讨论。维特对李鸿章试图通过乌赫托姆斯基来对俄国施加影响的想法很反感。事实上，他此刻已经对李鸿章与乌赫托姆斯基的“私人”交涉没了兴趣。当然这也是有原因的，乌赫托姆斯基自1900年9月末抵达中国后，从李经方口中得到承诺，只要俄国不再占领东三省，那么，中国就可以除向俄国“分期偿付战争和破坏造成的损失外”，还可以把与俄相毗邻的蒙古和喀什噶尔的资源无条件交给俄国开发经营，并准许俄国往那里大批移民，用一些虚构的私人公司的招牌把给予俄国政府的租让权掩饰起来[①]，但是，维特对李经方承诺中没有把俄国最想得到的东三省地区的经济权益包含其中感到不满。再者，此时俄军虽然控制了中东铁路，但东北的局势仍然一片混乱，没有中国地方政府的协助和支持，俄军很难控制局势。这使得俄国对与李鸿章的“私人”交涉失去了兴趣。

对俄国来说，一个最大的契机是，列强对华提出的议和大纲十二条已经得到清政府的同意，维特也一改原来的态度，认为东三省问题，直接谈判，然后单独缔结条约是一个良好的时机。库罗巴特金也赞成利用这一有利时机。于是，俄国政府很快拟定了“单独协定大纲”，并于12月26日获得尼古拉二世批准。这一大纲的基本动机是通过《俄国政府监理满洲原则》，获得在中国东北驻军权和经济利益。为达到此目的，俄方认为谈判必须在俄方有效控制下秘密进行，于是俄国外交部决定将谈判地点移到圣彼得堡。为此，拉姆斯多夫于12月22日电令格尔斯，要求他让清政府授予驻俄公使杨儒进行谈判的全权。[②]清政府表示同意。

为引起他国对中俄单独谈判的注意，李鸿章留了个心眼儿，让周冕把《奉天交地暂且章程》的一份文本秘密地交给他。李鸿章又把这个文本透露给英国的《泰晤士报》驻北京记者玛理逊。12月底，欧洲和远东各报纸都

---

① ［苏］鲍里斯·罗曼诺夫：《俄国在满洲1892—1906》，陶文钊译，商务印书馆1980年版，第229页。

② 中国社会科学院近代史研究所：《沙俄侵华史》第四卷上册，中国社会科学出版社2007年版，第190页。

刊登了《奉天交地暂且章程》的全文，立刻引起国内外的舆论大哗。这个章程引起了其他列强的不满。列强表示，不能坐视俄国单方面在中国东北得到如此巨大的利益。

西方列强中对此反对最凶的是英国，日本也叫嚷着表示反对。日本驻华公使小村寿太郎会见庆亲王奕劻和李鸿章时说："东三省要归为俄有，英必占长江一带，德必占山东全省，我日本……亦不得不起而争利益。"其他"各国亦必起而效尤"[①]。

因此，在签订《辛丑条约》前，列强坚持清政府应首先商请俄国交还东三省，各国才能商议和约。清政府也就借助列强压力与俄交涉，这样俄国面对的就不只是一个虚弱的清政府，而是列强嫉妒的眼睛，因而俄国不得不作出让步，准备与清政府谈判，允诺从东三省撤军。

二、"臭石头"外交官杨儒的交涉

在盛京将军增祺擅自和俄方订立所谓暂且章程后，清政府也认为这个协定丧权太重，拒绝批准，并谕令驻俄公使杨儒与俄方重新交涉。对于这一章程，英、美、日等国也都认为这是俄国企图独占中国东北，纷纷表示反对。为了抵制俄国独占东北，各国在议和中更倾向于伪善地坚持"保护"中国领土完整之说，劝告清政府勿和任何一国订立割地的条约。

当此之时，清政府谕令杨儒与俄国重开谈判，一来是因为他正在驻俄公使任上，方便就近交涉；二来杨儒这个人有一定的外交经验，做事不会像增祺、周冕那样没有底线。杨儒是汉军正红旗人，他原本是驻美公使，是一个喜好应酬，又遵守繁文缛节的人。这也是朝廷选派他为驻外公使的一个原因。

---

① 穆景元：《日俄战争史》，辽宁大学出版社1993年版，第92页。

杨儒有着正直无私、刚正不阿的一面，很多时候喜欢认死理。比如说，虽然身在外国，但他仍然不忘中国礼仪。曾经在杨儒身边当翻译官的施肇基回忆，在杨儒的办公室外有差官二人侍立，馆员入见，皆须报到请见。馆员离馆，亦须请假。在办公室内，翻译二人随侍在旁。杨儒在公使任上有一特殊的礼仪形式，每逢国内派官员出国考察时，杨儒以中国的礼节率领全体馆员到车站或轮船码头迎候并行问安礼。使馆全体人员身穿中国袍套礼服在车站等候，在站台上设立香案。当中国官员到达时，全体人员立即行跪拜礼。杨儒一人跪在前列，所有馆员跪于后列。杨儒道："奴才杨儒率全体馆员恭请皇太后及皇上圣安。"被迎接的清朝官员立于香案旁，面对香案，应道："安。"至此，礼节告毕。这些礼节招来了许多当地好奇的围观者。所以，当中国使馆进行这些仪式时，要事先向车站站长报告，便于疏导交通。这样的礼仪后来改在使馆内举行。

杨儒在出任清朝驻外公使的时候，他常做的一件事就是在公使馆里"堂见"，在清朝腐败的官场上，他因此落下"臭石头"的名声。特别是在美国任公使的时候，他对此形成了一种惯例。他在使馆内举行"堂见"，即把使馆作为法堂行使司法权。这位公使，既是驻外公使，又是地方官和司法官。当时，旧金山总领事黎荣耀与华侨六大会馆董事发生争执，双方都报告杨公使。杨儒召董事四人进使馆，举行"堂见"。当日，使馆厅堂中放置长方桌设香案。杨儒坐在正中，参赞、随员站立在两旁，案前立两差官。董事来见时，差官呼叫其跪下，严询一个多小时，始行退出。董事都是六十岁左右的老人，耐不住长久跪下后再站起来，那股难受的滋味也不敢对外言。且杨儒又不愿受其贿赂，因而，这些人只能私下里骂他"臭石头"。意思是说此人，一根筋，不善变通。

在列强瓜分中国的狂潮中，与俄国的交涉成为外交中的重头戏。因而，杨儒在 1897 年被任命为驻俄公使，由这个有血性的人负责与俄外交。

1901 年 1 月 1 日，杨儒得到全权大臣的任命。接到任命之时，他对"暂且章程"的情况还一无所知。1 月 3 日，英国《泰晤士报》刊登了"暂且章程"要点，杨儒立即了解情况。这也使他感到，"此事果确，流弊无穷，倘彼挟此成见，东省不失而失”[①]。

1月4日，他即与维特进行了第一次谈判。杨儒首先向维特提出俄国交还中国东北问题，老奸巨猾的维特假惺惺地表示，俄国不会占领东北寸土尺地，俄军迟早会撤离。杨儒进一步质问维特：现在很多国外的报纸都有这样一种报道，说贵国派出官员在东三省，是否确有其事。面对杨儒的质问，维特却狡辩说：“此言不确，报章谣传，请不必信。”[②]实际上，杨儒已从英国《泰晤士报》上了解到俄国人逼签《奉天交地暂且章程》之事。

1月8日，杨儒与维特进行第二次谈判。杨儒质问维特关于英国《泰晤士报》刊登的增祺与阿列克谢耶夫各派员签订的奉天交地九款问题的真实情况。在大量事实面前，维特知道无法隐瞒，只好承认确有其事。杨儒严正指出，“现译所订各款所载，关系甚重，中国吃亏未免太甚”，断然拒绝俄国在“暂且章程”中所提出的无理要求。表示，所定条款，朝廷并不知情，而且条款令人难以照办，“如诸款中遣散华兵，交出军火，毁拆全省炮台火药局，俄派驻员预闻要公各节，不但夺其兵权，且干预内治，侵我主权”[③]。

杨儒根据朝廷谕令，向维特正式提出“暂且章程”非中央授权，不予承认。杨儒这个表态有理有据，维特只好解释说，“暂且章程”相关条款不过是防止发生不可预测的后患罢了。既然清政府宣布不承认“暂且章程”，作为中俄谈判的重要人物维特，便思考着应对办法。杨儒与他交涉时，他准备了两个草案，一个是中俄两国关于东三省的协定，一个是中俄两国关于中东铁路的协定。

中俄两国政府关于交收东三省的协定草案有十三条，主要内容是：中国在东三省只准设巡捕兵，名额须与俄商定，东三省将官之委任，由俄国

---

① 中国社会科学院近代史资料编辑组编：《杨儒庚辛存稿》，中国社会科学出版社1980年版，第66页。

② 王芸生编著：《六十年来中国与日本》第四卷，生活·读书·新知三联书店1980年版，第54页。

③ 穆景元：《日俄战争史》，辽宁大学出版社1993年版，第92页。

支配；金州城划归俄国旅大租借地；东北关税由俄国代理；俄国购买山海关至曹口铁路，东北、蒙古及中国北方地区，不经俄国同意，清政府不得将“路、矿及他项利益”让予他国，中国亦不准在此建造铁路。十三条包含了“暂且章程”和“监理原则”的基本内容，囊括了东北军政大权和利权，使交还东三省有名无实。它不仅全面加强了俄国在中国东三省的地位，防止其他国家向该处的资本输出或政治渗透，还将它的掠夺范围从东北扩大到蒙古和中国北方各省。

毫不讳言，这是一个贪婪的草案，而中东铁路协定则更加荒谬。中东铁路协定草案指出，中国东北的路、矿、森林和港口权，修筑铁路占地都归俄国管理。当这两个草案递交给杨儒时，杨儒当即予以揭露，指出它“因利乘便，以力制人”，拒绝答应。

清政府也觉得事态严重，于18日发布上谕，宣布“暂且章程”无效，并决定将增祺“交部严加议处”。对于维特提出的两个草案，则饬令奕劻、李鸿章与杨儒以东三省“吏治、兵权，均不失我自主”为原则，与俄方重新谈判。[①]

1月19日，杨儒与俄国外交大臣拉姆斯多夫谈判时，拉姆斯多夫为迫使杨儒接受维特提出的两个草案约稿，采用了逼迫杨儒承认“暂且章程”的伎俩。因为此时杨儒还没有接到中国政府的电示。所以他表示，并未接到朝廷电示，不能答应。拉姆斯多夫又用欺骗手法拉杨儒进入圈套，诡称：“彼所订者，系暂行之件，日后撤兵办法，自当预先商明。”杨儒没有被拉姆斯多夫的花言巧语所迷惑，严肃指出：“本国利益，我当力为保护。我与诸位大臣交好虽密，然公事与私交，是截然两事。我不顾中国利益便是不忠，诸位大臣亦可无须看重此友。”他还指出，“交地之事，不仅在空言，而在实惠”。并郑重宣称，“我办此事，亦须上可以对国家，下可以对百姓”[②]。杨儒的话掷地有声，使拉姆斯多夫心头一震，只好表示：“贵大臣

---

① 中国社会科学院近代史研究所：《沙俄侵华史》第四卷上册，中国社会科学出版社2007年版，第191页。

② 穆景元：《日俄战争史》，辽宁大学出版社1993年版，第93页。

之言极是。”[①]面对强敌，杨儒据理力争，这在当时清政府的外交交涉中是不多见的，体现了他维护祖国尊严的人格品质。

既然“暂且章程”已经成为俄国向清政府要挟、逼迫的一种工具，杨儒便不能不在这个问题上继续据理力争。1月22日，杨儒与拉姆斯多夫再次会谈时，郑重表示：“暂且章程”是已被革去道员之职的周冕擅自与俄方订立的，政府全不知情，因而不能算数。但拉姆斯多夫坚持要求清政府批准“暂且章程”，并说只有这样才能继续开展谈判，杨儒则当即表示反对。这样，“暂且章程”的废存问题就成了中俄双方交涉的焦点。应当指出，“暂且章程”不仅严重侵犯了中国主权，而且与1900年10月列强为避免彼此之间的武装冲突而达成的“保全中国”的协议相矛盾。所以，“暂且章程”一经透露，立即引起其他大国的普遍关注。

在俄国逼迫杨儒之时，列强对中俄关于东三省的谈判表现出更为强烈的关注。日本外务大臣加藤令日本驻俄公使询问相关情况，俄国不得不向日本说明，“暂且章程”是临时性的，要求清政府批准的目的是把东三省顺利地交还给中国。这当然是个谎言，因而，日本驻华公使小村寿太郎也不断警告清政府，万不可答应俄方的要求。如果清政府承认“暂且章程”，俄国驻兵东三省，必将对中国造成伤害。“若东省阴为俄有，英必占长江，德必据山东，日本亦不得不起而争利。”[②]

英国政府对此也表现出关切的姿态，英国外务大臣兰斯敦要求英国驻俄公使向俄方表明态度，英国不会置身事外。

在这种情况下，俄方为平息国际舆论对俄国的不满情绪，不得不表示，“东三省俄兵必全行撤退，土地全还中国，以复旧制，决不侵占”[③]，并向杨儒表示，俄国同意“暂且章程”作为罢论。

---

① 王芸生编著：《六十年来中国与日本》第四卷，生活·读书·新知三联书店1980年版，第65页。

② 王彦威、王亮编，王敬立校：《清季外交史料》卷一四五，书目文献出版社1987年版，第9页。

③ 同上书，第8页。

俄方决定放弃“暂且章程”后，2 月 16 日，维特在中俄关于东三省协定草案十三条的基础上，正式提出了协定十二条。其主要内容是：（一）俄国在东三省驻兵，暂不撤退；（二）铁路未修成前，中国不得设兵，不得运入军火，将来设兵数目须与俄国商定；（三）将军大员经俄国声诉之后，即当革职，满洲内地可设巡捕，人数须与俄国商定，军械中不得有炮，并不得用他国人员；（四）中国北境海陆军不得聘用他国人；（五）废除 1898 年旅大租约中金州自治的规定；（六）中国国境各处包括满洲、蒙古、新疆之塔尔巴哈台、伊犁、喀什噶尔、叶尔羌、于阗等处路矿及他项利益，非经俄国允许，不得让与他国，并非经俄国允许，中国不得自行造路，又除牛庄以外，不得以地租与他人；（七）允许俄国自干路或支路向北京造一铁路，直达长城。[①]

法国画报刊登的
慈禧太后漫画

很显然，俄方提出的协定十二条约稿，仍然包含着独占东三省，将其化为势力范围的野心。更让清政府难以接受的是，十二条约稿中，还提出了把新疆、蒙古和华北都纳入其势力范围的图谋。拉姆斯多夫在向杨儒递交这个协定约稿的时候，一再要求杨儒对此次谈判内容要对外保密。之

① 中国社会科学院近代史研究所：《沙俄侵华史》第四卷上册，中国社会科学出版社 2007 年版，第 193、194 页。

前，列强在“暂且章程”上对俄国的反对，已让俄国十分忌惮，因而，俄国很担心列强再次反对。对于这个约稿，杨儒看后，第一个反应是，俄国人在东三省的问题上，并没有放弃侵吞的用意。他一边看着条款，一边思考着应对的办法。对于俄国在东三省驻兵、暂不撤兵的要求，杨儒认为俄国驻军虽然名义上是保路，但实际上是为后面的条款作铺垫，也就是说，后面的条款未实现之前，俄国撤军就只能是一句空谈。对于“中国北境水陆师不用他国人训练”的诉求，等于是向清政府宣示，华北各省都是俄国的势力范围，不容他国染指；对于中国东三省的官员，如果经俄声诉，即行革职，摆明了是说俄国对东三省的军政官员有罢免权；对于东三省以及新疆、华北等地区“矿路及他项利益，非俄允许，不得让与他国或他国人”，更是一种贪欲的声索和独占。杨儒当然明白是无法接受这些要求的。为此，杨儒一面电告朝廷，一面继续交涉。在 2 月 18 日的会谈中，杨儒语带讽刺地说：“确是来道谢贵大臣一番苦心，惜只将字面避去，而实事未稍改动。”接着就质问拉姆斯多夫：“本大臣查条内不准中国在满洲、蒙古、甘肃、新疆界内各地自行出费造路一节，未免包括太广。此次惟满洲滋事，为俄兵所占，至蒙古、甘肃、新疆，并未闹事，俄兵并未占据，何得包括在内？”[①] 拉姆斯多夫无法正面回答，竟然无耻地说：“该数省虽未经俄兵占领，然俄之兵力足以占据。”拉姆斯多夫的回答真是蛮横无理至极，简直是赤裸裸的讹诈。杨儒立即进行有力反驳：“贵国所索条约内，不准中国将利益让给他国人，何得禁止中国亦不准自行造路？太无道理。”[②]

在杨儒与俄方积极交涉的同时，清政府为给俄国施加压力，再一次通过媒体披露了十二条约稿的内容，一时间舆论为之哗然。国内的许多省份以及列强纷纷表示反对。两江总督刘坤一给躲在西安的慈禧太后发来电报，

---

① 穆景元：《日俄战争史》，辽宁大学出版社 1993 年版，第 97 页。

② 中国社会科学院近代史资料编辑组编：《杨儒庚辛存稿》，中国社会科学出版社 1980 年版，第 38 页。

表达了反对十二条约稿的心声。他说，听闻俄国人提出十二条约稿，实则是反客为主，图谋东北利益，如此则主权丧失殆尽。湖广总督张之洞也向慈禧太后发电报说："增祺擅定暂约，荒谬万状，如此则东三省及直晋陕甘北边一带皆非我有矣。兵权利权政权全失，所谓交还，有名无实……今见杨使约稿十二款，虽略有删节，大致仍与相仿，各国效尤，仍是瓜分之局……今幸英日德俱助我，惟有以众论公议拒之。"①

面对激烈的反对声浪，俄国人很希望杨儒能够尽快同意约稿，签字画押。因此，在拉姆斯多夫向杨儒提交约稿一周后，俄方又与杨儒进行了一次谈判，维特向杨儒表示，希望杨儒劝说清政府尽快同意签字画押，结束谈判。杨儒虽然没有直接反对俄方的要求，但是他语气委婉地说，如果协定约稿没有损害领土主权，本大臣自当全力劝说政府尽快画押，即便是因此获罪也在所不惜，只是现在贵国所提约稿，表里不一，虽然经过斟酌修改，但并没有改变损害主权的本质，这样的约稿，本大臣怎么敢承当呢？

不用说，杨儒还是拒绝了。继而，维特又以"俄国铁路被毁，兵士伤亡，耗费巨款"为理由，要求清政府必须接受俄国提出的条款。杨儒立即反唇相讥说，"若当日铁路不造在满洲境内，何至如此？"杨儒此言正击中了沙俄帝国主义侵华政策的要害，维特立刻恼羞成怒，说过去修筑中东铁路系两国皇帝都允准之事，想迫使杨儒就范。杨儒当然明白维特的用意，并不改态度，只是用一种缓和的语气劝诫说："必须有善法以处之，万不可再用压力了。"但维特仍威胁说："贵国刻下只有二条路可走，或赶速画押，得俄国之帮助，或与俄决裂，听俄国之自便。"②

俄方的威胁，归根结底就一个目的，希望杨儒接受俄方的各种侵略要求，但杨儒始终不为所动。

---

① 萧一山：《清代通史》第四册，华东师范大学出版社 2006 年版，第 2383 页。

② 穆景元：《日俄战争史》，辽宁大学出版社 1993 年版，第 97、98 页。

三、朝臣之议与杨儒病中的拒签

俄国对清政府实施外交逼迫，让日、英、美、德等国感到不安，各国担心杨儒答应俄国要求，从而危及它们的在华利益。在俄国强逼清政府批准“暂且章程”之时，英、日就表示反对。现在，得知俄国炮制十二条约稿，仍然是换汤不换药地要把东三省划为俄国的势力范围。因而，出于自身的利益考虑，它们再次表示反对。英国外交大臣兰斯敦还专门召见了清朝驻英公使罗丰禄。兰斯敦对罗丰禄说，清政府未经各国同意，不得批准俄约。日本外务大臣青木周藏则向驻日公使李盛铎表示，如果清政府接受俄约，日本则提出类似要求，结果必引起瓜分。此外，德、美、奥、意也向清政府作了同样的表示。英日还极力怂恿它们的代理人刘坤一和张之洞反对十二条约稿。

因而，才有了刘坤一、张之洞上书慈禧太后发表建议。当时，张之洞还向慈禧太后提出了开放东三省的主张。张之洞认为，唯此中国才有一线生机，中国才可仗各国牵制俄国。张之洞建议，如果俄国修筑铁路入关，那么朝廷可以聘请英国军官帮助训练海军，聘请日本陆军军官帮助训练陆军，这样既可以依赖英日制衡俄国，又可以实现军事自强。但是，李鸿章却反对张之洞的建议。李鸿章认为，张之洞、刘坤一向来亲近英日，易被他们鼓动。他说，十二条约稿，除第八条蒙古、新疆矿路外，其他条款似乎没有什么纰缪之处，建议朝廷早日同意签字画押。

朝廷官员中对俄约意见的不统一，让慈禧太后很犯难。她知道俄国人的态度很强硬，可是日、英、德这边也不敢得罪。她一面电令李鸿章，要他告诉杨儒设法与俄国人周旋；一面向驻日本、英国、德国等国公使发去电报，希望他们与驻在国联系，设法“联约向俄廷善为排解”[①]。

① 中国社会科学院近代史研究所：《沙俄侵华史》第四卷上册，中国社会科学出版社2007年版，第196页。

根据慈禧太后的旨意，既然让杨儒与俄国周旋，总理衙门则在此间修改了俄方提交的十二条约稿。3月5日，杨儒带着这些修改的约稿，与拉姆斯多夫进行了第十次会谈。当杨儒将修改稿递交给拉姆斯多夫的时候，他看了相关条款，脸上立即露出不悦的神情。他说："约稿内共十二条，贵国将三条驳去，三条酌改，则全约所剩无几。看来只有交还东三省之第一条未经议驳耳。"[①]杨儒则回答说，大凡两国议事，都会有商量与辩驳，申述各自立场和意见。言外之意，约稿不能由俄国包办，也应该有清政府的主张和立场。拉姆斯多夫又说，如此修改，原有条款所剩无几。杨儒则说："约稿第一条内，交还东三省，似应定一限期，声明几个月内将各省全行交还。"第二条内，"保护"中东铁路的俄军，应该有一个额定的人数、驻军年限；第五条内，官员革职可否改为调离；第十条的迟误路工贴补，应该删除，因为贴补的金额很难核算。杨儒为中国争回权益的一连串发言，使拉姆斯多夫非常沮丧，他很不满意地说："今日贵大臣交来节略及面驳各节，是将全约十二条都驳改了。本大臣日望贵大臣前来画押，不料今日如此驳改，大失所望。"[②]使得谈判没有取得结果。

六天后，中俄双方再次举行了会谈，仍然围绕十二条约稿和清政府的修改稿展开。一开始拉姆斯多夫就没好气地说，俄国的出发点是"保护中国"，为何不肯画押，还要辩驳为难。杨儒则反驳说，如果约稿没有给他国效仿的口实，自当可以画押。拉姆斯多夫则说，约稿中并没有给人借口的地方。杨儒立即指出："如第八条中中国在满洲、蒙古不能自造铁路，英可在扬子江、日本可在福建、德可在山东一律照办，则中国主权全失，永无振作之日。"杨儒坚持要求俄国必须参照清政府修改的约稿，只有"均已照本国所驳各节删改，则我无话可说，只有画押"。最后，杨儒要求缓办，等《辛丑条约》签订以后再谈。可是拉姆斯多夫的态度非常蛮横，不同意缓办，加以拒绝。杨儒被逼无奈，最后说："既不肯全改，又不肯担承，并不

---

① 穆景元：《日俄战争史》，辽宁大学出版社1993年版，第98页。

② 中国社会科学院近代史资料编辑组编：《杨儒庚辛存稿》，中国社会科学出版社1980年版，第50、51页。

允缓办……现在如此为难，只好请朝廷另简干员，或饬新使前来再办，我力竭矣。”拉姆斯多夫见硬压不成，只好软了下来，说：“贵大臣不必着急，我总竭力设法。”[①]

杨儒以撂挑子相威胁来表达自己的坚定态度，拉姆斯多夫没办法只好表示妥协，说约稿可以参照清政府的修改稿进行修改，但修改后必须立即签字画押。拉姆斯多夫口头上妥协，实际上仍在为侵占中国的利益寻找机会。但杨儒坚持己见，不参照总理衙门所修改的约稿，就无法继续谈判。

杨儒的这番表态，等于抛出了他的底线，使俄方感到，威逼是不起作用了。俄国谈判代表感到无奈，只好将原先十二条约款作一番删削，于3月13日提出最后约稿十一条，宣称不能再更易一字，勒逼杨儒在十四天内签字画押，逾期则交还东北一事作罢。

这个十一条约稿虽然在十二条约稿基础上作了修改，但仍然没有改变俄国试图独占中国东北的阴谋。约稿仍然规定东北铁路线准许俄国驻兵，条款中并没有写明驻兵的期限，这表明俄国驻兵想驻多久就驻多久。另外，东北各项工商权利，东三省的兵权、政权都要受俄国的节制等等。

这样的条款，杨儒当然不敢答应。他一面向朝廷请示，另一面继续与俄方交涉。3月20日，杨儒再次求见俄方代表，希望延长签订条约的最后期限，但俄方并没有接见杨儒，他送去的备忘录，也被原封不动地退回。3月22日，尼古拉二世让俄交通部代为出面，向杨儒发了一个通牒性质的照会：条款“系奉国主命，不易一字，不展一日”。中国若不答应，就与中国“绝交”。

照会通过杨儒很快传到了李鸿章和慈禧太后手里。清政府的当权者们立即乱了分寸，迟迟不下或是或否的谕旨，致使杨儒的处境十分艰难。3月21日，军机处电复杨儒：“俄约如画……各国群争，亦难瓦全，万分焦虑。究竟利害孰轻孰重，尊处必有确见。如俄能展限，如天之福，若竟不

① 穆景元：《日俄战争史》，辽宁大学出版社1993年版，第99页。

允，能再商改，不使各国藉口。倘二者均不能行，惟有请全权定计，朝廷实不能遥断也。”[①] 清政府将关乎国家主权、民族独立的偌大问题推给杨儒而不加可否，说明清政府已完全丧失了政府的职责，反映它处于内外交困的危机状态。此时，狡猾的李鸿章是这样电示杨儒的，“势处万难，不能不允，即酌量画押。勿误”[②]。

清政府的头头脑脑们把签字与否的皮球踢给了杨儒。看来，卖国贼的罪名是打算让杨儒来背负的。当时的环境让杨儒万分焦虑，而滑头的李鸿章让他根据情况画押，慈禧太后也表明不为遥制。国内许多督抚和许多驻外使节则给他发来电报，要他以主权存亡、国家荣辱为重。但是，国内民众反对签订这一条约的呼声十分高涨。

在军机处和李鸿章给杨儒发电之前的 3 月 15 日，上海爱国士绅群集张园，一致呼吁清政府“力拒俄约，以保危局”。香港、澳门同胞和新加坡、檀香山等地华侨，也纷纷电请拒签俄约。

杨儒接到朝廷的电报之时，刘坤一、张之洞和驻日公使李盛铎的电报也同时传到杨儒处。刘坤一与张之洞建言杨儒不要与俄人签约。电报中说：“俄约各国哗然，立待效尤，中国士大夫已多病公！行在亦无成见，如此约果定，各国另生枝节，中外矢集，窃为公危。请统筹全国格外慎重。”[③]

刘坤一、张之洞毕竟是“清流”的代表人物。在当时，清流的实力是很强大的，即便是李鸿章这样的人物，面对“清流”也落下了千夫所指的恶名，何况是他杨儒。在清政府犹豫不决，臣工意见分歧，又面临舆论的巨大压力之下，杨儒感到，应该听取众人的意见。

此时，张之洞、刘坤一也给远在西安的慈禧太后再一次发去了电报，谏言朝廷不要与俄签约。

刘坤一、张之洞在给朝廷的电报中说：“不画押，俄虽决裂，不过缓交

① 佟冬主编：《沙俄与东北》，吉林文史出版社 1985 年版，第 445 页。

② 中国社会科学院近代史资料编辑组编：《杨儒庚辛存稿》，中国社会科学出版社 1980 年版，第 94 页。

③ 吴相湘：《俄帝侵略中国史》第二卷，台北“国立”编译馆 1957 年版，第 201 页。

东三省，各国断无效尤之理，事后必有公论；若一经画押，各国执利益均沾之说，群起纷争，即成瓜分之局；两害相形，不画押祸缓而轻，画押祸急而重。”“俄外交部不见杨使，不肯阅信，皆恫吓惯技，其逼迫画押，无非恐各国阻挠，欲藉此钳制各国之口，俄果毫无瞻顾各国之意，则原约十二条断不肯自行删改，此中情伪显而易见。存亡呼吸，所争止一押之间，务望朝廷坚持到底，无论俄人如何恫吓，勿稍松动。”①

驻德公使吕海寰也反对朝廷画押，他认为为朝廷的安危计，绝不能将东三省拱手让之于人，他提出了保全东三省的计划，建议朝廷趁俄国干涉之际，收回东三省，待东三省收回后，再派大臣与欧美各国商谈开辟东三省为商埠。他建议说：“再现今各国对于之外交，均以开放商埠为政策，东三省之结局，为全局所关，日本纵许我收回，中国必主于开放。……故臣之愚计，预筹开放商埠。”②

面对朝中“清流”和驻外公使反对画押的建议，杨儒决定再向朝廷说明他面临的处境和状况。

吕海寰像

杨儒身处逆境，朝廷又没有定见，在各方面的压力下，心急如焚，不幸于 22 日跌伤右腿，但他不顾个人安危，仍带病与俄方谈判。3 月 23 日，

① 吴相湘：《俄帝侵略中国史》第二卷，台北“国立”编译馆 1957 年版，第 202 页。

② 吕海寰编：《吕海寰奏稿》，台北：文海出版社 1985 年版，第 335 页。

杨儒致电军机处。电报说："外部（俄外交部）屡诣不见，国书公文，一概不收，绝我已甚，悚愤万分。"①

3 月 24 日，在杨儒跌伤的第三天，俄国财政大臣维特以探病为由，拜见了躺在床上休养的杨儒。这次拜见，维特的目的就是逼迫杨儒签字画押。因为在此之前，维特接到璞科第从北京发来的电报，说从李鸿章处得到消息，清政府已同意杨儒签字画押。因此，维特在虚情假意地询问了杨儒的伤情之后，便直奔主题地要求杨儒在约稿上签字。对于维特的要求，杨儒予以拒绝，他一面推说自己身体不适，多有不便；一面又说，本大臣确实已经收到军机处和李相（李鸿章）的来电，要本大臣根据情况确定是否画押，但朝廷并没有授予本大臣画押的全权，既然没有朝廷的正式谕令，怎么能擅自画押呢！维特又劝说道，贵大臣还是画押的好，这样贵大臣就完成使命了。杨儒仍拒绝说，没有朝廷谕令，断不能画押。维特则继续纠缠不休，并以签约日期已近，后果自负相威胁，并要杨儒向清政府催要画押全权。

维特强调画押期限已近，试图增加杨儒的压力。但杨儒则提出，希望俄方能够延长期限，以使双方从容商改约稿。杨儒这番表态，让维特又气又恨。他知道杨儒是在故意拖延。因而，他又诱骗杨儒说，如果贵大臣能签字画押，他日如果政府不能批准，当行作废。杨儒则摇了摇头说，私自画押是杀头的罪过，可惜本大臣只有一颗头颅。维特又说，如果朝廷怪罪，俄国必然出面保护。听此一言，杨儒立刻勃然大怒，严厉指责维特说："贵大臣何出此言？我系中国官员，欲求俄国保护，太无颜面！如此行为，我在中国无立锥之地矣。诗云：'他人有心，予忖度之。'此言甚可助我抵拒否？"维特听后也"自觉失言，颇有愧色"②，只好悻悻而去。

当天，杨儒再次发电给李鸿章说，国内反对签押，朝廷应该俯察民意，不便违背公议，儒在外办事，也不能不听取各方建议，随便照办。因此，他

---

① 穆景元：《日俄战争史》，辽宁大学出版社 1993 年版，第 100 页。

② 同上书，第 101 页。

坚持未得朝廷画押谕旨就不画押，毅然违抗李鸿章等人的指示，拒绝签字。

面对杨儒坚决的态度，维特无计可施，但又很不甘心。25日下午，拉姆斯多夫将杨儒约至俄国外交部，向他下最后通牒。病中的杨儒是被下属搀着，用马车拉到俄国外交部的。在俄国外交部，拉姆斯多夫要求杨儒于26日上午9点20分前签字，声称："此次系我主亲改约稿，并定期限，画与不画，一言而决。……我劝贵国画押为是。"杨儒仍然拒绝。拉姆斯多夫见杨儒毫不屈服，只好宣布"送客"。杨儒在这种处境下，十分焦急，加上"适值天寒风雪"，在返回使馆下车的时候，再次跌倒摔伤，不省人事。经医生治疗，"神气忽清忽昧，情形危险"[①]。杨儒从此一病不起。3月26日，清政府将拒绝画押的谕旨转到驻俄使馆，参随人员趁杨儒清醒时告知。杨儒命令翻译陆征祥立即将主要内容译出，送交俄国外交部。显然，张之洞、刘坤一等"清流"以及驻外公使吕海寰等给慈禧太后的奏折产生了一定作用。

清政府在拒绝画押的谕旨中说："俄约关系重大……昨据各督抚及各驻使纷纷电奏，皆以坚持不画押为害较轻。昨又具国书恳俄展限酌改，总以不背公约各国不致借口为断，亦未据杨儒复奏。朝廷细思，不遽画押仅只激怒于俄，画押则群起效尤分据，其祸尤速。"因此，请杨儒婉告俄国外交部，中国因各国所迫，"不敢遽行画押，请格外见谅"[②]。

当陆征祥将不画押的谕旨交给拉姆斯多夫的时候，他看完恼羞成怒，愤愤地说："刻下我无话可说，请贵政府自看以后情形可也。"[③]

杨儒得到朝廷的谕旨，不肯画押的态度更加坚决，且人又在病中，俄国人着急，作为亲俄分子的李鸿章也万分着急。在杨儒与俄国人谈判的过程中，俄国人就不断地向李鸿章施压，仅在3月间，就达五次之多。现在，朝廷听了张之洞、刘坤一等人的话，也拒绝画押。清政府在发出拒绝

① 中国社会科学院近代史资料编辑组编：《杨儒庚辛存稿》，中国社会科学出版社1980年版，第56页。

② 同上书，第97页。

③ 穆景元：《日俄战争史》，辽宁大学出版社1993年版，第102页。

画押谕旨的同时，还谕令庆亲王奕劻与李鸿章将朝廷的谕令转达给各国驻华公使，这使李鸿章很担心。因为杨儒的拒签，俄国谈判代表维特致电李鸿章，“声称‘从此应绝交，任俄所为’，并令格尔斯‘以后再议公约，只可凶刚，勿再作梗’。面对清廷拒签俄约和俄国威胁恫吓，李鸿章‘竟至举止改常’”①。

李鸿章在朝廷给杨儒发出拒绝画押谕旨的当天，再次给朝廷发去电报，大谈不画押的危害，颇有代俄国恫吓朝廷的意味。他在电文中说，若不尽快画押，俄国寻衅，祸患立在眼前。

慈禧太后与总理衙门看了李鸿章的电报以后便没了主意。但杨儒的倔脾气上来了，慈禧太后也知道鞭长莫及，暂时还拿他没办法。3 月 28 日，慈禧太后以光绪帝名义给杨儒发了与之前电谕相矛盾的电谕，说画押期限已过，很担心因此而激怒俄国，“又贻事后之悔”，当然是对杨儒拒不签约抱有顾虑。

张之洞 1903 年奉旨入京途中，与英国军官合影

俄国则充分利用清政府当权者的这种矛盾心理，继续向李鸿章施压。维特致电李鸿章，重申了不画押就可能影响中俄关系。与李鸿章有私交的

① 苑书义：《李鸿章传》，人民出版社 2016 年版，第 398—399 页。

乌赫托姆斯基则致电李鸿章说，不画押，俄军将长期驻留东北。希望李鸿章尽力说服清政府“以保危局”。李鸿章在接到维特和乌赫托姆斯基两人的电报后，向朝廷报告，竟说：“今日有一线生机，赶发急电令杨儒画押，或可挽回大局，切勿再有顾虑。”[①]

这些电报使李鸿章感到签约之事已经很急迫了。3 月 31 日，李鸿章又是赔礼又是道歉地致电乌赫托姆斯基，请求俄国原谅。他说，列强多方恐吓，朝中大臣多信列强之言，本大臣虽然多次上奏规劝朝廷，但孤掌难鸣。本大臣希望俄国大皇帝能够宽宏大度，坚守不占领中国领土的承诺，待公约（《辛丑条约》）签订后，再行画押。4 月 6 日俄国政府发表声明，宣布交收东三省的谈判暂停，等清政府稳定后再继续举行。由于拒签俄约并没有引起大祸，致使“举止改常”的李鸿章悬着的心得以释然。

但是，朝臣中的张之洞、刘坤一等人仍然是反对签约的，他们对李鸿章的妥协心态也大为不满，认为俄约能拖延一天是一天，拖延到最后，英、美等国必然会出面干涉。

张之洞、刘坤一在中俄约稿问题上与李鸿章唱反调，这让李鸿章非常恼火。所以他给慈禧太后上奏说，张、刘二人与日本人走得太近，是被日本人所愚。

听到李鸿章此说，张之洞、刘坤一当然要反击了。二人也反戈一击说，李鸿章始终被俄人所愚。并说，李鸿章把持和谈，愚弄朝廷。由于在俄约问题上的分歧，张、刘二人与李鸿章在政治上从此再也无法回到曾经有过的相互支持的局面了。

慈禧太后对李鸿章与张之洞、刘坤一的相互攻讦实在是看不下去了，便劝说三人要排除成见，共赴艰难。

在当时的环境下，八国联军攻进北京给慈禧太后留下的伤痛，已经够让她闹心了，现在俄国又趁火打劫，她内心既沉痛又无奈。不过，慈禧太后可以把外交的烂摊子交给李鸿章来收拾，那么他李鸿章呢？李鸿章当然

① 吴汝纶编：《李文忠公全集·电稿》第三十四，台北：文海出版社 1965 年版，第 25 页。

也有自己的难处。对于他来说，人已是风烛残年，外交事件能处理一件是一件。

李鸿章急于就中俄交收东三省约稿有个了断，俄国何尝不是如此。自4月间俄方宣布交收东三省谈判暂停到7月间，已经停顿三个多月了，俄国人当然也是万分着急，急于改变这种僵持的局面。

四、最后通牒与李鸿章的外交含恨

1901年4月，俄国宣布交收东三省谈判暂停。围绕这一问题，俄国政府面临着艰难的选择，要么无条件从中国东三省撤军，要么与日本谈判，重新划定势力范围；要么接受美国的建议，在中国东三省对各国实行“门户开放”。但不管怎样，俄国都希望继续保持在中国东三省的军事存在。为此，俄国内部进行了这一问题的讨论。财政大臣维特在6月6日和10日给外交大臣拉姆斯多夫的信中说，为避免对日作战，最可靠的办法是：“放弃俄国对满洲的政治控制”，“取消俄国的军事管制”，把俄国在那里的作用限于保护被视为“私营企业”的中东铁路。

具体而言，就是要避免列强的反对，名义上从中国东三省撤出俄国军队，而以“护路”的名义组建“护路军”继续在中国东北保持军事存在。至于朝鲜问题，可以与日本谈判。如果日本想独吞朝鲜，则可以将这个问题交给国际社会讨论。但是，俄国方面又在考虑，如果让日本在中国东北问题上“配合”，对于朝鲜问题，在必要的时候则可以听任日本对朝鲜的主张。基于此，维特在6月24日拟定了一个从中国东三省撤军的方案。

维特所拟定的从中国东三省撤军方案，提出俄国可以将山海关、营口、新民屯铁路立即归还中国，但作为“补偿”清政府应满足四个条件：第一，赔偿俄国经营管理该铁路的费用；第二，按1899年英俄协定和中英借款合同的规定，经营上述铁路；第三，未经俄国同意，不得铺设支线，不得在营口修建横跨辽河的大桥；第四，该铁路不得由外国人守卫。[①]

维特的方案中还要求，清政府应该允许俄国修筑中东铁路干线到长城一线通往北京的支线，这样做的目的当然是扩展俄国在中国的势力范围，阻止英、德、日等国势力向这一区域伸展。这一要求，实际上维特已经在2月间提出过，但遭到了清政府的拒绝。现在维特再次提出，并在7月11日召开特别会议讨论，沙皇尼古拉二世也认为这个建议很好。这样不仅有重大的经济价值，而且有助于“增强俄国在亚洲诸民族中的威信”，“及时实现俄国在远东的历史使命”[②]。

显然，维特提出的是以退为进的策略方案，正如他在方案中所说的那样，俄国正规军从中国东北撤出后，可集中在俄国边境、旅大租借地和东三省铁路两侧。此举当然是以“护路军”的名义来完成驻军的使命。

但是，维特的方案在俄国国内也引起了不同的意见。陆军大臣库罗巴特金认为，俄国正规军全部从中国东北撤出，以“护路军”取而代之，其实是撤出一支军队而换来另一支军队。他认为，应该通过某种形式把东北北部划入俄国，从而使俄国的版图南移至伯都纳、珲春一带。这样，中东铁路就会牢牢地被俄国所控制。沿“新国界”的防线比现存的防线将缩短一半以上，兵力更为集中，有利于对付日本。他还说：“仿效保留布哈拉汗国的条件，把北满建成一个独立的国家，或名义上从属于中国而实际上由俄国管辖、服从于俄国势力的省份，这对俄国将是最有利的。”[③]

当然，这样做也可能引起列强的反弹，因而库罗巴特金又提出，既然是名义上把东三省归还中国，可以采取循序渐进的方式。在开头几年，把盛京省和吉林南部地区交给中国，但俄国仍应按《俄国政府监理满洲原则》对这一地区实行无限期地维持现行管理秩序的管理。此后，也可以参照俄国租借旅大的模式，向中国租借这一地区。对于维特的方案和库罗巴特金

---

① 中国社会科学院近代史研究所：《沙俄侵华史》第四卷上册，中国社会科学出版社2007年版，第227页。

② 同上书，第228页。

③ 同上书，第229页。

俄国财政大臣维特像

的方案，在规避与列强间产生矛盾、循序渐进地把中国东北并入俄国等方面，思想都是一致的，所不同的是采取的方法和步骤有差别而已。正因为如此，后来维特接受了库罗巴特金的建议。

在俄国国内为撤军问题而进行秘密磋商之时，清政府这边也万分着急。清政府希望谈判尽快重启。1901 年 8 月 2 日，李鸿章会见华俄道胜银行北京分行经理宝至德时表示，希望俄军尽快撤出东三省，中国愿重新考虑俄国的提议。并请他以此征求维特的意见。要求俄国撤军，是刘坤一在 7 月间向朝廷提出的建议，“以公议迫使俄国撤军”[①]。朝廷采纳了刘坤一的建议，饬令奕劻、李鸿章照会各国公使，提出这一要求。

李鸿章通过宝至德向俄方透露重启谈判的意愿后，俄国外交大臣拉姆斯多夫认为，清政府与列强即将签订《辛丑条约》，虽然俄国对李鸿章所提俄军尽快撤出东三省的要求有些不情愿，但如果简单粗暴地加以拒绝，则有可能使李鸿章转而请求英、日等国干预。那样，俄国有可能在外交上被孤立。考虑到这些，俄方也认为应尽快与清政府重启谈判。拉姆斯多夫即在维特撤军方案的基础上着手拟定新的协定草案。

8 月 9 日，维特致电李鸿章说，如果清政府能向道胜银行担保，在东

① 苑书义：《李鸿章传》，人民出版社 2016 年版，第 399 页。

北的任何铁路与工业租让权，在向道胜银行提供之前，不让予他国或任何人，那么这将有助于俄国从东北撤军。对于这一电文，拉姆斯多夫与维特都要求李鸿章保守秘密，并承诺说，如果李鸿章能劝说清政府这样做，李鸿章将可以得到三十万卢布的“酬金”。二人给李鸿章发电之时，杨儒的病情更加严重，他抱病俄都，接到电报的李鸿章不得不接过谈判的重任，并将谈判地点改在北京。

鉴于俄国与杨儒谈判失败的教训，拉姆斯多夫与维特决定作好两手准备，一方面与清政府商定东三省交收协定，一方面以道胜银行的名义签订合同。前者由驻华公使负责，谈判内容是撤军问题，因为这个问题要公之于众，所以需要冠冕堂皇地作出样子；以道胜银行名义签订的合同因为涉及俄国在东三省的利益，所以需要秘密进行。对这两个协定，维特要求先签订合同，然后再签订东三省交收协定。他的想法是，以降低撤军条件为饵，诱使清政府同意将原约稿中规定给予俄国政府的那些经济权益让予道胜银行，而实际上道胜银行只是履行俄国政府经济利益的“替身”罢了。由道胜银行董事会作为缔约方以代替俄国政府，当然是为了显示政府的“清白”，争取法国资本的支持，并防范和杜绝他国进行干预的可能性。

早在3月间，杨儒拒绝俄国的画押要求后，清政府就谕令李鸿章，令其待《辛丑条约》签订后，再行商定交收东三省协定。但是，当时李鸿章对俄人妥协，竟然帮助俄国恫吓朝廷，这遭到张之洞、刘坤一等人的反对。直隶总督袁世凯也认为，“俄约夺我权利，妨碍全局，无论公约前后，皆万不可允”。张之洞、刘坤一则趁机对英、日公使表示，东三省问题愿听各国公断，希望以此作为抗俄的手段。面对李鸿章与张之洞等人的分歧，清政府认为吕海寰所提的将东三省开辟为商埠是个好办法。因而，告知李鸿章，谈判时应遵循这个方针，“将东三省许各国通商，互相牵制，庶根本之地可保，全局亦安”①。

---

① 中国社会科学院近代史研究所：《沙俄侵华史》第四卷上册，中国社会科学出版社2007年版，第231页。

沙俄在东三省抓捕中国劳工，以辫相连，为其侵华战争服劳役

8月11日，俄国驻华公使格尔斯派人登门会见李鸿章，提出交还东三省须答应三项先决条件，即俄国有议论东三省之权；画押之事不得告知他国；谈判不得听从他国指示。俄国此举旨在防止列强干预。但清政府表示难以遵行，并让李鸿章与俄使尽力商办改约。但李鸿章却说："倘照来谕婉切商办，恐至百年亦不能妥定约章，东省将永远不还矣。""事体关系重大"，"实无法与商"。[①]

8月12日，是中俄双方关于东三省问题重启谈判的日子。如之前格尔斯让人拜见李鸿章所提出的三项条件，谈判一开始，格尔斯就要求李鸿章代表清政府向俄国发出秘密照会，内容就是交还东三省的三项先决条件。李鸿章不顾朝廷电示，竟然没加思考就答应了，当他向朝廷汇报此事时，遭到了朝廷的反对。朝廷认为答应俄国的三项先决条件后果严重，责问李鸿章，如果谈判中有不能答应之事，何以应对。这样，李鸿章便只好反悔，格尔斯的阴谋未能得逞，便对李鸿章软硬兼施，一会儿甜言蜜语，一会儿怒目相对，希望逼迫李鸿章就范。最后，竟然贿赂李鸿章三十万卢布。

李鸿章拿人钱财，肯定要替俄国说话。他再次请求朝廷接受俄方所修改的十一条约稿，但是清政府却认为，如果接受俄国所修改的十一条约稿，

① 苑书义：《李鸿章传》，人民出版社2016年版，第400页。

那么清朝的主权、利权、兵权则尽数丧失，东三省名义上虽归还了，但实际上仍被俄国控制。再者，约稿中有东三省铁路、矿产、商务利益不得让予他国之语，清政府担心列强竞相效仿，所以仍是拒绝。

眼看东三省谈判有可能再陷僵局，这时候《辛丑条约》的谈判已经基本结束，奕劻、李鸿章则奏明朝廷“立准画押，以保大局。否则恐别生枝节，一国悔议，各国效尤，后患何堪设想”[①]。清政府知道已没有退路，遂于 8 月 27 日电令奕劻、李鸿章：“公约业已定议，即行画押。”[②]

在清政府批准在《辛丑条约》上签字之时，俄国国内又炮制了新的《交收东三省协定草案》。由拉姆斯多夫起草，并得到维特赞同的这一新约稿共四款，只涉及与撤军有关的问题，其主要内容是：

第一，东三省交还中国政府治理，仍隶中国版图；第二，从 1901 年到 1902 年，俄军分两次从盛京省撤退，吉、江两省视 1903 年情况再定；第三，东三省中国驻军，不另添兵，巡捕不准用炮；第四，山海关、营口、新民之间的铁路交还原主。[③]

侵占中国东三省的俄国军队

① 故宫博物院明清档案部：《义和团档案史料》下册，中华书局 1959 年版，第 1293 页。

② 同上书，第 1298 页。

③ 中国社会科学院近代史研究所：《沙俄侵华史》第四卷上册，中国社会科学出版社 2007 年版，第 232、233 页。

在这个新约稿之前，俄国曾经提出，完成撤军，清政府须向俄国作出补偿，这一点清政府表示接受。为避免他国反对新约稿，俄国略去了东三省铁路要向北京修筑一条支线的内容。这一草案与“十一条约稿”相比，确实降低了一些要价，对清政府有一定的诱惑力。但新约稿对中国在东三省的驻兵权横加限制，有损中国主权，联系维特拟定的双重谈判策略和故意延迟的外交战术，更不难窥见沙俄外交当局此举的用心。9月4日，即《辛丑条约》签订前三天，拉姆斯多夫将新约稿电告格尔斯，令其以此为基础与李鸿章继续会谈。但是，此时的李鸿章却病了，使得谈判不得不往后拖延。

自1901年9月7日《辛丑条约》签订完，李鸿章便大口大口吐血，西医给他诊断为：“胃血管破裂。”虽然慈禧太后特意给他放了二十天假，要他安心养病，但是感到时日无多的李鸿章出于对清政府的安危计，便急急地希望朝廷赶快与俄国签约。

9月22日，躺在病床上的李鸿章给朝廷上了名为《议和会同画押折》的奏折，很有些大吐苦水的意味。他希望朝廷以国家安危计，凡事不要冲动。他在奏折中说：“臣等伏查近数十年内，每有一次构衅，必多一次吃亏。上年事变之来尤为仓促，创深痛巨，薄海惊心。今议和已成，大局稍定，仍希朝廷坚持定见，外修和好，内图富强，或可渐有转机，譬如多病之人，善自医调，犹恐或伤元气，若再好勇斗狠，必有性命之忧矣。”[①]

李鸿章言外之意，当然有委曲求全尽快签约，以此“外修和好，内图富强”的愿望。慈禧太后看了李鸿章的奏章，大为感动。她也知道，虽说《辛丑条约》签订了，联军大都离开了北京，但俄国却还赖着不走，还提出了更为苛刻的条件，逼迫朝廷画押同意约稿。这些问题都必须尽快解决，要不然将影响她回銮京师。慈禧太后立即给李鸿章发了电报，说他为国操劳，因为劳累而生病，其心可表，希望他早日康复“荣膺懋赏”。但是，李鸿章没有等到这一天，便一命呜呼了。

---

① 郑洁：《李鸿章的外交之道》，陕西师范大学出版社2002年版，第326页。

病中的李鸿章在10月5日收到了新任俄国驻华公使雷萨尔递交的《交收东三省协定草案》，李鸿章看后，感到很满意。他给回銮途中的慈禧太后发电报，表示除第三款需与东三省各将军“电商再定”外，余款均极满意。他说，新约稿对国家自主权利尚属无损，较之之前的十一条约稿更为大方，中东铁路修筑北京支线一条没有再提，这样也不会引起列强的非议。10月6日，李鸿章就新约稿提出了四点纯属文字上的修改意见，俄方立即表示接受。因为《辛丑条约》已经签订，于俄国与清政府而言，都把谈判的重心移到了交收东三省问题上。俄国为避免发生变故，希望东三省问题尽快了结。10月13日，拉姆斯多夫电令雷萨尔“与李鸿章就满洲问题进行最后会谈”。李鸿章获悉后毫不迟疑，于15日通知雷萨尔，他本人正准备启奏皇上速下签约上谕。但军机处于19日对俄约稿提出两项修改意见，要求李鸿准与俄使商议：

第一条意见，将吉、江两省与盛京全省俄军及早一并撤退；第二条意见，东三省中国驻军数额、地点与巡捕不准用炮一节，只适用于与俄境接界的若干里内，东三省腹地则不在此限。[①] 俄方表示不能接受这两条意见。分歧的原因是，清政府与俄方的合同要求相距太远。

以道胜银行为主导与清政府谈判的合同目的是攫取东北的经济利益，这也是撤军问题的先决条件。在交收东三省协定谈判进行当中，李鸿章自9月初就与道胜银行代表宝至德进行了对话。李鸿章提议，合同与两国政府间关于交收东三省的协定同时进行。李鸿章还认为，“中国是否有权向他国人提供租让权”应该在合同中明确提出，既然合同包含着攫取中国经济利益的图谋，属于秘密性质，李鸿章的要求肯定违背了俄国人的意图。谈判期间，宝至德不断向李鸿章施加压力，并对其子李经迈承诺，如果李鸿章签订了合同就给“酬金”三十万卢布。

① 中国社会科学院近代史研究所：《沙俄侵华史》第四卷上册，中国社会科学出版社2007年版，第233页。

最后时光的李鸿章

但是，李鸿章父子既想得到酬金，又想向朝廷邀功请赏，仍然主张合同与交收东三省协定同步进行。

10 月 6 日，李鸿章与驻华公使雷萨尔就撤军协定达成初步谅解，第二天便向宝至德表示，希望尽快提交合同草案，宝至德便在 10 月 10 日提交了草案，草案中提出："中国政府应优先向道胜银行提供满洲全境铁路和一切工业的租让权；如该行自行放弃某一租让权，则中国可以同样条件将其提供他人承办。"①

这个要求让李鸿章很恼火，宣称：协定把东北全境交给银行支配，这等于是吞并，"无疑会引起别国人的抗议"，"他从来不敢对这种协定承担责任"，"他只能就矿产资源的租让权进行谈判"。②

李鸿章很担心朝廷不会批准这个合同，但维特得知日本人在暗中干预，便电令宝至德说，如果"在最近数日内"李鸿章不签订合同，就"分文不给他"！

这个电报当然是指给李鸿章贿金之事。李鸿章既怕得罪维特，坐失贿款，又怕冒犯朝廷，乌纱难保。在利益驱使下，他还是抱病在 10 月 30 日与俄方继续谈判。会后，李鸿章再次大口吐血，病情更加严重。而在谈判

① 中国社会科学院近代史研究所：《沙俄侵华史》第四卷上册，中国社会科学出版社 2007 年版，第 234 页。

② 苑书义：《李鸿章传》，人民出版社 2016 年版，第 401 页。

中，俄方要求立即签订合同，李鸿章担心事情败露，便托词说，庆亲王去河南请旨了，归后再议。这样，合同便没有签订，由于李鸿章病情迅速恶化，使得合同谈判也陷入了停顿，而自《辛丑条约》签订后，列强却对东三省谈判表现出更多的关注。

此时，日本驻华公使小村寿太郎升任外务大臣，他一回国就电告政府"今后中俄两国再度谈判东三省问题时，事前应照会日本政府，日本必予清国以助力"。10月7日，即俄使向中方递交撤军新约稿后两天，日本驻华代理公使日置益便从奕劻处探悉该约内容，随后即电令小田切将俄方要求告知张之洞、刘坤一，并鼓动他们出面反对。日本外务省担心清政府妥协，便警告说，万不可从速了断，等待各国公论。还说，日本准备联合英、美各国责俄撤兵，"万一各国意见不合，日本利害所关，不能坐视，亦必独诘俄，催令撤兵还地"。对于合同，英国驻华公使也表示，"俄华银行采矿一层……不啻侵害有约各国权利，亦系侵害我国利益"，要求中国"断勿允准"；《辛丑条约》中，俄国已获得大量赔款，现又要求取得补偿，有违列国协商精神，表示反对。

清政府在国内外的压力下，不敢应允李鸿章签约要求，于10月29日给李鸿章发电询问，如果签订条约后，各国起而相难怎么办？"此事关系甚重，急切尚难定夺"。由于清政府不同意签约，李鸿章的处境便十分狼狈。这时，俄使雷萨尔仍不断对他施加压力，威胁说："满洲是俄国战胜而得，交还与否，全凭俄国定夺；中国一天不签约，俄国一天不交还……缔约推迟一天，中国多损失一天，俄国对中国的要求亦将一天重于一天。"[①]

面对俄国的威胁，李鸿章也许是多次受贿而担心事情败露，竟然卧床不起，根本无法参与谈判了。11月初，李鸿章已经吃不下东西，生命如游丝一般在苦苦挣扎着。这个在清朝政坛上呼风唤雨，周旋于列强之间的人物很想与疾病作一次抗争。于他来说，很舍不得离开赋予他权力的人世间。

---

① 中国社会科学院近代史研究所：《沙俄侵华史》第四卷上册，中国社会科学出版社2007年版，第235页。

11月6日，李鸿章已经说不出话了。他面色苍白，儿子、妻子、属僚在身边轻声呼唤，他还能有所反应。11月7日，在他去世前的一个多小时里，俄国公使雷萨尔还拿着交收东三省约稿来到他的病榻前，希望他能签字。既然李氏父子想收受俄国人的银子，俄国公使便把希望寄托在这个病人身上。雷萨尔甚至要求李鸿章的幕僚周馥和马玉昆二人拿出李鸿章的官印，代为签字盖章。但二人没敢这么做。

周馥与马玉昆见双目紧闭的李鸿章眼中有一行浊泪流出来，便轻声问道，中堂大人，有什么事要交代的。李鸿章努力睁了一下眼睛，似乎想说什么。嘴唇翕动了一下，但什么也没有说出来。身旁的周馥含着泪安慰道，大人放心，俄国人说了，中堂走了以后，绝不与中国为难！还有，皇上、太后已到郑州，不久就能抵京了！

李鸿章仍然是什么也没有说出来，只有眼中浑浊的泪水似乎在诉说他深深的遗憾和苦苦的酸痛。他似乎在自责对俄国的轻信，也在悲叹自己犯下的错误。

李鸿章睁着眼睛张着口似乎想说什么，身边的周馥再三对李鸿章说："未了之事，我辈可了，请公放心！"李鸿章"目乃瞑"，享年78岁。李鸿章带着太多的遗恨和牵挂走了。

李鸿章去世后，朝廷中联俄的力量失去了主心骨，联俄的声音顿消。张之洞、刘坤一因为有英国、日本的支持，上书慈禧太后，说俄约损害主权，应拒绝签字。况且，俄国强行占领东北三省的行径已经引起国人公愤，反对签约之声遍及朝野。在这种局面下，慈禧太后也不能不考虑公众的声音，便决定缓签俄约。

五、打下日俄战争的楔子

李鸿章去世后，朝廷中亲俄的力量顿消，这对俄国来说十分不利，等于失去了中俄东三省谈判的一个内应。俄国方面便试图花重金在清政府中培植李鸿章式的亲俄力量。此时，与李鸿章一样肩负谈判重任的庆亲王奕劻要去河南郑州迎接慈禧太后，谈判事宜不得不再告停顿。再者，日本前首相伊藤博文也将于11月间访问俄国，沙皇尼古拉二世很想通过伊藤博文的来访就“朝鲜问题”与日本达成谅解，以此消除日本在中国东三省问题上对俄国的敌对态度，然后对中国东三省问题采取新步骤。所以，俄国并不急于恢复中俄谈判。需要指出的是，伊藤博文此次访问俄国，名义上是“游历”，实际上是双方急于缓和矛盾的需要。自俄国侵占中国东三省后，围绕着远东重新划分势力范围问题，英、日与俄国逐渐对立，俄国要摆脱干扰，就必须调整自己的外交政策。日本想在“朝鲜问题”上得到利益，俄国则希望日本不再干预中国东三省问题，各自怀着不可告人的目的，才促成了伊藤博文的访俄。同样，英国也希望在远东伸展自己的势力，于是，英日、日俄、英俄关于远东利益的分割谈判也在秘密地进行。

首先，俄国财政大臣维特为缓和同日本的矛盾，于1901年7月中旬主动向珍田公使表示，愿恢复1月间为日本所拒绝的对话，在承认朝鲜中立，日本有权在朝鲜政府中派驻财政、行政顾问和高级警官的基础上就“朝鲜问题”达成协议，条件是日本有义务承认俄国在中国东三省的优势地位。与此同时，俄国政府为迎合日本在经济方面的需要，向东京表示，它准备“随时帮助日本政府在巴黎得到大宗贷款”①。然而，日本内阁此时出现变动，维特的建议没有得到日本新政府的响应。

况且，新的日本内阁组成后，首相桂太郎并不主张对俄妥协。他认为，俄国人并不会为占领了中国东三省而满足，完成东三省的协定后，俄国必然会把扩张利益的手伸向朝鲜。基于此，桂太郎主张联英制俄。他提出了强硬的外交政策，在扩充军备的同时，与欧洲某一国，比如英国缔结盟约，将朝鲜变为日本的属国。桂太郎的设想正好迎合了英国与日结盟的愿望。

---

①［苏］鲍里斯·罗曼诺夫：《俄国在满洲1892—1906》，陶文钊译，商务印书馆1980年版，第272页。

桂太郎像

因为英国也很担心日俄结盟，从而影响英国在远东的利益。所以，英国外务大臣兰斯敦向日本驻英公使林董表示，愿意与日本携手，“为了在远东维护英日两国的利益，进行某种商谈的时机已到”[①]。

林董当即表示同意英国政府的提议，林董还表达了共同抵制俄国的愿望，他与桂太郎一致认为，俄国占领了中国东三省，也会侵略朝鲜，危及日本利益。因此，日本希望：第一，尽可能使俄国远离中国东三省；第二，一旦日俄开战，最紧要的是使俄国得不到第三国的援助。

知道了日本方面的意愿后，兰斯敦则投其所愿地说，英国虽然在朝鲜没有利益关系，但也不能容忍朝鲜落入俄人之手。随后，林董向国内汇报了英国希望与日结盟的情况。桂太郎则让外务省电告林董，日本政府乐见英日结盟。还说，为使朝鲜不受外国扩张政策的影响，日本政府必须坚持自己的原则，认为俄国占领中国东三省势必会对朝鲜构成威胁。

根据日本国内的电示，林董转告兰斯敦，要求展开谈判。但是兰斯敦认为在俄国问题上，日本比英国有更直接的利害关系。所以，应由日本政府首先提出建议。可是，当时伊藤博文、井上馨等人主张联俄，而桂太郎等人则主张联英。日本政府内部由于在联俄或者联英的问题上存在分歧，

① 中国社会科学院近代史研究所：《沙俄侵华史》第四卷上册，中国社会科学出版社2007年版，第237页。

所以并没有对此给出答复。

8月下旬，桂太郎与伊藤博文、井上馨讨论与英结盟问题。伊藤博文说："同只图一己之利的英国政府联合，作用微弱，反被俄法敌视，其结果必将遭到被迫放弃满洲最有希望的工商业利益的不幸。"①

井上馨支持了伊藤博文的观点，他向桂太郎建议，趁伊藤博文赴俄之机，对俄国进行试探，看看俄国对朝鲜的态度。基于日本政府内部对联英或者联俄持不同意见，日本政府也采取了两种手段，也就是说，同英俄都进行谈判。对英国的谈判，由外务省负责；对俄国的谈判，则由伊藤博文出面。

对英国的谈判，外务省大臣小村寿太郎授权林董负责。10月16日，小村寿太郎电令林董，要他告知兰斯敦，日本愿意与英国订立盟约。

根据电示，林董即与英国方面正式展开谈判。而对俄国方面的行动，伊藤博文则于10月中旬从横滨启程前往俄国。同时，小村寿太郎也向俄国驻日公使伊兹沃尔斯基表达了自己的意见，如果俄国不与日本谈判"朝鲜问题"，那么日本也不干预中俄关于中国东三省问题的谈判。然而，在日本同时与英俄展开谈判的过程中，实际上，英国既想通过与日本的合作实现在远东抵制俄国，又想通过与俄协商实现在中国东北利益的划分，以共同对付德国在这一区域的竞争。

基于这种想法，从4月开始，英国外交部就多次向俄国试探两国达成谅解与合作的可能性。就在日本提出要与英国谈判结盟之事时，兰斯敦还在10月22日和24日两次向俄国驻英公使斯塔尔表示，希望俄国在中俄关于中国东三省的谈判中能够尊重英国在中国的"条约权利"，英国愿与俄国协商达成互惠协议，但俄国"深恐英国会提出某种建议来建立一种多少作了伪装的共同统治"②，因而予以拒绝。

这样，英国不得不把精力投放到与日结盟上来。再者，伊藤博文访俄，令英国担心日俄结盟，也就加快了英日结盟的步伐。

---

① 中国社会科学院近代史研究所：《沙俄侵华史》第四卷上册，中国社会科学出版社2007年版，第238页。

② 同上书，第239页。

伊藤博文是11月24日到达圣彼得堡的。十天前，他在巴黎访问时，法国外长德尔卡赛受俄国外交大臣的委托，曾与之会谈“朝鲜问题”，并暗示，法国是否对日贷款，需视伊藤博文对俄谈判的结果如何而定。

看来，俄国对伊藤博文的来访是满心期待的。但是，作为内阁魁首的桂太郎却不这么想，他把伊藤博文的俄国之行视为实现英日结盟的外交手段，并不指望伊藤博文能取得什么成果。11月14日，林董从伦敦赶往巴黎向伊藤博文介绍英日谈判的进展情况，并征求伊藤博文的意见。

英日结盟的主要内容有两条：一是英日任何一方与第三国发生战争，另一方严守中立；二是若他国支持敌国而参战，同盟国也共同战斗。

伊藤博文看了提案，原则上表示同意。但又说，“余未与俄国政府交换意见之前，最后决定延期为上策”①。

随后伊藤博文接到桂太郎的电报，电报表示，对英谈判不能迟延，希望伊藤博文在俄国的活动只限定在口头的试探上，不必承担任何义务。桂太郎给伊藤博文的电报虽然表现了他们不同的外交政策主张，但伊藤博文在俄国的十余天里，通过与拉姆斯多夫、维特等人的会谈，获悉俄国在完成对中国东三省权益的攫取后，很可能会侵略朝鲜。伊藤博文怀着不安的心情向俄国表示，希望俄国尊重日本在朝鲜的自由行动，作为回报，“一旦义和团运动（在中国）重新爆发，俄国可不必顾虑日本的态度，放手推进”②。俄国并不接受这个建议，拉姆斯多夫对伊藤博文说，日本在任何情况下都不能从战略上利用朝鲜领土，如果利用朝鲜领土作出威胁俄国利益之事，俄国为自卫计，不能坐视不管。

遭到拉姆斯多夫拒绝后，伊藤博文又心有不甘地向俄方递交了关于“朝鲜问题”的协定草案。草案共六条，除双方保证不在朝鲜沿海进行可能威胁朝鲜海峡通航自由的军事活动一款外，其余五条，拉姆斯多夫都不满意。他认为这个草案“只是一份范围极广的特惠清单，日本希望通过协议

① 穆景元：《日俄战争史》，辽宁大学出版社1993年版，第109页。

② 中国社会科学院近代史研究所：《沙俄侵华史》第四卷上册，中国社会科学出版社2007年版，第240页。

来取得这些特惠”[①]。所以，他拖延着没给回复。直到伊藤博文离开俄国后，日本方面才收到俄国外交部的复文。而伊藤博文之所以没有收到回复就离开俄国，是因为林董给伊藤博文送来了英日谈判已经取得实质性进展的英日同盟方案。

伊藤博文感到与俄国谈判，不会有什么结果，这样下去纯属浪费时间，便决定终止谈判，并于12月16日悄悄离开俄国，前往德国柏林。日本方面收到俄国关于伊藤博文草案的复文之时，英日同盟谈判已经进入最后阶段。对于俄国的复文，不用说，双方的分歧很大。虽然说，主张对俄采取强硬外交的桂太郎对这个复文不抱任何希望，但他还是邀集诸元老对此进行了研究，通过研究分析，他认为：第一，只要俄国以护路为名，获得在中国东三省的驻军权，早晚将对朝鲜构成威胁，妨碍日本牢固地、永久地独占朝鲜；第二，联俄不能阻止俄国向整个中国的扩张，却会增加中国对日本的恶感，不利于日本在中国从事的各种“事业”，并损害同英国的良好关系；第三，与英国联盟，可以扼制俄国的野心，增进日本在华势力，确立日本在朝鲜的优越地位，并在财政、通商方面得到英国的援助；第四，在交涉中提出保全中国和朝鲜领土完整、实行门户开放，可无开罪列强之虞。[②]

对俄国的复文，伊藤博文也十分失望，他与桂太郎的外交态度趋于一致，从而加速了英日同盟外交谈判的进程。在英日关于缔结盟约进行秘密谈判期间，中俄之间的谈判也已恢复，前往河南郑州迎接慈禧太后回銮的庆亲王奕劻于11月29日先行回京，中俄间的谈判由奕劻、王文韶主持。此时，根据《辛丑条约》的约定和列强的要求，总理衙门已经被取缔，清政府设立了专门的外务部，应对外交事宜。

---

① ［苏］鲍里斯·罗曼诺夫：《俄国在满洲1892—1906》，陶文钊译，商务印书馆1980年版，第287页。

② 中国社会科学院近代史研究所：《沙俄侵华史》第四卷上册，中国社会科学出版社2007年版，第241页。

出任云贵总督时的王文韶

由奕劻、王文韶负责与俄国再开谈判，庆亲王奕劻是这样想的：东三省被俄兵占据，要想让其撤军，就必须让给他们利益，这是难以避免的事情。奕劻的论调与李鸿章的观点如出一辙。因而，他也主张尽快答应俄国人的条件，免得生出更多波折。奕劻还没开始谈判，就如此妥协，立即受到张之洞、刘坤一的反对。

对中俄交收东三省问题再启谈判，英日两国均表现出关注之情。两国公使先后向奕劻发出警告，如果清政府同意画押，那么将产生不容小视的后果。英国公使还前往江南鼓动亲英的张之洞、刘坤一，要他们设法劝说朝廷拒绝签约。日本公使则专门拜会了奕劻，了解东三省的矿山利权问题，以及中俄约稿的细节，说是帮助出谋划策。与此同时，美国也对中俄谈判表现出相当的关注。面对这种局面，奕劻只好向英、日、美三国公使通报俄国的撤军协定与中国的应对方案，以及李鸿章在世时与道胜银行会谈合同的相关细节，征求三国公使的意见。奕劻向英国公使萨道义保证说，如果中俄签订协议，事前必然通报英国。日本公使听了奕劻的通报，则认为中俄协定违背了列强之间的“利益均沾”原则，明确表示反对。美国公使则就奕劻的通报向国内作了汇报，因而美国方面表示，不希望中国与他国达成损害中国领土完整、妨碍美国合法权利的协定。

在三国对中俄谈判的关注中，俄国等待着发给日本的复文结果，俄国对英日正在进行的联盟秘密谈判茫然无知，一面在等待着伊藤博文的答复，一面继续与奕劻商谈合同问题。俄方仍然坚持先签订合同，不许他国染指东三省的原则，要求奕劻尽快签订合同。奕劻则态度很矛盾，他一面想向俄国妥协，一面又想通过英、美、日的关注，为清政府挽回一些利权。

在中俄艰难的谈判中，一个明显不利于俄国的动向出现了。1902 年 1 月 30 日，英日两国正式签订了盟约，盟约的前言部分提出：缔约双方要求通过维护中国与朝鲜的独立和领土完整以及一切国家在两国机会均等，来维持东亚的现状与全面和平。缔约国声明，在中国东三省和朝鲜受到外国侵略或国内骚乱的威胁时，它们应采取必要手段以保护双方在此之利益。

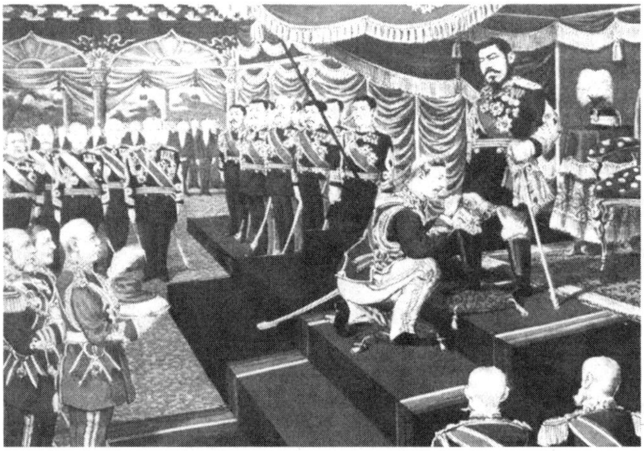

英日结盟，日本天皇接受英国嘉德勋章

这样一来，日本便可以放手对俄国作战；如果法国要插手援助俄国，英国就要援助日本。

英日联盟达成后，美国总统西奥多·罗斯福认为日本是“门户开放”和中国领土完整的一个保卫者，甚至把日本完全控制朝鲜看作符合东亚和平的最大利益。他认为中国人软弱无能，头脑不清醒，易被强者欺凌，日本人则是东方正在崛起的新兴力量的象征。罗斯福总统指望日本来阻止俄国人在中国东三省的扩张，并且满意地看到它的地位因与英国的联合而加强了。[①]

很显然，这个盟约的签订，使日本底气大增，大大增强了其与俄国争夺中国东三省以及朝鲜利权的勇气，这也是桂太郎内阁实行对俄强硬外交的成功一步。但俄国得知英日结盟后，则犹如五雷轰顶，十分惊慌，外务大臣拉姆斯多夫在 2 月 12 日电令俄国驻法大使紧急与法国磋商，要求将法俄联盟关系扩大到远东。3 月 13 日，法俄两国发表声明，如果第三国的行动或中国发生的骚动威胁法俄两国的特殊利益，两国保留会商的权利。

但是，法俄两国的联盟远没有英日联盟的那种紧密，因为声明中没有规定彼此所应承担的义务。随后，俄国也积极拉拢德国，以某种形式联盟，达到与英日对抗的目的，但遭到了德国的拒绝。

那么，清政府对英日联盟又是什么态度呢？包括慈禧太后在内的当政者反应可谓百感交集，既有宽慰，又有不安和被羞辱的感觉。说其宽慰，是因为英日联盟制约了俄国在东三省的图谋；说其不安，是因为担心英日联盟取代俄国，成为在东三省新的扩张者；说其羞辱，中国的领土却要由外国人来约定和保证。当时，亲英日的张之洞、刘坤一就表示出了内心不安、宽慰的矛盾心情。二人在给朝廷的奏折中说："我能从彼（指英、日）力持，即与三省有益。若堕俄计，日英权利必损，必取偿于我。"[②]

张之洞、刘坤一在内心矛盾之余，也对英日联盟的真实意图表现出了相当的关注。张之洞在给袁世凯的电报中谈到，英日联盟第一款宣称对中国和朝鲜发生骚乱进行干涉，这意味着英日可以随意派军队进入中国或者朝鲜的领土。因而，他痛心地说："至赖人保全，清韩并列，令人痛心。国势微弱至此，更无可说矣。"[③]

---

① ［美］费正清、刘广京编：《剑桥中国晚清史》下卷，中国社会科学出版社 1985 年版，第 161、162 页。

② 王彦威、王亮编，王敬立校：《清季外交史料》卷一五二，书目文献出版社 1987 年版，第 10—12 页。

③ ［美］费正清、刘广京编：《剑桥中国晚清史》下卷，中国社会科学出版社 1985 年版，第 162 页。

对于张之洞的心情，袁世凯也有同感，认为英日联盟只会给中国带来灾祸。清政府官员的矛盾心情，反映出了他们对时局的无可奈何。他们很清楚，英日联盟，无论怎样，中国都是受害者。一种结果是俄国忌惮英日联盟，达成妥协，中国主权将进一步被瓜分；另一种结果是日俄争端只在中国领土上发生战争，而遭殃的自然是中国百姓。虽然内心满是矛盾，但中俄谈判仍要进行。面对新的局面，英日与俄国又会以一种什么样的姿态面对交收东三省协定的谈判呢？

日俄结盟后，俄国仍然要求与清政府先行签订合同，然后再签订交收东三省协定，并表示不会害怕英日媾和。此时，拿不定主意的奕劻征询英国公使萨道义的意见："如俄国不按中国的要求签约，结果又将如何？"萨道义回答说："英日协定决不是无谓的恫吓。"[①]

萨道义的这番表态，使奕劻有了一些对俄国强硬的勇气，虽然他有一种前门驱狼、后门进虎的顾虑，但还是在2月11日正式通知俄方，拒绝就合同继续谈判。俄国得到这样的通知后，知道图谋通过先签订合同来防止他国向东三省输入资本的愿望已无法实现，不甘心失败的维特又想撇开清政府直接与东北地方谈判合同，以此来实现目标。在撤军问题上，则继续与清政府谈判。据此，俄方不再谋求与奕劻商谈合同问题，而对交收东三省的协定问题，俄方委托雷萨尔向奕劻提出了三项条件：

第一，撤军期限定为三年；第二，按俄方原拟要求，限制东三省驻军人数；第三，赔偿修理所交铁路的费用。

对于俄方的三项条件，奕劻则表示，关于撤军期限，应规定在一年内分三期全部撤完；关于清军驻防东北的人数和地点，在俄军撤完前，可以与俄军方商定，但俄军撤完后，则完全由中国自主。[②]同时，奕劻还向俄方表示，希望俄方尽快接受中国提出的关于交收东三省的修正案，并暗示俄国，如不尽快订约，列强则可能干预。

---

① 中国社会科学院近代史研究所：《沙俄侵华史》第四卷上册，中国社会科学出版社2007年版，第248页。

② 刘培华：《近代中外关系史》上册，北京大学出版社1986年版，第181页。

在奕劻要求俄方尽快接受清政府提出的修正案之时，出现了一个有利于清政府的动向，那就是在东北发生的反抗俄国的斗争此起彼伏。同时，俄国国内也爆发了声势浩大的农民运动，使得俄国政府不得安宁。再者，此时慈禧太后刚刚回銮，需要给天下臣子们做样子，因而要求奕劻谈判时要态度强硬。在这样的情况下，维特与拉姆斯多夫建议尼古拉二世批准清政府提交的交收东三省修正案。但是，二人又向奕劻提出，清政府应该同意将撤军的期限由 12 个月延长到 18 个月。对此要求，奕劻专门向日本公使内田征询意见。内田要奕劻坚持一年这个期限，但维特与拉姆斯多夫仍坚持一年半。最后，奕劻同意了俄方的这个要求。3 月 29 日，俄方表示接受清政府的其他条款，但坚持要求在修正案中加入“如果再无变乱，并他国之举动亦无牵制”一语，作为撤军的附加条件。中方认为这项条件可能“使撤军的诺言变成一句空话”[①]，表示反对。

很担心拖下去“在财政上和政治上都会走向破产”的俄国政府为了尽快解决东三省问题，再一次采取了贿赂手段，“许以王文韶二万两银子”，对其他人员“亦允给一万两”[②]，这样，奕劻、王文韶才同意签字。

4 月 8 日，中俄双方几经修改商谈，中间又几次陷入停顿的《交收东三省条约》正式签字，这一条约有汉、法、俄三种文本，主要有四个方面的内容：第一，中俄两国约定，现将东三省各地方“仍归中国版图及中国官治理”；第二，俄军将在 18 个月内分三批从东北撤军；第三，俄军撤出前，中国在东三省的驻军数目、驻地，须与俄军方商定；第四，俄方交还山海关、营口、新民屯沿线铁路于中国，但清政府应给予补偿。

《交收东三省条约》的签订，需要说明的有两个问题：第一，18 个月的撤军期限与维特原拟的东三省铁路全部竣工的日期大体吻合。这意味着通车后，俄军一两天内就可从赤塔、海参崴及旅大租借地进入东三省的任何战略要地，东三省仍处于俄军的威慑之下。第二，俄国撤出的只是正规

---

① 中国社会科学院近代史研究所：《沙俄侵华史》第四卷上册，中国社会科学出版社 2007 年版，第 250 页。

② 刘培华：《近代中外关系史》上册，北京大学出版社 1986 年版，第 182 页。

军，以“护路军”名义或者其他形式的武装在中东铁路上仍然存在，虽然让俄国抹去了占领者的坏名声，但仍得到占领者的实惠。

另外，牛庄本应如约于第一期交还，但雷萨尔节外生枝，于缔约当天致函奕劻，单方面宣布此事“须待天津地方行政权归还中国当局一事完全商定后方可实行”，蓄意把“联军”交还天津作为俄国交还牛庄的前提，使问题复杂化。[①]

这一条约签订后，雷萨尔在发表附带宣言时，却重申要求清政府遵守条约，如果清政府违背条约，那么俄国将不再受条约的束缚，因此产生的后果，也应由清政府负责。这个代表俄国意志的宣言，表明其并没有放弃侵吞中国东三省的野心。

1903年初夏，按照条约规定，俄军第二期撤军时限届满，但俄国却公然拒绝撤军。俄国人看到此时国际舆论趋向缓和，便又重新酝酿独占东三省的图谋，从而为日俄战争的爆发埋下了种子。

西方讽刺日俄战争的政治漫画

① 中国社会科学院近代史研究所：《沙俄侵华史》第四卷上册，中国社会科学出版社2007年版，第251页。

参考文献

1. 曹中平：《东亚与太平洋国际关系》，天津大学出版社 1992 年版。

2. 陈霞飞主编：《中国海关密档：赫德、金登干函电汇编（1874—1907）》，中华书局 1995 年版。

3. 陈义杰点校：《翁同龢日记》第五册，中华书局 1997 年版。

4. 陈义杰点校：《翁同龢日记》第六册，中华书局 1998 年版。

5. 崔丕：《近代东北亚国际关系史》，东北师范大学出版社 1992 年版。

6. 崔志海：《关于美国第一次退还部分庚款的几个问题》，载《近代史研究》2004 年第 1 期。

7. 戴东阳：《晚清驻日使团与甲午战前的中日关系》，社会科学文献出版社 2012 年版。

8. 戴逸等：《甲午战争与东亚政治》，中国社会科学出版社 1994 年版。

9. 戴银凤：《贝思福访华论述》，载《近代史研究》2003 年第 1 期。

10. 丁名楠等：《帝国主义侵华史》第一卷，人民出版社 1992 年版。

11. 丁名楠等：《帝国主义侵华史》第二卷，人民出版社 1992 年版。

12. 丁文江：《梁启超年谱长编》，上海人民出版社 1983 年版。

13. 丁贤俊、喻作凤：《伍廷芳评传》，人民出版社 2005 年版。

14. 董丛林：《李鸿章的外交生涯》，团结出版社2008年版。

15. 窦宪一编：《李鸿章年（日）谱》，香港友谊书报发行公司1968年版。

16. 房德邻：《康有为与公车上书》，载《近代史研究》2007年第1期。

17. 冯天喻、何晓明：《张之洞评传》，南京大学出版社1991年版。

18. 冯元魁：《光绪帝》，吉林文史出版社1993年版。

19. 葛夫平：《法国与中日甲午战争》，载《中国社会科学》2013年第3期。

20. 故宫博物院明清档案部：《义和团档案史料》上册，中华书局1959年版。

21. 故宫博物院文献馆编：《清光绪朝中日交涉史料》，故宫博物院1932年版。

22. 关捷：《觉醒：甲午风云与近代中国》，中央民族大学出版社1997年版。

23. 国家档案局明清档案馆编：《戊戌变法档案史料》，中华书局1958年版。

24. 侯宜杰：《袁世凯全传》，当代中国出版社1994年版。

25. 胡滨译：《英国蓝皮书有关义和团运动资料选译》，中华书局1980年版。

26. 黄月波等编：《中外条约汇编》，商务印书馆1936年版。

27. 吉迪整理：《李鸿章〈中俄密约〉交涉未刊密电稿》，《近代史资料》，中国社会科学出版社1989年版，总73号。

28. 金冲及：《辛亥革命的前前后后》，人民出版社2011年版。

29. 康有为撰，姜义华、张荣华编校：《康有为全集》，中国人民大学出版社2007年版。

30. 孔祥吉：《黄遵宪若干重要史实订证》，载《清史研究》2010年第2期。

31. 孔祥吉：《甲午战争与中国近代报刊的初兴》，载《广东社会科学》2015年第2期。

32. 孔祥吉：《救亡图存的蓝图：康有为变法奏议辑证》，台北联经出版事业公司 1998 年版。

33. 孔祥吉：《戊戌维新运动新探》，湖南人民出版社 1988 年版。

34. 孔祥吉、[日]村田雄二郎：《对毕永年〈诡谋直纪〉疑点的考察》，载《广东社会科学》2008 年第 2 期。

35. 孔祥吉、[日]村田雄二郎：《罕为人知的中日结盟及其他：晚清中日关系史新探》，巴蜀书社 2004 年版。

36. 劳祖德整理：《郑孝胥日记》第二册，中华书局 1992 年版。

37. 李喜所主编，刘集林著：《中国留学通史》(晚清卷)，广东教育出版社 2010 年版。

38. 李庆编著：《东瀛遗墨：近代中日文化交流稀见史料辑注》，上海人民出版社 1999 年版。

39. 李书纬：《少年行：1840—1911 晚清留学生历史现场》，广东人民出版社 2016 年版。

40. 李志武：《载沣使德述论》，载《华南农业大学学报(社会科学版)》2003 年第 1 期。

41. 李宗一：《袁世凯传》，中华书局 1980 年版。

42. 廉立之、王守中编：《山东教案史料》，齐鲁书社 1980 年版。

43. 梁碧莹：《艰难的外交：晚清中国驻美公使研究》，天津古籍出版社 2004 年版。

44. 梁碧莹：《梁诚与近代中国》，中山大学出版社 2011 年版。

45. 廖一中、李德征等：《义和团运动史》，人民出版社 1981 年版。

46. 凌冰：《爱新觉罗·载沣：清末监国摄政》，文化艺术出版社 1988 年版。

47. 凌冰：《最后的摄政王：载沣传》，文化艺术出版社 2006 年版。

48.《刘坤一遗集》第五册，中华书局 1959 年版。

49. 刘培华：《近代中外关系史》上下册，北京大学出版社 1986 年版。

50. 吕海寰编：《吕海寰奏稿》，台北：文海出版社 1985 年版。

51. 马东玉：《张之洞大传》，辽宁人民出版社 1989 年版。

52. 茅海建：《"公车上书"补证考》，载《近代史研究》2005 年第 3 期。

53. 茅海建：《从甲午到戊戌：康有为〈我史〉鉴注》，生活·读书·新知三联书店 2009 年版。

54. 茅海建：《戊戌政变的时间、过程与原委》，载《近代史研究》2002 年第 6 期。

55. 牟安世：《义和团抵抗列强瓜分史》，经济管理出版社 1997 年版。

56. 穆景元：《日俄战争史》，辽宁大学出版社 1993 年版。

57. 潘乃穆、潘乃和编：《潘光旦文集》第三卷，北京大学出版社 1995 年版。

58. 戚其章：《甲午战争史》，上海人民出版社 2005 年版。

59. 戚其章：《甲午战争国际关系史》，人民出版社 1994 年版。

60. 戚其章：《论乙未割台的历史背景》，载《历史研究》1994 年第 6 期。

61. 戚其章主编：《中国近代史资料丛刊续编：中日战争》第一册，中华书局 1989 年版。

62. 戚其章主编：《中国近代史资料丛刊续编：中日战争》第三册，中华书局 1991 年版。

63. 戚其章主编：《中国近代史资料丛刊续编：中日战争》第五册，中华书局 1993 年版。

64. 戚其章主编：《中国近代史资料丛刊续编：中日战争》第十一册，中华书局 1996 年版。

65.《清代野史》，巴蜀书社 1998 年版。

66. 清华大学校史研究室编：《清华大学史料选编》第一卷，清华大学出版社 1991 年版。

67. 石泉：《甲午战争前后之晚清政局》，生活·读书·新知三联书店 1997 年版。

68. 沈云龙主编：《近代中国史料丛刊三编》第二辑，台北：文海出版社 1985 年版。

69. 孙昉：《戊戌政变后晚清朝野外交认识的分歧：以贝思福访华为考察中心》，载《衡阳师范学院学报》第 31 卷第 5 期，2010 年 10 月刊。

70. 孙克复编：《甲午中日战争外交史》，辽宁大学出版社 1989 年版。

71. 孙瑞芹译：《德国外交文件有关中国交涉史料选译》第一卷，商务印书馆 1960 年版。

72. 孙石月：《中国近代女子留学史》，中国和平出版社 1995 年版。

73. 孙孝恩、丁琪：《光绪传》，人民出版社 1997 年版。

74. 佟冬主编：《沙俄与东北》，吉林文史出版社 1985 年版。

75. 佟更：《话说八国联军侵北京》，新蕾出版社 1990 年版。

76. 王宏斌：《赫德爵士传：大清海关洋总管》，文化艺术出版社 2000 年版。

77. 王奇生：《1872—1949 中国留学生的历史轨迹》，湖北教育出版社 1992 年版。

78. 王绍坊：《中国外交史：鸦片战争至辛亥革命时期（1840—1911）》，河南人民出版社 1988 年版。

79. 王铁崖：《中外旧约章汇编》第一册，生活·读书·新知三联书店 1982 年版。

80. 王晓秋：《近代中国与日本：互动与影响》，昆仑出版社 2005 年版。

81. 王晓秋：《近代中日关系史研究》，中国社会科学出版社 1997 年版。

82. 王彦威、王亮编，王敬立校：《清季外交史料》，书目文献出版社 1987 年版。

83. 王芸生编著：《六十年来中国与日本》第一卷，生活·读书·新知三联书店 1980 年版。

84. 王芸生编著：《六十年来中国与日本》第二卷，生活·读书·新知三联书店 1980 年版。

85. 王芸生编著：《六十年来中国与日本》第三卷，生活·读书·新知三联书店 2005 年版。

86. 王芸生编著：《六十年来中国与日本》第四卷，生活·读书·新知三联书店 1980 年版。

87. 吴汝纶编：《李文忠公全集》，台北：文海出版社 1965 年版。

88. 吴相湘：《俄帝侵略中国史》第二卷，台北"国立"编译馆 1957 年版。

89. 吴振清、吴裕贤编校：《何如璋集》，天津人民出版社 2010 年版。

90. 夏东元：《盛宣怀年谱长编》下册，上海交通大学出版社 2004 年版。

91. 萧一山：《清代通史》第四册，华东师范大学出版社 2006 年版。

92. 徐彻：《慈禧大传》，辽海出版社 1998 年版。

93. 许景澄：《许文肃公遗稿》，上海古籍出版社 1995 年版。

94. 杨公素：《晚清外交史》，北京大学出版社 1991 年版。

95. 杨家骆：《清光绪朝文献汇编》第十四册，台北鼎文书局 1978 年版。

96. 俞政：《何如彰传》，南京大学出版社 1991 年版。

97. 苑书义：《李鸿章传》，人民出版社 1991 年版。

98. 苑书义等编：《张之洞全集》第三册，河北人民出版社 1998 年版。

99. 苑书义等编：《张之洞全集》第十册，河北人民出版社 1998 年版。

100. 张海鹏主编，马勇著：《中国近代通史》第四卷（从戊戌维新到义和团 1895—1900），江苏人民出版社 2006 年版。

101. 张明金：《清末民初的战争》，解放军文艺出版社 2001 年版。

102. 张蓉初译：《红档杂志：有关中国交涉史料选译》，生活·读书·新知三联书店 1957 年版。

103. 张之洞：《张文襄公全集》，台北：文海出版社 1963 年版。

104. 赵凡禹、孙良珠：《李鸿章全传》，华中科技大学出版社 2011 年版。

105. 赵中孚、张存武、胡春惠主编：《近代中韩关系史资料汇编》，台北"国史馆"1990 年版。

106. 郑洁：《李鸿章的外交之道》，陕西师范大学出版社 2002 年版。

107. "中央研究院"近代史研究所编：《清季中日韩关系史料》第二卷，

台北“中央研究院”近代史研究所1972年版。

108. 中国近代经济史资料丛刊编辑委员会：《中国海关与中日战争》，中华书局1983年版。

109. 中国社会科学院近代史研究所编：《近代史资料专刊：义和团史料》，中国社会科学出版社1982年版。

110. 中国社会科学院近代史研究所：《沙俄侵华史》第四卷上册，中国社会科学出版社2007年版。

111. 中国社会科学院近代史资料编辑组编：《杨儒庚辛存稿》，中国社会科学出版社1980年版。

112. 中国史学会编：《中国近代史资料丛刊：戊戌变法》，上海人民出版社1957年版。

113. 中国史学会编：《中国近代史资料丛刊：义和团》第三册，上海人民出版社1957年版。

114. 中国史学会编：《中国近代史资料丛刊：中日战争》全七册，新知识出版社1956年版。

115. 朱寿朋编：《光绪朝东华录》第三册，中华书局1958年版。

116. 朱寿朋编：《光绪朝东华录》第四册，中华书局1958年版。

117. [澳]骆惠敏编：《清末民初政情内幕：泰晤士报驻京记者、袁世凯政治顾问乔·厄·莫里循书信集》上册，刘桂梁译，知识出版社1986年版。

118. [德]施丢克尔：《十九世纪的德国与中国》，乔松译，生活·读书·新知三联书店1963年版。

119. [法]施阿兰：《使华记（1893—1897）》，袁传璋等译，商务印书馆1989年版。

120. [美]马洛泽莫夫：《俄国的远东政策》，商务印书馆翻译组译，商务印书馆1977年版。

121. [美]马士：《中华帝国对外关系史》第三卷，张汇文等译，商务印书馆1963年版。

122.［美］马士、宓亨利：《远东国际关系史》，姚曾等译，商务印书馆1975年版。

123.［美］费正清、刘广京：《剑桥中国晚清史》下卷，中国社会科学出版社1985年版。

124.［日］大里浩秋、孙安石编：《近现代中日留学生史研究新动态》，上海人民出版社2014年版。

125.［日］东亚同文会编：《对华回忆录》，胡锡年译，商务印书馆1959年版。

126.［日］陆奥宗光：《蹇蹇录》，伊舍石译，商务印书馆1963年版。

127.［日］藤村道生：《日清战争》，米庆余译，上海译文出版社1981年版。

128.［日］依田憙家：《日本帝国主义和中国》，卞立强等译，北京大学出版社1989年版。

129.［苏］鲍里斯·罗曼诺夫：《俄国在满洲1892—1906》，陶文钊译，商务印书馆1980年版。

130.［苏］鲍·亚·罗曼诺夫：《日俄战争外交史纲1895—1907》上册，上海人民出版社编译室俄文组译，上海人民出版社1976年版。

131.［苏］戈列里克：《1898—1903年美国对满洲的政策与“门户开放”主义》，高鸿志译，黑龙江教育出版社1991年版。

132.［俄］维特、［美］亚尔莫林斯基：《维特伯爵回忆录》，傅正译，商务印书馆1976年版。

133.［英］伯尔考维茨：《中国通与英国外交部》，江载华等译，商务印书馆1959年版。

134.［英］弗兰克·韦尔什：《香港史》，王皖强等译，中央编译出版社2007年版。

135.［英］约瑟夫：《列强对华外交（1894—1900）》，胡滨译，商务印书馆1959年版。